Schweizerisches Jahrbuch
für Kirchenrecht

Annuaire suisse
de droit ecclésial

PETER LANG
BERN · BERLIN · BRUXELLES · FRANKFURT AM MAIN · NEW YORK · OXFORD · WIEN

# Schweizerisches Jahrbuch für Kirchenrecht

# Annuaire suisse de droit ecclésial

## Band 12 / 2007

Geschäftsführender Herausgeber
sous la direction de

Dieter Kraus

PETER LANG
BERN · BERLIN · BRUXELLES · FRANKFURT AM MAIN · NEW YORK · OXFORD · WIEN

**Bibliografische Information Der Deutschen Bibliothek**
Die Deutsche Bibliothek verzeichnet diese Publikation in der Deutschen Nationalbibliografie; detaillierte bibliografische Daten sind im Internet über ‹http://dnb.ddb.de› abrufbar.

ISBN 978-3-03911-679-9
ISSN 1420-9497


Hochfeldstrasse 32, Postfach 746, CH-3000 Bern 9
info@peterlang.com, www.peterlang.com, www.peterlang.net

# Inhaltsverzeichnis

## Band 12 (2007)

*Berichte*



*Rezensionen und Buchanzeigen*



*Bibliografie*

*Textdokumentation*

# Editorial

## *Band 12 des Schweizerischen Jahrbuchs für Kirchenrecht*

Der nunmehr vorliegende zwölfte Band des Schweizerischen Jahrbuchs für Kirchenrecht enthält zu Beginn wie gewohnt die beiden Referate, die auf der letzten Jahrestagung der Schweizerischen Vereinigung für evangelisches Kirchenrecht gehalten wurden. Sie befassen sich zum einen mit zivilreligiösen Aspekten der Neujahrsansprachen der schweizerischen Bundespräsidenten und zum anderen mit theologischen Gedanken zur Öffentlichkeit der Kirche[1]. Weitere Beiträge sind dem kirchlichen Glockengeläut gewidmet bzw. thematisieren aus unterschiedlichen Blickwinkeln die Stellung und Behandlung von Menschen, die der Kirche nicht (mehr) angehören. Hingewiesen sei noch auf den Aufsatz „Nicht mit Schwert oder Feuer, sondern nur mit Geduld und Gebet“, der an der Schnittstelle von Täuferforschung, frühneuzeitlicher Rechtsgeschichte und Grundlagenfragen des Religionsverfassungsrechts liegt. Wir freuen uns, dass das Jahrbuch damit einen Beitrag zum „Täuferjahr 2007“ aus spezifisch religionsrechtlicher Sicht beisteuern kann.

Der für die Rechtsprechungsübersicht wichtige Entscheid des Bundesgerichts vom 16. November 2007 zum sog. modifizierten Kirchenaustritt[2] ist erst einige Monate später publiziert worden, so dass dieser Band des Jahrbuchs mit einer gewissen Verzögerung gegenüber dem gewohnten Termin erscheint.

*Dieter Kraus*

1 Siehe auch den Bericht zur Jahrestagung hinten S. 181 ff.

2 Siehe mit Anmerkung im Rechtsprechungsteil hinten S. 169 ff.

SJKR/ASDE 12 (2007), S. 11-56

# Aufsätze

## „Und der Herrgott, Herr Bundespräsident?“ Zivilreligion in den Neujahrsansprachen der schweizerischen Bundespräsidenten*

von Andreas Kley (Zürich)

### *I. „Dann wird ... der Augenblick kommen, wo ... die Taube mit dem Ölzweig erscheint“*

In der ersten Neujahrsansprache eines Bundespräsidenten verglich 1935 Rudolf Minger die Wirtschaftslage des Landes mit der Landung der Arche Noah: Noah wollte sehen, ob das Wasser auf der Erde abgenommen habe, und liess deshalb eine Taube hinausfliegen. Sie kehrte aber wieder zurück, weil sie noch keinen Halt für ihre Füsse fand. Nach sieben Tagen versuchte Noah es erneut: „Gegen Abend kam die Taube zu ihm zurück, und siehe da: In ihrem Schnabel hatte sie einen frischen Olivenzweig“ (Gen 8, 11).

Minger verknüpfte die alttestamentliche Geschichte mit dem Bild der Wanderung und der damit verbundenen Anstrengung:

> „Das Schweizervolk wandert auf steinigem Pfade mühsam bergan, eingehüllt in eine dichte Nebelschicht. Wir wissen bestimmt, dass über diesem Nebelmeer eine strahlende Sonne leuchtet. Ihr marschieren wir entgegen. Unser Volk darf auf

* Vortrag anlässlich der 20. Tagung der Schweizerischen Vereinigung für evangelisches Kirchenrecht (SVEK) am 26. Januar 2007 in Liestal. – Ich danke meinem Assistenten, Dr. theol. Christian Kissling, MLaw, für die wertvolle Mithilfe sowie Dr. iur. Petros Evangelides und lic. iur. Richard Amstutz für die Sammlung der Reden.

> dieser Wanderung den Mut, die Geduld und den sichern Pfad nicht verlieren und muss Vertrauen haben in die Führung. Dann wird, auch wenn der Marsch lange dauert, einmal der Augenblick kommen, wo wie in Noahs Arche, die Taube mit dem Ölzweig erscheint als Vorbote einer Sonnenlandschaft."

Der Anlass zur ersten Neujahrsansprache war gleichzeitig ein solcher zum Beten: „Wie ein Alpdruck lastet die Not der Zeit auch auf unserem Schweizervolke". Minger äusserte gebetsähnlich seine Bitte, dass das Schweizervolk einig und entschlossen Hand anlege, um die wirtschaftliche Not zu beseitigen und für die Landessicherheit einzustehen.

Rudolf Mingers Rede ist in mehrfacher Hinsicht bemerkenswert. Durch die Verwendung der Noah-Geschichte erscheint die Schweiz, ohne dass der Redner dies ausspricht, als eine Arche. Das sollte mit dem Ausbruch des Zweiten Weltkrieges wahr werden; Minger erwog in seiner Rede bereits die Möglichkeit eines neuen Weltkrieges. Sodann ist die direkte Verwendung der alttestamentlichen Erzählung bemerkenswert, womit Minger direkt an die christliche Religion anknüpfte. Und schliesslich liess Minger seine Rede mit dem Kirchenlied „Befiehl Du Deine Wege" (1656) von Paul Gerhardt (1607-1676) enden.

Die zweite Radioansprache zum Neujahr wurde erst 1941 gehalten. Bundespräsident Wetter schloss sie so:

> „So treten wir ins neue Jahr ein: ernst, gefasst, mutig und opferbereit als ein einiges Volk. Und eine grosse Hoffnung soll uns begleiten, die Hoffnung, ein gütiges Geschick möge uns recht bald die Erfüllung des Engelrufes bringen: ‚Friede auf Erden, an den Menschen ein Wohlgefallen.' Zum Wohl aller Völker, zum Segen der Menschheit! Und Gott, der unsere Väter sichtbar gesegnet hat, stehe auch uns bei!"

Auch hier fällt der direkte Bezug zur Bibel auf, in diesem Fall zum Neuen Testament. Wetter zitierte den Engelsruf aus der Weihnachtsbotschaft (Lk 2, 14 in der Übersetzung der Lutherbibel) und bat um den Beistand Gottes. Auch in diesen Sätzen einer politischen Rede finden sich Elemente einer gottesdienstlichen Liturgie.

Sind diese biblischen und religiösen Äusserungen von Minger und Wetter nur für die damalige Zeit typisch? Ein Blick auf einige neuere Ansprachen schweizerischer Bundespräsidenten zeigt, dass dem so nicht ist. Am 1. August 1996 schloss Bundespräsident Delamuraz seine Rede zum Bundesfeiertag folgendermassen: „Überall und immer soll somit der Grundsatz gelten: Handeln statt klagen! Auf dass Gott uns schütze". Bundesrat Leuenberger hielt an Neujahr 2000 eine Rede im Berner Münster, in der er sich wesentlich mit der Geschichte des Christentums und der Verwirklichungsmöglichkeit der Bergpredigt (Mt 5-7) beschäftigte. Er erwähnte die neue Bundesverfassung, die an diesem Tag in Kraft getreten war, und ihre Präambel mit der Anrufung Gottes. Am Schluss seiner Rede im Münster führte Leuenberger aus, die Bedeutung der Bergpredigt bestehe darin, sie ständig vor Augen zu haben, „sie anzustreben als das Ersehnte, das noch nicht Wirklichkeit ist, das aber Wirklichkeit werden kann, wenn wir es nur wollen, als [...] den Traum einer Welt ohne Krieg, ohne Flucht, ohne Hunger, ohne Häme und Missgunst, einer Welt, in der sich alle einbringen wollen für Frieden und Gerechtigkeit"[1]. Bundespräsident Schmid wünschte am Schluss seiner Neujahrsansprache 2005 den Zuhörern „Mut, Zuversicht, Gesundheit, Glück und Gottes Segen". Diese drei Beispiele aus jüngster Zeit zeigen, dass Gott ein ständiger Begleiter in bestimmten politischen Reden von Bundespräsidenten bzw. Bundesräten zu sein scheint.

Gott in den politischen Reden von Magistraten? Dieses Phänomen ist auf den ersten Blick erstaunlich, weil die religiöse Neutralität des Staates als Verfassungsgebot behauptet wird[2]. Warum haben die Bundesräte Gott in ihren Reden erwähnt, was bedeutet „Gott" in diesem politischen Zusammenhang und was wollten sie damit deutlich machen? Die Antwort auf diese Fragen führt direkt zur schweizerischen Zivilreligion.

## *II. Zivilreligion*

### *A. Bedeutung*

Der Begriff „Zivilreligion" wurde 1967 vom amerikanischen Soziologen Robert N. Bellah in die wissenschaftliche Diskussion eingebracht[3]. Bel-

1 *Moritz Leuenberger*, Rede vom 1.1.2000 im Berner Münster. – Die Neujahrsansprachen der Bundespräsidenten werden im Anhang nachgewiesen.

2 BGE 125 I 347 E. 3a, S. 354 m.w.H.; 116 Ia 252 E. 5d, S. 258; 103 Ia 242 E. 3b, S. 245; 102 Ia 468 E. 3b, S. 473; zur Lehre vgl. bereits *Fritz Fleiner/Zaccaria Giacometti*, Schweizerisches Bundesstaatsrecht, Zürich 1948, S. 315: „Für den Staat (gilt, A.K.) die Religion als Privatsache".

3 *Robert N. Bellah*, Civil Religion in America, in: Daedalus 96 (1), 1967, S. 1-21, und in: *Donald G. Jones/Russel E. Richey*, American Civil Religion, New York 1974, S. 21-44; deutsch: Zivilreligion in Amerika, in: *Heinz Kleger/Alois Müller* (Hg.), Religion des Bürgers. Zivilreligion in Amerika und Europa, München 1986, S. 19-41.

lah verstand darunter ein Gefüge von Glaubensaussagen, Symbolen und Ritualen, die unabhängig von den Kirchen in der politischen Kultur eines Staates benutzt werden. Die Phänomene der Zivilreligion sind reichhaltig; dazu gehören etwa die Verwendung eines religiösen Vokabulars in Verfassungs- und Gesetzestexten, die Verwendung von Bibelzitaten in Reden, die Gestaltung von staatlichen Feiern nach dem Vorbild kirchlicher Liturgien oder die Errichtung nationaler Gedenkstätten nach dem Muster religiöser Heiligtümer.

Die Literatur zur Zivilreligion ist seit 1967 unüberschaubar geworden. Theologen, Philosophen, Historiker und Soziologen haben sich mit dem Thema beschäftigt. Meist wird jedoch übersehen, dass für die Zivilreligion die Klassiker der politischen Ideengeschichte wesentlich sind.

Den Begriff der *„religion civile"* geprägt hat Jean-Jacques Rousseau (1712-1778). Im IV. Buch, Kapitel 8 seines *Contrat Social* schreibt Rousseau, jeder Bürger solle eine Religion haben, „die diesen seine Pflichten lieben heisst"[4]. Rousseau will Religion und Gottesglauben instrumentell verwenden, um Treue und Gehorsam der Bürger zum Gemeinwesen zu nähren. Die eigentlichen religiösen Inhalte betreffend die „andere Welt" gehen den Staat nichts an, ebenso wenig, „wie das Schicksal der Untertanen im kommenden Leben aussehen wird, solange sie nur gute Bürger in dieser Welt sind"[5]. Für Rousseau sollen die Bürger an Gott glauben, als ein Ausdruck des sozialen Gewissens, „ohne welches es unmöglich ist, ein guter Bürger [...] zu sein". Rousseaus Zivilreligion trägt durchaus Züge von Zwang und Manipulation an sich[6]. Das zeigt sich etwa bei der Beschreibung der Aufgabe des Gesetzgebers. Dieser schlägt der Volksversammlung die zu beschliessenden Gesetze vor. Rousseau will dieses Amt mit einem „aussergewöhnlichen Mann"[7] besetzen. Begegnet nun der Gesetzgeber politischem Widerstand, so muss er sich nach Rousseau „auf eine Macht der andern Ordnung berufen, die ohne Gewalt mitreissen und ohne Überredung überzeugen kann"[8]. Die Väter aller Nationen hätten auf die „Mittlerrolle des Himmels" zurückgreifen müssen, damit die Völker „in Freiheit gehorchten und das Joch

4 Vgl. *Jean-Jacques Rousseau*, Vom Gesellschaftsvertrag, übersetzt von Erich W. Skwara, Frankfurt a.M. 2000, S. 186.

5 Vgl. *J.-J. Rousseau*, Gesellschaftsvertrag (Anm. 4), S. 186 (IV. Buch, Kapitel 8).

6 Vgl. aus der vielfältigen Literatur z.B. *Dieter Sturma*, Jean-Jacques Rousseau, München 2001, S. 157-160.

7 *J.-J. Rousseau*, Gesellschaftsvertrag (Anm. 4), S. 59 (II. Buch, Kapitel 7).

8 *J.-J. Rousseau*, Gesellschaftsvertrag (Anm. 4), S. 61 (II. Buch, Kapitel 7).

des öffentlichen Glücks im guten Gehorsam trugen“. Zu diesem Zweck legt der Gesetzgeber seine Entscheidungen „in den Mund der Unsterblichen [...], um durch göttliches Machtwort jene mitzureissen, die menschliche Klugheit zu nichts bewegen würde“[9].

Ihre politische Verwendung hat bedeutende Auswirkungen auf die Religion selbst. Jesu Aussage, sein Reich sei nicht von dieser Welt (Joh 18, 36) ist damit schwer zu vereinbaren. Rousseau ist diese Bibelstelle auch aufgefallen[10], aber er kann den Konflikt lösen. Er hält das Christentum für eine ganz und gar geistige Religion, die sich nur mit den Dingen des Himmels beschäftigt. Christen mit ihrer Jenseitsorientierung sind gefügige Wesen, die auf staatliche Anmassungen mit Resignation reagieren. Aber das ist nach Rousseaus Verständnis des Christentums nur ein weiterer Schritt zum Himmel hin.

Alexis de Tocqueville (1805-1859) ist der Begründer der modernen Theorie der Zivilreligion. Ihm folgen Bellah und die heutige Literatur weitgehend. Danach setzen die Politiker Aussagen über Glauben und Gott unter den Bedingungen der Massendemokratie ein, um den Eigennutz der Bürger zu bändigen[11]. Auf diese Weise soll die Tugendhaftigkeit der Bürger gestärkt werden. Denn eine demokratische Regierung – so ein Diktum von John Adams, des zweiten Präsidenten der USA (1735-1826) – ist nicht mit genügend Macht ausgestattet, um gegen menschliche Leidenschaften anzukommen, die nicht von der Moral und der Religion im Zaum gehalten werden[12]. Der demokratische Staat hat ein höchstes Interesse an der Religion und den von ihr gelehrten und gelebten Tugenden. Diese möchte er mit der Zivilreligion für sich nutzbar machen.

## *B. Politische Freiheit kommt nicht ohne Glauben aus*

Für Tocqueville hat die Gesellschaft vom Jenseits nichts zu erhoffen und nichts zu befürchten[13]. Aber für das Gemeinwesen ist es wichtig, dass

9 *J.-J. Rousseau*, Gesellschaftsvertrag (Anm. 4), S. 61 (II. Buch, Kapitel 7), beide Zitate.

10 *J.-J. Rousseau*, Gesellschaftsvertrag (Anm. 4), S. 183 f. (IV. Buch, Kapitel 8).

11 Vgl. *Robert N. Bellah*, Die Religion und die Legitimation der amerikanischen Republik, in: *Kleger/Müller*, Religion des Bürgers (Anm. 3), S. 42-63, 49.

12 Vgl. *R. Bellah*, Religion und Legitimation (Anm. 11), S. 56.

13 Vgl. *Alexis de Tocqueville*, Über die Demokratie in Amerika, Erster Teil von 1835, Zürich 1987, S. 438.

sich die Bürger zu einer Religion bekennen, denn Religion bestimmt nicht nur die Sitten; sie herrscht auch über das geistige Leben der Menschen[14]. „Die Amerikaner verschmelzen in ihrem Denken Christentum und Freiheit [...] vollkommen“[15], denn die religiösen Flüchtlinge Europas seien aufgebrochen, um in der Neuen Welt die Grundlagen für Christentum und Freiheit zu legen. Der Glaubenseifer erwärme sich an der Vaterlandsliebe. Tocqueville begründet die besondere Wichtigkeit von Glaubensüberzeugungen in der Republik folgendermassen[16]:

> „Der Despotismus kommt ohne Glauben aus, die Freiheit nicht. [...] Wie könnte die Gesellschaft dem Untergang entrinnen, wenn sich das sittliche Band nicht festigt, derweil das politische sich lockert? Und was soll man tun mit einem Volk, das als Herr seiner selbst nicht Gott untertan ist?“

Religion ist für Tocqueville eine anthropologische Notwendigkeit. Der Mensch bekunde einen Widerwillen gegen das Dasein und gleichzeitig ein unermessliches Verlangen, da zu sein. Diese gegenteiligen Triebe führten zur Betrachtung einer anderen Welt, und die Religion führe den Menschen dorthin. Die Religion sei nichts anderes als eine besondere Form der Hoffnung selbst, und daraus schöpften die Menschen eine nie versagende Kraft[17].

Tocqueville beantwortete die bereits von Rousseau aufgenommene Frage zum Verhältnis von Religion und Staat angesichts des Jesuszitats im Verhör vor Pilatus („Mein Reich ist nicht von dieser Welt“, Joh 18, 36) wie folgt: Solange die Religion ihre Herrschaft nur auf das Unsterblichkeitsverlangen gründe, könne sie mit Allgemeingeltung rechnen. Denn das bewege die Herzen aller Menschen. Sobald sich aber die Religion mit einer Regierung verbände, müsse sie Grundsätze übernehmen, die nur auf gewisse Völker anwendbar seinen. Dann vermehrte sie „ihre Macht über einige und verliert die Hoffnung, über alle zu herrschen“[18]; der mit der Regierung verbündeten Kirche wurde dies zum Verhängnis[19].

Welche Rolle soll also die Religion in der Demokratie spielen? Hier ist eine geistige Welt notwendig, die die demokratische Herrschaft der Glei-

14 *A. de Tocqueville*, Über die Demokratie in Amerika, I. Teil (Anm. 13), S. 440.
15 *A. de Tocqueville*, Über die Demokratie in Amerika, I. Teil (Anm. 13), S. 442 f.
16 *A. de Tocqueville*, Über die Demokratie in Amerika, I. Teil (Anm. 13), S. 444.
17 *A. de Tocqueville*, Über die Demokratie in Amerika, I. Teil (Anm. 13), S. 447 f.
18 *A. de Tocqueville*, Über die Demokratie in Amerika, I. Teil (Anm. 13), S. 448.
19 *Alexis de Tocqueville*, Über die Demokratie in Amerika, Zweiter Teil von 1840, Zürich 1987, S. 217 (II. Teil, 15. Kapitel).

chen stabilisiert. Zunächst richtet die geistige Herrschaft der grösseren Zahl in einer Demokratie eine Art Glaube an die Meinung der Allgemeinheit ein. Tocqueville spricht von einer Art Religion, deren Prophet die Mehrheit ist[20]. Dabei handelt es sich aber nicht um die für ein demokratisches Volk notwendige Religion. Vielmehr ist die echte Religion in ihrem eigentlichen jenseitsorientierten Sinne dem ganzen Staat nützlich; sie gibt der Demokratie eine sittliche Grundlage[21]. Der Staat kann versuchen, die Menschen zu erziehen, aber Religion und Kirche sind die wahre Schule republikanischer Tugend[22]. Die Gefahr für die Demokratie besteht darin, dass die Menschen im Bemühen, den wirtschaftlichen Fortschritt voranzutreiben, ihre religiösen Fähigkeiten verkümmern lassen[23]. Dann bringt der einseitige Materialismus die Menschen aus dem Gleichgewicht, da er der anthropologischen Voraussetzung widerspricht[24]:

> „Die Demokratie begünstigt den Hang zu materiellen Genüssen. Wird dieser Hang masslos, so beginnen die Menschen unter seinem Einfluss bald zu glauben, es sei alles nur Stoff; und seinerseits reisst der Materialismus sie mit einer sinnlosen Leidenschaft vollends denselben Genüssen zu. Das ist der unheilvolle Kreislauf, dem die demokratischen Völker zugetrieben werden. Es ist gut, dass sie die Gefahren erkennen und sich beherrschen."

Die Religion ist die sittliche Grundlage der Demokratie und sie ist für ein gleichgewichtiges Leben der Menschen notwendig. Tocqueville verfolgte im Grunde genommen einen systemtheoretischen Ansatz: Die Religion ist zur Selbsterhaltung der demokratischen Staatsform notwendig. Es geht aber gerade nicht um die inhaltlichen Werte, welche die Kirchen im Wettbewerb mit Parteien und Gruppierungen vertreten, sondern darum, dass die Menschen dem religiös geprägten Gewissen freiwillig und aus innerem Antrieb gehorchen. Es ist Gott, der dieses freiwillige Nachfolgen und damit verbunden diese Praxis der alltäglichen Religionsausübung möglich macht. Welche Religion oder Konfession es konkret ist, spielt für die Zivilreligion keine Rolle.

Tocqueville fällt es nicht leicht zu sagen, wie die Regierenden in demokratischen Völkern den Lehren des Übersinnlichen zur Herrschaft

20 *A. de Tocqueville*, Über die Demokratie in Amerika, II. Teil (Anm. 19), S. 22.
21 *A. de Tocqueville*, Über die Demokratie in Amerika, II. Teil (Anm. 19), S. 212.
22 So *R. Bellah*, Religion und Legitimation (Anm. 11) zu Tocqueville, S. 55 f.
23 *A. de Tocqueville*, Über die Demokratie in Amerika, II. Teil (Anm. 19), S. 213.
24 *A. de Tocqueville*, Über die Demokratie in Amerika, II. Teil (Anm. 19), S. 214.

verhelfen könnten. Ein direkter politischer Einfluss der Religion und der Priester scheidet aus. Es muss sich um einen indirekten Bezug handeln[25]:

> „Was ich sagen werde, wird mir in den Augen der Politiker ziemlich schaden. Ich glaube, das einzige Mittel, dessen sich die Regierungen bedienen können, um dem Dogma von der Unsterblichkeit der Seele Geltung zu verschaffen, besteht darin, täglich so zu handeln, als glaubten sie selber daran; und ich denke, nur indem sie in den grossen Angelegenheiten gewissenhaft der religiösen Moral folgen, können sie hoffen, die Bürger zu lehren, sie in den kleinen Dingen zu kennen, zu lieben und zu achten."

Tocqueville lädt die Politiker ein, in ihrem politischen Handeln auch als Mitglieder der Religionsgemeinschaften aufzutreten und nach aussen zu dokumentieren. Überblickt man das öffentlich wirksame Verhalten der amerikanischen Präsidenten oder der Schweizer Bundesräte, so sind etliche dem Rat von Tocqueville gefolgt[26]. Die Zivilreligion baut freilich auf der Religion auf; sie ist auf ein eigenständiges religiöses Leben der Bürger angewiesen. Noch nie hat einer der Denker der Zivilreligion behauptet, Zivilreligion könne ein Ersatz für das Christentum werden[27].

## *C. Funktionen der Zivilreligion*

Politische Reden aus besonderem Anlass sind die wichtigste Form, in der die Zivilreligion inhaltlich greifbar wird[28]. Denn die Rede hat keinen Rechtscharakter, sondern ist „nur" Meinung und Vorstellung. Reden stellen „weiche" Materie dar und nicht etwa „harte" Rechtsnorm. Sie zwingen zu nichts, sondern legen nur nahe, machen Anspielungen und ziehen Verbindungen. Die Zivilreligion scheut das Recht, denn damit wird Glaubenszwang und Unfreiheit verbunden, was im liberalen Staat aus Gründen der Glaubens- und Gewissensfreiheit unzulässig wäre. Es ist daher bezeichnend, dass dort, wo in Rechtstexten die Zivilreligion aufscheint (z. B. in Verfassungspräambeln, Schulzweckartikeln), sofort er-

25 *A. de Tocqueville*, Über die Demokratie in Amerika, II. Teil (Anm. 19), S. 217 f.

26 So bestätigte Bundesrat *Philipp Etter* in seiner Schrift „Die schweizerische Demokratie", hg. vom schweizerischen Studentenverein, 3. Aufl. Olten-Konstanz 1934, S. 24 die Aussagen *Tocquevilles*, ohne ihn vermutlich zu kennen. Ähnlich ein Jahr zuvor *Philipp Etter*, Die vaterländische Erneuerung und wir, Zug 1933, S. 8: „christliche Erneuerung".

27 Vgl. *R. Bellah*, Civil Religion in America (Anm. 3), S. 27.

28 So hatte *R. Bellah* (Anm. 3 und Anm. 11) seine Untersuchung auf Reden der US-Präsidenten zur Gründungszeit und zur Zeit der 1960er Jahre abgestellt.

klärt wird, dass diese Bestimmungen rechtlicher Verbindlichkeit entbehrten[29]. Die einzig harten Rechtsnormen mit Religionsrelevanz sind die Verfassungsbestimmungen zur Glaubens- und Gewissensfreiheit (Art. 15 BV) sowie die Rechtssätze über das Verhältnis von Staat und Kirche (Art. 72 BV, Steuergesetze, Gemeinde- und Kirchenorganisationsgesetze). Diese sind allerdings so abgefasst, dass sie nicht zu Glaubenszwang führen können, sondern nur den Mehrheitsbekenntnissen zudienen. Zivilreligion ist mit keinerlei Zwang verbunden[30], und demzufolge gibt es keine Instanz, die sie offiziell verwaltet. Freilich gibt es die unausgesprochenen Spezialisten der Zivilreligion, nämlich Politiker in den höchsten Staatsämtern sowie bekannte Kulturträger (Kulturschaffende, bekannte Pfarrer und Inhaber kirchlicher Ämter).

Worin bestehen die Funktionen der Zivilreligion im freiheitlichen Staat? Die Zivilreligion verbindet Religion und Staat und hilft, die Herrschaft des freiheitlichen Staates zu stabilisieren. Diese beruht – entgegen einem verbreiteten Vorurteil – nicht auf seiner hoheitlichen Herrschaft, die sich in Gesetzen, Gerichtsurteilen und Anordnungen der Behörden ausdrückt. Der Rechtsstaat könnte nicht existieren, wenn die ihm unterworfenen Menschen in ihrer grossen Mehrheit nicht freiwillig die Gesetze und die Anordnungen befolgten; die mechanistische Befehlsgewalt ist lediglich eine legalistische Fiktion. Der Gehorsam gegenüber der Demokratie und ihren Gesetzen ist eine Frage der Meinung[31], der Überzeugung und des Glaubens, dass diese Herrschaft, die da demokratisch und rechtsstaatlich ausgeübt wird, rechtmässig, gerecht und letzten Endes von einer höheren Macht gewollt ist.

Hier setzt, nebst andern Mechanismen wie etwa Nutzenüberlegungen, die Zivilreligion ein. Sie unterstützt die Meinung, die Überzeugung und den Glauben an die politische Herrschaft. Das wird dadurch erreicht, dass der Staat ausdrücklich oder (häufiger) durch blosse Anspielung die religiöse Ordnung heranzieht, welche im Christentum darauf beruht, dass es nach dem Leben auf der Welt letztlich ein erlöstes ewiges Leben bei Gott und damit Gerechtigkeit gibt. Der Eintritt in das ewige Leben wird erleichtert, wenn das Leben auf Erden durch den Glauben und die Werke

29 Vgl. etwa den Entscheid des Zürcher Verwaltungsgerichts vom 21.5.1971, in: ZBl 1972, S. 162 f.

30 *R. Bellah*, Religion und Legitimation (Anm. 11), S. 51.

31 *David Hume*, Politische und ökonomische Essays, Teilband 1, Hamburg 1988, S. 25 ff. (25): „Regierung gründet sich [...] ausschliesslich auf Meinung“.

schon das Ja zu Gott ausgedrückt hat. Die Religion zivilisiert dadurch das Leben der Menschen, indem sie ihnen die Einhaltung der göttlichen Ordnung auferlegt und ihnen einen festen Sitten- und ideellen Rahmen gibt. Der freiheitliche Staat benötigt exakt dieses sittliche und ideelle Band, welches dafür sorgt, dass sich die Menschen freiwillig an die demokratische Ordnung halten. Die Zivilreligion wirkt der Masslosigkeit, dem Egoismus und dem unbändigen Trieb der Menschen nach materiellen Genüssen entgegen.

Die erfolgreiche Zivilreligion arbeitet subtil. Dazu ist es nötig, dass der jeweilige Politiker sich formell oder inhaltlich in die Nähe der Religion und der Kirchen begibt, damit die auch für den Staat nutzbaren Werte von Kirche und Religion auf die Politiker und den Staat übergehen. Dazu das bereits erwähnte Beispiel der Predigt von Bundesrat Moritz Leuenberger vom 1. Januar 2000[32]. Er behandelte die Tatsache, dass „wir" die Ideale der Bergpredigt „nicht erreicht" haben, aber auch die Möglichkeit, dass die Bergpredigt Wirklichkeit werden könne. Denn heute hätten „wir [...] ja auch vieles erreicht" wie die freiwillige Bereitschaft, Verantwortung zu übernehmen, die durch die Menschenrechte ermöglichten Fortschritte, ein humanes Strafrecht, das die Talions-Praxis „Auge um Auge, Zahn um Zahn" überwunden habe, oder den Frieden in Europa. Der Redner zielt sodann exakt auf den Zweck von Zivilreligion mit seinen letzten Sätzen: „In einer Heimat zu leben, die es uns ermöglicht, an die Ziele der Bergpredigt zu glauben, ist Hoffnung und Verpflichtung zugleich. Dass wir diesen Traum bisher nicht erreichten, ist daher nicht unsere Resignation, sondern unser Ansporn". Diese Sätze zeigen das entscheidende Potential von Zivilreligion: Sie hilft den politischen Entscheidungsträgern, die Bürger für die Zwecke des Staates, dem sie vorstehen, zu mobilisieren *(Mobilisationsfunktion)*.

Sodann begibt sich ein Bundesrat in eine Kirche; allein schon dies, unabhängig davon, ob er darin überhaupt spricht, ist formal gesehen ein zivilreligiöser Akt, der eine weitere Funktion deutlich macht: Ein Politiker bezieht – wenn auch nur andeutungsweise – von der Kirche Bedeutung und Ansehen (mit ihren Werten und Glaubenssätzen), und gleichzeitig verleiht er ihr durch seine Anwesenheit gesellschaftliche Bedeutung. Der religiöse Glaube, wie ihn die Kirchen lehren, stabilisiert die Bürger, fügt sie in eine göttliche Ordnung ein, die ihnen bei aller Freiheit nicht zur

32 Vgl. oben Anm. 1.

Disposition steht, und zeigt ihnen Sinn und Ziel des Lebens[33]. Die Zivilreligion schliesst hier direkt an die Sinngebung des Glaubens an *(Sinngebungsfunktion)*.

Welches sind die Kernsätze der Zivilreligion? Hier kann nur eine Untersuchung über den Gebrauch solcher Texte Aufschluss geben. Dabei zeigt es sich, dies vorab, dass es sich stets um biblische Stoffe, Zitate sowie um Gehalte[34] und Formen der kirchlichen Liturgie handelt. Da es keine formelle zivilreligiöse Autoritäten gibt, kann es auch keine Kanonisierung von zivilreligiösen Texten, Inhalten und Formen geben: Diese ändern sich oder verschwinden, ohne dass eine Autorität dies angeordnet hätte. Es sind Prozesse, die der religiösen Gesellschaftsentwicklung folgen. Damit macht die Untersuchung der Zivilreligion notwendigerweise Aussagen über die Stellung der traditionellen Religion in der Gesellschaft. Ändert sich das zivilreligiöse Verhalten der Politiker, so ist das die Folge einer veränderten Stellung der Religion.

## *III. Neujahrsansprachen der Bundespräsidenten*

### *A. Entstehung der Neujahrsansprache des Bundespräsidenten*

Wie eingangs erwähnt, ist die politische Begehung des Neujahres durch die Bundespräsidenten erst spät eingeführt worden, und es kann nicht erstaunen, dass dies in einer Zeit grosser Verunsicherung geschehen musste. Bundespräsident Minger, der diese Tradition 1935 begründete, galt als begabter Rhetoriker. Er nutzte als erster die Feier des Neujahres am neuen Medium Radio, und zwar um 00.10 Uhr. Interessanterweise nahmen seine Nachfolger dieses Beispiel nicht auf.

Erst in einer Zeit noch grösserer Gefahr wurde die Neujahrsansprache der Bundespräsidenten zu einer festen Einrichtung, nämlich beim Jahreswechsel von 1940 zu 1941. Dabei haben der abtretende Bundespräsi-

33 Eindrücklich die Rede von Nationalrat *Josef Zemp* an der Sempacher Schlachtfeier 1877, in: Josef Winiger, Bundesrat Dr. Zemp. Lebens- und zeitgeschichtliche Erinnerungen, Luzern 1910, S. 144-147 (146).

34 *R. Bellah*, Civil Religion in America (Anm. 3), S. 38. Bellah spricht von biblischen Archetypen wie Exodus, auserwähltes Volk, gelobtes Land oder Opfertod. Das genügt nicht, denn die politischen Redner verwenden zusätzlich auch Bestandteile von Gottesdiensten wie Kirchenlieder, Gebete oder die Kirchen als Raum für ihre Veranstaltungen.

dent Pilet und sein Nachfolger Wetter am 31. Dezember 1940 je eine Rede gehalten. Seit Ende 1940 besteht eine lückenlose Reihe von Neujahrsansprachen. Bereits 1950 erklärte Bundespräsident Petitpierre, es handle sich dabei um einen „Brauch". Und schon 1958 sagte Bundespräsident Holenstein gar, es handle sich dabei um eine „alte Sitte". Die Historisierung einer eigentlich gar nicht so alten Sitte ersetzt die sachliche Begründung für ein Ritual der Zivilreligion. Es ist eine Eigenart von zivilreligiösen Akten, dass sie unter- und hintergründig eingeführt werden. Oftmals ist gar nicht bekannt, wann ein Ritual eingeführt worden ist. Es wäre in der Demokratie undenkbar, dieses Ritual politisch zu diskutieren und anschliessend zu beschliessen. Es wird gefeiert, weil schon letztes Jahr gefeiert worden war. Nach einigen Jahren setzt sich der Eindruck fest, es sei immer schon gefeiert worden.

### *B. „Nichtssagende Neujahrsansprachen" – sagen Neujahrsansprachen „nichts"?*

Der ehemalige Nationalrat Helmut Hubacher hat die „nichtssagenden" Neujahrsansprachen der Bundespräsidenten bemängelt[35]. Die Aussage, diese Reden hätten keinen Inhalt, trifft den Kern der Sache. Tatsächlich sind die Neujahrsansprachen für sich genommen inhaltsarm in dem Sinne, dass sie keine Neuigkeiten verbreiten und dies auch gar nicht wollen. Die Neujahrsansprachen enthalten vorwiegend „Form", um am festgelegten Datum ein zivilreligiöses Ritual zu vollziehen. Insofern müssen Neujahrsansprachen es vermeiden, aktuelle und tagespolitische Aussagen zu machen. Ihren Zweck würden sie nämlich damit vereiteln, denn sie suchen wichtige Grundbedürfnisse zu befriedigen. Wer nur die Oberfläche des Rituals erlebt, wird dadurch gelangweilt werden, weil es sich um die Wiederholung eines längst bekannten Vorganges handelt. In der Tiefenstruktur ist die Neujahrsansprache eine Form der Bewältigung von Wandel und Unsicherheit im persönlichen und politisch-gesellschaftlichen Bereich.

Die Feier des Neujahrs bezweckt die Rhythmisierung der Zeit. Dies macht den periodischen Ablauf der Zeit mit Jahresende und Jahresanfang (die für Ende und Neubeginn bzw. Tod und Geburt stehen) in einem Ritual erfahrbar. Etwas Bestehendes und Erfahrenes, nämlich das alte Jahr,

35 Vgl. *Helmut Hubacher*, Wohlfahrt oder Talfahrt. Eine verunsicherte Schweiz, Bern 1997, S. 133.

wird aufgelöst und dadurch wird wieder ein Jahr eröffnet[36]. Auf diese Weise wird die Ungewissheit des kommenden Jahres und der Übergang zu Neuem erleichtert. Das Kommende wird in einem strukturierten Ablauf erfasst und damit leichter akzeptierbar. Das zeigt sich beispielhaft am Jahreswechsel 1940/1941 mit den beiden Reden des abtretenden und des nachfolgenden Bundespräsidenten. Pilet-Golaz hatte Wetter damit gewissermassen das Amt übergeben. Die Einteilung der Zeit zum Zwecke der Bewältigung des Ungewissen hätte kaum offensichtlicher werden können. Die Neujahrsansprachen der Bundespräsidenten sind nicht Inhalt, sondern Form. Sie machen eine ständige Lebenserfahrung, das Vergehen der Zeit, erfahrbar, aber sie sagen „nichts".

Die Neujahrsansprachen sind ferner Zeitzeugnisse, da seit 1935 bzw. 1941 und dann jährlich bis heute eine ununterbrochene Reihe von Ansprachen besteht, welche den Wandel der Zeiten und der Auffassungen widerspiegelt. Die „nichtssagenden", d.h. bloss förmlichen Reden werden zu aussagestarken Dokumenten. Gerade ihr förmlicher Charakter erlaubt es, eine inhaltliche Reihenanalyse des zivilreligiösen Gehalts vorzunehmen.

### *C. Innere Haltung des Redners*

Tocqueville hatte den Politikern geraten, den Bürgern die Zivilreligion dadurch zu lehren, dass sie in den „grossen Angelegenheiten gewissenhaft der religiösen Moral folgen"[37] sollten. Politisch gesehen ist nur jene zivilreligiöse Aussage sinnvoll und im Sinne des Redezwecks, die keine leere Floskel darstellt, sondern ernst gemeint ist. Jede andere Haltung wäre für den Amtsträger schädlich.

Die Bundespräsidenten haben die an das Volk gerichteten Neujahrsansprachen mit einer inneren Haltung der Anteilnahme und überzeugten Ernsthaftigkeit geäussert. Für die Zuhörer ist das indirekt erkennbar, indem der Redner mit grosser Inbrunst (so etwa der singend-pathetische Ton von Etter) spricht oder indem der Redner angibt, dass er z.B. seine Wünsche mit voller Überzeugung äussere. Die Bundespräsidenten haben dafür den bekannten Ausdruck verwendet, wie er von Bundespräsident Deiss 2004 gebraucht wurde: „In diesem Sinn wünsche ich Ihnen, liebe

36 Vgl. *Jürgen Mohn*, Art. Neujahrsfest, in: RGG, 4. Aufl., Bd. 6, Tübingen 2002, Sp. 221 f.

37 Vgl. Anm. 25.

Mitbürgerinnen und Mitbürger, [...] im Namen des Bundesrates und *aus ganzem Herzen*, Gesundheit, Zufriedenheit, Glück und Gottes Segen."[38] Bemerkenswert ist Bundespräsident Egli, der 1986 seinen Sinn dieses Wunsches von ganzem Herzen erklärte: „Ich bin fest überzeugt, dass ein Glückwunsch, wenn er ganz von Herzen kommt, etwas zu seiner eigenen Erfüllung beiträgt."

Bundespräsident Couchepin sollte 2003 seinem Amtsvorgänger Egli diametral widersprechen: „Warum wünschen wir uns eigentlich Gutes zum neuen Jahr? Sicher nicht weil wir glauben, Wünsche könnten die Wirklichkeit ändern und auf magische Weise Nöte und Zweifel beseitigen und eitel Freude und Wohlbefinden auslösen." Bei diesen gegensätzlichen Aussagen treffen zwei Welten aufeinander: eine religiös geprägte mit dem Glauben an das Übernatürliche und eine rein Diesseitige. Couchepin sprach den Wünschen etwas anderes zu, nämlich „mit unseren Wünschen sagen wir: ‚Ich mag dich gut, und ich möchte, dass es dir gut geht'." Nun ist es freilich mit einer derartig über Radio und Fernsehen übertragenen Sympathiebekundung so, dass auch ihre Wirkung bei diesen entfernten sozialen Distanzen gering ist. Sowohl Eglis metaphysischer Rückgriff als auch Couchepins massenmediale Bekundung von Sympathie für Jedermann sind unterschiedlich begründete Versuche einer „aufrichtigen" inneren Haltung.

Einige Amtsträger haben Synonyme des Ausdrucks „von ganzem Herzen" verwendet, so etwa den „aufrichtigen Glückwunsch" (Schlumpf 1984) oder den „aufrichtigen Dank" (Bonvin 1973). Bundespräsident Wetter hatte 1941 die Aufrichtigkeit nicht auf die Zivilreligion, sondern auf den Patriotismus bezogen: Es komme „auf den aufrichtigen und ernsten Willen, die kluge Überlegung und die innige, zu allen Opfern bereite Vaterlandsliebe (an). Diese patriotische Einstellung muss Bundesrat und Bundespräsident die innere Ruhe und die Festigkeit zum Handeln geben". Die unterschiedliche Sachlage ist offenbar: Die Schweiz war vom Zweiten Weltkrieg umbrandet, und für das Überleben war ein aufrichtig patriotischer Bundesrat nötig. 1991 hatte Bundespräsident Cotti im Jubi-

38 Vgl. entsprechend: 1998, 1991 („ehrlich" und „kommen von Herzen"), 1989, 1986, 1983 (2x), 1979, 1976 („von Herzen Genesung und Trost"), 1971 („wünsche Ihnen von Herzen Genesung und Linderung, von Herzen glückhaftes 1971"), 1970 („möchte ich von ganzem Herzen gute Gesundheit, Wohlergehen und Gottes Segen während des Jahres 1970 wünschen"), 1969, 1964, 1963, 1958, 1953 (*Etter*: „Herzenswunsch", „von Herzen wünsche ich euch", ebenso 1947), 1943 (*Celio*: „Herzenswunsch").

läumsjahr seine geäusserten Wünsche noch mehr geläutert: Sie kämen „ehrlich und [...] von Herzen".

Die Ausdrücke „ehrlich" oder auch „aufrichtig" sind gefährlich. Sie lenken den Verdacht auf ihr Gegenteil. Jede Verstärkung kann, wenn ein Ausdruck wie „unehrlich" und „unaufrichtig" bereitsteht, in das Gegenteil umschlagen; insofern ist der von Herzen kommende Wunsch eindeutiger.

### *D. Verhältnis zu den 1. August-Ansprachen*

Die Neujahrsansprache hat im Ablauf des politischen Jahres eine andere Funktion als die 1. August-Ansprache, denn bei ersterer erhält der neue Bundespräsident die Gelegenheit, sich selbst vorzustellen und gleich mit seiner Person die Rhythmisierung der Zeit anzuzeigen. Neujahr ist zeitlich nahe bei Weihnachten, deshalb strahlt dieses Fest noch zusätzlich auf die Neujahrsansprache aus, etwa indem Überlegungen zum Frieden angestellt werden. Am 1. August geht es zwar auch um ein neues Jahr, aber es ist ein neues Jahr im Leben des Staates. Deshalb spielen die geschichtliche Besinnung auf den Staat und seine Geschichtslegende eine vorrangige Rolle.

Die beiden wichtigsten präsidialen Reden unterscheiden sich von ihrer Anlage, indem am 1. Januar die Persönlichkeit des Bundespräsidenten bzw. der Jahreswechsel im Vordergrund steht, wogegen am 1. August der Staat sich darstellt. Trotz der unterschiedlichen Anlage und Einbettung ähneln sich die zivilreligiösen Praktiken beider Anlässe. Die Neujahrsansprachen betonen mehr die Zivilreligion, und die 1. August-Ansprachen mehr die Geschichte. Dennoch sind viele Elemente austauschbar. Die hier festgestellten Entwicklungen bei den Neujahrsansprachen treffen etwas abgeschwächt auch auf die 1. August-Ansprachen zu[39].

39 Siehe die Analyse bei *Andreas Kley*, Geschichte als nationale Selbstbehauptung. Die 1. August-Reden der schweizerischen Bundespräsidenten, in: ZSR 2005/124 I, S. 455-477.

## *IV. Religiöse Elemente der (insbesondere Neujahrs-)Ansprachen*

### *A. Gott, Gebete, Gottesbilder*

Das Gebet ist im Christentum, Judentum und im Islam die am weitesten verbreitete und wichtigste religiöse Handlung. Im Gebet spricht die handelnde Person mit einem unabhängigen Gegenüber: dem personalen Gott. Anlass zum Gebet gibt ein Geschenk Gottes, worauf die Antwort in der Form des Dankgebets erfolgt. Ebenso kann das Gefühl des Mangels Anlass zum Beten geben; darin kommt der eigentliche Kern des Betens zum Ausdruck: Gebet als Bitte an Gott um die Behebung des Mangels. Das zeigt sich schon etymologisch, denn Beten rührt von „Bitten" her. Diese Bitte bedeutet immer auch eine Huldigung Gottes, da die Betenden damit ihr Vertrauen auf die unbegrenzte Macht und Fähigkeit Gottes ausdrücken. Der Betende „steht dem Du Gottes in dem Wissen um seine Macht, in der Furcht vor seiner richterlichen Strenge und im Vertrauen auf seine vergebungs- und hilfsbereite Güte gegenüber"[40]. Die Entstehung der Neujahrsansprachen der Bundespräsidenten schliesst unmittelbar an den eigentlichen Sinn des Gebets, des Bittens um etwas, an, wie das in der eingangs erwähnten Rede von Rudolf Minger 1935 deutlich zum Ausdruck kommt.

Am 1. Januar 1940 verbreitete das Radio-Studio Bern eine nationale Sendung mit dem Titel „Der Schweizer Soldat". Darin sprachen verschiedene Schriftsteller, Wehrmänner und vor allem General Guisan als Oberkommandierender der Armee. Dieser verdankte den Gruss des Bundespräsidenten an die Armee für das Neue Jahr und hob den heroischen Kampf des finnischen Volkes gegen die russische Invasion hervor. „Der Allmächtige hat uns bis heute vor schwerer Prüfung bewahrt". Dann suchte der General die Abwehrbereitschaft zu bestärken: „Jeder von uns steht unerschütterlich auf seinem Posten", und er schloss: „Wir sind bereit!"[41].

Nach der Ansprache des Generals am 1. Januar 1940 hatten die Bundesräte die Neujahrsansprache als neues Gefäss der Bündelung des nationalen Willens entdeckt. Man darf Bundespräsident Minger und General

40 Vgl. *Günter R. Schmidt*, Gebet IX., in: RGG, 4. Aufl., Bd. 3, Tübingen 2002, Sp. 501.

41 Vgl. NZZ v. 2.1.1940, Berchtoldsausgabe, S. 5.

Guisan als die eigentlichen „Erfinder" der Neujahrsansprachen bezeichnen. An der Jahreswende 1940/1941 gab die emotionale Rede des abtretenden Bundespräsidenten Pilet ein Beispiel für den öffentlich bekundeten Gottesglauben:

> „Mein erster Gedanke bei der Jahreswende ist ein Gedanke der Dankbarkeit; eine Danksagung demütig, persönlich und national: Als ich im letzten Januar zum zweiten Mal die Bundespräsidentschaft übernahm, tat ich es weder leichten Herzens noch unbekümmerten Gemütes. Die Zukunft, die unser wartete, war mir wohl bewusst. Sie erschien voller Drohungen und Gefahren. Der Krieg war wieder über das zerrissene Europa hereingebrochen. Würde er unsere Heimat verschonen? Mein heissester und tiefster, mein heftigster und innerster Wunsch war, sie davor zu bewahren, sie bis zum Ende unangetastet, unabhängig und frei zu erhalten. Gott in seiner grossen Güte hat mich erhören wollen."

Das wichtige Thema der Dankbarkeit wird weiter unten noch zu vertiefen sein. Hier ist zunächst einmal festzustellen, dass sie sich an Gott richtet. Pilet beschreibt in seiner blumigen, emotionalen Sprache den Übergang am Schluss seiner Rede:

> „1940 ist nicht mehr. Es ist in die Dämmerung zurückgefallen, deren dunkle Nebel es nicht aufzulösen vermochte.
>
> 1941 steigt am schwarzen Horizont empor. Wird es uns das Licht wiedergeben? Gott allein weiss es. Lasst uns hoffen. Seien wir einig und stark, um im Missgeschicke zu kämpfen, wenn es nötig ist, und Herren unserer Gefühle zu sein, wenn es uns vergönnt ist, uns zu freuen.
>
> Mit Erleichterung lege ich das höchste Amt nieder. Mit Zuversicht, entsprungen der Achtung und Freundschaft, sehe ich den neuen Präsidenten es übernehmen.
>
> Möge Gottes Schutz auf ihm und dem ganzen Lande ruhen.
>
> Et nunc dimittis servum tuum, Domine!"

Die Rede endet mit einem eigentlichen Gebet und mit dem Lobpreis des Simeon (Lk 2, 29). Die Verwendung dieses Zitates wirft Fragen auf, etwa: Versteht sich Pilet als ein Simeon, der das Heil gesehen hat? Das wäre eine wohl abwegige Interpretation. Pilet geht es in seiner ganzen Rede um den Ausdruck von Übergang und Veränderung. Das ist ein Aspekt, der die Rede vom 25. Juni 1940[42] nachträglich berühmt-berüchtigt ge-

42 Rede vom 25. Juni, NZZ v. 25.6.1940 (Abend), Bl. 4; *Edgar Bonjour*, Geschichte der schweizerischen Neutralität, Bd. IV, 3. Aufl. Basel-Stuttgart 1971, S. 117-120 (französischer Originalwortlaut) und Bd. VII, Basel 1974, S. 160 ff. (deutsche Übersetzung). Bemerkenswert ist auch die 1. August-Ansprache von Bundespräsident *Pilet* 1934, worin er sich für die Annahme der

macht hat: Anpassung. Pilet hat in seinen Reden stets den Wandel hervorgehoben; erst Jahre nach der Rede vom 25. Juni 1940 wurde dies seiner Wertschätzung abträglich. Es ist daher nur folgerichtig, dass dieses Thema bei Pilets Rede von Ende 1940 weiterhin aufscheint.

Die Neujahresrede des neuen Bundespräsidenten Wetter nimmt sozusagen den dargereichten Amtsstab entgegen und betont die opferbereite „Vaterlandsliebe“, die jetzt entscheidend sei. Dazu nahm Wetter das 650-Jahr-Jubiläum des Bundesbriefs von 1291 auf. Für die Schaffung der Heimat „haben wir unsern Vätern heute und in alle Zukunft Dank abzustatten“. Der Dank richtete sich bei Wetter nicht an Gott, sondern an die „Väter“. Wetter suchte das Volk durch Aufrufe zu einigen, damit es hinter der Regierung stehe. Bemerkenswert ist der Satz: „Der Bundesrat vertraut dem Schweizervolk – Vertraut auch Eurer Regierung“. Die Aussage macht auf den Vertrauensverlust, den das mehrdeutige Verhalten des Bundesrates ausgelöst hatte, aufmerksam. Wetter rief nach der Beschwörung der nationalen Einigkeit direkt Gott an und zitierte dabei die Weihnachtsbotschaft von Lk 2, 14. Angesichts seines Vorredners und der Umstände konnte er davon nicht absehen. Eine grosse Gefahr verlangt nach einer grossen Gegenmacht.

Die Neujahrsansprachen der Kriegsjahre heben stets die bedeutende Rolle Gottes hervor: Bundesrat Etter dankte am 1. Januar 1942 dem Herrgott für die Bewahrung vor der schwersten Prüfung und stellte das Land unter den Schutz des Allmächtigen und des Landesvaters Bruder Klaus. Die Erwähnung des letzteren löste einen konfessionell motivierten Protest des Evangelischen Pressedienstes aus[43]. Am Neujahr 1943 dankte Bundespräsident Celio Gott für den bisherigen Beistand und bekannte: „Ich erinnere mich wirklich nicht, dass die Eidgenossenschaft je so einig und geschlossen war wie heute. Die Stimmen der Rassen, der Sprachen und der Konfessionen haben sich zu einem einzigen Klang aufgelöst, der wie eine Hymne ertönt, kraftvoll wie ein Schwur, zart wie ein Gebet.“

Bundespräsident Stampfli betonte 1944 die Dankbarkeit gegenüber der göttlichen Vorsehung und rief alle Menschen, die guten Willens sind, zur Mitarbeit auf. Er beschwor die göttliche Vorsehung, dass sie das Land in eine glücklichere Zukunft hinüberretten möge, und betonte stark den

---

frontistischen Totalrevisioninitiative aussprach und in ganz ähnlicher Weise den Wandel betonte (vgl. Gazette de Lausanne v. 2.8.1934, S. 3 f.; auszugsweise Übersetzung in NZZ v. 2.8.1934).

43 Vgl. Abschnitt V.A.

Übergangscharakter der Neujahrsfeier. In dieser Neujahrsansprache tritt Gott als Person, im Unterschied zu allen andern Ansprachen, ganz zurück und wirkt nur als „göttliche Vorsehung". Es handelt sich um eine Rede, die keinen Bitt- und Predigtcharakter hat und von den andern Reden insofern abweicht. Es sollte sich in der Nachkriegszeit und in der späteren Hochkonjunktur immer deutlicher erkennen lassen, dass die Bundesräte diesem Modell einer fast oder ganz „gott-losen" Ansprache folgten. Das musste indessen einmal auffallen[44]. 1945 hob Bundespräsident von Steiger in der Schlussphase des Krieges hervor: „Von diesem Dank erfüllt, stellen wir fest: wieder durften wir unter göttlicher Obhut ein Jahr, vom Kriege verschont, in Frieden und Freiheit zubringen."

Mit der grossen Fahnen-Ehrung vom 19. August 1945 auf dem Bundesplatz in Bern führte General Guisan zum Ende des Aktivdienstes eine grosse Feier durch. Es traten verschiedene Redner auf. General Guisan wünschte am Ende seiner Ansprache: „Gott behüte Euch, erhabene Banner!" Bundespräsident von Steiger betonte seinerseits: „Der allmächtige Gott hat uns vor den Schrecken des Krieges bewahrt."[45] Die Reden enthalten ansonsten in auffälliger Weise nur wenige religiöse Elemente; es scheint, dass nach der Bedrohung die gewohnte Arbeitsteilung zwischen Kirchen und Politik sich wieder einspielte: Gott gehört in die Kirche und das Weltliche zu den Politikern.

Bundespräsident Kobelt brach 1946 mit der Tradition der bittenden Neujahrsansprachen und sprach seinen weltlichen Dank aus. Er dankte nicht Gott, sondern dem Volk: „Ihr habt widerstanden". Damit wird ein neuer Stil einer Neujahrsansprache eröffnet: Die Gefahr ist vorbei und damit ist selbstredend das Bedürfnis nach Schutz, Bewahrung der Gegenmacht Gott entfallen.

In den letzten Jahrzehnten vermindern sich die präsidialen Äusserungen zu Gott. Sie beschränken sich auf das blosse Wort „Gott", etwa in Form des Segen Gottes oder des Vertrauens auf Gott (2004, 1996, 1995, 1991, 1987, 1985, 1979), andere Bezeichnungen wie der Allmächtige oder der Höchste fehlen.

Vor allem in den älteren Reden erscheint Gott als ein allmächtiger Vater, an den Bitten gerichtet werden können und bei dem man sich für er-

44 Vgl. Anm. 74.

45 Vgl. die Erinnerungsschrift an die Fahnen-Ehrung, 19.8.1945 in Bern, Bern 1945, S. 44 ff. Zitat S. 48 (General *Guisan*), S. 49 ff. Zitat S. 50 (Bundespräsident *von Steiger*).

füllte Bitten bedankt. Gott ist der „Herrgott“[46], der „Allmächtige“[47], der „Höchste“[48], er hat die letzte Verantwortung, er handelt, lässt zu, verhindert, richtet. Diese Anrufungen Gottes entstammen Vorstellungen herkömmlicher, paternalistischer Religiosität. Für die Bundesräte der letzten Kriegszeit ist Gott der Allmächtige mit Handlungsvollmacht, der die Schweiz wirksam beschützt. Das Verhältnis dieses Gottes zum Bundesrat und zum Schweizer Volk ist gemäss den Reden ein Vater-Kind-Verhältnis. Bei dem so verstandenen Gott scheint es sich um eine Projektion politischer Vorstellungen zu handeln. In der schweizerischen Demokratie unter den Bedingungen des Weltkrieges hatte der Bundesrat das Volk zu führen und ihm mitzuteilen, was falsch und richtig ist. Er war dafür ja mit ausserordentlichen Vollmachten ausgestattet und sein Machtgebrauch wurde lediglich von den Vollmachtenkommissionen beider Räte begleitet. Es war ein autoritärer Bundesrat, der das Schweizervolk führte. Eben diese Aussage liesse sich auch vom Gottesbild der Bundesräte machen. Freilich entspricht dieses autoritäre Gottesbild auch der damaligen Theologie.

Heute gibt es andere Gottesbilder, wie den fragenden, den zärtlichen, den liebenden, den phantasievollen, den diskutierenden oder den beharrlich schweigenden Gott. Diese anderen Gottesbilder können in den aktuellen Reden der Politiker nicht erscheinen, denn in der Zivilreligion muss der angerufene Gott zu Strenge und zu Paternalismus neigen[49]. Die Zivilreligion sucht das zu erreichen, was die politische Macht in der Demokratie nicht fertigbringt: Sie will den Eigennutz und den Egoismus der Bürger begrenzen und diese auf das Gemeinwohl hin orientieren. Dieses Ziel unterstützt nur ein gestrenger Gott. In den letzten Jahrzehnten wird Gott nur noch als Name erwähnt, eigentliche Anrufungen Gottes und Gebete fehlen. Daraus kann man mangels positiver Aussagen zu Gott nicht schliessen, dass sich das Gottesbild in den Neujahrsansprachen geändert hätte. Die Bundesräte haben vielleicht festgestellt, dass Gott ein grosser Schweigender ist. Freilich müsste das reflektiert erfolgen, indem sie in ihren Reden dieses Schweigen thematisieren, was aber nicht geschieht. Die Bundesräte sind hinsichtlich Gott sprachlos geworden; also hat auch Gott die Sprache verloren. Er wirkt menschenfern, einsam und entrückt un-

46 1942, 1943, 1953.
47 1942, 1951, 1961, 1964, 1969, 1971.
48 1971.
49 Vgl. *R. Bellah*, Civil Religion in America (Anm. 3), S. 26.

wirklich und wird in den letzten Jahren von einem Surrogat bedroht: der Schöpfung.

### *B. „Schöpfung“ als Gottessurrogat*

Die Präambel der Bundesverfassung erwähnt nach der Anrufung Gottes und der Nennung von Volk und Kantonen auch „die Verantwortung gegenüber der Schöpfung“. Es handelt sich um einen neuen Schlüsselausdruck, der in den neuesten Reden gerne – zusammen mit oder ohne Gott – erwähnt wird. In der 1. August-Ansprache von 2002 an der Expo hob Bundesrat Schmid das Engagement „für den Respekt vor der Schöpfung hervor“. Bundesrat Leuenberger hielt dank den neuen regionalen Naturpärken dafür, dass der Mensch „den ihm zustehenden Platz in der Schöpfung zu finden und diesen in Verantwortung zu nutzen“ habe[50]. Am 19. September 2004 sprach Bundesrätin Calmy-Rey an der Arlesheimer Bettagsfeier. Sie machte keinen Bezug zu Gott und einem Jenseitsglauben, vielmehr sollte der Bettag „unterstreichen [...], dass wir [...] mit der ganzen Schöpfung verbunden sind“. Bundespräsident Schmid erwähnte anlässlich des Tsunami in Asien vom 26. Dezember 2004 in seiner Neujahrsansprache: „Die Urgewalt der Natur erinnert uns Menschen einmal mehr daran, dass wir Teil der irdischen Schöpfung sind“, und in einer Rede vom 17. Februar 2006 erwähnte Schmid die Schöpfung im Sinne der Präambel[51].

Es fragt sich was „Schöpfung“ zivilreligiös bedeutet. Sie benötigt das Subjekt des Schöpfers; es handelt sich um einen primär religiösen, christlichen Begriff. Schöpfung und Schöpfer sind in geradezu klassischer Art in den Schöpfungsberichten des Alten Testamentes aufeinander bezogen:

> „Am Anfang schuf Gott Himmel und Erde; die Erde war aber wüst und wirr, Finsternis lag über der Urflut, und Gottes Geist schwebte über dem Wasser.
>
> Gott sprach: Es werde Licht. Und es ward Licht. [...]
>
> So wurden Himmel und Erde vollendet und ihr ganzes Gefüge. [...] Gott segnete den siebten Tag und erklärte ihn für heilig [...] denn an ihm ruhte Gott, nachdem er das Ganze Werk der Schöpfung vollendet hatte.“ (Gen 1, 1-3; 2, 1.3)

50 *Moritz Leuenberger*, Wer die Stadt nicht ehrt, ist der Alp nicht wert. Rede vom 29.9.2003 am 54. Geographentag in Bern, www.uvek.admin.ch/dokumentation, „Reden und Texte“.

51 *Samuel Schmid*, Ethik ist nicht teilbar. Ansprache an der Ethik-Tagung vom 17.2.2006 des Lassalle-Institutes in Zürich, www.vbs.admin.ch, „Reden“.

Ähnlich sind im Neuen Testament Schöpfer und Schöpfung prägend. Das Johannesevangelium wird eröffnet mit: „Am Anfang war das Wort … Alles ist durch das Wort geworden und ohne Wort wurde nichts“ (Joh 1, 1.3). Wie schon in der Genesis im Schöpfungsbericht erschafft das Wort die Welt, also die „Schöpfung“. An allen neuen Reden, die die Schöpfung anführen, fällt auf, dass jeglicher Bezug zum Schöpfer fehlt. Die Zivilreligion der Gegenwart kommt charakteristischerweise ohne Schöpfer aus. Es scheint, dass „Schöpfung“ als ein neutraler Begriff die Anliegen eines weltweiten Umweltschutzes wohlklingend, abendländisch-kulturell erhöht. Der Begriff ist deshalb von grossem Wert, weil er die nicht religiös Gläubigen anspricht, ohne aber die Religiösen zu verletzen. Denn im Ursprung ist „Schöpfung“ ein biblischer Begriff, der nun in der Präambel zur Bundesverfassung von 1999 prominent figuriert. Es scheint fast, als würde die „Schöpfung“ zu einer Art Gottessurrogat; denn sie lässt interpretatorisch alle Möglichkeiten offen und ist infolge ihrer biblischen Herkunft auch den religiösen Menschen ein Wohlklang.

### *C. Segen*

Der wichtigste Restbestand Gottes in den Neujahrsansprachen ergibt sich aus dem präsidialen Segenswunsch. Der Segen findet sich sowohl im Alten wie im Neuen Testament und kann als die Bitte um die Zuwendung Gottes verstanden werden. Die Urformulierung des christlichen Segens findet sich im Buch Numeri (6, 22-27, zitiert 24-26), als Jahwe Mose anwies, wie die Israeliten zu segnen seien:

> „Der Herr segne dich und behüte dich.
> Der Herr lasse sein Angesicht über dir leuchten und sei dir gnädig.
> Der Herr wende sein Angesicht dir zu und schenke dir Heil.“

Der Segen soll die Gegenwart, die Nähe oder die Aufmerksamkeit Gottes herbeiführen, der den so Gesegneten Schutz, Heilung, Frieden oder Stärke schenkt. Die gegenteilige Wirkung hat der Fluch: Der an eine Person gerichtete Wunsch, Gott möge abwesend sein, soll Unheil herbeiführen. Der Segen stellt freilich kein Sakrament und keine Weihe dar, denn er hat keine „materiellen“ und bleibenden Wirkungen. Der Segen kann von jedermann ausgesprochen und stets wiederholt werden[52].

52 Vgl. *Dorothea Greiner*, Art. „Segen und Fluch“, in: RGG, 4. Aufl., Bd. VII, Tübingen 2004, Sp. 1131 ff. (1136). M.w.H. *H. Reiner*, Dankbarkeit, in: Histori-

Ein Segenswunsch ohne Gott ist undenkbar, denn er wurzelt direkt in der Bibel und der christlichen Tradition. Das haben auch die Bundespräsidenten so gesehen, bis in die Gegenwart wird gegebenenfalls nur der „Segen Gottes“[53] und nicht etwa ein beliebiger oder demokratischer Segen erteilt. Gott hat sich in den Neujahrsansprachen deshalb gerade beim Segenswunsch erhalten. Fehlt einmal bei einem präsidialen Segenswunsch die Erwähnung von Gott, ist Gott in den Reden andernorts ausdrücklich angesprochen. In diesen Reden wird also der Segen stets als ein Segen Gottes gesehen[54].

## *D. Besinnung*

Der Ausdruck „Besinnung“ bezeichnet das Überlegen, Nachdenken oder Erinnern an etwas. Daraus mag die Tugend des besonnenen, des wohlüberlegten Handelns herrühren. Die Besinnung findet in der Regel in einem Moment der Ruhe und des Dazwischen statt, nicht aber in einem lärmigen und umtriebigen Umfeld. In den Gottesdiensten der Kirchen werden die Feiernden oft zur Besinnung aufgerufen, und das wird durch Momente des Schweigens noch unterstützt.

Aus diesem Grund haben die Bundespräsidenten den arbeitsfreien Feiertag des 1. Januar oft als einen Moment der Besinnung oder des Nachdenkens bezeichnet, so etwa in den Jahren 1942, 1947, 1950, 1951 (Nachdenken), 1957, 1957, 1958, 1963, 1964 (Nachdenken), 1969, 1973, 1977, 1980 (Nachdenken), 1987 und zum letzten Mal 1988. Bundespräsident Streuli führte in seiner Rede 1957 dementsprechend aus: „In dieser Stille der Besinnung ist es dem Menschen gegeben, die Geschehnisse eines ganzen Jahres rückblickend zu schauen.“ Im Anschluss verwendete er in seiner Rede noch zweimal diesen Ausdruck, was noch nie ein Bundespräsident in dieser Häufung getan hatte. Besinnung wird manchmal von den Bundespräsidenten auch eher mit „Konzentration auf etwas“ als mit „innehaltendem Nachdenken“ identifiziert. Das geschieht etwa in den Reden von Bundespräsident Holenstein, der sich 1958 auf die geistigen

---

sches Wörterbuch der Philosophie, hg. von Joachim Ritter, Bd. II: D-F, Basel-Stuttgart 1972, Sp. 9 ff.

53 So in den Jahren: 2005, 2004, 2002, 2000, 1998, 1997, 1990, 1985, 1984, 1981, 1979, 1977, 1973, 1971, 1969, 1965 usw.

54 Das ist gerade bei den älteren Reden der Fall, wo Gott ohnehin einen grösseren Raum einnimmt, so 1961, 1947, 1942.

und moralischen Werte besinnen wollte, welche die Grundlage der Eidgenossenschaft bilden, ähnlich auch Bundespräsident Etter, der sich 1947 darauf besann, was „uns einigt". 1991 und 1993 haben die Bundespräsidenten Cotti und Ogi zur Selbstbesinnung aufgerufen, was den Versuch bezeichnet, durch das Nachdenken über sich selbst das Selbstbewusstsein zu stärken. Seither wurde in den Neujahrsansprachen nicht mehr zur „Besinnung" aufgerufen. Man kann annehmen, dass der Ausdruck heute zu kirchlich wirkt und deshalb in einer Zeit des zurückgehenden Kirchenbesuchs auch in zivilreligiöser Verwendung nicht mehr angezeigt ist. Religion und Zivilreligion schreiten Hand in Hand.

### *E. Dank*

Der Dank ist keine spezifisch christliche Kategorie, sondern vielmehr ein Prinzip der Gerechtigkeit. Schon in der heidnischen Antike haben sich die Philosophen mit der Pflicht des Dankes gegenüber einer empfangenen Wohltat beschäftigt. „Man muss dem, der uns gefällig gewesen ist, Gegendienste erweisen und auch seinerseits mit Freundlichkeit beginnen."[55] Nach Aristoteles werden an sichtbarer Stelle Tempel der Chariten (Göttinnen der Anmut) errichtet, damit man dankbar ist. Aristoteles erkannte darin den sozialen Zweck, die Gemeinschaft zusammenzuhalten. Der Grossgesinnte scheut sich, Wohltaten zu empfangen, denn das tut der Unterlegene. Vielmehr erwidere er Wohltaten durch noch grössere, „denn so wird der, der begonnen hat, ihm verpflichtet und wird der Beschenkte sein"[56]. Diese Überlegung lässt sich – wie gleich gezeigt werden wird – auf die Dankrhetorik der Bundesräte und Politiker anwenden.

Thomas von Aquin entwickelte diesen Gedanken weiter, indem er die Dankbarkeit als eine besondersartige Tugend heraushob[57]. Hier und im Christentum generell wird der Mensch-Mensch-Bezug der Dankbarkeit gelockert, indem die Dankbarkeit des Menschen gegenüber Gott in den Vordergrund gestellt wird. Die Dankbarkeit macht im Christentum ganz wesentlich die Gemeinschaft der Gott-Glaubenden aus: „Dankt für alles; denn das will Gott von euch, die ihr Christus Jesus gehört"[58]. Die Um-

55 Vgl. *Aristoteles*, Nikomachische Ethik 1133a 4 f.
56 *Aristoteles*, Nikomachische Ethik 1124b 12-14.
57 Vgl. *Thomas von Aquin*, Summa Theologiae, II-II, q 106 a 1 c.
58 1 Thess 5, 18 f.; siehe auch Eph 5, 20.

kehrfolgerung ist nur konsequent. Es macht den prekären Charakter der Heiden aus, dass sie Gott „nicht gedankt“[59] haben.

Dieser Rückblick macht die zwei Dimensionen des Dankes sichtbar: (1) In der Mensch-Mensch-Beziehung vergilt der Dank eine erwiesene Wohltat, wobei es der Mächtige gar nicht zu dieser Wohltat kommen lässt bzw. sie überbietet, denn sie zeigt ihn als einen „Unterlegenen“; (2) in der Mensch-Gott-Beziehung wird die Dankbarkeit ein wesentliches gemeinschaftsbildendes Merkmal der Gläubigen, die Gott stets Dankbarkeit erweisen. Gleichzeitig verdrängte die religiöse Beziehung die sozial ordnende Aufgabe der Dankbarkeit, wie sie die Antike kannte.

Den Dank richtet ein Subjekt an sein Gegenüber, das eine Wohltat geleistet hat. Untersucht man in den Neujahrsansprachen die Aussagen zum Dank, so zeigen sich im Lauf der Jahrzehnte Schrumpfungsprozesse hin zu einem abstrakten Dank. Während des Zweiten Weltkrieges dankten alle Bundespräsidenten Gott selbst für die Bewahrung vor dem Krieg; sie folgten der christlichen Dankespraxis. Typisch für eine religiöse Vollform des Dankens sind die Formulierungen der Bundespräsidenten Etter und Celio 1942 und 1943: Beide danken dem „Herrgott“ für die ersparte Prüfung bzw. den erwiesenen Beistand im Krieg. Auch in den andern Kriegsjahren richtet sich der Dank direkt an Gott.

Nach 1945 hat sich die antike Dankesauffassung durchgesetzt: Der Bundespräsident dankt dem Volk oder auch bestimmten Gruppen von Menschen. In der Mensch-Mensch-Beziehung hat der Dank die Aufgabe, die Gemeinschaft zusammenzuhalten. Das war etwa 1946 deshalb nötig, weil der äussere Druck weggefallen war und Konflikte anstanden, die während des Krieges nicht ausgetragen werden konnten. Bundespräsident Kobelt sagte 1946: „Es drängt mich, allen Schweizern und Schweizerinnen für ihre vaterländische Haltung, für den unerschütterlichen Durchhaltewillen, für ihre Opferbereitschaft und für alles, was sie für ihr Land und Volk getan und getragen haben, herzlich zu danken.“ Nach dem Krieg wird nur noch 1961 und 1971 (Bundespräsidenten Wahlen und Gnägi) Gott gedankt.

Vielmehr ist in der Demokratie und im demokratischen Zeitalter einem breiten Personenkreis zu danken, nämlich:

- dem Volk, das für das notleidende Ausland spendet (Etter 1947 und Schmid 2005),

59 Röm 1, 21.

- den Kranken, die eine gute seelische Kraft ausströmen (Etter 1953),
- den Auslandschweizern für ihre Treue oder Anhänglichkeit (Petitpierre 1955 und 1960; Tschudi 1970; Celio 1972; Bonvin 1973; Schlumpf 1984),
- den Dienern der Kirche, die den Geist reinhalten (Wahlen 1961),
- den am Sonntag Arbeitenden (Celio 1972),
- den Pflegenden in den Spitälern und Heimen (Bonvin 1973),
- den älteren Mitbürgern und den Generationen, die im letzten Krieg widerstanden haben (Cotti 1991, der sich gleichzeitig dagegen wandte, die Kriegsgeneration an den Pranger zu stellen; Cotti 1998; Ogi 2000),
- den Lehrern (Wahlen 1961) oder
- jenen, die sich persönlich einsetzen (Delamuraz 1989)[60].

Die Basis der Dankesempfänger hat sich immer mehr verbreitert. Mehrere Bundespräsidenten haben einen demokratischen, d.h. an jedermann gerichteten Dank abgestattet, so zuerst Bundespräsident Spühler 1963[61]:

> „Zum Dank gibt der Neujahrstag auch Anlass, wenn wir an unsere Nächsten in der Familie denken, aber auch an die Mitarbeiter an der eigenen Arbeitsstätte und an das Personal in den privaten und öffentlichen Dienstbetrieben, die uns auf freundliche Art das tägliche Leben erleichtert haben. Wir danken den vielen Unbekannten, die auf selbstverständliche Weise Schwierigkeiten aller Art aus dem Wege räumen und wirkliche *Diener der Gemeinschaft* sind. Es sei nur erinnert an die aufopfernde Leistung des Bahn- und Postpersonals und der Strassenarbeiter bei der Behebung der grossen Verkehrsschwierigkeiten um die Weihnachtstage. Voller Dankbarkeit wollen wir aber auch sein gegenüber den Erziehern unserer Kinder und gegenüber unseren Frauen und Müttern, deren Arbeit im Hause wir oft allzu gering schätzen.“

Neben der Demokratisierung des Dankes ist eine Entwicklung feststellbar, die im Ergebnis eine ähnliche Wirkung herbeiführt: Die Abstrahierung des Dankes durch die wohl häufigste Formel „Angesichts der Mühsale und Schwierigkeiten, die vielfach anderswo bestehen, ist sicher *Dankbarkeit* am Platz“ (von Steiger 1951; ähnlich Villiger 2002) oder

60 Speziell mit der Entstehung der Neujahrsansprache zusammen hängt ein Dank, den 1941 Bundespräsident *Wetter* seinem Vorgänger *Pilet-Golaz* und 1942 *Etter* seinem Vorgänger *Wetter* abstatteten: den Dank für die gute Amtsführung. Es ging darum, die Neujahrsansprache als ein Übergangsritual überhaupt erst spürbar zu machen. Heute wäre dies unvorstellbar.

61 Einen ähnlich demokratisch breiten Dank sprach im Jahr 2000 Bundespräsident *Ogi* aus.

„Dass ich heute zu Ihnen aus dem Zimmer spreche, in dem der Bundesrat seit 1857 seine Sitzungen abhält, soll ein weiteres Zeichen der Dankbarkeit sein“ (Cotti 1998). Der Dank wird in vielen Reden noch weiter zurückgenommen, indem nur von der „Dankbarkeit“ die Rede ist, dass es „uns“ so gut geht (Stich 1994; Schlumpf 1984; Honegger 1982). Die hochabstrakte „Dankbarkeit“ an sich mag im Ergebnis auf die blosse Nichterwähnung von Dank und Dankbarkeit hinauslaufen, die auch häufig vorkommt[62]. Noch weitgehender, aber im Charakter nicht anders als der breite Dank von Bundespräsident Spühler 1963 ist der allgemein demokratische Dank, den Bundespräsident Ogi 2000 ausspricht:

> „Wir sind dankbar dafür, dass die Schweiz das schwierige Jahrhundert, das hinter uns liegt, ohne Krieg überstanden hat.
>
> Wir danken den drei Generationen,
>
> die unserem Land im letzten Jahrhundert gedient haben;
>
> die es mit ihrem Wissen, Können und Wollen durch turbulente Zeiten führten;
>
> die ein modernes, gerechtes und soziales Staatswesen geschaffen haben. [...]
>
> Sie [die Schweiz] bietet Spitzenleistungen: in der Kultur, in der Wirtschaft, im Sport und in der Forschung. Dank den Menschen, die an ihre Zukunft glauben. Dank den Menschen, die an ihrer Zukunft arbeiten.
>
> Dank Ihnen, liebe Zuschauerinnen und Zuschauer!“

Bundespräsident Ogi dankt nicht nur jenen, die dem Land Leistungen erbracht haben. Vielmehr dankt er auch den aktuellen Fernsehzuschauern und Fernsehzuschauerinnen, ohne dass er eine weitere dankenswerte Leistung erwähnt. Der Dank wird auf diese Weise demokratisch allgemein ausgesprochen und erhält vor dem Hintergrund der Überlegungen von Aristoteles einen eigenartigen Charakter. Ist der für keine Leistung ausgesprochene Dank an das Fernsehvolk eine Wohltat, die den so Dankenden zu einem Grossgesinnten macht? Oder erweist das so grundlos mit Dank bedachte Fernsehvolk dem Redner eine andere Wohltat? Die genaue Antwort ist nicht zu geben; eindeutig ist einzig, dass die eine oder andere Variante zutrifft, denn beide gehorchen den Gesetzen des demokratischen Zeitalters. Der von Bundespräsident Ogi ausgesprochene demokratische Dank an alle ist also keineswegs sinnlos.

62 In den Jahren 2004, 2003, 2001, 1999, 1995-1997, 1993, 1992, 1985-1990, 1983, 1974, 1981, 1965-1968, 1962, 1959, 1956, 1954, 1949, 1948.

### *E. Friedenswunsch*

Die Neujahrsansprachen waren wegen des Weltkrieges von Anfang an von einem steten Friedenswunsch begleitet. Alle Ansprachen der Kriegszeit wünschen Frieden. In der Rede von Bundespräsident Celio 1943 findet sich der Friedenswunsch mehrfach. In weltpolitischer Hinsicht sagte er:

> „Viele vermuten, das neue Jahr werde der Welt den Frieden wieder schenken. [...] Ich fürchte (das) verwirkliche sich nicht, falls der Friede rein vom Sieg der Waffen abhängen sollte. Die beiden kriegsführenden Mächtegruppen sind noch zu widerstandsfähig und mächtig. Nur unbekannte und unabwägbare Gründe, nur der Friedenswille der Regierenden und ihrer Völker werden seine Wiederkehr schon im Laufe des heute beginnenden Jahres beschleunigen können.
>
> Und doch ist der Herzenswunsch des Bundespräsidenten: Gerechter und dauerhafter Friede kehre unter die Völker zurück! Es ist der Ruf der kleinen neutralen Schweiz, die Hass und Groll weder kennt noch kennen kann und will, die sich vielmehr schon heute in den Dienst des Friedens stellt, den schönsten und erhabensten aller Dienste an der Menschheit.“

Es handelt sich um eine ausgesprochen „neutrale“ Formulierung. Celio sprach nur von den „Mächtegruppen“, und beide Gruppen hatten nach Celio offenbar keinen Friedenswillen. Der Redner hatte die Lage erkannt: Es handelte sich um einen Vernichtungskrieg, der erst mit dem gewaltsamen Ende des Gegners enden sollte.

Nachdem die Befürchtung von Bundespräsident Celio sich bewahrheitet hatte, erkannte auch Bundespräsident Stampfli 1944 keinerlei Friedensmöglichkeit:

> „Nicht ohne Enttäuschung nehmen wir von dem alten Jahre Abschied. Den so sehnlich erwarteten Frieden hat es uns nicht gebracht. Mit grösster Erbitterung kämpfen die Völker weiter. Zwar erflehen auch sie nicht weniger leidenschaftlich den Frieden, aber nur einen Frieden, den sie von einem Sieg über den Feind erwarten. Und darum geht der Krieg erbarmungslos weiter. [...] Tiefstes Mitgefühl ergreift uns mit den vom Kriege so furchtbar heimgesuchten Nationen. Was sie zu erleiden und zu erdulden haben, übersteigt alle unsere Vorstellungen und muss uns umso dankbarer gegenüber einem gütigen Schicksal machen, das uns bis heute von Krieg und Hungersnot verschont hat. Zu dem Mitgefühl gesellt sich auch das Bedürfnis, den Opfern des Krieges zu helfen, soweit wir die Möglichkeit und die Mittel dafür besitzen. Solange wir das Glück haben, nicht in die Katastrophe hineingerissen zu werden, wollen wir uns dieser Menschlichkeitspflicht nicht entziehen.“

Man kann nur vermuten, dass sich Stampfli von der entsprechenden Stelle in der Rede von Bundespräsident Celio im Vorjahr inspirieren liess und sie um das Mitgefühl erweiterte. Die strikt neutrale Haltung bleibt, aber sie ist um eine wichtige Dimension ergänzt: Die Schweiz will den Opfern des Krieges helfen. Das Vorbild, der Rotkreuz-Gründer Henri Dunant, wurde in einer einzigen Neujahrsansprache (1993) erwähnt, dagegen mehrfach in anderen Reden und Feierlichkeiten[63].

Nicht nur der Zweite Weltkrieg brachte das Thema Frieden in den Neujahrsansprachen auf. Vielmehr ist der Friede in den Neujahrsansprachen wegen der zeitlichen Nähe zu Weihnachten angelegt. So rezitierten 1941 und 1942 die Bundespräsidenten Wetter und Etter jeweils den Engelsruf der Weihnachtsbotschaft nach Lk 2, 14. Bundespräsident Furgler sagte, ähnlich wie sein Vorgänger Schlumpf ein Jahr zuvor, in der Neujahrsansprache 1985: „Wir haben Weihnachten gefeiert, die Friedensbotschaft vernommen, die allen zuteil wird, die guten Willens sind.“ Der Friedensruf des Weihnachtsengels hält bis Neujahr an. Das Friedensthema bleibt auch wegen den internationalen Krisen und Kriegen in jedem Jahr aktuell und wird deshalb stets thematisiert. Bundespräsident von Steiger schloss seine Rede 1949 mit dem Titel des Kirchenliedes „Dona nobis pacem“, das freilich mit Weihnachten nichts, aber mit der christlichen Liturgie viel zu tun hat.

Das Friedensthema ist in fast allen Neujahrsansprachen bis zur Gegenwart angesprochen. Der Kalte Krieg nährte das Gefühl, dass der Friede prekär und gefährdet bleibe[64]. Freilich hat sich die aus dem Friedensruf des Weihnachtsengels hergeleitete Formulierung verflüchtigt. Sie wurde 1984 und 1985 noch einmal verwendet, aber in den letzten Jahren wurden mehr der innere und der soziale Friede sowie die persönliche „Zufriedenheit“ (1958, 2003, 2004), sozusagen ein individueller Friede, betont. Die Sphäre des Individuellen rückt gegenüber dem kollektiven Denken stark in den Vordergrund.

63 Siehe z.B. an Stelle vieler Reden: *Giuseppe Motta*, Discours prononcé dans la cathédrale de Berne le 6 mai 1928 à la mémoire d'Henri Dunant, in: Giuseppe Motta, Testimonia Temporum 1911-1931. Discorsi e Scritti Scelti, Bellinzona 1931, S. 227 ff.

64 In der neueren Zeit zuletzt noch 1977 und 1986.

### *F. Wünsche der Erfüllung von Glück, Gesundheit, Erfolg*

In kaum einer Neujahrsansprache fehlen der Glückwunsch sowie allenfalls der Wunsch nach Erfüllung weiterer Bedürfnisse wie etwa Gesundheit, Erfolg usw. Es handelt sich sozusagen um das weltliche Pendant des Segenswunsches. Namentlich der Glückwunsch hat sich deshalb so stark durchgesetzt, weil er weltlich-philosophisch verstanden werden kann, ohne dass er den religiösen Menschen negativ tangiert. Der Glückwunsch ist die Formel, die sich zwischen den Polen der Unverbindlichkeit und des persönlichen Angesprochenseins bewegt. Die Neujahrsansprachen setzen deshalb dieses vielfach verwendbare Wort oft ein. Meist ist der Glückwunsch in eine klassische Formel eingebettet, wie sie etwa Bundespräsident Villiger gebraucht hatte: „Im Namen des Bundesrates wünsche ich Ihnen für das Jahr 1995 Glück, Gesundheit, Mut und Zuversicht!" Mit dieser allgemeinen Formel werden fast alle Bedürfnisse abgedeckt. Sowohl der religiöse wie der areligiöse Mensch werden angesprochen. Es mag sein, dass im Zuge der Pluralisierung sich auch die Wünsche vervielfältigen. Bundespräsident Villiger erweiterte die Wunschformel 2002: „Den Jüngeren wünsche ich Mut zum Aufbruch und Erfolg im Beruf, den Älteren Gesundheit und Lebensqualität, den Kranken Linderung der Schmerzen, Geduld und Genesung, den Behinderten Kraft und Zuversicht, Ihnen allen Glück und Gottes Segen!" Diese schon reiche Liste von Wünschen liess sich nicht mehr weiter ausbauen, im Jahr 2005 verminderte sie Bundespräsident Schmid wieder auf den unerlässlichen Bedarf an guten Wünschen: „Ich wünsche Ihnen Mut, Zuversicht, Gesundheit, Glück und Gottes Segen."

Der Glückwunsch passt in eine Zeit des Individualismus mit einem ausgeprägten wirtschaftlichen Wachstum. Bundespräsident Furgler übertrug 1977 das wirtschaftliche Wachstum auf das Glück: „Wie froh wäre ich am Ende dieses Jahres, wenn wir sagen könnten: Wir sind in unseren Familien, im Beruf und in unserem Land ein wenig glücklicher geworden, als wir es zuvor waren". 1983 hatte Bundespräsident Aubert diese Steigerung ebenfalls gewünscht: Er wünschte den Bürgern „mehr Glück".

Denkt man freilich die Steigerung des Glücks Jahr für Jahr – wie jene der Wirtschaft – zu Ende, so stellt sich die Frage nach den Grenzen des Wachstums. Der Wunsch nach einem jährlich gesteigerten Glück kollidiert mit dem Anliegen zivilreligiöser Praxis: Diese will den Menschen sittliche Bande anlegen und sie dazu führen, dass der Zusammenhalt im konkreten politischen Gemeinwesen aufrecht erhalten bleibt. Diesem politischen Ziel ordnen sich Menschen unter, die noch für andere Ziele leben, als bloss für das eigene Glück[65].

## *V. Neujahrsansprachen als Auslöser konfessioneller Auseinandersetzung*

### *A. Niklaus von Flüe als zivilreligiöser Heiliger?*

Bundespräsident Etter schloss seine Neujahrsansprache am 1. Januar 1942 mit folgenden Worten[66]:

> „Ich stelle das kommende Jahr, eure Familien, unsere Armee, all unsere Arbeit und unsere Sorgen unter den Schutz des Allmächtigen und unseres Landesvaters Bruder Klaus, damit er uns auch im neuen Jahr den äusseren und inneren Frieden bewahre!"

Etter ahnte wohl nicht, dass dieser Satz zu einem konfessionellen Disput führen würde, da die Protestanten darin eine katholische Vereinnahmung der Politik sahen. Der Evangelische Pressedienst protestierte gegen diesen Schlusssatz, und in der katholischen und protestantischen Presse begann ein wochenlanger Disput über die Bedeutung des Pronomens „er". Handelte es sich dabei um Gott oder um Bruder Klaus, wie das die protestantische bzw. katholische Auffassung verlangte? Die Zeitung „Die Nation" hielt dafür, dass hier ein „schändlicher Missbrauch mit einem um das Vaterland verdienten Manne" getrieben, der schlimmste Aberglauben gefördert und ein offenes Geschäft mit der Religion getrieben werde[67]. Gemässigte Protestanten stellten zutreffend fest, dass ein Schaden entstanden und dass es mit dem konfessionellen Frieden nicht so weit her sei[68]. Auch Karl Barth vertrat 1944 zu Bruder Klaus einen pointiert konfessionalistischen Standpunkt, indem er festhielt, dass „die Sache mit dem heiligen Klaus, so wie sie jetzt in der katholischen Kirche behandelt

65 Vgl. das Zitat bei Anm. 24.

66 NZZ v. 2.1.1942, Bl. 3, S. 1.

67 Siehe die Zusammenfassung dieser Diskussion in der Evangelischen Volkszeitung v. 23.1.1942, Nr. 4, S. 3.

68 Siehe die vorerwähnte Evangelische Volkszeitung v. 23.1.1942, Nr. 4, S. 3 sowie *Urs Altermatt*, Religion, Nation und Gedächtnis im Schweizer Katholizismus – Das Beispiel von Klaus von Flüe als polyvalente Erinnerungsfigur, in: SZRKG 100 (2006), S. 31 ff. (41).

wird, der christlichen Wahrheit nicht entspricht. Und wir glauben dabei gerade den *heiligen* Klaus auf unserer Seite zu haben"[69]. Der Streit dauerte latent an, auch nachdem Niklaus von Flüe 1947 vom Papst heilig gesprochen wurde.

Die vom katholisch-konservativen Bundesrat Etter betriebene Zivilreligion war an eine unüberwindbare Grenze gestossen und hatte einen kontraproduktiven Effekt bewirkt. Statt die Leidenschaften durch die Religion im Interesse des Staates zu bändigen, war das Gegenteil eingetreten: ein konfessioneller Streit, der das Land spaltete. Das Beispiel zeigt, dass der Umgang mit Zivilreligion nicht ohne Risiken ist. Die Mobilisationsfunktion von Zivilreligion kommt zum Zug, aber in einem Sinn, der den Absichten ganz zuwiderläuft.

Zivilreligion kennt auch „Zivilheilige". Ist aber die Heiligkeit gerade ein Streitpunkt zwischen den Konfessionen, so entzündet sich daran ein Streit. Etter hatte hier in der Tat die katholische Auffassung der Heiligen vertreten und die Protestanten damit provoziert. Zivilheilige sind Persönlichkeiten, die ein Vorbild für das gegenwärtige Leben im Staat darstellen. Dies gilt für Bruder Klaus mit seiner Vermittlung und Friedensbemühung, sodann sind etwa zu nennen: Henri Dunant[70], der für die Kriegsversehrten eintrat, und Heinrich Pestalozzi[71], der sich für die Jugend einsetzte. Man kann in einem unspezifischen Sinne sagen, dass diese Persönlichkeiten zivilreligiös kanonisiert wurden, da sie auch in vielen anderen Reden angesprochen werden und es an ihren runden Geburts- und Todestagen stets spezielle Feiern mit bundesrätlichen Reden gegeben hatte. Freilich darf sich ihr Leben nicht mit einer konfessionellen Auffassung von Heiligkeit verbinden. Daher können sie im Sinne der protestantischen Auffassung lediglich Vorbilder von Christen bzw. in der Zivilreligion von Bürgern sein.

Bundespräsident Furgler benutzte 1981 Bruder Klaus als einen echten Zivilheiligen, ohne konfessionellen Anstoss zu erregen:

> „Mit diesem 1. Januar beginnt für die Kantone Freiburg und Solothurn ein besonders freudiges Jahr: 500 Jahre sind verflossen, seit die acht Alten Orte an der

69 *Karl Barth*, Ein Heiliger, in: Leben und Glauben. Evangelisches Wochenblatt 19 (1944), Heft 45, S. 8 f., zitiert bei *U. Altermatt*, Religion, Nation und Gedächtnis (Anm. 68), S. 41.

70 Bundespräsident *Ogi*, 1993. Dunant wird in vielen anderen Reden, aber ansonsten nirgends in Neujahrsansprachen hervorgehoben.

71 Bundespräsident *Kobelt*, 1946; Bundespräsident *Ogi*, 1993.

> Tagsatzung von Stans der Aufnahme der damaligen Stadtkantone Freiburg und Solothurn in den Bund zustimmten. ‚Die Tagsatzung drohte zu scheitern, und die siegreiche Eidgenossenschaft stand am Vorabend des Bürgerkriegs‘ (Walter Nigg). In letzter Stunde brachte eine Botschaft des Einsiedlers im Ranft Niklaus von der Flüe die rechthaberischen Haudegen zur Einsicht. Die acht Alten Orte schlossen erstmals ein gemeinsames Bündnis, das an Stelle der bisherigen Einzelbünde trat und die Einheit gewaltig stärkte. Durch die Aufnahme von Freiburg und Solothurn wurde der Bund der Eidgenossen ins Zweisprachige erweitert. Wir haben daher heute allen Grund, Volk und Behörden der eidgenössischen Stände Freiburg und Solothurn zu gratulieren und ihnen für die Zukunft Glück zu wünschen.“

Mit der Erwähnung von Walter Nigg, einem protestantischen Theologen, der sich unter anderem mit den Heiligen beschäftigt hatte[72] und in katholischen Kreisen grosses Ansehen genoss, hatte Furgler die Zivilheiligen in dem Rahmen eingesetzt, der vorgegeben ist.

## *B. Der fehlende Herrgott*

Seit dem letzten Weltkrieg verschwindet Gott zunehmend aus den politischen Reden, vor allem aus den Neujahrsansprachen der Bundesräte. Dieser Auszug Gottes konnte nicht unbemerkt bleiben, zumal der Kalte Krieg und die Gefahr des Kommunismus noch lange andauerten. Man findet in den Neujahrsansprachen von 1935, 1946, 1949, 1950, 1952, 1955, 1956, 1965 usw. das Wort „Gott“ als solches nicht. Allerdings tauchen etwa in den Reden der Bundespräsidenten Minger 1935 und Feldmann 1956 ausgeprägte Bibel- und Kirchenliedzitate auf, die implizite Gottesnennungen sind.

In der Neujahrsansprache von 1957 erwähnte Bundespräsident Streuli, dass die ungarischen Flüchtlinge „von ihren Mitmenschen in christlicher Nächstenliebe und Teilnahme nicht vergessen würden“; im Übrigen kam aber „Gott“ als Wort im Redetext nicht vor. Das war dem Freiburger Professor (1950-1974) für Wirtschafts- und Sozialpolitik, Willy Büchi (1907-1990)[73], nicht entgangen. Büchi war Mitglied des (katholischen) Schweizerischen Studentenvereins und präsidierte diesen während zehn Jahren. Wenige Tage nach der Neujahrsansprache erschien ein von ihm unterzeichneter Artikel im „Vaterland“[74]: „Und der Herrgott, Herr Bun-

72 *Walter Nigg*, Grosse Heilige, Zürich 1947.
73 Vgl. Nachruf in Civitas 1991, S. 378-380.
74 Vaterland v. 5.1.1957, Nr. 4, 3. Bl., S. 5.

despräsident?“ Büchi bemängelte, dass dem „landesväterlichen Wort, das am Neujahrstag an uns gerichtet wurde, […] doch der letzte tragende Grund und jene geistige Tiefe, aus der Kraft zu schöpfen wäre“, mangelte. Er drückte sein ungläubiges Staunen darüber aus, dass der höchste Magistrat eine Neujahrsbetrachtung anstellen konnte, „ohne darin den Herrgott nur mit einer einzigen Silbe zu erwähnen“. Das sei ausgerechnet in einer Zeit vorgefallen, deren satanische Dämonie auch blinden Zeitgenossen die geistigen Augen geöffnet habe (Anspielung auf den Ungarnaufstand 1956). Und Büchi fragte rhetorisch: Wo werde jenen, die gegen den Unterdrücker aufgestanden seien, „Gerechtigkeit zuteil werden, wenn nicht vor einem ewigen Richter?“

Der Freiburger Professor hob die zivilreligiöse Bedeutung von Gott hervor: „Wo sollen die Menschen die Kräfte holen, […] wenn nicht in diesen göttlichen Ordnungen?“ Die Menschen seien deshalb „zu sehr nur dem Tag verpflichtet“, „weil wir den alten, starken Gottesglauben und den Glauben an seine verpflichtenden Gebote […] verwässert, säkularisiert […] haben“. Büchi rügte die „im buchstäblichen Sinne des Wortes, gott-lose Ansprache“ Streulis. Dabei bräuchte das Schweizervolk ein „Wort über seinen Herrgott und einen Hinweis auf dessen Machtschutz, dem unsere Landesregierung […] in ihren Rundschreiben ihre Miteidgenossen zu empfehlen pflegt.“ Büchi nahm Streuli wörtlich auf, als er schrieb: „‚So sei uns der Neujahrstag 1957 Tag der Besinnung, des Dankes und der Hoffnung‘, so sagte der Bundespräsident. Ja, aber Besinnung worauf, des Dankes an wen und der Hoffnung auf wen?“ Büchi hat hier einen zentralen Punkt der Neujahrsansprachen seit dem Weltkrieg getroffen.

Büchi hatte den Auszug Gottes aus den Reden erkannt. Die ursprünglich stark zivilreligiösen Ansprachen enthalten nach dem Krieg nur noch schwache Andeutungen. Büchi genügte der bundesrätliche „Wunsch für das Wohlergehen aller Menschen, die guten Willens sind“ deshalb nicht, weil er als bibelfester Katholik sich der ganzen Bibelstelle, nämlich „der ähnlich lautenden, aber ihrem Sinn nach so grundverschiedenen Weihnachtsbotschaft: Friede den Menschen, die guten Willens sind“[75] erinnerte. Das verkürzte Bibelzitat war für Büchi kein Ersatz für den fehlenden Ausdruck „Gott“. Bundespräsident Streuli hat in den Augen von Willy

75 Lk 2, 14 übersetzt nach der Vulgata (in terra pax hominibus bonae voluntatis). Die Einheitsübersetzung übersetzt den griechischen Urtext genauer: „Friede bei den Menschen seiner [scil. Gottes] Gnade“.

Büchi wohl den Rat Tocquevilles nicht ganz beachtet, so zu handeln, als glaubte er selbst daran[76].

## *C. Konfessioneller Konflikt*

Der Artikel von Büchi löste in der Presse eine Diskussion aus, die allerdings ganz den parteipolitischen Grenzen folgte. Seine Rüge fand ausserhalb der katholischen Welt kaum Zustimmung. Der Vorwurf eines Katholisch-Konservativen musste an den Parteilinien abprallen. So wollte etwa die sozialdemokratische „Volksstimme“ in Zürich[77] den freisinnigen Bundespräsidenten nicht „gegen die skurrilen Geschmacklosigkeiten des konservativen Professors in Schutz nehmen“. Vielmehr sollte dem „klerikalen Propagandaschlager“ entgegengetreten werden, die heutige Krisenzeit (1957) sei eine Folge der aufklärerischen Freiheitsideologie. Dabei seien doch die Totalitarismen entstanden, wo die Konservativen die Freiheit behindert hätten. Die Bollwerke der freien Welt seien die Demokratien des Westens und nicht die „christlichen Staaten schwarzer Prägung“. Dabei dürfe die Religion „nicht zum politischen Mummenschanz degradiert“ werden, denn sie sei Privatsache jedes Bürgers. Damit war der zivilreligiöse Ansatz abgetan. Auch die „Berner Tagwacht“ glossierte den Streit um den „gottlosen“ Streuli: „Und der liebe Gott, der doch den Anlass zu diesem Gezänk liefern musste? Er dürfte höchstens mitleidig den Kopf geschüttelt haben, ob jenen, die ihn immer wieder als Vorwand für politische Stänkereien missbrauchen“[78]. Der Berner „Bund“ fand, dass man von den Bundesräten heute alles „Menschenunmögliche“ verlange, und zudem müsse Büchi zugeben, dass Streuli wohl den Frieden, Freiheit und Menschenwürde feierte, also Errungenschaften der christlich-abendländischen Kultur hervorgehoben habe. Es komme nicht so sehr auf das Wort „Gott“ an als vielmehr auf den Geist und schliesslich die Taten[79].

Der evangelische Pressedienst sprach Büchi zwar einen gewissen Ernst zu[80]. Allerdings überwogen die Bedenken. Bei den religiösen Betrach-

76 Vgl. Anm. 25.

77 Volksstimme v. 8.1.1957, Nr. 6.

78 Berner Tagwacht v. 18.1.1957, Nr. 14, S. 2.

79 Vgl. Der Bund v. 9.1.1957 Nr. 12 Morgenausgabe, S. 3; ähnlich der Leserbrief T. im Bund v. 28.1.1957 Nr. 44 Morgenausgabe, S. 7.

80 Vgl. Kirchenbote des Kantons St. Gallen, Nr. 2 v. 15.2.1957, S. 7.

tungen der Staatsmänner bestehe die Gefahr, die eigenen Ansichten und Entscheidungen christlich zu untermauern. Eine Staatsführung nach dem Evangelium verlange unendlich viel mehr als nur die Erwähnung des Namen Gottes. Im Wissen, dass christliche Bezüge in politischen Reden oft leere Formeln seien, sei es wichtiger, dass die Massstäbe des Glaubens zur Anwendung gebracht würden. Der evangelische Pressedienst verwies auf Mt 7, 21: „Jesus hat das Wort gesagt: Es werden nicht alle, die Herr, Herr zu mir sagen, ins Himmelreich kommen, sondern die den Willen des Vaters im Himmel tun".

Im Luzerner Kantonsparlament löste der Beitrag von Willy Büchi eine hitzige Diskussion aus. Kantonsrat Bossart von der Katholisch-Konservativen Partei befragte die Regierung zu ihrer Vernehmlassungsantwort für das Projekt einer Bundessteuer für juristische Personen. Der Interpellant äusserte die Hoffnung, dass das Finanzdepartement gebührend Rücksicht auf die föderalistische Einstellung des Luzernervolkes nehme, und dabei möge Bundespräsident Streuli „bei der Regelung der Finanzreform von einer besseren Hand geleitet werden als jener, die ihm die Feder führte, als er seine Neujahrsbotschaft zu Papier brachte. Dort hat er nämlich vergessen, den Namen Gottes anzurufen"[81]. In der Folge verliessen die liberalen Kantonsräte aus Protest den Saal. Der liberale Fraktionspräsident verlangte von Bossart eine Entschuldigung gegen die „masslose Verunglimpfung des Bundespräsidenten". Der protestantische Abgeordnete von Goumoëns, der der KK-Fraktion angehörte, erklärte, dass die Konservativen den Fauxpas von Bossart bedauerten. Die Katholisch-Konservativen wollten es nicht auf diesen Konflikt ankommen lassen und Bossart äusserte, es sei ihm nicht um eine Beleidigung von Bundespräsident Streuli gegangen; er habe auch nicht die Amtsführung des Departements anzweifeln wollen. Er entschuldigte sich, und die liberalen Abgeordneten beruhigten sich wieder – die Sitzung konnte fortgeführt werden. Der Vorfall, der in der Schweizer Presse eine grosse Beachtung fand, illustriert die noch immer starke konfessionelle Spaltung jener Zeit. Die Feststellung, dass Bundespräsident Streuli und andere vor ihm zunehmend auf die Anrufung Gottes in ihren feierlichen Reden verzichteten, wurde unter diesen Umständen gar nicht gehört. Vielmehr galt sie als ein Parteimanöver, das als solches inhaltlich ohne Berechtigung sein musste.

81 National-Zeitung v. 16.1.1957, Nr. 25, 2. Ausgabe, S. 3; siehe ferner: Basler Nachrichten v. 17.1.1957, Nr. 25, Abendblatt, 1. Beilage, S. 2; NZZ v. 16.1.1957, Blatt 2, Morgenausgabe Nr. 127, S. 1.

Vielleicht war es eine Konsequenz von Büchis Artikel, dass im Folgejahr Bundespräsident Holenstein als Katholisch-Konservativer in seiner Neujahrsansprache die Bürger Gottes Machtschutz anempfahl und umgekehrt die Kurzformel von Lk 2, 14 fortan von keinem Bundespräsidenten mehr verwendet wurde[82].

Ob Büchi mit seinen Vorwürfen recht gehabt hat, lässt sich nicht feststellen. Es ist indes interessant, den Nekrolog zum Tod von Streuli zu lesen, den Bundesrat Brugger am 28. Mai 1970 hielt. Die Neujahrsansprache von 1957 spielt in dieser Rede keine Rolle und ebenso wenig der „Herrgott“. Brugger zählt die hervorragenden Leistungen von Streuli auf und die Tatsache, dass er ein rauhbeiniger und anspruchsvoller Vorgesetzter gewesen sei. Schliesslich folgt eine persönliche Reminiszenz und die Aussage, dass ein guter Eidgenosse gestorben sei[83]. An dem Nekrolog fällt die diesseitige Betonung aller Aspekte dieses Lebens auf. Das mag als eine Aussage über Streuli oder über den Redner Brugger gedeutet werden. Zumindest einen der beiden Politiker könnte man im Sinne von Büchi als „gott-los“ ansehen; freilich ist diese Form von Gottlosigkeit nicht etwa ein individueller Vorwurf als vielmehr ein Abbild der Zeit.

Über seine Bedeutung im parteipolitischen Streit hinaus benennt Büchis Artikel den Rückzug Gottes aus den politischen Reden. Dieser Rückzug ist nicht zu verhindern, denn „niemand“ ist dafür verantwortlich und vor allem kann das Vorkommen Gottes entgegen verbreiteter Ansicht nicht allein willentlich gefördert werden. Ein politisch denkender Bundespräsident muss auch bei einer zivilreligiösen Veranstaltung wie seiner Neujahrsansprache mit dem religiösen Stoff der Gesellschaft arbeiten, der real vorhanden ist. Befinden sich Gott und die christliche Religion in der Gesellschaft auf dem Rückzug, so wird auch der Bundespräsident in seiner Ansprache entsprechend zivilreligiös vorgehen. Er ist nicht in der Lage, den Trend umzukehren. So hatte der Bundesrat nach einer politischen Diskussion im Jahr 2003 die Empfehlung in Gottes Machtschutz am Ende seiner Kreisschreiben aufgegeben[84]. Es ist indes kein Widerspruch, dass die Bundesräte vermehrt in Kirchen und Gottesdiensten auftreten und

82 Die volle Form von Lk 2, 14 taucht in den Reden von 1941, 1942 und 1984 und 1985 auf. Das zeitliche Zusammenfallen gleich je zweimal hintereinander mag ein Zufall sein; vermutlich liessen sich die Redner vom Vorjahr inspirieren. Die Kurzform wurde 1944, 1946 und 1954-1957 verwendet. *Büchi* scheint den Bundespräsidenten die Verwendung der Kurzform verunmöglicht zu haben.

83 Documenta Helvetica 1970/3, Nr. 9, S. 81-85.

84 Vgl. *A. Kley*, Geschichte als nationale Selbstbehauptung (Anm. 39), S. 474 f.

dort zum Teil nicht nur sprechen, sondern gar predigen. Das ist die Antwort auf den Rückzug Gottes aus der Gesellschaft, und es ist nur folgerichtig, wenn die führenden Politiker diesen Rückzug mitmachen. Die Neujahrsansprache des Jahres 2007 ist symptomatisch und keineswegs ein Einzelfall: Mit Gottes Machtschutz entschwindet der Gebrauch von Bibel und Kirchenliedzitaten bis auf einen Restbestand, der – ohne dass die Herkunft noch bekannt wäre – in der politischen Alltagssprache verbleibt. So erwähnte in der Neujahrsansprache 2007 Bundespräsidentin Calmy-Rey die „Menschen guten Willens", nicht aber Gott. Wer von den Zuhörern und von den Politikern weiss noch, dass es sich um den verstümmelten Engelsruf der Weihnachtsbotschaft handelt?

## *VI. Zivilreligion in den Reden der Bundesräte – Ausblick*

### *A. Zivilreligiös schlechtes Gewissen macht sich bemerkbar*

Gott ist aus den Reden ausgezogen, nachdem er während Jahrzehnten und vor allem in den Zeiten des Umbruchs und der Krisen darin einen prominenten Platz eingenommen hatte. Was sagt das zivilreligiöse Gewissen dazu? Dieses musste sich zu Wort melden, denn es ist in den letzten Jahrzehnten unübersehbar geworden, dass Individualismus, Egozentrismus und Eigennutz auf dem Vormarsch sind.

Diese Entwicklung wird dadurch bestätigt, dass in den letzten Jahren Verschiedenes entstanden ist, was Gegensteuer geben könnte. So haben die Bundesräte begonnen, am Bettag als Redner aufzutreten, seit 1998 gibt es die parlamentarische Gruppe „Eidgenössische Besinnung", und seit einigen Jahren treten die Bundesräte gerne in Kirchen auf, um im Rahmen eines Gottesdienstes oder einer Feier eine Ansprache zu halten. Im Folgenden wird beispielhaft auf die Entwicklung beim Bettag eingegangen.

Der Bund hat nie ein offizielles Bettagsmandat verbreitet, nachdem sich etwa im 19. Jahrhundert die Kantone dagegen gestemmt hatten. Auch spätere Bemühungen einer bundeseinheitlichen Begehung des Bettags scheiterten, ebenso wie 1977 eine parlamentarische Initiative für einen autofreien Bettag[85]. So ist der Bettag seit jeher ein normaler Sonntag

85 Vgl. Parlamentarische Initiative über autofreie Sonntage vom 1.11.1977, BBl 1978 I 185 ff.

mit Bettagsmandaten, soweit die Kantone diese überhaupt noch kennen[86]. Früher waren die Bundesräte kaum an einzelnen Bettagsfeiern der Gemeinden als Redner aufgetreten[87]. Erst seit wenigen Jahren haben sie den Bettag als Rede-Anlass entdeckt.

Am 16. September 2001 sprach Bundespräsident Leuenberger an einer Feier in der Abbatiale von Payerne zum Bettag. Er rief auf, „sich für eine gerechte und soziale Welt einzusetzen"[88], und versuchte, den eidgenössischen Bettag auch für die Nichtgläubigen sinnvoll zu machen: „Auch wer nicht gläubig ist und eine gerechte Welt mit den Parolen der Französischen Revolution [...] erreichen will, indem er sich auf die menschliche Vernunft verlässt, ist sich am heutigen Tag seiner Verpflichtung, aber auch seiner Grenzen bewusst". Und schliesslich sollte das „nicht nur am Bettag" geschehen. Die Abkehr vieler Menschen von den traditionellen Kirchen macht es nötig, die Nichtgläubigen an eine andere „Zivilreligion" heranzuführen, nämlich an jene der Aufklärung. Das ist allerdings keine Zivilreligion mehr, da sie nicht mehr vom Jenseitsglauben gespiesen wird.

Am 19. September 2004 sprach Bundesrätin Calmy-Rey an der Arlesheimer Bettagsfeier und nutzte den Bettag für das Anliegen, die vom Bundesrat beschlossene Kohäsionsmilliarde[89] zu verteidigen. Die Verbindung zum Bettag erreichte die Rednerin, indem sie diesen zu einem „ökumenischen Festtag, einem Tag der Solidarität" erklärte[90], sonst fehlten aber religiöse Bezüge.

Am 18. September 2005 trat Bundespräsident Schmid am Bettag in Bern auf[91], wo er „in einer Zeit, in der alles super, cool und mega sein"

86 *Jakob Frey*, Bettagsmandate 2003 kantonaler Regierungen, in: SJKR 8 (2003), S. 252 ff.

87 So sprach etwa Bundespräsident *Motta* am Bettag 1920 in Bellinzona zum Andenken an die in der Schweizer Armee im Dienst verstorbenen Soldaten, vgl. *G. Motta*, Testimonia Temporum 1911-1931 (Anm. 63), S. 175 ff. (179); deutsche Übersetzung BBl 1920 IV 427 ff. (432); französische Übersetzung BBl 1920 IV 430 ff. (435).

88 Vgl. *Moritz Leuenberger*, Die Rose und der Stein. Grundwerte in der Tagespolitik. Reden und Texte, Zürich 2002, S. 10 ff.

89 Vgl. dazu die Botschaft zum Bundesgesetz über die Zusammenarbeit mit den Staaten Osteuropas vom 31.3.2004, BBl 2004 1953.

90 *Micheline Calmy-Rey*, Solidarität mit Osteuropa. Arlesheimer Bettagsfeier vom 19.9.2004, www.eda.admin.ch, „Dokumentation", „Reden".

91 *Samuel Schmid*, Wort zum Eidgenössischen Dank-, Buss- und Bettag, 18.9.2005, www.vbs.admin.ch, „Reden".

müsse, einen Kontrapunkt setzen wollte. Der Bettag möge auf den ersten Blick altmodisch erscheinen, aber auf den zweiten Blick sei er höchst aktuell: Der Bettag sei ein willkommener Tag zum Innehalten. Der Redner ging auf die Geschichte des Bettages ein; Thema seiner Rede ist die Präambel der Bundesverfassung. Es zeigt sich hier, dass der neue Präambeltext als Grunddokument für die moderne Zivilreligion genutzt werden kann. „Diese Präambel […] sagt an sich alles, was es zum heutigen Bettag zu sagen gilt. Hören wir hin!“ Und im Anschluss daran las Schmid den Präambeltext vor. Schliesslich betonte er die Bedeutung der Solidarität, ohne diese mit einem konkreten politischen Anliegen zu verbinden. Der Bettag erscheint in dieser Rede als ein Tag der Verstärkung der Bundesfeier, und ähnlich wie bei den vorgängigen Reden sollen Solidarität und Gemeinsinn gestärkt werden. Zivilreligiös erkennbar wird in dieser Rede die Rolle der Verfassungspräambel an sich: Sie ist sozusagen das „Zivilgebet“, das gesprochen wird[92].

Der Bettag ist ein Anlass geworden, an dem die Bundesräte unter Bezugnahme auf Geschichte und religionsnahe Begriffe für politische Anliegen oder die Stärkung der Solidarität eintreten. Der Bettag wird auf Bundesebene allerdings kaum zu einem wichtigen Anlass präsidialer Reden werden, da er zu nahe am 1. August ist und keine Rolle als zweiter Nationalfeiertag übernehmen kann. Die Vermutung ist nicht von der Hand zu weisen, dass das zivilreligiös aufmerksam gewordene schlechte Gewissen Gegensteuer geben will. Die Versuche, die Bedeutung des Bettages sowie weiterer (quasi-)religiöser Anlässe zu steigern, zeigen paradoxerweise auf eine gesellschaftlich-religiöse Hauptströmung: Die traditionelle Religion der Landeskirchen und die von ihr bestimmten Sitten verlieren an Boden.

### *B. Zivilreligion in der multireligiösen Gesellschaft*

Der christliche Gott der Bibel hat durch die internationale Verflechtung ebenfalls eine Relativierung erfahren. Die Einwohner der Schweiz reisen zu Ferien- und Geschäftszwecken in alle Länder und kommen in Kontakt mit anderen Religionen. Ferner bringen die Einwanderer, die von vielen Bundespräsidenten in den Reden ausdrücklich begrüsst werden, mitunter einen anderen Gott mit. Mittlerweile sind die Götter der anderen Glau-

92 Vgl. das Inhaltsverzeichnis zur Redensammlung von *M. Leuenberger* (Anm. 88), S. 4, das sich an der Präambel orientiert.

bensgemeinschaften ein bedeutender Faktor geworden. Auch die schweizerische Bevölkerung hat sich in einem kleinen Rahmen an ausserchristlichen Glaubensrichtungen orientiert, und es liegen zwischenzeitlich viele Glaubensangebote bereit. Die religiöse Landschaft ist in den letzten vierzig Jahren völlig umgebrochen worden.

In der gegenwärtigen westlichen Gesellschaft ist die Religion einem Wandel unterworfen, der als Individualisierung bezeichnet werden kann. Dabei werden die Menschen nicht etwa gott-los, vielmehr glauben sie an andere Inhalte als an diejenigen des traditionellen christlichen Glaubens. So hat beispielsweise die Lehre der Reinkarnation (Lehre der Wiedergeburt in einem andern Lebewesen) heute eine grosse Anhängerschaft. 1999 glaubten 33 % der Einwohner der Schweiz daran[93]. Dabei zeigt es sich, dass die früher gesamtgesellschaftlich anerkannten Traditionen und Werte sich in unterschiedliche, gemischte Individualhaltungen auflösen. Die neureligiösen Bewegungen offerieren den Einzelnen eine „Patchwork-Religion". Es ist charakteristisch, dass 1999 der Anteil der bekennenden Atheisten nur 12 % betrug, wogegen die Aussage, es gebe eine höhere Macht, nämlich den ewigen Kreislauf zwischen Mensch, Natur und Kosmos, von 63 % der Befragten anerkannt wurde.

Tocqueville hatte die gelebte Religion mit einem Jenseitsglauben als eine notwendige Voraussetzung für ein demokratisches Staatswesen angesehen: Die Religion ist für ihn eine anthropologische Grundvoraussetzung für ein gleichgewichtiges Leben der Menschen in einer demokratischen und freiheitlichen Gemeinschaft. Kein liberaler Staat kann das erzwingen, was die Religionsgemeinschaften ohne Zwang, allein aufgrund von Gottesglauben bis anhin erzeugen konnten: Zügelung des Eigennutzes, Zurückbindung der materiellen Interessen und Sittenbildung. Die Kirchen kommen der Unwissenheit zuvor[94], indem sie die Lebensfrage beantworten, warum die Menschen leben und wie sie leben sollten.

Müsste nicht etwa die praktizierte Zivilreligion auf die Veränderungen Rücksicht nehmen? Für Tocqueville war die Antwort darauf klar: Wenn

93 Vgl. *Roland J. Campiche*, Religion, Herausforderung für die Kirchen? Institut für Sozialethik des SEK, Bern 2001, und dazu NZZ Nr. 299 v. 24.12.2001, S. 12.

94 *R. Bellah*, Religion und Legitimation (Anm. 11), S. 60 f., der an die Unwissenheit seine interessanten Überlegungen zur Korruption, verstanden als Abhängigkeit, anschliesst.

eine Demokratie zwischen dem Materialismus und der Reinkarnationslehre zu wählen hätte[95],

> „so zögerte ich nicht und wäre der Meinung, dass die Bürger weniger Gefahr laufen zu verrohen, wenn sie denken, ihre Seele werde in ein Schwein eingehen, als wenn sie glauben, sie sei nicht vorhanden".

Glaubt eine Bevölkerung durchgehend an die Wiedergeburtslehre, so wird ein zivilreligiös sensibler Politiker in seiner Neujahrsansprache darauf eingehen. Für die Gegenwart fragt es sich, ob die Basis für diesen Glauben genügend stark ist. Der „Patchwork-Charakter" der neureligiösen Auffassungen bietet wohl keine genügende Basis für eine Zivilreligion. Die Individualisierung der religiösen Auffassungen macht es heute den politischen Rednern schwer, zivilreligiös anschlussfähig zu bleiben. Der Bundespräsident würde vermutlich einen weit heftigeren Protest ernten als dies Bundespräsident Etter 1942 oder Streuli 1957 widerfuhr, wenn er in seiner Neujahrsansprache sagte:

> „Ich wünsche Euch von Herzen auch in diesem Jahr die Verbesserung eures Karmas, damit ihr endgültig im Moment des Todes in das all-eine Nirwana eingehen könnt. Und ist euer Karma schlecht, so werdet ihr als Schweine wiedergeboren und ihr habt eine neue Chance."

Dieses Gedankenexperiment ist zugegebenermassen überspitzt. Aber gleichwohl ist die Situation ausgesprochen offen. Kehren die Menschen zum traditionellen Glauben an den Gott der Bibel zurück, wie ihn die Kirchen lehren, verstärkt sich die Patchwork-Religion oder nehmen andere Religionen Überhand?

Die in den Reden praktizierte Zivilreligion passt sich an die veränderten religiösen Strömungen der Bevölkerung an. Ansätze dazu sind bereits erkennbar[96], insofern in den Reden auch neureligiöse oder areligiöse Gruppen angesprochen werden. Das ist folgerichtig, denn neue und andere religiöse Glaubensinhalte wirken auf die Zivilreligion zurück. Metaphysische Religion und Zivilreligion gehen Hand in Hand.

95 Vgl. *A. de Tocqueville*, Über die Demokratie in Amerika, II. Teil (Anm. 19), S. 215.

96 Beispiel: Die Rede am Bettag 2001 von Bundesrat *M. Leuenberger* (Anm. 88), S. 10 ff.

## *C. Von der Zivilreligion zur Sakralisierung*

Vielleicht bleibt nur der Widerschein der sich wandelnden christlichen Konfessionen. Dieses Licht ist freilich noch genügend hell, um vielfältige politische Schatten zu werfen. Das Bedürfnis nach Religion bleibt und die formale Struktur von Religion bietet sich stets als Mittel der Politik an.

Gottes Anrufung und die Verwendung von Bibeltexten rücken eine Feier und die in ihr auftretenden Personen in ein Licht, dessen Quelle aus der metaphysischen Welt herüber strahlt. Damit gewinnen die Autorität des Amtes, der Anlass und die Überzeugungskraft des Anliegens einer solchen Veranstaltung. In den letzten Jahren haben die Redner immer mehr vermeintliche oder tatsächliche Gottessurrogate, wie etwa den Ausdruck „Schöpfung“[97], verwendet. Diese haben als Worte von hoher Autorität den gleichen Effekt, nehmen Rücksicht auf die religiöse Individualisierung und gelten als allgemein überzeugend. Diese wichtigen ehemals religiösen oder andern Begriffe wie eben Schöpfung, Menschenrechte und -würde, Nachhaltigkeit usw. spielen als sakrale Begriffe des Politischen eine bedeutende Rolle. Sie sind sozusagen die Nachfahren der einstigen Zivilreligion und vermögen, richtig eingesetzt, eine beträchtliche Überzeugungskraft für die mit ihnen verbundenen Anliegen zu entwickeln. Wer ein politisches Anliegen als von der Menschenwürde geboten erklärt, der will jeden Gegner in die Tabuzone verbannen. Mit dem Einsatz sakraler Begriffe[98] entsteht eine andere Form von Zivilreligion, die sozusagen ohne Gott auskommt, aber teilweise die Aufgaben der Zivilreligion übernimmt. Im Unterschied zur Zivilreligion geht der Sakralisierung die umfassende Wirkung ab, denn sie ist ein rhetorisches Vehikel für Einzelanliegen.

Die Zukunft der Religion lässt sich nicht vorhersagen, und dementsprechend auch nicht jene der Zivilreligion. Der hier vorgenommene Rückblick auf die Neujahrsansprachen der Bundespräsidenten zeigt grundlegende Veränderungen auf. Was kommen wird, ist offen. Tocqueville fragte: „Und was soll man tun mit einem Volk, das als Herr seiner selbst nicht Gott untertan ist?“[99] Gott ist gegenwärtig in den bundesrätlichen

97 Vgl. Abschnitt IV.B.

98 *Andreas Kley*, Sakralisierung von Staatsrecht und Politik, in: Mélanges Pierre Moor, Berne 2005, S. 95-114.

99 *A. de Tocqueville*, Über die Demokratie in Amerika. I. Teil (Anm. 13), S. 444.

Neujahrsansprachen nicht mehr stark präsent, aber die Pläne Gottes kennt niemand.

## *Quellenverzeichnis sämtlicher Neujahrsansprachen der Bundespräsidenten*

| Jahr | Bundespräsident-/in | Quelle |
|---|---|---|
| 2007 | Micheline Calmy-Rey | http://www.admin.ch/ch/d/cf//alloc/index0101.html |
| 2006 | Moritz Leuenberger | http://www.admin.ch/ch/d/cf//alloc/index0101.html |
| 2005 | Samuel Schmid | http://www.admin.ch/ch/d/cf//alloc/index0101.html |
| 2004 | Joseph Deiss | http://www.admin.ch/ch/d/cf//alloc/index0101.html |
| 2003 | Pascal Couchepin | http://www.admin.ch/ch/d/cf//alloc/index0101.html |
| 2002 | Kaspar Villiger | http://www.admin.ch/ch/d/cf//alloc/index0101.html |
| 2001 | Moritz Leuenberger | NZZ 3.1.2001 Nr. 1, S. 12 |
| 2000 | Adolf Ogi;<br>Moritz Leuenberger | http://www.admin.ch/ch/d/cf//alloc/index0101.html;<br>Rede zu Neujahr im Berner Münster am 1.1.2000 (http://www.uvek.admin.ch/dokumentation, „Reden und Texte") |
| 1999 | Ruth Dreifuss | http://www.admin.ch/ch/d/cf//alloc/index0101.html |
| 1998 | Flavio Cotti | Documenta 1998/1, S. 2 |
| 1997 | Arnold Koller | Documenta 1997/1, S. 18 |
| 1996 | Jean-Pascal Delamuraz | NZZ 3.1.1996, Nr. 1, S. 13 |
| 1995 | Kaspar Villiger | Documenta 1995/1, S. 2 |
| 1994 | Otto Stich | Documenta 1994/1, S. 2 |
| 1993 | Adolf Ogi | Documenta 1993/1, S. 2 |
| 1992 | René Felber | Documenta 1992/1, S. 3 |
| 1991 | Flavio Cotti | http://www.admin.ch/ch/d/cf//alloc/index0101.html |
| 1990 | Arnold Koller | Documenta 1990/1, S. 2 |
| 1989 | Jean-Pascal Delamuraz | Documenta 1989/1, S. 2 |
| 1988 | Otto Stich | Documenta 1988/1, S. 14 |
| 1987 | Pierre Aubert | Documenta 1987/1, S. 2 |
| 1986 | Alphons Egli | Documenta 1986/1, S. 2 |
| 1985 | Kurt Furgler | Documenta 1985/1, S. 2 |
| 1984 | Leon Schlumpf | Documenta 1984/1, S. 2 |
| 1983 | Pierre Aubert | Documenta 1983/1, S. 3 |
| 1982 | Fritz Honegger | Documenta 1982/1, S. 2 |
| 1981 | Kurt Furgler | Documenta 1981/1, S. 2 |
| 1980 | Georges-André Chevallaz | Documenta 1980/1, S. 3 |
| 1979 | Hans Hürlimann | NZZ 3.1.1979, Nr. 1, S. 21 |
| 1978 | Willy Ritschard | Documenta 1978/1, S. 2 |
| 1977 | Kurt Furgler | Documenta 1977/1, S. 2 f. |
| 1976 | Rudolf Gnägi | NZZ 3./4.1976 S. 25 f. |
| 1975 | Pierre Graber | NZZ 3.1.1975, S. 11 |
| 1974 | Ernst Brugger | Documenta 1974/1, S. 1 f. |
| 1973 | Roger Bonvin | Documenta 1973/1, S. 2 f. |

| | | |
|---|---|---|
| 1972 | Nello Celio | Documenta 1972/1, S. 1 |
| 1971 | Rudolf Gnägi | NZZ 4.1.1971, Nr. 2, Morgen, S. 17 |
| 1970 | Hans-Peter Tschudi | Documenta Helvetica 1970/1, S. 1 ff. |
| 1969 | Ludwig von Moos | NZZ 3.1.1969, Morgen, S. 9 |
| 1968 | Willy Spühler | NZZ 2.1.1968, Morgen/Mittag, S. 13 |
| 1967 | Roger Bonvin | NZZ 2.1.1967 Morgen/Mittag, S. 4 (Auszug) und Transkription der Radioansprache aus Radioarchiv |
| 1966 | Hans Schaffner | NZZ 3.1.1966, Morgen, S. 4 |
| 1965 | Hans-Peter Tschudi | NZZ 3.1.1965, Samstag/Sonntag, S. 5 |
| 1964 | Ludwig von Moos | NZZ 2.1.1964, Morgen/Mittag, S. 3 |
| 1963 | Willy Spühler | NZZ 2.1.1963, Morgen/Mittag, S. 4 |
| 1962 | Paul Chaudet | NZZ 2.1.1962, Morgen/Mittag, S. 4 |
| 1961 | Friedrich Traugott Wahlen | Wahlen, Dem Gewissen verpflichtet, Zürich 1966, S. 152 ff. oder NZZ 2.1.1961, Bl. 3 |
| 1960 | Max Petitpierre | NZZ 3.1.1960 Samstag/Sonntag, S. 5 |
| 1959 | Paul Chaudet | NZZ 2.1.1959, Morgen/Mittag, S. 3 |
| 1958 | Thomas Holenstein | NZZ 2.1.1958, Morgen/Mittag, S. 2 |
| 1957 | Hans Streuli | NZZ 2.1.1957, Morgen/Mittag, S. 3 |
| 1956 | Markus Feldmann | NZZ 2.1.1956, Berchtoldsausgabe, S. 3 |
| 1955 | Max Petitpierre | NZZ 3.1.1955, Morgen S. 4 |
| 1954 | Rodolphe Rubattel | NZZ 3.1.1954, Samstag/Sonntag, S. 4 |
| 1953 | Philipp Etter | NZZ 2.1.1953, Morgen/Mittag, S. 2 |
| 1952 | Karl Kobelt | NZZ 3.1.1952, Morgen, S. 3 |
| 1951 | Eduard von Steiger | NZZ 2.1.1951, Morgen, S. 3 |
| 1950 | Max Petitpierre | NZZ 2.1.1950, Nr. 11, Berchtoldsausgabe, S. 3 |
| 1949 | Ernst Nobs | NZZ 3.1.1949, Morgen, S. 1 |
| 1948 | Enrico Celio | NZZ 2.1.1948, Berchtoldsausgabe, Bl. 2, S. 2 |
| 1947 | Philipp Etter | NZZ 2.1.1947, Berchtoldsausgabe, Bl. 2, S. 2 |
| 1946 | Karl Kobelt | NZZ 3.1.1946, Morgen, S. 1 |
| 1945 | Eduard von Steiger | NZZ 2.1.1945, Morgen, Bl. 1 |
| 1944 | Walther Stampfli | NZZ 3.1.1944, Nr. 9, Morgen, S. 1 |
| 1943 | Enrico Celio | NZZ 3.1.1943, Nr. 15, Sonntag, Bl. 3, S. 2 |
| 1942 | Philipp Etter | NZZ 2.1.1942, Berchtoldsausgabe, Bl. 3, S. 2 |
| 1941 | Ernst Wetter<br>Marcel Pilet | NZZ 2.1.1942, Berchtoldsausgabe, S. 3 |
| 1935 | Rudolf Minger | Neujahrsgruss des Bundespräsidenten an das Schweizervolk, Radio-Ansprache vom 1.1.1935, in: Rudolf Minger spricht, 24 Reden, Bern 1967, S. 120 f. oder NZZ 2.1.1935, Bl. 2, S. 1. |

SJKR/ASDE 12 (2007), S. 57-71

# Die Öffentlichkeit der Kirche, theologisch verstanden*

von Ulrich Knellwolf (Zürich)

Die Unterscheidung von Gesetz und Evangelium ist die zentrale Aufgabe jeder Theologie, die sich als evangelische – nicht bloss im konfessionellen Sinn – versteht. Ich bin überzeugt, dass die Frage nach der dem Evangelium gemässen Öffentlichkeit aufs engste damit zu tun hat.

## *I.*

Im achten Kapitel des Markusevangeliums (8, 31) kündet Jesus zum ersten Mal seine Kreuzigung und Auferstehung an. Dann folgt, am Anfang von Vers 32, die Bemerkung: „Und er redete das Wort frei heraus." Das, nachdem es von Jesus zwei Verse vorher, nach dem Bekenntnis des Petrus, noch geheissen hatte: „Und er gab ihnen strengen Befehl, sie sollten zu niemandem über ihn reden."

Dieses zweite Zitat ist zugleich eine der letzten Spuren des so genannten Messiasgeheimnisses im Markusevangelium. (Es folgen noch, mit einem etwas andern Akzent, ein Schweigegebot nach der Verklärung Jesu in Mk 9, 9 und eines vor der zweiten Leidensankündigung Mk 9, 30.) Bis dahin ist die Erzählung des Markus durchzogen vom Befehl Jesu, die Zeugen seiner Wundertaten sollten nicht davon reden.

Über das Messiasgeheimnis ist viel gerätselt worden. Sicher scheint, dass es sich um Einfügungen des Evangelisten in das ihm vorliegende Traditionsmaterial handelt. Was beabsichtigt er damit? Für mich am glaubwürdigsten – auch vom Schluss des Markusevangeliums her – ist die Erklärung, der Evangelist wolle mit dem Messiasgeheimnis eine aufgrund des Missverstehens von Jesu Wundertaten drohende theologia glo-

* Vortrag anlässlich der 20. Tagung der Schweizerischen Vereinigung für evangelisches Kirchenrecht (SVEK) am 26. Januar 2007 in Liestal. Die Vortragsform wurde beibehalten.

riae, und also ein falsches Messiasverständnis, abwehren. Dass die Gefahr einer theologia gloriae besteht, zeigt die entsetzte Reaktion des Petrus auf Jesu Leidensankündigung Mk 8, 32. Die Freudenbotschaft von Jesus Christus – vgl. Mk 1, 1 – ist eben nicht der Bericht von seiner triumphalen Heilertätigkeit, sondern die Geschichte von seiner Kreuzigung, aus der die Gewissheit seiner Auferstehung, und damit der Glaube, erwächst.

Das Messiasgeheimnis verschwindet in dem Augenblick aus dem Buch des Markus, als Jesu Kreuzigung und Auferstehung explizit Thema werden, spätestens als klar wird, dass Jesu Weg nach Jerusalem führt, Mk 10, 32 f. Nach der ersten Leidensankündigung, die das Christusbekenntnis des Petrus präzisiert, wird „das Wort frei heraus" geredet. Der griechische Begriff, der hier steht, heisst parrhäsia, was mit ‚freie Rede', aber auch, passend zum Anfang des Evangeliums, mit ‚Freudigkeit' übersetzt werden kann. Ich möchte es im Hinblick auf später zu Sagendes ‚offene Rede' oder ‚Offenheit' nennen.

Diese Offenheit, mit Mk 8, 31 einsetzend, führt nach Jerusalem und dort bis in den Tempel, wo Jesus die Hürden für den Zugang des Volkes zum Heiligtum, die Tische der Wechsler und die Sitze der Taubenverkäufer, umstösst (Mk 11, 15). Bald wird auch der das Allerheiligste verbergende Vorhang des Tempels in zwei Stücke von oben bis unten zerreissen (Mk 15, 38). Denn Christus öffnet das Allerheiligste für jedermann. Er öffnet es so weit, dass es den aus Stein gebauten Tempel nicht mehr braucht; seinen Mauern wird der Untergang prophezeit (Mk 13, 2). Es gilt: „Nichts ist verborgen, ausser damit es offenbar wird, und nichts ist Geheimnis geworden, ausser damit es an den Tag kommt" (Mk 4, 22). Stärker als es Markus im Aufbau seines Evangeliums tut, kann nicht mehr betont werden, dass die Freudenbotschaft von Jesus Christus offen – mit einem gewissen Vorbehalt sage ich: öffentlich – ergeht, weil das unabdingbar zu ihr gehört.

Freilich weise ich sogleich darauf hin, dass im Markusevangelium nicht etwa die Öffentlichkeit Jesu gegen die Nicht-Öffentlichkeit des Tempels ausgespielt wird. Der Gegensatz heisst vielmehr: Öffentlichkeit gegen Öffentlichkeit. Denn der Gottesdienst im Tempel von Jerusalem verstand sich ja durchaus als öffentlich. Er war das wichtigste Element religiöser und politischer jüdischer Öffentlichkeit zur Zeit Jesu. Vom baulichen Repräsentanten dieser Öffentlichkeit, der wie nichts anderes das Bild der Stadt Jerusalem prägte, sagt Jesus aber (Mk 13, 2): „Kein Stein wird auf dem andern bleiben, der nicht zerstört würde."

Der Zerstörung des Tempels als negativem Faktum entspricht als positives die Geschichte vom gekreuzigten Jesus samt ihren Vorgeschichten, in deren Dienst das Buch des Markus steht. Nicht nur verhandelt das Markusevangelium die Zerstörung des Tempels in der Form der Prophetie Jesu, sondern es ist nach der übereinstimmenden Ansicht der Fachleute im Zusammenhang mit der Tempelzerstörung – 70 nach Christus – entstanden. Damit nimmt das Markusevangelium eine ähnliche Stellung ein wie die alttestamentlichen Geschichtswerke als Kern des AT. Auch sie sind Reaktion auf eine Tempelzerstörung, nämlich die von 586 vor Christus. Nur, dass dieses Buch, als der Tempel wiederaufgebaut war, in Verbindung mit dessen Öffentlichkeit als Gesetzeskodex verstanden wurde statt als Hilfsmittel der viva vox.

Bei Markus ist es anders. Der Tempel ist gemäss der Ankündigung Jesu endgültig zerstört. Er wird nicht mehr aufgebaut werden. An seine Stelle tritt die viva vox evangelii, also die Geschichte Jesu, in deren Dienst das Buch steht, das Markus schreibt, und aus dem das NT wächst.

Eine Geschichte ist etwas anderes als ein Haus. Im Gegensatz zum privaten und zum öffentlichen Haus ist sie allgemein zugänglich. Zwar konnten im Altertum viele nicht lesen und war ein Buch teuer, aber es war ja zum Vorlesen gedacht oder als Gedächtnisstütze zum Erzählen, und zwar mehr auf Plätzen und Märkten als hinter verschlossener Haustür.

Eine Geschichte, deren Hilfsmittel ein Buch ist, ist auch etwas anderes als ein Brief, obwohl ein Brief in der Antike grössere Öffentlichkeit hatte als heute, da auch er zum Vorlesen bestimmt war, erst recht, wenn er sich nicht an eine Einzelperson, sondern an eine Gemeinde oder gar an eine Gruppe von Gemeinden richtete wie die Briefe des Paulus. Der Gemeindebrief meinte eben doch die Gemeinde in Korinth oder die Gemeinden in Galatien.

Eine Geschichte jedoch, basierend auf einem Buch, richtet sich genauso an die Philipper wie an mich und jedermann. Und bei Markus wird ja ausdrücklich nicht, wie nach antiker Manier am Anfang des Lukasevangeliums, so getan, als handle es sich bei dem Buch um das Sendschreiben an eine bestimmte Person. Das ist Ausdruck antiken Bildungsbewusstseins; ein Gebildeter wendet sich an einen andern Gebildeten – kein Zufall, dass das Lukasevangelium stark rhetorische Züge trägt, weit über die Antike hinaus der Ausweis, an dem höher Gebildete einander erkannten (vgl. Robert Morgenthaler, Lukas und Quintilian, Zürich 1993).

Das Buch des Markus ist jedermann offen zum Lesen, was im Altertum eben überwiegend Vorlesen und Nacherzählen und noch viel mehr Vorgelesen- und Nacherzähltbekommen hiess.

Ich weiss nicht, ob es im römischen Reich zur Zeit des Markus so etwas wie eine Zensur gab. Jedenfalls zeigt das Buch des Markus, dass es zum Schreiben dieses Buches kein amtliches Imprimatur, auch nicht etwa von Seiten der Apostel oder allfälliger Nachfolger, brauchte – zum Erzählen erst recht nicht. Und die rasche Verbreitung des Buches des Markus demonstriert, dass ein Buch von jedermann, der es wollte, abgeschrieben werden konnte; ein Urheberrecht gab es dabei nicht, und wiederum schon gar nicht fürs Erzählen.

Markus, obwohl vermutlich nicht griechischer Muttersprache, schreibt Griechisch, die internationale Umgangssprache und also die zugänglichste Sprache seiner Zeit.

Und schliesslich, ganz wichtig: Markus schreibt nicht, wie die Verfasser der neutestamentlichen Briefe, diskursive Abhandlungen in einem Fachjargon, der viele von vornherein ausschliesst, weil die Sache sich schwer verständlich machen lässt, wie der Hebräerbrief (5, 11) zugibt. Markus *erzählt*! Er erzählt – sei das nun aus mangelndem künstlerischem Talent oder, wie ich glaube, aus theologischer Taktik, kunstlos einfach. So, dass es möglichst wenig formale und sprachliche Barrieren gibt und jedes mitkommt und nacherzählen kann, auf die Gefahr hin, dass die Gebildeten die Nase rümpfen. Markus lässt Jesus in die viva vox seiner Passionsgeschichte mit ihren Vorgeschichten hinein sterben, deren Hilfsmittel das Evangelienbuch ist. Der Zugang zu einer Person ist begrenzt. Nicht einmal diese Grenze soll beim Christus mehr den Zugang verstellen.

Der Entschluss des Markus zu seinem Buch kann kaum gross genug gewertet werden. Markus schleift zwei Bastionen: die der rechtlich verfassten Öffentlichkeit, indem er den Jerusalemer Tempel mit jesuanischer Approbation geschleift sein lässt. Und die der auf die Schleifung des Tempels reagierenden ebenso gesetzlich verfassten Privatheit, indem er weder Aramäisch erzählt, was wahrscheinlich seine Muttersprache war, noch, wie Paulus, die Geschichte Jesu voraussetzend sich nur an Christen wendet, sondern in Griechisch ein jedermann zugängliches Geschichtenbuch schreibt. Die Geschichten, aus denen es sich zusammensetzt, können wir mit einem Begriff aus einer ganz andern Epoche vielleicht am treffendsten als Kalendergeschichten bezeichnen.

,Offen für alle Menschen', nennt Gottfried Schille sein schmales Heft „Redaktionsgeschichtliche Beobachtungen zur Theologie des Markus-Evangeliums" (1974), das manches dicke Buch aufwiegt. Schille in unsern Zusammenhang hinein auslegend stelle ich fest: Der Evangelist Markus ist sich der speziellen Art von Öffentlichkeit bewusst, in der das Evangelium ergeht. Sie darf weder mit offizieller Öffentlichkeit noch mit Privatheit verwechselt werden, wenn die Freudenbotschaft von Jesus Christus – der erste Satz des Markusevangeliums – nicht in Gesetzlichkeit verkehrt werden soll.

Wir haben es im Markusevangelium also mit der Unterscheidung zweier Arten von Öffentlichkeit zu tun. Ich greife noch einmal auf das Messiasgeheimnis zurück, das die Unterscheidung schärft. Die eine Öffentlichkeit, die im Wunderwerk des Tempels von Jerusalem ihren Höhepunkt hat und zu der, wie wir sahen, die exklusive Privatheit ebenso passt wie die Wundertaten Jesu im ersten Teil des Evangeliums, ist glorios. Die andere ist die der Geschichte vom Kreuz, welche gemäss dem Apostel Paulus in den Augen der gloriosen Öffentlichkeit eine Torheit ist (1. Kor. 1, 18).

Ich möchte die beiden Arten von Öffentlichkeit auch *begrifflich* unterscheiden. Darum nenne ich die Öffentlichkeit des Tempels die offizielle oder repräsentative Öffentlichkeit, der immer eine ebensolche Privatheit entspricht. Wo es offiziell zugeht, und sei es in der bescheidensten Dorfkirche, geht es in der Tendenz immer glorios zu.

Privatheit ist genau wie offizielle Öffentlichkeit durch exklusiven Zugang charakterisiert. Dass das Haus mir gehört, zeigt sich daran, dass ich jedem Fremden die Tür vor der Nase zuschliessen kann. Zutritt zu einer Synagoge hatten andererseits nur erwachsene Männer, weder Frauen noch Kinder. Man beachte, welche Kontur dadurch jene Geschichten bekommen, in denen Jesus Frauen heilt und sich Kindern zuwendet. Der Zutritt zum Tempel von Jerusalem war durch das System der Vorhöfe und der Opfergaben streng geregelt. Und den innersten Raum, das Allerheiligste, durfte überhaupt nur der Repräsentant des Volkes vor Gott, der Hohepriester, betreten. Umso mehr war das selbstverständlich trotz anderem Anschein kein privater, sondern ein höchst offizieller und öffentlicher Akt. Darum nenne ich diese Art von Öffentlichkeit auch repräsentativ.

Die andere Öffentlichkeit nenne ich die promissionale Offenheit. Es ist die Offenheit, in der die promissio evangelii ergeht. Nach der ersten Ankündigung seines Todes, Mk 8, 31, meidet Jesus offizielle Orte, und als er den offiziellsten betritt, den Tempel, sprengt er dessen Gesetzmässigkeiten und kündet entsprechend an, es werde davon kein Stein auf dem andern bleiben (Mk 13, 2). Wohl aber redet Jesus offen auf Strassen und Plätzen. Nicht an exklusiven Orten also, sondern an jedermann zugänglichen, trivialen sozusagen.

‚Trivial' kommt von ‚trivium', was, bevor es an der mittelalterlichen Universität terminus technicus für die ersten drei Studienfächer wurde, die Kreuzung dreier Wege bedeutete. Wo offizielle Reichsstrassen sich kreuzten, wurden bald inoffiziell Waren und Nachrichten ausgetauscht; ein Marktplatz entstand. Dazu hat, wenigstens ursprünglich, jedermann Zutritt. Was da gesprochen und verhandelt wird, ist trivial – eben auf dem Trivium geschehend. Abschätzig meinen kann das nur, wer nicht selbst auf dem Platz seine Ware und Zunge zu Markte trägt, sondern gut gepolstert aus der Trinkstube der Honoratioren in der ersten Etage mit gerümpfter Nase auf das bunte Treiben hinunterschaut.

Jesus redet nicht in der Trinkstube der ersten Etage, sondern im Gewühl des Marktes. Und redet entsprechend, nämlich in Gleichnissen, jenen kleinen Geschichten mit grosser Bedeutung, wie sie überall herumgeboten werden, wo Leute inoffiziell zusammenkommen. Sie sind typisch für die promissionale Offenheit.

‚Promissio' heisst ‚verbindliche Zusage', ‚Versprechen'. Ein Versprechen lohnt sich nur, wenn es das Neue, Unerhörte zusagt. Ich erinnere an das Staunen der Leute über Jesu „neue Lehre voll Gewalt" (Mk 1, 22 und 27), von der sie sagen: „Solches haben wir noch nie gesehen" (Mk 2, 12). Das wahrhaft Neue wird nie zuerst in der offiziellen Öffentlichkeit publik. Es wird zuerst gerüchteweise auf dem Marktplatz herumgeboten. Denn das wahrhaft Neue ist das von jenseits der vertrauten Gesetze Kommende; es ist das nicht Berechenbare, also nicht das, was erwartet werden kann und in einer Pressekonferenz bestätigt wird, sondern das, was unverhofft zufällt.

Und richtige promissio, wahre Sensation, braucht auch nicht auf amtliche Beglaubigung zu warten, ehe sie Glaubwürdigkeit erlangt. Sie trägt ihre Beglaubigung in sich selbst; die amtliche kommt hinterher wie die alte Fasnacht und kann nur nachsprechen, was schon ausgeplaudert worden ist.

Ich halte also fest: Die Verkündigung Jesu Christi – genetivus subjectivus *und* objectivus – ergeht nicht in repräsentativer Öffentlichkeit oder Privatheit, sondern in promissionaler Offenheit.

## *II.*

Nun ist aber in meinem Titel von der Öffentlichkeit der *Kirche* die Rede. Also ist zu fragen, wie es sich mit ihr und der promissionalen Offenheit verhalte.

Ich beziehe mich auf die knappste und treffendste theologische Definition von Kirche, die ich kenne. Sie steht im 7. Artikel der Confessio Augustana von 1530 und lautet:

> „Es wird auch gelehrt, dass allezeit eine heilige, christliche Kirche sein und bleiben muss, die die Versammlung aller Gläubigen ist, bei denen das Evangelium rein gepredigt und die heiligen Sakramente laut dem Evangelium gereicht werden."

Bei der heutigen Unklarheit des Kirchenbegriffs tut es gut, zunächst zu beachten, was *nicht* da steht. Es steht kein Wort da von lebendiger Gemeinde und kirchlichem Leben, wie es dann seit dem Pietismus überall heissen wird, so dass der erste grosse Systematiker der Praktischen Theologie, Carl Immanuel Nitzsch, sein entsprechendes Lehrbuch mit einer ‚Allgemeine(n) Theorie des kirchlichen Lebens' beginnen konnte. Auffallenderweise bezieht sich die Confessio Augustana bei der Definition der Kirche auch mit keinem Wort auf jene Aussagen der Apostelgeschichte (Apg 2, 42-47 und 4, 32-36), nach denen die ersten Christen „ein Herz und eine Seele" gewesen seien. Von Kirchenleitung oder Wächteramt und ähnlichem ebenfalls keine Spur.

Offensichtlich gehört solches nicht zu den Charakteristika der Kirche. Charakteristikum der Kirche sind einzig die Predigt des Evangeliums und die dem Evangelium gemässe Austeilung von Taufe und Abendmahl. Kirche hat ihr Leben, ihre Rechtfertigung, ihre Gerechtigkeit nicht in sich selbst, sondern im verbum externum. Manches andere mag in der Kirche vorhanden sein, aber es ist adiaphoron, Nebensache. Kirche heisst theologisch präzis: Verkündigung des Evangeliums in Wort und Sakrament – und nichts darüber hinaus.

In ihrer Kürze enthält die Definition der CA freilich mindestens eine schwerwiegende unausgesprochene Implikation. Um ihrer ansichtig zu werden, müssen wir fragen, wie sich die CA die *Form* der Verkündigung vorstellt.

Bevor im 7. Artikel wie gesagt von der Kirche gehandelt wird, redet Artikel 5 „Vom Predigtamt": „Um diesen Glauben zu erlangen, hat Gott das Predigtamt eingesetzt, das Evangelium und die Sakramente gegeben, durch die er als durch Mittel den Heiligen Geist gibt, der den Glauben, wo und wann er will, in denen, die das Evangelium hören, wirkt [...]".

Das verbum externum, durchs Predigtamt in Wort und Sakrament mich anredend, schafft in mir den Glauben. Wer aber ist der Inhaber des Predigtamtes, das das einzige von Gott gestiftete Amt der Kirche ist?

Ich erinnere an Luthers Schrift von 1520 ‚An den christlichen Adel deutscher Nation von des christlichen Standes Besserung'. Darin stehen Luthers steilste Aussagen über das Allgemeine Priestertum, am allersteilsten der Satz: „Dan was ausz der tauff krochen ist, das mag sich rumen, das es schon priester, Bischoff und Bapst geweyhet sey [...]" (WA 6, 408).

Folglich hiesse ‚Predigtamt', das ja dasselbe wie Priesteramt ist: Die Gemeinde ist Verkündigerin in Wort und Sakrament. Und das könnte nur heissen, dass jeder Christenmensch ein Verkündiger wäre. Selbstverständlich nicht so, dass im Gottesdienst am Sonntag alles auf der Kanzel steht und niemand mehr im Kirchenschiff sitzt. Vielmehr so, dass jeder Christenmensch in promissionaler Offenheit die Freudenbotschaft von Jesus Christus in Wort und Sakrament unter die Leute bringt.

So sähe die logikä latreia, der wortgemässe, vernünftige, prosaische, also alltägliche und unspektakuläre Gottesdienst, aus, von dem Paulus am Anfang von Römer 12 schreibt. Der Gemeindegottesdienst jedoch wäre ein repräsentativer Spezialfall dieses allgemeinen Gottesdienstes, ebenso das Predigtamt für die Gemeinde.

Die Öffentlichkeit dieses Predigtamtes aller entspräche genau derjenigen Jesu in seiner Verkündigung. Promissionale Offenheit anstatt der offiziell repräsentativen Öffentlichkeit, die ihn umbringt.

## *III.*

Die letzten Sätze standen im Konjunktiv. Denn so, als Amt der ganzen Gemeinde, wurde und wird das Predigtamt in der evangelischen Kirche meistens nicht verstanden. Melanchthon, der Verfasser der Confessio Augustana, verstand es nicht so. Und auch der Anonymus aus der Gegenwart, dessen Interpretation der CA ich in Wikipedia gefunden habe, meint es nicht so. Er sagt zu Artikel 7: „Hiermit ist auch die Kernkompetenz des geistlichen Amtes umschrieben."

Er wie Melanchthon können sich auf Luther berufen, und zwar ausgerechnet auf denselben Satz in der Adelsschrift, der von den aus der Taufe Gekrochenen redet. Da kommt es nämlich nach der zitierten ersten schönen Satzhälfte sofort und schroff daher: „[...] ob wol nit einem yglichen zympt, solch ampt zu uben. Dan weyl wir alle gleich priester sein, musz sich niemant selb erfur thun und sich unterwinden, an unszer bewilligen und erwelen das zuthun, des wir alle gleychen gewalt haben“ (WA 6, 408).

Diese ernüchternde Wendung in Luthers Spitzensatz zum Allgemeinen Priestertum hat zwei Voraussetzungen. Erstens: Verkündigung des Evangeliums ist nichts anderes als gottesdienstliche Predigt. Probe darauf ist Luthers Übersetzung von Römer 10, 17: „Der Glaube kommt aus der Predigt.“ Im griechischen Text steht aber: „Der Glaube kommt aus dem Hören“ oder „vom Hörensagen“. Mit dem Begriff ‚Predigt‘ wird vorab über die Form dessen, was es da zu hören gibt, in Richtung auf eine amtliche Verlautbarung entschieden. Und die zweite Voraussetzung für Luthers Rückzieher in Sachen des Allgemeinen Priestertums ist, dass alle Menschen der Gesellschaft Glieder der christlichen Kirche sind. Es ist, zusammenfassend gesagt, die respublica christiana, die Luther voraussetzt, in der Europa als Kircheninnenraum gedacht ist. Anders könnte er sich nicht an den christlichen Adel um Besserung wenden, denn Adel ist eine Kategorie, die in der christlichen Gemeinde keine Bedeutung hat – siehe Paulus in Galater 3, 28. Und nur etwas kann den *christlichen* Stand bessern, das ist das Evangelium von Jesus Christus.

Luther treibt hier den Teufel durch Beelzebub aus, will sagen: Er vermischt Gesetz und Evangelium, offizielle Öffentlichkeit und promissionale Offenheit. Wer die Folgen dieser Vermischung durch den ansonsten präzisesten Unterscheidungskünstler am bösesten zu spüren bekam, waren, in Luthers späten Schriften, die Juden, die in der respublica christiana mehr schlecht als recht geduldet waren.

Luther verbleibt mit seinem Appell an den Adel wie gesagt im Rahmen der auf die Konstantinische Wende zurückgehenden respublica christiana, zu deren Charakteristiken die Identifikation der promissionalen Offenheit des Evangeliums mit der offiziellen obrigkeitlichen Öffentlichkeit gehört, wodurch die Kirche ein Rechtsinstitut wird – man vergleiche dazu die Entstehung des Kanonischen Rechts und die scholastische Fassung des Glaubens als Tugend – und aus dem Evangelium ein obrigkeitliches Gesetz wird.

Diese offizielle, repräsentative Öffentlichkeit aber ist keine tatsächliche, sondern, da gesetzlich verfasst, immer eine bloss teilweise verwirklichte, geforderte und damit beschränkte. Die promissionale Offenheit hingegen ist als die durchs performative Wort zugeeignete tatsächlich und muss nicht, wie die gesetzlich geforderte, erst noch verwirklicht werden.

Dass ihm an der promissionalen Offenheit gelegen war, zeigte Luther durch seine Übersetzung der Bibel in die Volkssprache. Gewiss war er nicht der erste Übersetzer, aber der erste aus theologischer Konsequenz. Wir müssen uns das Umstürzende klar machen, das die volkssprachliche Zugänglichkeit der Bibel bedeutete. Da geht eine Religion hin und legt ihr heiliges Buch nicht etwa nur ihrer Theologenschaft, sondern ihren Gläubigen und darüber hinaus jedermann, der lesen kann, in die Hände.

Das kam einer Revolution gleich, wenn es auch nichts anderes als das dem Neuen Testament – wir haben's bei Markus gesehen – Entsprechende war. Es bedeutete auch, dass „scriptura sacra sui ipsius interpres" ist, dass also jede ihr übergeordnete Autorität der Interpretation als ihrer promissionalen Offenheit widersprechend abzulehnen ist.

Luther, so glaube ich, spürte die Problematik der repräsentativen Öffentlichkeit, die alles, was unter ihrer Voraussetzung gesagt ist, gesetzlich, und das heisst zum Geforderten und damit Unzuverlässigen verflüchtigt. Deshalb versuchte er diese Unzuverlässigkeit zu bannen.

Als Mittel dazu diente ihm das göttliche Gesetz, verstanden mit Paulus als Aufdeckung der Sünde (Römer 3, 20). Es sollte, indem es den Menschen in seinem Gewissen traf, diesen aus der offiziellen, also bloss behaupteten, Zusage zur ihn tatsächlich ansprechenden führen. Zweites Mittel, die repräsentative Öffentlichkeit in promissionale Offenheit umzuwandeln, war für Luther das ‚Est' der Realpräsenz Jesu Christi im Abendmahl. Weder das eine noch das andere Mittel war jedoch stark genug, die Verkehrung des Evangeliums in Gesetzlichkeit aus der Kirche zu verbannen.

## *IV.*

Das Markusevangelium hat uns geholfen, die offizielle, durchs Gesetz konstituierte Öffentlichkeit von der Offenheit der promissio zu unterscheiden. Kriterium war das Gegenüber von Tempel und Marktplatz. Da die Kirche Wortgeschehen ist, müssen wir den sprachlichen Unterschied präziser fassen. Es ist noch einmal Luther, der uns den entscheidenden Hinweis gibt.

Im ‚Sendbrief vom Dolmetschen', 1530, steht im Hinblick auf die Übersetzung der Bibel der berühmte Satz: „[...] man mus nicht die buchstaben inn der lateinischen sprachen fragen, wie man sol Deutsch reden, [...] sondern man mus die mutter jhm hause, die kinder auff der gassen, den gemeinen man auff dem marckt drumb fragen und den selbigen auff das maul sehen, wie sie reden, und darnach dolmetzschen [...]" (WA 30II, 637).

Gewöhnlich wird dieser Satz als Anleitung zu volkstümlicher Predigt verstanden, nach dem Rezept: „Giess Wasser in die Suppe, heiss alle willkommen." Das ist eine völlige Verkennung seines Gewichts. Er wirft nämlich die seit dem Altertum gültige rhetorische Hierarchie um, die festlegt, dass für theologische Aussagen von den drei in der Rhetorik unterschiedenen Stillagen weder die niedrige noch die mittlere, sondern allein die hohe angemessen sei.

Die Gültigkeit der traditionellen Stilzuordnung für die Rede des Evangeliums ist schon von Augustin angekratzt worden. In der richtigen Erkenntnis, dass „der eigentliche Mittelpunkt der christlichen Lehre, Inkarnation und Passion [...] mit dem Stiltrennungsprinzip ganz unvereinbar" war (Erich Auerbach, Mimesis, S. 73), postulierte Augustin einen „sermo humilis". Damit ist aber bei aller Nähe nicht dasselbe gemeint wie in Luthers Sendbrief. Denn Augustin entwirft den drei üblichen Stillagen *gegenüber* eine eigene, für theologische Aussagen gültige; sie ist nicht identisch mit der Alltagssprache und ihren trivialen Geschichten.

Ganz anders Luther. Seiner Inkarnationstheologie entsprechend, die besagt, dass Gott, um die Menschen zu retten, in ihre Niedrigkeit kam und in einem Stall, nicht in einem Königspalast, geboren wurde, dass seine Geburt also kein Staatsakt war, schickt er die gelehrten Übersetzer der Bibel zur Mutter im Haus, den Kindern auf der Gasse und dem gemeinen Mann auf dem Markt in die Sprachschule. Es ist dieselbe Hermeneutik, wenn Luther Sprichwörter – und zwar derbe – sammelt und in theologischem Zusammenhang fast wie Bibelstellen zitiert. Und das gleiche finden wir noch einmal in Luthers Fäkalsprache, die den Ratschlag des Sendbriefs zum Äussersten treibt. In einer Tischrede vom Sommer 1532 redet Luther von seiner reformatorischen Entdeckung. Die lateinische Fassung endet mit dem deutschen Satz: „Diese kunst hatt mir der Spiritus Sanctus auf diss Cloaca eingeben." Die deutsche Parallelfassung formuliert diskreter: „Diese Kunst hat mir der heilige Geist alleine eingegeben“ (WATR 2, Nr. 1681, S. 177).

Die promissio evangelii etabliert nicht einen eigenen Stil wie bei Augustin, sondern sie durchbricht die öffentliche, offizielle Hierarchie der Stillagen, die ja auch eine Hierarchie der gesellschaftlichen Schichten und rechtlichen Verhältnisse ist und zu der auch die Unterscheidung zwischen Öffentlichkeit und Privatheit gehört.

Das aber heisst, dass die promissio evangelii unter jedem offiziellen Aspekt als Torheit, nämlich je nach Situation als Irrelevanz, Unapprobiertheit, Gesellschaftsunfähigkeit und so weiter, sogar als Illegalität – vgl. die Christenverfolgungen des römischen Reiches – erscheint.

Damit sind wir präzis bei der Situation des prophetischen Amtes im Gegensatz zum Amt des Königs und des Priesters im Alten Testament. Königsamt und Priesteramt sind Elemente einer rechtlich verfassten Öffentlichkeit, der eine ebenso rechtlich verfasste Privatheit entspricht. Der Prophet hat in dieser rechtlichen Verfasstheit keinen Ort. Er ist der Tor und Störefried. Es war eine sehr schwerwiegende und äusserst fragwürdige Entscheidung, als die Reformation das Amt des Propheten mit dem des rechtmässig berufenen Pfarrers identifizierte.

## *V.*

Die prophetische Sprachebene, wenn ich sie so nennen kann, ist im Vollzug eines offiziellen Amtes schlechterdings nicht zu erreichen, sowenig der Korken unters Wasser tauchen kann. Der offizielle Amtsträger bleibt wegen seines Amtes immer in der offiziellen, gesetzlich verfassten Öffentlichkeit stecken. Betritt er amtlich ein Haus, wird die Frau des Hauses verlegen. Trifft er amtlich auf der Gasse Kinder, rennen sie vor ihm davon. Spricht er den gemeinen Mann auf dem Markt amtlich an, zuckt der zusammen und fragt sich, was er Gesetzeswidriges getan habe. Der Träger des offiziellen kirchlichen Predigtamtes im Sinn der Confessio Augustana kommt mit dem, was er sagt, nie so an die Hörer heran, wie er im Namen des zu den Menschen gekommenen Gottes müsste. Seine Rede bleibt Lehre, und es ist falsch, wenn sie als Zusage deklariert wird. Denn die Ebene der promissio ist nicht die der offiziellen Verlautbarungen, sondern die der von der Gesetzgebung ebenso wenig wie von den Gesetzen der hohen Rhetorik und Literatur zu erfassenden angeblich törichten

Geschichten, wie sie Jesus im Haus, auf der Gasse, auf dem Markt unter gemeinen Leuten erzählte. In Anlehnung an Johann Georg Hamann gesagt: das Geschwätz vom Heil, das den Leuten einen Gekreuzigten als Messias und Gott zuspricht. Das ist die Rede des prosaischen Gottesdienstes im Alltag der Welt. Und darum ist das Allgemeine Priestertum keine Nebensache, sondern jeder evangelischen Theologie und Kirche zentral.

Einer, der dafür ein sehr feines, durch Lebens- und Berufserfahrung geschultes Sensorium hatte, war Jeremias Gotthelf. Ich weise auf vier Szenen in seinem Werk hin.

Die erste in ‚Uli der Knecht', Kapitel 3. Der junge Knecht Uli ist drauf und dran, zu verludern. Da hält ihm sein Meister, der Bodenbauer, eine Kinderlehre, während sie nachts vor dem Stall auf die Geburt eines Kalbes warten. Bis es so weit ist, wird draussen aus einem Kalb von Jüngling ein einsichtiger Mann. Denn zwar hat Uli, was ihm der Meister sagt, schon oft aus dem Mund des Pfarrers in der Kirche gehört, in der Kinderlehre, in der Predigt, aber es nützte nichts. Jetzt hingegen verfängt's. Denn dass es der von ihm wegen seiner landwirtschaftlichen Kunst bewunderte Meister ist, der ihm das von Meister zu Knecht sagt, lässt Uli es ernst nehmen. Die nächtliche Laienkinderlehre wird die Wende seines Lebens.

Zweite Szene: ‚Geld und Geist'. Am Sonntag vor Pfingsten geht Änneli, die Bäuerin aus Liebiwyl, in die Kirche. Zuhause ist der Teufel los; die Familie läuft im Streit auseinander. Änneli kommt spät in die Kirche. Da scheint kein Platz mehr für sie zu sein. Darob bekommt sie Angst, bis eine Taunersfrau ihr winkt und ihr einen Platz neben sich anbietet. Durch die zueignende Geste wird aus der allgemeinen Predigt des Pfarrers Anrede, promissio: Seine „Worte tönten in Ännelis Seele wieder fast wie Gottes Worte. Sie trafen Punkt für Punkt ihre eigenen Zustände und Gedanken, als wenn ein allwissendes Auge sie in ihrer Seele gelesen hätte [...]" (S. 81). Die spontane Durchbrechung des gottesdienstlichen Rituals macht aus der Lehre vom Evangelium die Zueignung des Evangeliums.

Dritte Szene: ‚Die Käserei in der Vehfreude', letztes Kapitel. Ammanns Felix, der Nacht für Nacht vor Ännelis Fenster kauert, nicht hineingelassen wird und erst weggeht, wenn er einen Kuss bekommen hat, schläft, da übernächtigt, am Sonntag in der Kirche während der Predigt ein. Als der Pfarrer eine kleine Pause macht, tönt es laut und vernehmlich von der Empore herunter: „Änneli, gimm mr es Müntschi." Ein Skandal. Und doch das Wort, das dem ganzen Dorf aus seiner verworrenen Lage hilft.

Denn es ist das Wort der Liebe. Das Wort des Pfarrers ist nur die *Lehre* über die Liebe. Darum schreibt Gotthelf, selber Pfarrer, situationsgerecht über den Kollegen in der Vehfreude: „So z'leerem hatte der Pfarrer sicher noch nie gepredigt als an jenem Sonntage" (S. 462). Das Leben *schaffende* Wort hat sich gegen das bloss Leben *fordernde* durchgesetzt.

Vierte Szene: ‚Anne Bäbi Jowäger', letztes Kapitel. Der junge Arzt ist gestorben. Der Pfarrer von Gutmütigen hält ihm die Abdankung. Weil er selber, als sein Onkel, einer der am stärksten Betroffenen ist, wird aus der Kanzelrede ein direktes persönliches Bekenntnis, das ganz anders wirkt als eine Predigt.

Vielleicht sind wir jetzt versucht, den aus Philosophie und Theologie vertrauten Begriff der Existentialität einzuführen, um die promissio zu beschreiben. Dagegen ist nichts einzuwenden, wenn darunter nicht mit Bultmann und vielen andern der Ruf in die Entscheidung des Glaubens verstanden wird, sondern mit Paulus (Römer 1, 17) die aus dem Glauben kommende, den Glauben schaffende Zusage. Also das „Est", das nicht von uns erst noch verwirklicht werden muss.

## *VI.*

Ich habe zwei Aussagen des grossen Kirchenrechtlers Rudolf Sohm im Ohr. „Das Kirchenrecht steht mit dem Wesen der Kirche in Widerspruch." Und: „Die Kirche Christi ist ihrem Wesen nach unsichtbar. Es gibt keine sichtbare Kirche."

Für solche Aussagen wird Sohm seit dem Zweiten Weltkrieg jedenfalls von Theologen vielleicht stärker geprügelt, als er verdient. Trotzdem: dass es nicht so sein kann, wie er sagt, liegt schon deswegen auf der Hand, weil, wenn die Kirche nicht sichtbar wäre, auch niemand sie hören könnte, sie also, da doch nach CA 7 die Verkündigung des verbum externum ihr „Sein" ist, inexistent wäre. Die Kirche ist genau so sichtbar wie Jesus seinerzeit.

Und da die Kirche sichtbar ist, steht sie auch in einem Verhältnis zur rechtlich verfassten Öffentlichkeit und ist selbst ein Teil davon. Insofern steht das Kirchenrecht mit dem Wesen der Kirche nicht in Widerspruch. Freilich nur solange nicht, als klar ist, dass das Recht im Sinn des Gesetzes nicht, mit Sohm gesprochen, das Wesen der Kirche ist. Denn die Kirche hat ihr Wesen ausserhalb ihrer selbst, im verbum externum. Und das ist die Zusage des Evangeliums, der Gerechtigkeit Gottes, die eine Recht schaffende Gerechtigkeit, darum eine rechtschaffene und keine zweifelhafte Gerechtigkeit ist.

## *VII.*

Ich habe darzulegen versucht, was Öffentlichkeit der Kirche *theologisch* heisst. Nichts anderes als Verkündigung des Evangeliums. Jedoch ist damit, als Teil der Unterscheidung von Gesetz und Evangelium, die Unterscheidung von offizieller, repräsentativer Öffentlichkeit beziehungsweise rechtlich verfasster Privatheit und promissionaler Offenheit gesetzt, ebenso wie die Unterscheidung zwischen offiziellem Amt und Allgemeinem Priestertum. Was diese Unterscheidungen für die rechtliche Gestaltung der Kirche weiter heissen, das ist im Gespräch zwischen Juristen und Theologen zu klären.

SJKR/ASDE 12 (2007), S. 73-91

# „Nicht mit Schwert oder Feuer, sondern nur mit Geduld und Gebet" – Zur religiösen Vorgeschichte des Grundrechts der Gewissensfreiheit*

von Wolfgang Bock (Frankfurt am Main)

Eine rechtsgeschichtliche Reise in die Vergangenheit bietet Erkenntnismöglichkeiten. Der Einfluss der Religion auf die Auslegung und die Anwendung der Menschenrechte, so meine Ausgangsthese, lässt sich in seinen Aspekten der Universalität, den für alle in gleicher Weise geltenden Menschenrechten, und der Partikularität, der Seite der jeweils in besonderer Weise betroffenen Religionen, besser verstehen, wenn wir uns die Vorgeschichte der Grundrechte der Gewissens- und Religionsfreiheit genauer ansehen. Ein abschliessender Blick auf islamische Probleme mit der Religions- und Gewissensfreiheit wirft ein weiteres Licht auf unsere Fragestellung. Vor diesem Gang in die Vergangenheit seien die methodischen Voraussetzungen einer derartigen verfassungs- und ideengeschichtlichen Vergewisserung beleuchtet. Dem schliesst sich eine Reise über die historische Landkarte mit den Stationen der Vorgeschichte der Gewissens- und der Religionsfreiheit an.

## *I. Was heisst Vorgeschichte von Grundrechten?*

Die wissenschaftliche Diskussion beginnt 1895 mit einem Paukenschlag: *Georg Jellinek* veröffentlicht seine berühmte Schrift „Die Erklärung der

* Vortrag in der Arbeitsgruppe der FEST Heidelberg „Das Gewissen – Entdeckungen an der Grenze zwischen Natur- und Geisteswissenschaften" im Mai 2006 sowie am 18.5.2006 im Rahmen eines Seminars der Coninx-Stiftung zu den Menschenrechten im Wissenschaftszentrum in Berlin. – Für anregende Diskussionsanmerkungen und Hilfe bei der Überarbeitung danke ich den Herren Prof. Dr. Horst Dreier, Dr. Marco Hofheinz (Bern) und Prof. Dr. Wolfgang Lienemann (Bern).

Menschen- und Bürgerrechte"[1]. Eine grundlegende These lautet: Die Gewissensfreiheit ist das historisch erste Freiheitsrecht im modernen Sinne. Diese These findet auch in der heutigen Wissenschaft ganz überwiegend Zustimmung. Was ist nun historisch und rechtsdogmatisch unter einem Freiheitsrecht im modernen Sinne, unter einem Grundrecht also zu verstehen? Es muss (erstens) für jeden in gleicher Weise (zweitens) gegenüber jeglicher hoheitlicher Gewaltausübung (drittens) seitens eines Staates gelten. Das erste Kriterium führt zu einer scharfen Abgrenzung gegenüber den einzelne Personen oder Gruppen begünstigenden Privilegien und Freiheiten in vormodernen Gemeinwesen des Mittelalters und der frühen Neuzeit bis an die Grenze der sich schon ab dem 17. Jahrhundert ankündigenden Epochenschwelle zwischen 1770 und 1850 in den USA und Europa. Das zweite Kriterium führt zu einer Unterscheidung gegenüber Rechtsordnungen einiger moderner Staaten (z.B. Englands), die keine Verfassung und damit auch keine Überordnung und Bindungswirkung von Grundrechten gegenüber dem einfachen Gesetzgeber kennen. Das dritte Kriterium betrifft als bislang noch allgemein gegebene Rahmenbedingung die Existenz des modernen, oft föderal gegliederten Nationalstaates.

Zur Vorgeschichte der Grundrechte in dieser Perspektive zählen dann positivierte Rechte, Rechteerklärungen und -vereinbarungen sowie auf die Gestaltung von Recht zielende juristische, politische, philosophische und theologische Äusserungen. Ein weiterer Begriff von Vorgeschichte stellt hingegen die vorstehenden verfassungsgeschichtlichen Kriterien eher zurück und untersucht im Wesentlichen die materiellen Auswirkungen und die Bedingungen der je bestehenden Rechtsordnungen[2]. Ein derartiges, rechtsgeschichtlich und wissenschaftlich legitimes Vorgehen erscheint mir angesichts der hier zur Verhandlung stehenden Thematik von geringerem Interesse, da es sich bei der Religions- und Gewissensfreiheit um ein neues Rechtselement handelt, das in Rechtsordnungen vor 1550 so nicht enthalten war, auch wenn zum Beispiel im römischen Reich über

1 Leipzig 1895; in 4. Aufl. hg. v. Walter Jellinek, München/Berlin 1924. Hier zitiert nach der Ausgabe von 1964 in: Roman Schnur (Hg.), Zur Geschichte der Erklärung der Menschenrechte, Darmstadt 1964, S. 1-77.

2 Als umfassende, in mancher Hinsicht Pionierstatus beanspruchende Untersuchung *Wolfgang Schmale*, Archäologie der Grund- und Menschenrechte in der Frühen Neuzeit. Ein deutsch-französisches Paradigma, München 1997.

Jahrhunderte die unterschiedlichsten Religionen nebeneinander bestanden und zumindest geduldet wurden.

Der Gegenstand der Gewissensfreiheit, das Gewissen in seiner freien Bildung, Entscheidung und handlungsleitenden, religionsbezogenen und ethischen Wirkung setzt juristisch und philosophisch menschliche Freiheit und Entscheidungsautonomie voraus. In ihrem ersten Auftreten und für die nächsten Jahrhunderte bis zur vollständigen Anerkennung und Verwirklichung der Religionsfreiheit ist die Gewissensfreiheit untrennbar mit der Frage der Religionszugehörigkeit und so eben mit der Religionsfreiheit verbunden. Die Ansprüche auf Religions- und Gewissensfreiheit werden im Folgenden in ihrem ersten, im dargestellten Sinne rechtserheblichen Auftreten geschildert. Ich beschränke mich auf die Vorgeschichte der nordamerikanischen und der französischen Menschenrechtserklärungen und lege dabei den Schwerpunkt auf den Zeitraum von 1520 bis etwa 1685. Während zunächst die Reformation und ihre zeitlich unmittelbaren Konsequenzen beleuchtet werden, stehen sodann die rechtlichen und politischen Folgerungen in den Niederlanden, in Deutschland und in Frankreich im Mittelpunkt. Den Abschluss bildet eine Betrachtung der eng aufeinander bezogenen, wenngleich stark auseinanderstrebenden englischen und nordamerikanischen Entwicklungen.

## *II. Die Reformation und ihre zeitlich unmittelbaren Folgen*

Thema dieser ersten Station ist die zwiespältige Stellung der Reformatoren zur Religions- und Gewissensfreiheit und die Aufnahme dieser Forderungen durch die Täuferbewegung.

### *A. Martin Luther und die Humanisten*

Religions- und Gewissensfreiheit sind eine dornige Frucht der Reformation. Obwohl sich die drei grossen, auf *Luther*, *Zwingli* und *Calvin* zurückgehenden Strömungen der Reformation in vielen Fällen gegen die Gewissensfreiheit für abweichende evangelische Strömungen aussprechen und ketzerische Aufrührer auch mit Feuer und Schwert durch die Obrigkeit verfolgen lassen, ist der Beginn der Reformation eine der zentralen und die religiöse Quelle der Gewissensfreiheit und des Toleranzgedankens[3].

Der folgende Gedanke *Martin Luthers* findet sich in verschiedenen Äusserungen zwischen 1520 und 1525, am ausgeprägtesten sicher in der Schrift „Von weltlicher Obrigkeit" aus dem Jahr 1523: „Ketzerey ist eyn geystlich Ding / das kann man mit keynem eyssen hawen / mit keynem fewer verbrennen / mit keynem Wasser ertrencken. Es ist aber alleyn des Gottis wortt da / das thutts"[4]. Generell ist das Gewissen für Luther die Instanz auf ethische und glaubensbezogene Wahrheiten bezogener Urteilsbildung. Im Kern enthält der zitierte Gedankengang die theologische Rechtfertigung der Gewissensfreiheit: Die sich nur innerlich, im individuellen Subjekt bildende Glaubensgewissheit und Erfahrung der Heilswahrheit ist von äusserlichem Zwang und durch staatliche oder sonstige Gewalt nicht zu erschüttern und letzten Endes nicht zu erreichen. Allerdings richten sich die bald hernach von anderen gezogenen Konsequenzen dieses Gedankens – eine Spiritualisierung und Pneumatisierung der Glaubenswelt – gegen die Anerkennung, Aufrechterhaltung und Bewahrung der sichtbaren, objektiv gegebenen Kirche als notwendiger Instanz der Vermittlung des Heils und des Glaubens sowie seiner gegenseitigen und gemeinsamen Versicherung im Gottesdienst. Wir werden gleich sehen, wie insbesondere das Täufertum diese Idee aufnimmt, fortentwickelt und sie hin über zahlreiche weitere Vermittlungsstufen zur weltgeschichtlichen Geltung bringen wird.

Parallel und weitgehend zeitgleich zur Entstehung der Reformation, aber unabhängig von ihr bildet das humanistische Denken eine zweite Quelle des Toleranzgedankens und der Gewissensfreiheit. Das Studium der griechischen Philosophie und der lateinischen Schriftsteller festigt bei *Erasmus von Rotterdam* und anderen Humanisten die Überzeugung, dass die Gottheiten der heidnischen Religionen für die von ihnen teils wiederentdeckten Autoren von grosser religiöser Bedeutung waren. Der schon bei *Cusanus* zu findende Gedanke „una est religio in varietate rituum"

3 Vgl. zu Martin Luther und Johannes Brenz genau differenzierend: *Gottfried Seebaß*, Luthers Stellung zur Verfolgung der Täufer und ihre Bedeutung für den deutschen Protestantismus (1983); *ders.*, An sint persequendi haeretici? Die Stellung des Johannes Brenz zur Verfolgung und Bestrafung der Täufer (1970); beide Aufsätze nunmehr in: *ders.*, Die Reformation und ihre Außenseiter. Gesammelte Vorträge und Aufsätze, Göttingen 1997, S. 267-282 und S. 283-335.

4 *Martin Luther*, Werke. Kritische Gesamtausgabe, Weimar 1866 ff., S. 11, S. 261-271; *ders.*, Werke (hg. von Otto Clemen), Bd. II, S. 383.

führt zur Annahme eines gewissen Relativismus der Religionen untereinander. Bestärkt wird dies durch die im humanistischen Denken weitgehend als problemlos angesehene Vereinbarkeit von platonischer und stoischer Philosophie mit der (theologischen) Philosophie des Christentums. Aus dieser mit gutem Grund als „religiös-universalistisch" charakterisierten Haltung, der allerdings eine rationalistische und religionsskeptische an die Seite zu stellen ist (so wohl bei *Thomas Morus*), ergibt sich das humanistische Plädoyer für Toleranz und Gewissensfreiheit. Da sich aber die Humanisten in der Regel einer kontemplativ-ästhetischen Welthaltung befleissigen, kritisieren sie die herrschende, gegen die Gewissensfreiheit gerichtete Praxis nicht direkt und ziehen aus ihren Gedanken keine unmittelbaren praktisch-politischen Konsequenzen.

## *B. Die Täuferbewegung in der Schweiz und Sebastian Franck*

### 1. Die schweizerischen Täufer und die Religionsfreiheit

Die schweizerischen Täufer als „Stiefkinder der Reformation", wie sie *Ernst Troeltsch* bezeichnet hat[5], sind ebenso wie *Sebastian Franck* ein Senfkorn, aus dem neben den nonkonformistischen Sekten auch die Konzeption einer freien und unabhängig sich selbst bestimmenden Gesellschaft sowie eines Staates hervorgegangen ist, in dem jeder ohne Rücksicht auf seinen Glauben oder seine Weltanschauung als Mensch anzusehen und zu behandeln ist[6]. In seinem wegweisenden Buch „Toleranz und Offenbarung" sieht *Johannes Kühn* 1923 in der Anerkennung der religiösen Selbstbestimmung des Menschen ein Erbe des Täufertums: „Könnten wir geistige Prozesse so analysieren wie der Chemiker seinen Stoff, so würde sich in der Freiheitsbewegung des 17. und 18. Jahrhunderts ohne Zweifel das Element des Täufergeistes der Reformationszeit wiederfinden."[7]

Das schweizerische Täufertum entsteht in Zürich Anfang 1524. Zu seinen Gründern zählen wohl *Conrad Grebel*, *Felix Manz* und *Dr. Balthasar*

5 *Ernst Troeltsch*, Die Bedeutung des Protestantismus für die Entstehung der modernen Welt, München 1911, S. 61 f.

6 *Harold S. Bender*, Täufer und Religionsfreiheit im 16. Jahrhundert (1953), in: Heinrich Lutz (Hg.), Zur Geschichte der Toleranz und der Religionsfreiheit, Darmstadt 1975, S. 111-134 (115).

7 *Johannes Kühn*, Toleranz und Offenbarung, Leipzig 1923, S. 233.

*Hubmaier*. *Conrad Grebel* schreibt 1524 in einem Brief an *Thomas Münzer*: „Verfahre nach dem Wort und errichte eine christliche Gemeinde mit Christi Hilfe und seiner Regel [...] Es gibt genug Weisheit und Rat in der hl. Schrift, wie man jedermann lehren, regieren, unterweisen und zur Frömmigkeit anhalten soll. Wer sich nicht bessert, nicht glauben will und dem Wort und den Werken Gottes widerstrebt und darin verharrt, den soll man, nachdem man ihm Christus und sein Wort und seine Regel gepredigt und er in Gegenwart von drei Zeugen und der Gemeinde ermahnt worden ist, nicht töten, sondern als Heiden und Zöllner achten und dabei belassen."[8] *Manz*, der engste Mitarbeiter *Grebels* und der erste Märtyrer der Zürcher Wiedertäufer, lehrt, Andersgläubige dürften bei ihrer Religionsausübung nicht gehindert werden. In der zweiten Zürcher Disputation erklären *Grebel* und andere 1523, Toleranz unterminiere nicht den Staat und sie könnten keine Jurisdiktion des Staates in Glaubensangelegenheiten anerkennen. „Gewissensfreiheit und Trennung von Staat und Kirche waren natürlich nicht die Hauptprinzipien des Täufertums, doch gehörten sie folgerichtig zu seiner grundsätzlichen Position, und es hielt stets an ihnen fest."[9] *Hubmaier*, vor seiner Wiedertaufe noch evangelischer Pastor in Waldshut, später Haupt einer grossen Gemeinde in Mähren und 1528 in Wien als Ketzer verbrannt, schreibt in seiner Flugschrift „Von Ketzern und ihren Verbrennern" vom Januar 1524: „Die grössten Ketzer sind also diejenigen, die Ketzer töten, da sie entgegen der Lehre und dem Beispiel Christi das Unkraut mit dem Weizen verbrennen [...] Ein Türke oder Ketzer kann von uns nicht mit Schwert oder Feuer, sondern nur mit Geduld und Gebet überzeugt werden, daher sollen wir geduldig auf das Urteil Gottes warten: der Ketzerverbrenner verkehrt Gottes Wort und entschuldigt sich vergeblich damit, dass er die Gottlosen ja nur der weltlichen Gewalt übergebe; dadurch begeht er nur noch schwerere Sünde (Joh. 19). Darum tötet die weltliche Gewalt mit Recht die Bösen (Röm.

8 *Heinrich Böhmer/Paul Kirn* (Hg.), Thomas Münzers Briefwechsel, Leipzig/Berlin 1931, S. 96 f.

9 *H. Bender*, Täufer und Religionsfreiheit (Anm. 6), S. 119. Wie das Beispiel des sog. Täuferreiches von Münster (1534/35) veranschaulicht, gilt dies natürlich nicht für das gesamte, polygenetisch zu beschreibende Täufertum, sondern nur für das sich schrittweise durchsetzende „Schweizer Modell". Vgl. *James M. Stayer*, Artikel Täufer/Täuferische Gemeinschaften I, TRE 32 (2001), S. 597-617 (601); *ders./Werner O. Packull/Klaus Deppermann*, From Monogenesis to Polygenesis: The Historical Discussion of Anabaptist Origins, Mennonite Quarterly Review 49 (1975), S. 82-122 (87 ff.).

19) und die Angreifer der Wehrlosen. Aber die Gottlosen darf man gemäss dem Befehl Christi nicht töten, und das Evangelium lässt es dabei bewenden [...] Also heisst Ketzer verbrennen, Christus scheinbar bekennen, aber tatsächlich ihn verleugnen [...] Nun lasset dieses Wort jedermann einsichtig sein, sogar dem Blinden: Das Gesetz vom Verbrennen der Ketzer ist also vom Teufel erdacht."[10] Auch *Hans Denck*, ein 1527 an den Folgen der Folter in Basel gestorbener Anführer der Täuferbewegung, plädierte überzeugend für Toleranz: „Jeder sollte wissen, dass es mit den Sachen des Glaubens alles frei, willig und ungezwungen zugehen sollte."[11] „Beim rechten Evangelium wird solche Sicherheit sein, auch in den äusserlichen Dingen, dass jeder jeden, sei er Türke oder Heide, der glaubt, was er will, sicher in seines Gottes Namen unbehelligt in seinem Land wohnen oder durch sein Land ziehen lassen wird. Es soll niemand einem vergelten, der Heide, Jude oder Christ ist, sondern jedermann im Namen seines Gottes vergönnen, durch jegliches Land zu ziehen."[12] Diese Tradition wurde von den Täufern ungebrochen über die nächsten Generationen weitergegeben; sie beeindruckten mit ihrer sich in Dulden und Erleiden gründenden Nachfolge Christi auch ihre reformierten und lutherischen Verfolger. Auch *Menno Simons*, der bedeutendste Führer der holländischen Täufer (Mennoniten), spricht in seinen zahlreichen, zwischen 1539 und 1561 zu datierenden Schriften dem Staat die Autorität in geistlichen Angelegenheiten ab: „Wenn die Regierenden Christus und sein Königreich richtig verständen, würden sie meiner Meinung nach eher den Tod wählen, als mit weltlicher Gewalt und dem Schwert die Regelung geistlicher Angelegenheiten in die Hand zu nehmen, die nicht der

10 Zit. nach *H. Bender*, Täufer und Religionsfreiheit (Anm. 6), S. 119 f. Dieses frühe Dokument von Toleranz zeigt zugleich, dass Hubmaier bereits 1524 und nicht erst in seiner letzten Schrift „Von dem Schwert" (1527) anders als viele pazifistische Täufer keine Gewaltlosigkeit vertrat und eine positive Einstellung zur christlichen Obrigkeit besass, die das vom geistlichen zu unterscheidende „eüsserlich Schwert [...] fiert zů bschützunng der frommen vunnd zůr forcht der bösen hie auff erden". *Balthasar Hubmaier*, Schriften (hg. v. Gunnar Westin/Torsten Bergsten), QGT 9, Gütersloh 1962, S. 447.

11 *Wilhelm Wiswedel*, Bilder und Führergestalten aus dem Täufertum, Bd. 1, Kassel 1928, S. 151.

12 *Otto Erich Vitalli*, Die Theologie des Wiedertäufers Hans Denck, Offenburg 1932, S. 44.

menschlichen Obrigkeit, sondern allein dem grossen und allmächtigen Gott unterworfen sind.“[13]

## 2. Spiritualismus und Subjektivität der Glaubenswahrheit

*Sebastian Franck*, ein früher evangelischer Dissenter, nimmt die reformatorischen Ansätze zu einem Toleranz und Gewissensfreiheit achtenden Denken auf und wird damit zu ihrem wohl bedeutendsten Verfechter – ungeachtet der und wohl auch weiter motiviert durch die ihn deswegen treffenden Verfolgungen. Er verbindet einen mystischen Spiritualismus sowie die weiteren theologischen Wurzeln der Toleranz, nämlich Prophetismus und Nachfolge, mit einem humanistisch-rationalen Denken in seiner die Gewissensfreiheit einschliessenden Toleranzforderung für alle menschlichen Individuen, seien das Christen innerhalb oder ausserhalb einer Kirche, Heiden des Altertums oder der Gegenwart, Türken oder Juden[14]. Der Heilsweg des Glaubens beruht auf der Freiheit des Geistes von allen Autoritäten. „Denn die Heilsaneignung ist nicht an das geschichtliche Christentum, der Heilsweg nicht an eine bestimmte Formel gebunden. Der Mensch muss allein den Geist Gottes in sich wirken lassen, um ein Christ zu werden. Das Christentum ist somit nichts anderes als ‚ein freier auffrichtiger glaub / der durch die lieb wirckt / ausbricht / un frucht bringt‘.“[15]Entsprechend negativ bewertet *Franck* die Bekehrungen durch äusseren Zwang und Anpassung: „Ein jeder glaubt dem hauffen und oberkeit zu lieb / wie man glaubt da er ist / ein Euangelischer fürst / ein euangelisch volck – stirbt ein fürst und kompt ein anderer anrichter des glaubens / bald ist dan diss Gots wort / also fellt d’gemein beweglich povel on allen grund hin und her.“[16]

Diese Zielsetzung von Glaube und Heil erfordert nun aber keine sichtbare Kirche. Daher mussten sich alle, die die kirchlichen Formen des religiösen Zusammenlebens nicht nur dem Spiritualismus und damit dem freien Antrieb des Geistes überlassen wollten, gegen einen solchen, nur auf die Kraft des Liebes- und Leidenswillens des christlichen Geistes set-

13 *Menno Simons*, The Complete Works, Bd. II, Elkhart 1871, S. 104.

14 Vgl. dazu im einzelnen *Lotte Blaschke*, Der Toleranzgedanke bei Sebastian Franck (1928), in: Heinrich Lutz (Hg.), Zur Geschichte der Toleranz und der Religionsfreiheit, Darmstadt 1975, S. 42-63.

15 *L. Blaschke*, Der Toleranzgedanke, ebda. S. 48. Ebda. auch das Zitat von *Sebastian Franck*, Chronica, Zeitbuch und Geschichtsbibel II, 201b.

16 *Sebastian Franck*, Weltbuch 1534, f. 37.

zenden Pneumatismus aussprechen. Wer, so *Franck*, den Christus-Logos, den göttlichen Funken in sich findet, der wird als Mensch zum Christen geboren. Christus kann so auch innerlich in Heiden, Juden oder Türken wohnen. Von aussen ist das nicht zu erkennen, sodass auch der Ketzerbegriff und die Ketzerverfolgung entfallen müssen. Diese Vergeistigung, die auch *Francks* Interpretation der heiligen Schrift prägt, löst den Ketzerbegriff zugunsten der subjektiv vergeistigt empfundenen Glaubenswahrheit auf[17].

*Harold S. Bender*, auf dessen verdienstvolle Darstellung der Täufer diese Ausführungen sich stützen[18], unterscheidet sechs theologische Motive der Täufer: „1. Lehre und Vorbild Christi und der Apostel; 2. Das Prinzip der freiwilligen Kirchenzugehörigkeit auf der Grundlage persönlicher Überzeugung; 3. Die Auffassung des Christentums [...] als Lebensweg einer aktiven Jüngerschaft Christi; 4. Die Verpflichtung des Christen, alle, auch die Ungläubigen zu lieben (Bergpredigt); 5. Die Auffassung des Leidens als eines Weges zum Sieg oder einer Märtyrertheologie; 6. Die Auffassung des Glaubens als Geschenk Gottes, aus der sich die Unmöglichkeit, ihn durch Zwang herbeizuführen, ergibt."[19] In ihrer Anklage gegenüber den Reformatoren, die anfänglich vertretenen Prinzipien der Glaubens- und Gewissensfreiheit preisgegeben zu haben, verkörperten die Täufer das schlechte Gewissen der Reformation.

## 3. Fernwirkungen der Täuferbewegung

Die Haltung der Täufer wird zum Beispiel vom Landgrafen *Philipp von Hessen* wohl verstanden: Er spricht sich wiederholt – so zum Beispiel 1559 – gegen die Tötung von Ketzern aus, auch wenn er sie mit Kerker

17 *L. Blaschke*, Der Toleranzgedanke (Anm. 14), S. 52-59.

18 Das Verdienst der typologisch-normativen Täuscherforschung von H. S. Bender besteht darin, dass sie die „Leuchtkraft" des Schweizer Täufertums in beeindruckender Weise dargestellt hat. Dass dieses Licht mehr Schatten wirft, als Bender in seiner teils etwas idealisierenden Darstellung konzediert, hat die revisionistisch-sozialgeschichtliche Täuferforschung seit etwa 1970 (u.a. H.-J. Goertz, J. M. Stayer) betont. Zum aktuellen Stand der Täuferforschung vgl. *Andrea Strübind*, Eifriger als Zwingli. Die frühe Täuferbewegung in der Schweiz, Berlin 2003, S. 19 ff., und dazu die scharfe Kritik an Strübinds Forderung einer „Revision der revisionistischen Täuferforschung" (S. 581) von *Hans-Jürgen Goertz*, Rezension, ThLZ 132 (2007), S. 672-675. Zu Bender vgl. die umfangreiche Biographie von *Albert N. Keim*, Harold S. Bender 1897-1962, Scottsdale/PA 1998.

19 *H. Bender*, Täufer und Religionsfreiheit (Anm. 6), S. 130 f.

oder Exil bestraft. Es ist sehr wahrscheinlich, wenngleich nicht gesichert, dass die Täuferbewegung nicht ohne Einfluss auf einen der berühmtesten Verteidiger religiöser Toleranz war, auf *Sebastian Castellio*, den Autor der 1554 erschienenen Schrift „De haereticis an sint persequendi“[20]. Der Gründer der Baptistenkirche in England, *John Smyth*, sowie sein Mitarbeiter *Thomas Helwys* waren sehr stark von den holländischen Mennoniten beeinflusst und befürworteten in ihren 1611 und 1612 veröffentlichten Schriften die vollständige Religionsfreiheit. Die englische Diskussion regte dann wiederum den für die weitere Entwicklung massgeblichen *Roger Williams* an.

## *III. Toleranz und Gewissensfreiheit in Deutschland, Holland und Frankreich*

Im Folgenden werden die Entwicklungen insbesondere in den Niederlanden und in Frankreich auf das erstmalige oder frühe Auftreten der rechtsbezogenen Forderung von Staatsmännern nach Religions- und Gewissensfreiheit befragt. Die deutsche Entwicklung steht dazu in deutlichem Kontrast.

In Deutschland kommt es 1555 mit dem Augsburger Religionsfrieden zur gegenseitigen Duldung der katholischen und der evangelisch-lutherischen Seite, ohne dass damit Gewissens- und Religionsfreiheit vollständig anerkannt werden. Vielmehr handelt es sich nur um nach den Reichsständen abgestufte Regelungen im Rahmen eines vorläufigen Waffenstillstandes: Beide Seiten gehen vom Bestehen nur einer christlichen Kirche aus und meinen, wieder zum ursprünglichen einheitlichen Zustand durch Überwältigung oder Aufgabe der jeweils anderen Seite gelangen zu können[21]. Die machtvollen weltlichen Reichsstände erhalten die volle Freiheit zum Religionswechsel, während die übrigen Reichsstände nur eingeschränkt daran teilhaben. Die Untertanen geniessen Religionsfreiheit einzig in Form des Auswanderungsrechts; wir haben damit also ein erstes, gleichsam doppelkonfessionell begrenztes Grundrecht. Der West-

20 Vgl. zur Bedeutung dieser Schrift *Hans R. Guggisberg*, Sebastian Castellio. Humanist und Verteidiger der religiösen Toleranz, Göttingen 1996, S. 89-150.

21 Vgl. (auch zum folgenden) *Martin Heckel*, Zu den Anfängen der Religionsfreiheit im Konfessionellen Zeitalter (2003), in: ders., Gesammelte Schriften, Bd. V, Tübingen 2004, S. 81-134 (86 ff.) m.w.H.

fälische Frieden von 1648 knüpft rechtlich daran an. Auf seiner Grundlage werden drei Arten der Religionsausübung für die nunmehr drei anerkannten Konfessionsgemeinschaften unterschieden: die volle Religionsausübung des exercitium publicum, die auf private Formen (Bethäuser ohne öffentlichen Kirchenstatus, private Geistliche) beschränkte Ausübung des exercitium privatum und die auf die Hausandacht begrenzte devotio domestica. Beiderseitig werden die im als Normaljahr festgelegten Jahr 1624 (zufällig) errungenen Besitzstände respektiert. „Die Religionsfreiheit war also schicksalhaft mit dem Reformationsrecht der Obrigkeit verknüpft: Zwischen beiden herrschte ein komplexes, ambivalentes Verhältnis der Spannung und des Widerstreits, aber auch des Gleichklangs und der wechselseitigen Verstärkung.“[22] Die so bestimmte Religionsfreiheit war zwar (im Vorgriff auf das moderne Religionsverfassungsrecht) ein weltlich-rechtlich geprägter Rahmenbegriff, war aber zugleich in ihren Beschränkungen und Verschränkungen mit der je einer der drei Konfessionen zuzurechnenden weltlichen Obrigkeit und ihren Rechten nur ein Abglanz der vollen Religions- und Gewissensfreiheit. Erst nach und nach gewann – für Deutschland zuerst in Preussen – die Religionsfreiheit die Oberhand: Dies erfolgte über die Stationen des gegenüber den Hugenotten ergehenden Toleranzedikts von 1685 und über die völlige Toleranz gebietende Regelung des Allgemeinen Landrechts von 1794.

In den Niederlanden fordert schon zu Beginn des niederländischen Freiheitskampfes und der Auseinandersetzungen mit der spanischen Oberherrschaft *Wilhelm von Oranien* in seiner Ansprache vom Silvestertag 1564 die unbedingte Preisgabe der Ketzerverfolgungen[23]. „Der Oranier warf dem Landesherrn religiösen Anachronismus vor. In allen umliegenden Ländern ändere sich das Glaubensmuster. Die Religion sei überall Gegenstand einer nicht mehr aufzuhaltenden Diskussion. Wie könne es, so fragte er, angehen, dass die eine, die katholische Religion in den Niederlanden als die allein selig machende angepriesen und über Inquisition und Ketzerverfolgung gerettet werde. [...] Der Landesherr war aufzufordern, die Ketzerverordnungen wieder einzuziehen oder zumindest abzumildern. Er könne, so liess er sein Publikum wissen, nicht dulden, dass Fürsten über das Gewissen ihrer Untertanen verfügten und sie

22 Ebda., S. 106.

23 Vgl. dazu und zum folgenden: *Horst Lademacher*, Die Niederlande. Politische Kultur zwischen Individualität und Anpassung, Berlin 1993, S. 88 ff.

der Freiheit des Glaubens und des Gottesdienstes beraubten."[24] Diese Haltung gewinnt jedoch weder unter den Adligen noch unter den Städten dauernde Zustimmung, sodass die in die Genter Pazifikation von 1576 aufgenommene gegenseitige Tolerierung der Aufteilung der Religionssphären im Land vom Ergebnis her betrachtet ohne praktischen Effekt bleibt. Der von *Wilhelm von Oranien* 1578 den Generalständen vorgelegte Plan eines Religionsfriedens beinhaltete zwar eine weitgehende Religions- und Gewissensfreiheit und fand auch rege publizistische Unterstützung, scheiterte aber am Widerstand der protestantischen und katholischen Landesteile[25].

In Frankreich erheben sich mit der Verschärfung des religiösen Streites um 1559 etwa ab 1561 Stimmen, die für Gewissensfreiheit als Grundlage der Duldung zweier Religionen im Staat eintreten[26]. Am 1. Februar 1561 sagt das Mitglied des Klerus der Ständeversammlung, der Generalvikar von Tours und Abt von Bois-Aubry *Jacques Bienassis* zu seinen Kollegen: „Will man in Dingen des Gewissens und der Religion Gewalt und Autorität einsetzen, so ist das nicht zulässig, weil das Gewissen so ist wie die Palme, die je mehr man sie drückt, um so mehr widersteht und sich nur durch die Vernunft und durch gütige Ermahnungen befehlen lässt." Unterdrücke man die Gewissen, so könne man Menschen zu Atheisten machen. „Es ist unvergleichlich viel besser, dass ein Mensch auf irgendeine gute oder schlechte Weise Christ ist, als dass er Atheist ist, das heisst gottlos, ohne Religion und Gewissen." Nach der damaligen Auffassung der Theologie war ein (beispielsweise wegen zu harter Folter) verzweifelndes Gewissen in der Gefahr, sich vom Glauben loszusagen, und musste in der Konsequenz der ewigen Verdammnis anheimfallen. Dies macht den Hinweis des Abtes verständlich.

Eine kleine, 1561 anonym erschienene Schrift erregt in Frankreich Aufsehen, da sie die Fürsten dazu aufruft, Toleranz zu gewähren[27]. Der königliche Kanzler *Michel de l'Hospital*, ein Freund von *Montaigne*,

24 Ebda., S. 89.

25 *Joseph Lecler*, Die Gewissensfreiheit. Anfänge und verschiedene Auslegungen des Begriffs (1966), in: Heinrich Lutz (Hg.), Zur Geschichte der Toleranz und der Religionsfreiheit, Darmstadt 1975, S. 331-371 (361 ff.).

26 Vgl. zur Entwicklung in Frankreich und zur nachfolgenden Zusammenfassung: *J. Lecler*, Die Gewissensfreiheit (Anm. 25), S. 348 ff.

27 Exhortations aux Princes et Seigneurs du Conseil privé du Roy, pour obvier aux séditions qui semblent nous menacer pour le fait de la religion, abgedruckt in: Mémoires de Condé, Bd. II, London 1743, S. 613-636.

führt im September 1561 vor einer Versammlung von Prälaten aus: „Das Gewissen ist derart, dass es nicht gezwungen werden kann; es muss belehrt und darf weder gebeugt noch verletzt werden, es muss durch wahre und ausreichende Gründe überzeugt werden und selbst der Glaube ist, wenn nur erzwungen, kein Glaube mehr.“ Den Verfolgungen sei ein Ende zu machen, nicht zuletzt, um die Stabilität von Staat und Königsherrschaft zu erhalten[28]. Der in Frankreich beginnende Bürgerkrieg veranlasst *Sebastian Castellio* 1562 zu seiner berühmten Schrift „Conseil à la France désolée“: „[…] man braucht denen, die das Gewissen anderer zwingen, nur zu sagen: *Wollt ihr, dass man das eure zwingt?* Und sofort würde sie ihr eigenes Gewissen, das mehr Wert hat als tausend Zeugen, so überzeugen, dass sie ganz verblüfft wären.“[29] Das am 19. März 1563 ergangene Edikt von Amboise gewährt einer herrschenden Gruppe der Bevölkerung, nämlich jenen Edelleuten, „die Barone, Burgherren, Gerichtsherren und Lehnsherren sind, in ihren Häusern in voller Freiheit ihres Gewissens [zu] leben und die Religion, die sie als reformiert bezeichnen, mit ihren Familien und Untertanen aus[zu]üben“[30]. Die natürliche Antwort auf diese beschränkte Rechtsanerkennung ist die umgehend erhobene Forderung nach Gewissensfreiheit für alle. Der Begriff der Gewissensfreiheit verbreitet sich schnell (so findet er sich bei *Michel de l'Hospital*, *Montaigne* und anderen). Der Gouverneur des Languedoc, Marschall *Montmorency-Damville* verhandelt 1574 mit den Protestanten und schliesst dort mit ihnen einen Pakt über Gewissensfreiheit. Jedoch erreichen weitere Rechtsurkunden, insbesondere das Edikt von Nantes (13. April 1598) nicht die Ebene eines allgemein jedermann zustehenden Rechtes: Es gesteht in Artikel 6 den Protestanten nur zu, „dass sie frei leben können, ohne belästigt, gequält und gezwungen zu werden, etwas in der Religion gegen ihr Gewissen zu tun“. Nachdem das Edikt immer enger ausgelegt wird und die Protestanten schon vielfältig bedrängt und verfolgt werden, was zu Protesten deutscher Fürsten führt, hebt *Ludwig XIV.* 1685 im Edikt von Fontainebleau auch diese Gewährungen auf. Die preussische Aufnahmeerklärung und Rechtegewährung für die Hu-

28 Ebda., S. 350 f.

29 *Sebastian Castellio*, Conseil à la France désolée, auquel est montré la cause de la guerre présente et le remède qui y pourroit estre mis, et principalement est avisé si on doit forcer les consciences, o.O. 1562, S. 25.

30 *J. Lecler*, Die Gewissensfreiheit (Anm. 25), S. 352.

genotten sind die Antwort auf die französischen Verfolgungen der Protestanten[31].

Selbst in der französischen Revolution gewährleistet die Nationalversammlung aus Rücksichtnahme oder Angst vor der katholischen Kirche keine vollständige Religions- und Gewissensfreiheit. *Mirabeau* und *Condorcet* scheitern mit ihren darauf abzielenden Vorhaben.

## *IV. Die Entwicklung in England und in den Vereinigten Staaten*

Die angloamerikanische Entwicklung ist insofern von ausschlaggebender Bedeutung, als in den Vereinigten Staaten zum ersten Mal grundrechtlich die volle Religions- und Gewissensfreiheit verbürgt wird. Drei Schritte scheinen dabei entscheidend gewesen zu sein.

### *A. Die englische Entwicklung: die Petition of rights und das Agreement of the people*

Erstens wird in der englischen, unter dem massgeblichen Einfluss von *Edward Coke* stehenden Petition of rights von 1628/29, einem Vorläufer des wohl weit berühmteren Entwurfes einer englischen Verfassung, des Agreement of the people vom 28. Oktober 1647, erstmals der allgemeine rechtliche Charakter von Rechten des Volkes und zugleich der einzelnen Bürger festgehalten[32]. Wir können rechtsdogmatisch ab diesem Zeitpunkt von einer entwickelten Konzeption grundrechtsgleicher Positionen der einzelnen Bürger ausgehen; dies ist eine Grundlage des nachfolgenden Agreement of the people. Die Religions- und Gewissensfreiheit wird vor dem Hintergrund einer publizistisch weitgefächerten Debatte seit 1612 erst 1649 und nach heftigen Diskussionen[33] in das Agreement of the people, einem 1647 erstmals in seinen Grundzügen beschlossenen, später mannigfach erweiterten und 1649 dem Parlament vorgelegten Entwurf einer Verfassung für England aufgenommen: *Henry Ireton*, der wohl ein-

31 Vgl. zu Entwicklungen in anderen europäischen Ländern: *Eckehart Stöve*, Art. Toleranz I, TRE 33 (2002), S. 646-663 (653-655).

32 Vgl. dazu *Josef Bohatec*, England und die Geschichte der Menschen- und Bürgerrechte. Drei nachgelassene Aufsätze (hg. von Otto Weber), Graz/Köln 1956, S. 13-57 (15 ff.).

33 *J. Bohatec*, Menschen- und Bürgerrechte (Anm. 32), S. 43 ff.

flussreichste Autor dieses leider nie verwirklichten Entwurfs, der staatsrechtlich geschulte Schwiegersohn *Cromwells* schwenkt erst sehr kurz vor der endgültigen Beschlussfassung auf eine teils die Gewissensfreiheit befürwortende Position ein[34]. Das Agreement spricht sich für die christliche Religion als öffentliches Bekenntnis des englischen Volkes aus. Im Fall der Häresie darf kein Zwang und keine Strafverfolgung stattfinden; die ihrem Gewissen folgenden und davon abweichenden Christen sollen an ihrem Bekenntnis und an der Ausübung ihrer Religion nicht gehindert werden, es sei denn, sie störten den öffentlichen Frieden. Die katholische und jüdische Religion werden aber nicht als öffentliche Religionen zugelassen. Die Religionsfreiheit wird als angeborenes natürliches Recht bezeichnet, volle Toleranz wird aber nicht gewährt[35].

## *B. Das Wirken von Roger Williams*

Das Denken und Wirken von *Roger Williams*, eines hervorragenden Verfechters vollständiger Religions- und Gewissensfreiheit trägt wesentlich dazu bei, den Rechtsgedanken der unbeschränkten religiösen Toleranz aus den Kreisen der englischen Täufer und Dissenter nach Nordamerika zu tragen und dort zu verwurzeln. *Williams* (1603-1683) ist überzeugter Calvinist und Puritaner, ist aber auch juristisch gut orientiert: Er gilt als Schützling *Edward Cokes*, des englischen Starjuristen[36]. Er emigriert 1631 nach Massachusetts, gründet 1636 Providence und dann Rhode Island, kehrt 1643/44 nach England zurück, um cinc Charter für die neugegründete Kolonie zu erhalten, und hält sich noch einmal von 1652-1654 in London auf.

In der Debatte mit *John Cotton*, einem Verfechter der anglikanischen Theokratie für Massachusetts betont *Williams* den unermesslichen Schaden für den Glauben, der sich aus einer Innehabung der Staatsgewalt

34 *J. Bohatec*, Menschen- und Bürgerrechte (Anm. 32), S. 55 f. Vgl. zur Diskussion in England und unter den Levellern insbesondere bis zu diesem Zeitpunkt: *Wolfgang W. Wittwer*, Grundrechte bei den Levellern und der New Model Army. Ein Beitrag zur Vorgeschichte des Menschenrechtsgedankens, Ratingen/Kastellaun/Düsseldorf 1972, S. 170-210.

35 *J. Bohatec*, Menschen- und Bürgerrechte (Anm. 32), S. 56 f.

36 *J. Bohatec*, Menschen- und Bürgerrechte (Anm. 32), S. 26 m.w.N.

durch die Kirche ergibt[37]. Der Mensch darf sich, so seine theologische Grundauffassung, nicht anmassen, anstelle von Gott die Herzen für den Glauben öffnen zu wollen. Weder Gottesdienst noch der von der Kirche für richtig gehaltene Glaube oder Glaubensdogmen dürfen erzwungen werden. Alles sei Gott in seiner unerforschlichen Souveränität anheimgegeben. Auch *Williams* versteht das Gleichnis vom Weizen und vom Unkraut (Matthäus 13) dahingehend, dass Christen (der gute Samen) und Nichtchristen (das Unkraut) Seite an Seite geduldet bis zur Zeit der grossen Ernte, des Jüngsten Gerichts leben sollen[38]. In der Konsequenz ist das weltliche, staatliche Gemeinwesen völlig unabhängig von den Schicksalen der Religionsgemeinschaften, die sogar mit privaten Korporationen und Gesellschaften verglichen werden: „denn die Tatsache, dass man zur Stadt gehört, und das Wohlergehen und der Friede der Stadt sind wesentlich verschieden von diesen Gesellschaften [...] Die Stadt bestand vor ihnen und bleibt absolut unberührt davon, wenn eine solche Korporation oder Gesellschaft untergeht“[39]. Grundsätzlich hat der Staat neben der Verpflichtung zum Schutz, der Bestätigung und der Unterstützung der Kirche keine Gewalt über sie. Die staatliche Gesetzgebung und Gerichtsbarkeit dürfen nur das Verbrechen (die zweite Tafel der zehn Gebote), nicht aber die geistliche Sünde (die Gebote der erste Tafel) zu ihrem Ziel machen: „Aber Verblendung, Hartherzigkeit, der Hang, irgendeinen anderen Gott zu wählen oder anzubeten oder einen falschen Christus statt des wahren, diese Sünden berühren den Staat überhaupt nicht, sondern nur das geistige Reich Gottes.“[40] Seine tiefreligiöse Überzeugung spiegelt sich in einem schlagenden Argument gegen eine christlich begründete Unduldsamkeit: „Wäre Paulus, wäre Christus hier in London und es würde die Frage gestellt, welche Religion sie gutheissen würden, so würden die Papisten, die Prelatisten, Prebyterianer, Unabhängigen usw. alle sagen: die meine, die meine [...] Aber nun eine zweite Frage: Sollte eine der verschiedenen Gemeinschaften durch Mehrheitsabstimmung in den Besitz des stählernen Schwertes gelangen, – mit welchen Waffen wird

37 Vgl. (auch zum folgenden) *LeRoy Moore*, Religionsfreiheit: Roger Williams und die revolutionäre Ära, in: Heinrich Lutz (Hg.), Zur Geschichte der Toleranz und der Religionsfreiheit, Darmstadt 1975, S. 276-307 (280).

38 *Roger Williams*, The Bloudy Tenent of Persecution (1644), in: ders., The Complete Writings of Roger Williams, Narragansett Club Publications, 1. Reihe Bd. III, Providence 1866, S. 97-116.

39 *R. Williams*, Persecution (Anm. 38), S. 73.

40 *R. Williams*, Persecution (Anm. 38), S. 388.

Christus sie ermächtigen, für ihn zu kämpfen?"[41] In der Folge bewirkte *Roger Williams* die Aufnahme sowohl von Freiheitsrechten als auch der Toleranz und Gewissensfreiheit in das Recht der mit von ihm gegründeten Kolonie Rhode Island[42]. In der ersten rechtlichen Vereinbarung der Gründung des Ortes Providence aus dem Jahr 1637 stimmen die Gründer einer Gehorsamspflicht zu für „all such orders or agreements as shall be made for public good of the body in an orderly way, by the major consent of the present inhabitants, masters of families incorporated together in a Towne fellowship, and others whom they shall admit into them only in civil things"[43].

## *C. Die nordamerikanischen Rechteerklärungen*

Das Erbe der vorstehend geschilderten Entwicklung der Toleranzidee sowie der Gewissens- und Religionsfreiheit, die wesentlich vermittelt über die Täuferbewegungen und die Dissenter über Holland und England nach Nordamerika gelangt sind, findet sich dann zuerst in den nordamerikanischen Rechteerklärungen, vor allem in Artikel 16 der Virginia Bill of Rights, die am 12. Juni 1778 verabschiedet wird: „That religion or the duty, which we owe to our Creator, and the manner of discharging it can be directed only by reason and conviction, not by force or violence; and therefore all men are equally entitled to the free exercise of religion, according to the dictates of conscience; and that it is the mutual duty of all to practise Christian forbearance, love and charity towards each other" (section 16). Erst auf einem langen, theologisch und philosophisch begleiteten Weg finden somit die Ideen der Toleranz und der Gewissensfreiheit in das moderne Verfassungsrecht. Erst mit dem Abschluss dieser Vorgeschichte, ab 1776 beginnt dann ihre eigentliche verfassungsrechtliche Geschichte, die bis heute andauert.

41 *R. Williams*, Persecution (Anm. 38), S. 11.

42 Vgl. zur Entwicklung im einzelnen *Gail I. Winston*, Researching the Laws of the Colony of Rhode Island and Providence Plantations, Roger Williams University School of Law Faculty Papers, 2003, Paper 1, S. 8 ff. (Part III).

43 *John Russell Bartlett* (ed.), Records of the Colony of Rhode Island and Providence Plantations, Vol. 1, Providence 1856, S. 14.

## *V. Ein Resümee*

Blicken wir zurück, so wird eine zentrale Schwierigkeit deutlich: Die Absolutheit von Religionen, ihr glaubensgründender Wahrheitsanspruch steht zunächst der Toleranz und der Gewissens- wie auch der Religionsfreiheit entgegen. Die theologisch innerhalb der jeweiligen Religion und Konfession zu bearbeitenden und zu lösenden zwei Fragen lauteten: Wie ist erstens Toleranz auf der Seite des doch in gewisser Weise weiter absolut glaubenden Individuums und zugleich auch auf der Seite der Religionsgemeinschaft möglich? Der theologisch zentrale Punkt war und ist für das Christentum, so hat die Geschichte der Gewissensfreiheit in Westeuropa und Nordamerika gezeigt, die Einsicht, dass die letzte Entscheidung über die Wahrheit des Glaubens wie des Lebens bei Gott liegt, dass der Glaube auf Freiwilligkeit beruhen muss und dass keine Religion versuchen darf, die andere niederzukämpfen, sondern sie einander als letztlich inkommensurabel dulden und in ihrer Andersartigkeit anerkennen müssen. Zweitens: Wie ist die für den modernen Staat angesichts der Pluralität der Religionen verfassungsrechtlich unabdingbare Trennung von Staat und Kirche für die einzelnen Religionsgemeinschaften in ihrem theologischen Selbstverständnis zu bejahen? Gefordert war hier der Abschied von jeglichem theokratischen Anspruch und Denken. Es liegt auf der Hand, dass dies selbst einer relativ staatsfern entstandenen Religion wie dem Christentum sehr schwergefallen ist und eines längeren theologischen, philosophischen und rechtlichen Lernprozesses bedurft hat.

Erst auf der Grundlage der theologischen, philosophischen und rechtlichen Akzeptanz des modernen, grundrechtsgeprägten, konfessions- und religionsneutralen, demokratischen Staates eröffnet sich die legitime Möglichkeit einer begrenzten politischen Einflussnahme von Religionsgemeinschaften auf den die demokratische Repräsentation mitgestaltenden gesellschaftlichen und staatlichen Willensbildungsprozess.

Fraglich und äusserst problematisch erscheint hingegen die umgekehrte Gestaltung einer modernen Rechtsordnung: Wird der Islam – so in einer ganzen Reihe von Verfassungen – zu einer (teils gleichgeordneten) Rechtsquelle erklärt, so bleibt angesichts der religiösen und politischen Vielfalt des Islam und der unterschiedlichen Verständnisse der Scharia unklar, in welcher Interpretation die Religion zum normierenden Ausgangspunkt genommen werden soll. Die religiösen Kontroversen werden in das Rechtsverständnis hineingezogen, obwohl sie dort wohl kaum angemessen auszutragen sind. Sowohl die damit einem islamisch-theokratischen Denken eröffneten Möglichkeiten als auch die drohende Zerstörung rechtlicher Rationalität und Klarheit durch die Einbeziehung letztlich theologischer Streitigkeiten schrecken. Es bedarf in diesem Zusammenhang keiner ausführlichen Schilderung der Defizite der Menschenrechtsinterpretation, die mit der in den achtziger Jahren entworfenen islamischen Menschenrechtserklärung verbunden waren. Sie betrafen sowohl die Freiheit der Religion und des Religionswechsels als auch die rechtliche Stellung der Frauen. Damit wird nicht die grundsätzliche Möglichkeit des Islam oder anderer Religionen bestritten, zu einem angemessenen Verständnis der modernen Grund- und Menschenrechte zu gelangen. Im Koran ist zwar die Aussage zu finden: Es gibt keinen Zwang in der Glaubenspraxis [oder: im praktizierten Glauben] (Sure 2, Vers 256). Wie *Tilman Nagel* gezeigt hat, ist aber die weit verbreitete und im Sinne der Glaubens- und Religionsfreiheit verstandene Übersetzung „Es gibt keinen Zwang im Glauben“ falsch[44]. Denn es hier wird nur dem Zwang innerhalb des recht verstandenen islamischen Glaubens eine Absage erteilt; ein tolerantes Verhältnis des Islam und der Muslime zu anderen Religionen wird an dieser Stelle überhaupt nicht angesprochen. Bis zur vollständigen Anerkennung der Religions-, Glaubens- und Gewissensfreiheit seitens des Islam scheint noch ein weiter Weg zurückzulegen zu sein. Das zeigen nicht zuletzt Todesurteile wegen Abfalls vom Islam in Afghanistan. Insofern bietet die Vorgeschichte des Grundrechts der Gewissens- und Religionsfreiheit positiv zu bewertende Modelle theologischer, philosophischer und rechtsbezogener Selbsttransformation von Religionen, Religionsgemeinschaften und religiösen Gruppen.

44 *Tilman Nagel*, Islam. Die Heilsbotschaft des Korans und ihre Konsequenzen, Westhofen 2001, S. 152 (Anm. zu § 22). *Ders.*, Islam oder Islamismus? Probleme einer Grenzziehung, in: Hans Zehetmair (Hg.), Der Islam – Im Spannungsfeld von Konflikt und Dialog, Wiesbaden 2005, S. 19-35 (32 f.).

SJKR/ASDE 12 (2007), S. 93-118

# Kirchliche Dienste für Nichtmitglieder? Theologische Überlegungen in einem schwierigen Feld*

von Matthias Zeindler (Bern)

## *I. Wo liegt das Problem?*

Die Situation ist in den vergangenen Jahrzehnten unübersichtlicher geworden: Immer häufiger begehren Menschen kirchliche Handlungen, ohne Mitglieder der Kirche zu sein. Die Fälle liegen dabei sehr verschieden: Aus der Kirche Ausgetretene möchten ihr Kind taufen lassen oder in den kirchlichen Unterricht schicken. Paare melden sich zur kirchlichen Trauung, bei denen ein, manchmal auch beide Partner nicht Mitglieder der Kirche sind. Eine Trauerfamilie begehrt eine kirchliche Abdankungsfeier für eine Verstorbene, die vor Jahren der Kirche den Rücken gekehrt hat.

Die unübersichtliche Situation ist keine „neue Unübersichtlichkeit" (Jürgen Habermas). Schon vor Jahrzehnten hat sich die Problematik in der ehemaligen DDR gestellt, wo die Kirche lange Zeit auf die Verweigerung der Zahlung von Kirchensteuern mit dem ‚Ruhen der kirchlichen Rechte' geantwortet hat, wozu insbesondere das Anrecht auf kirchliche Bestattung gehörte. Es wuchs allerdings das Unbehagen darüber, einen Dienst der Kirche an eine finanzielle Vorleistung zu knüpfen, was dann zur Folge hatte, dass zunehmend ausgetretene Personen bestattet wurden[1]. Die Lage in der DDR zeigt nur besonders deutlich ein allgemeineres Problem einer Kirche, die sich als „Volkskirche" mit faktisch abgestuften Graden der Zugehörigkeit versteht. Eine solche Kirche lebt ge-

* Überarbeitete und erweiterte Fassung eines Impulsreferats vor der Konferenz der Kirchenleitungen des Schweizerischen Evangelischen Kirchenbunds am 12. Mai 2006 in Bern.

1 Nach *Eberhard Winkler*, Die Bestattung, in: Hans Christoph Schmidt-Lauber/ Karl Heinrich-Bieritz, Handbuch der Liturgik. Liturgiewissenschaft in Theologie und Praxis der Kirche, Göttingen 1995, S. 947-958 (948).

wissermassen mit verschwimmenden Rändern, an denen eine distanzierte Mitgliedschaft sich oft kaum mehr unterscheidet von einem formell vollzogenen Austritt. Entsprechend unklar werden hier unter Umständen die Kriterien dafür, wann jemand zu einer Inanspruchnahme kirchlicher Leistungen berechtigt ist. Kommt dazu, dass die Kirchen von vielen ihrer Mitglieder (aber auch von Nichtmitgliedern) im Sinne einer Organisation wahrgenommen werden, bei der die Mitgliedschaft zum Bezug bestimmter Leistungen berechtigt. Wird Kirche einmal so wahrgenommen, ist der Schritt nicht mehr weit zur Auffassung, dass auch die einzelnen Leistungen gegen ein entsprechendes Entgelt eingekauft werden können. Diese Situation ist wie gesagt nicht neu. Neu an ihr ist in den letzten beiden Jahrzehnten lediglich, dass sie sich kontinuierlich verschärft. Das Begehren nach kirchlichen Handlungen für Nichtmitglieder wird vom seltenen Einzelfall zum ständig wiederkehrenden Fall, der denn auch nicht mehr bloss ad hoc geregelt werden kann. Heute besteht ein allgemeinerer Regelungsbedarf.

Von der eben zitierten Auffassung her kann man fragen, wo eigentlich das Problem liege, wenn es um kirchliche Dienste für Nichtmitglieder geht. Denn juristisch betrachtet sind kirchliche Dienste genau für jene bestimmt, welche Mitglieder der Kirche sind. Mitglied der Kirche ist man zu einem guten Teil, um in Genuss dieser Dienste zu kommen. Umgekehrt besteht die Nichtmitgliedschaft in der Kirche wesentlich darin, dass man damit kein Anrecht auf deren Dienste hat. Und einen Verzicht auf Mitgliedschaft in der Kirche muss man unter anderem als Ausdruck der Bereitschaft interpretieren, auf die Dienste der Kirche zu verzichten.

Das Beispiel DDR macht aber deutlich, dass die Dinge so einfach nicht sind. Liesse sich über Begehren von Nichtmitgliedern nach kirchlichen Handlungen allein mitgliedschaftsrechtlich entscheiden, dann würden sich Kirchen und ihre Mitarbeitenden nicht seit Jahrzehnten mit Regelungen und dann auch mit dem konkreten Vollzug von Regelungen schwer tun. Freilich sind bei diesem Schwanken unterschiedliche Motive wirksam. Im ungünstigen Fall steckt dahinter die Furcht vor einem verstärkten Relevanzverlust der Kirche und die Hoffnung, durch eine grosszügige Praxis die öffentliche Attraktivität der Kirche zu steigern. Im günstigen Fall drückt sich in einer nicht streng an mitgliedschaftsrechtlichen Kriterien orientierten Praxis das Bemühen aus, im Handeln der Kirche etwas von der Grosszügigkeit des Evangeliums, von Gottes voraussetzungsloser Zuwendung zu allen Menschen, sichtbar zu machen.

Die mitgliedschaftsrechtliche Rationalität erweist sich im vorliegenden Fall also nicht als falsch, aber als unzureichend. Die spezifische Verfasstheit der Kirche bringt es mit sich, dass Fragen nach dem kirchlichen Handeln grundsätzlich gemäss zweierlei Rationalitäten beantwortet werden müssen: zum einen gemäss der Rationalität einer weltlichen Institution und Organisation, zum andern gemäss der Rationalität einer Gemeinschaft, die von dem in ihr geglaubten Gott zu einem bestimmten Dienst beansprucht wird. Wir sprechen von einer institutionellen und von einer theologischen Rationalität. Diese beiden Rationalitäten dürfen nie bloss parallel laufen oder gar auseinanderklaffen, sie müssen aufeinander bezogen sein, will die Kirche bei ihrer Sache bleiben. Dabei betrachten wir es als Spezifikum der Kirche, dass die institutionelle Rationalität, wie sie innerhalb dieser Organisation wirksam werden soll, sich von der theologischen Rationalität her bestimmen lassen muss. Die Frage, ob und in welcher Weise die Kirche dem Begehren von Nichtmitgliedern nach kirchlichen Handlungen entsprechen soll, ist deshalb vor allem eine theologische Frage. Es handelt sich nicht bloss um ein Problem, das administrativ zu handhaben ist, sondern um eines, bei dem das Selbstverständnis der Kirche zur Debatte steht. Um die theologische Seite der uns vorliegenden Problematik geht es in den folgenden Überlegungen[2].

Um das Feld der Probleme abzustecken, seien die zwei extremen Lösungstypen umrissen, die im Zusammenhang mit der Frage nach kirchlichen Handlungen für Nichtmitglieder denkbar sind. Auf der einen Seite ist dies die vollständige „Offenheit", also die grundsätzliche Gleichbehandlung von Mitgliedern und Nichtmitgliedern. Diese Lösung muss *nicht* zur Folge haben, dass jedem Begehren nach kirchlichen Diensten umstandslos stattgegeben wird, die Kriterien, die dabei zur Anwendung kommen, sind aber von der Mitgliedschaft in der Kirche unabhängig. Es stellt sich freilich die dringende Frage, welche theologische Bedeutung die Mitgliedschaft im Rahmen dieser Lösung noch hat. Man muss in einem solchen Falle von einer Vergleichgültigung der Kirchenmitgliedschaft sprechen. Auf der anderen Seite des Spektrums steht die aus-

2 Den kirchenrechtlichen Regelungen widmet sich in zwei Beiträgen *Cla Reto Famos*, Rituale und Kirche – Überlegungen zu Kasualien ohne Mitgliedschaft oder ohne kirchlichen Auftrag, in: SJKR 6 (2001), S. 75-95; *ders.*, Kasualhandlungen an Nichtmitgliedern aus juristischer und theologischer Sicht, in: SJKR 10 (2005), S. 33-50. In beiden Beiträgen erörtert Famos sehr detailliert die rechtlichen Regelungen in den verschiedenen Kantonalkirchen der Schweiz.

nahmslose Restriktion kirchlicher Dienste auf ihre Mitglieder, wo sich aber die ebenso dringende Frage nach der Allgemeinheit des kirchlichen Handelns stellt. In diesem Falle muss man von einer Verabsolutierung der Kirchenmitgliedschaft sprechen. Die Praxis der Volkskirchen zeigt bisher, dass weder die Vergleichgültigung noch die Verabsolutierung der Mitgliedschaft zu einer befriedigenden Lösung der vorliegenden Frage führt. Gesucht ist der gut begründete Weg zwischen den Extremen[3].

## *II. Glaube und Kirche*

Nichtmitglieder, die um einen kirchlichen Dienst nachfragen, betonen häufig, dass sie selbstverständlich ihren Glauben hätten und dass ihre Nichtmitgliedschaft in einer Kirche nicht mit Religionslosigkeit gleichzusetzen sei. In solchen Aussagen äussert sich eine typisch moderne Bewusstseinslage. Im Rahmen eines gängigen neuzeitlichen Kirchenverständnisses ist das menschliche Gottesverhältnis zunächst eine individuelle Angelegenheit, und erst in einem zweiten Schritt will sich Frömmigkeit dann allenfalls auch vergemeinschaften[4]. Was heisst, dass Glaube und Glaubensgemeinschaft grundsätzlich getrennt voneinander denkbar sind. Christ kann man auch ausserhalb der Kirche sein.

Im Neuen Testament sind Glaube und Zugehörigkeit zur christlichen Gemeinde dagegen nicht zu trennen. Zum Glauben zu kommen bedeutet, in den Leib Christi eingegliedert zu werden und diesem mit seinen spezi-

3 Wichtig ist in diesem Zusammenhang, dass auch bei Mitgliedern die formelle Zugehörigkeit zur Kirche keinen bedingungslosen Anspruch auf kirchliche Dienste begründet. Auch hier kann ein Dienst abgelehnt werden, etwa wenn offensichtlich missbräuchliche Gründe dafür vorliegen. Beispiel: Ein Paar begehrt eine kirchliche Trauung aus Rücksicht auf die Familien, bekennt sich daneben aber klar zu seinem Unglauben und möchte wenn möglich auch eine Feier ohne christliche Gehalte. In einem solchen Fall kann es nicht nur das Recht, sondern sogar die Pflicht einer Pfarrerin sein, diese Feier zu verweigern.

4 Exemplarisch ist diese Sicht greifbar in *Ernst Troeltschs* frühem Aufsatz „Religion und Kirche“ (in: *ders.*, Zur religiösen Lage. Religionsphilosophie und Ethik, GS II, Tübingen 1913, S. 146-182), wo der programmatische Satz zu lesen ist: „Kirche und Religion decken sich durchaus nicht“ (S. 148). Grund für diese scharfe Differenz ist ein wesentlich individualistischer Religionsbegriff: „Die Religion ist flüssig und lebendig, jederzeit durch unmittelbare Berührung aus Gott schöpfend, höchst innerlich, persönlich, individuell und abrupt“ (ebd.).

fischen Geistesgaben (Charismen) zu dienen. Den theologisch dichtesten Ausdruck hat dieser Sachverhalt im Bild des Paulus von der christlichen Gemeinde als einem Leib gefunden, in welchem jedes Glied auf die andern angewiesen ist[5]. In den wichtigsten altkirchlichen Glaubensbekenntnissen, dem Apostolischen und dem Nizänischen, ist die Kirche als integrierender Bestandteil des Glaubens enthalten[6]. Und die Reformatoren sprechen unbefangen vom unverzichtbaren Stellenwert der Kirche für den christlichen Glauben – Calvin nennt sie die „Mutter" der Glaubenden[7]. Ein besonders enger Konnex von Glaube und christlicher Gemeinschaft findet sich bei Dietrich Bonhoeffer, wenn er schreibt: „Gottes Gemeinschaft gibt es nur durch Christus, dieser aber ist nur gegenwärtig in seiner Gemeinde, daher es *Gottesgemeinschaft nur in der Kirche gibt.*"[8] Glauben an den biblischen Gott und Zugehörigkeit zu Christus, bedeutet dies, impliziert auch Zugehörigkeit zu den andern, die diesen Glauben teilen. Was Karl Barth folgendermassen ausdrückt: „Wir sind entweder in der communio sanctorum oder wir sind überhaupt keine sancti. Privater, monadenartiger Glaube ist als solcher kein christlicher Glaube."[9]

Das Bild des Leibes Christi, wie Paulus es verwendet, gibt aber nicht nur das Faktum der Zugehörigkeit der Glaubenden zur Glaubensgemeinschaft an, sondern auch das Telos dieser Zugehörigkeit. Ernst Käsemann bemerkt zur religionsgeschichtlichen Bedeutung der Leib-Christi-Metaphorik: „Die Rede vom Christusleib ist die ekklesiologische Formel, mit welcher sich die hellenistische Christenheit zur Weltmission anschickte."[10] Will sagen: Der Leib Christi bedeutet den Herrschaftsbereich Gottes, den dieser sich inmitten einer von ihm entfremdeten Welt schafft. Und dies mit dem Ziel, dieser Welt als ihr Gott zu begegnen und sie zur erneuerten Gemeinschaft mit ihm zu gewinnen. Gott ergreift also von der Welt „Besitz, indem er Menschen in ihrer Kreatürlichkeit und Weltverflochtenheit, mit all ihren Fähigkeiten, ohne Unterschied des Geschlechts,

5 Röm 12, 3-8; 1 Kor 12, 12-30.

6 Apostolicum: „Ich glaube an den Heiligen Geist, die heilige, allgemeine, christliche Kirche"; Nicäno-Constantinopolitanum: „Wir glauben [...] an die eine, heilige, allgemeine und apostolische Kirche".

7 Inst. IV, 1, 4.

8 *Dietrich Bonhoeffer*, Sanctorum communio. Eine dogmatische Untersuchung zur Soziologie der Kirche [DBW 1], München 1986, S. 101 (Hervorhebung dort).

9 *Karl Barth*, Kirchliche Dogmatik IV/1, Zürich 1953, S. 757.

10 *Ernst Käsemann*, Paulinische Perspektiven, 2. durchges. Aufl. Tübingen 1972, S. 183.

der Partei, des Volkes, der Rasse, der religiösen Tradition, der Bildung und Begabung in seinen Dienst beruft. Nur so, dass unsere Leiber Glieder seiner Herrschaft werden, kann er, der Erhöhte [d.i. der auferstandene Christus, MZ], irdisch zu allen kommen."[11] Das verkündigende Wirken der christlichen Gemeinde ist also die Weise, in welcher Gott in der Welt präsent wird[12]. Hier ist nochmals von einem unhintergehbaren Zusammenhang die Rede: Im Glauben zu Christus zu kommen bedeutet immer auch, von diesem Christus dafür in Anspruch genommen zu werden, die Botschaft von Gottes Zuwendung zur Welt weiterzutragen. Dieses Beanspruchtwerden geschieht in unterschiedlichster Weise, was einmal mehr Paulus so formuliert, Gott habe die Menschen in der Gemeinde „zum einen als Apostel eingesetzt, zum andern als Propheten, zum dritten als Lehrer. Dann kommen die Wunderkräfte, die Heilungsgaben, die Hilfeleistungen, die Leitungsaufgaben, verschiedene Arten von Zungenrede".[13] In dieser Differenziertheit sind aber alle Glieder der Gemeinde darin eins, dass sie unter demselben Verkündigungsauftrag stehen. Vom christlichen Glauben ist also die Aufgabe nicht zu trennen, für die Kommunikation des Evangeliums einzustehen. Zum christlichen Glauben zu kommen bedeutet deshalb immer auch, in irgendeiner Form am Prozess der Glaubenskommunikation beteiligt zu werden.

Damit wird der Konnex von Glauben und Glaubensgemeinschaft einsichtig. Die Kirche ist theologisch gesehen nicht bloss die Vergemeinschaftung von religiös Gesinnten. Sie ist nicht weniger als das Instrument, das Gott sich aus der Welt erwählt hat, um die gute Botschaft bekannt zu machen. Inkarnationstheologisch formuliert: Indem Gott sich in Christus auf die Welt eingelassen hat, unterliegt auch die Verbreitung des Evangeliums den Kommunikationsbedingungen der Welt. Diese Verbreitung bedarf also einer Gemeinschaft von Menschen, welche im Medium der Sprache die Gehalte des Glaubens durch Raum und Zeit transportiert. Gott will für seine Begegnung mit den Menschen auf die Mitwirkung von

11 Ebda, S. 199.

12 Sehr ähnlich umreisst *Christoph Schwöbel* den Zusammenhang von Gott, Welt und Kirche: „Insofern der Inhalt des Evangeliums das Heil der Welt ist, ist die Kirche durch die Bindung an ihren Grund einbezogen in die Bewegung der Liebe Gottes zur Welt. Die Bindung an ihren Grund bringt die Kirche als Gemeinschaft des Glaubens in die Dynamik der Selbsttranszendenz, in der sie an der Bewegung der Liebe Gottes zur Welt teilnimmt" (Kirche als Communio, in: *ders.*, Gott in Beziehung. Studien zur Dogmatik, Tübingen 2002, S. 379-435, 427 f.).

13 1 Kor 12, 28.

Menschen nicht verzichten. Die Glaubenden sind jene Menschen, die er für dieses Mitwirken gebrauchen will[14].

Ein letzter Punkt verdient im Blick auf unsere Problematik noch Aufmerksamkeit. Wenn heute Kirchen Hemmungen zeigen, Gesuche um kirchliche Handlungen von Nichtmitgliedern abzulehnen, dann kann sich darin wie erwähnt auch das Bedürfnis äussern, in der Gesellschaft nicht zusätzlichen Boden zu verlieren. Demgegenüber steckt in der skizzierten theologischen Sicht von Kirche ein ausgeprägtes Differenzbewusstsein. Der griechische Begriff für Kirche, *ekklesia*, meint „die Herausgerufene"[15]. Der Begriff leitet sich her vom Grundbegriff des Alten Testaments, der göttlichen Erwählung Israels aus den Völkern der Erde[16]. Und er bedeutet nach allem bisher Gesagten: Die Kirche ist herausgerufen zum Glauben an denjenigen Gott, der sich in Jesus Christus als gnädiger Schöpfer und Retter der Welt erwiesen hat. Sie ist herausgerufen zu solchem Glauben aus denen, die anderes glauben und deshalb einen andern Grund für ihr Leben haben. Dem Sein der Kirche liegt damit ein göttlicher Akt des Differenzierens zu Grunde. Der Kirche als der Gemeinschaft der Herausgerufenen steht grundsätzlich die Nicht-Kirche gegenüber, das Gesamt derjenigen, die – aus was immer für Gründen – nicht herausgerufen worden sind. Kirche und Welt sind damit nicht deckungsgleich, die Welt zerfällt stets in Kirche und Nicht-Kirche. Die Differenz von Kirche und Nicht-Kirche ist allerdings keine statische. Die Kirche ist heraus- und zusammengerufen, damit sie hinausgehe und den Ruf zum Glauben universal hörbar mache. Sammlung und Auferbauung zielen auf diese Sendung der Kirche, die Kirche ist wesentlich *apostolische* Kirche. Ohne diese Zielrichtung verliert sie ihre Daseinsberechtigung[17].

14 Dazu auch *Matthias Zeindler*, Das Amt der Kirche und die Ämter in der Kirche, in: Jan Bauke/Matthias Krieg (Hg.): Die Kirche und ihre Ordnung, Zürich 2003, S. 67-76 (70 f.).

15 Zu Herkunft und Entwicklung des Begriffs *Jürgen Roloff*, Die Kirche im Neuen Testament (NTD Ergänzungsreihe 10), Göttingen 1993, S. 83-85, 96-100; *Jürgen Werbick*, Kirche. Ein ekklesiologischer Entwurf für Studium und Praxis, Freiburg/Basel/Wien 1994, S. 45-50.

16 *Horst Dietrich Preuss* wertet „JHWHs erwählendes Geschichtshandeln an Israel zur Gemeinschaft mit seiner Welt, das zugleich ein dieses Volk (und die Völker) verpflichtendes Handeln ist", als „Mitte des AT" und als „Grundstruktur des atl. Glaubens" (Theologie des Alten Testaments 1, Stuttgart/Berlin/Köln 1991, S. 29)

17 So, in pointierter Formulierung, besonders der niederländische Theologe *Johannes Christiaan Hoekendijk*: Die Kirche „ist ja nur dann – und nur insoweit – wirklich Kirche, als sie sich ganz aufnehmen lässt in Gottes Handeln mit der

Damit wird die Kirche als eine Gemeinschaft in einer bestimmten Dynamik sichtbar. Bereits im Alten Testament ist Erwählung ein Ausgesondertsein zu einem bestimmten Dienst. Abraham, der paradigmatische Erwählte der biblischen Urgeschichte, wird erwählt mit der Verheissung, „durch dich sollen alle Geschlechter der Erde Segen erlangen“[18]. Was heisst: Durch die Erwählung dieses Einzelnen will Gott auf alle Geschlechter, auf den gesamten Erdkreis ausgreifen. Das Herausrufen dieses Einzelnen ist seine Weise, sich auf *alle* zu beziehen. Das verhält sich bei der Kirche nicht anders. Auch ihre Erwählung, ihr Gerufenwerden geschieht mit dieser universalen Abzweckung. Aber offenbar gilt auch das Umgekehrte: Damit alle vom Glauben erfahren, bedarf es der göttlichen Differenzierung von Kirche und Nicht-Kirche. *Durch* diese Differenzierung will Gott alle, Glaubende und Nichtglaubende, erreichen. Die Partikularität der herausgerufenen und gesandten Kirche ist die konkrete Gestalt seiner Universalität[19].

Mit dieser Verhältnisbestimmung von Kirche und Nicht-Kirche erhält die Frage der kirchlichen „Offenheit“ eine klarere Beleuchtung. Dadurch, dass die Kirche beauftragt ist, ihre Botschaft universal zu kommunizieren, kommt ihr eine bedingungslose Offenheit zu: Sie hat ihre Botschaft an alle auszurichten und dabei keine Grenzen zu ziehen. Die damit gemeinte Offenheit bezeichnet man am besten als umfassende *Öffentlichkeit* des Evangeliums. Und muss dann sagen: Im Sinne solch umfassender Öffentlichkeit ihrer Botschaft ist Kirche bedingungslos offen. Wenn allerdings Voraussetzung der Öffentlichkeit die von der Nicht-Kirche differenzierte Kirche ist, dann korrespondiert dieser Offenheit eine bestimmte Begrenztheit. Die Begrenztheit ergibt sich aus der christlichen Botschaft,

---

Welt, als sie nichts anderes ist als ein auf die Ökumene, auf die ganze Welt ausgerichtetes Instrument. […] Mehr als Träger der Ankündigung des Reiches kann sie nicht sein – als ob es ein ‚Mehr‘ gäbe! *Dieser Zeugendienst* ist ihr opus proprium.“ (Die Zukunft der Kirche und die Kirche der Zukunft, Stuttgart/Berlin 1964, S. 118, 121; Hervorhebung dort).

18 Gen 12, 3.

19 Zu dieser „Logik der Erwählung“ vgl. *Lesslie Newbigin*, The Gospel in a Pluralist Society, Grand Rapids/Genf 1989, S. 80-88; *Matthias Zeindler*, Gotteserfahrung in der Gemeinde. Eine systematisch-theologische Untersuchung, Stuttgart/Berlin/Köln 2001, S. 162-177. Nicht gesehen wird die Logik der Erwählung in der Kritik an der Erwählungstheologie von *Klaus-Peter Jörns*, Notwendige Abschiede. Auf dem Weg zu einem glaubwürdigen Christentum, Gütersloh 2004, S. 188-216.

welcher die Kirche loyal bleiben muss, will sie ihre Identität nicht verspielen. Die spezifische Begrenztheit der Kirche bezeichnet man am besten als ihr evangelisches *Profil.* Gesellschaftliche Präsenz der Kirche wird sich immer messen müssen am doppelten Kriterium der Öffentlichkeit und der Profiliertheit.

## *III. Glied am Leibe Christi – Mitglied der Kirche*

Glaube bedeutet theologisch, ein Glied am Leib Christi zu werden. Nun darf die die geistliche Gliedschaft am Leibe Christi nicht unbesehen mit der juristischen Kirchenmitgliedschaft gleichgesetzt werden. Es kehrt hier die eingangs erwähnte Dualität im Kirchenbegriff wieder, die Tatsache also, dass die Kirche sowohl theologisch als auch juristisch, soziologisch oder organisationstheoretisch verstanden werden muss[20]. Theologisch gesehen sind Menschen als Glaubende Glieder am Leib Christi. Als solche ist ihnen der Glaube geschenkt und sind sie gerufen zum Tun des Wortes Gottes in der Sendung der Kirche. Juristisch gesehen sind Menschen Mitglieder der Institution Kirche. Ihre Mitgliedschaft besteht aufgrund der von der Institution Kirche definierten Mitgliedschaftsbedingungen, die in der Regel lauten: Taufe, Konfirmation und Erfüllung der finanziellen Verpflichtungen. Ich sage „in der Regel“, da all diese Mitgliedschaftsbedingungen auch Ausnahmen zulassen.

Aus dem Gleichnis vom Unkraut unter dem Weizen[21] zog man bereits in der Alten Kirche den Schluss, dass Gliedschaft am Leibe Christi und Mitgliedschaft in der empirischen Kirche nicht deckungsgleich sind. Nicht jeder, der formell zur Kirche gehört, ist auch ein Glaubender. Und umgekehrt muss immer damit gerechnet werden, dass sich wahre Glaubende auch ausserhalb der formellen Grenzen der Kirche finden. Trotzdem wäre der Schluss falsch, würde man damit – wie heute nicht selten – Glaube und Kirchenmitgliedschaft voneinander abkoppeln. Glaube ohne

20 Vgl. dazu auch *Wolfgang Lienemann*, Gesellschaftliche, rechtliche und theologische Probleme der Kirchenzugehörigkeit, in: SJKR 1 (1996), S. 67-106 (87-94); *ders.*, Kirchenmitgliedschaft – Entwicklungen und Perspektiven?, in: Alfred Dubach/ders. (Hg.), Aussicht auf Zukunft. Auf der Suche nach der sozialen Gestalt der Kirche von morgen. Kommentare zur Studie „Jede(r) ein Sonderfall? Religion in der Schweiz“, Bd. 2, Zürich/Basel 1997, S. 215-240 (221-227).

21 Mt 13, 24-30.

Kirchenmitgliedschaft mag als Grenzfall denkbar sein, Regelfall kann er aber nicht sein. Wir haben bereits zu Beginn festgehalten, dass theologischer und soziologischer Kirchenbegriff aufeinander bezogen sein müssen. Die soziologische Gestalt der Kirche ist grundsätzlich die Form, die der Leib Christi in der Welt hat. Einen Leib Christi ohne weltlich greifbare soziologische Gestalt gibt es nicht. Nicht anders ist es im Fall der Kirchenmitgliedschaft. Die Mitgliedschaft in der Institution Kirche ist die Form, in welcher die Gliedschaft am Leib Christi Gestalt gewinnt. Eine andere Form gibt es nicht. Es mag andere, es mag bessere Weisen geben, in welchen sich die Kirche in der Welt verkörpert. Das ändert nichts daran, dass Gliedschaft am Leib Christi Mitgliedschaft in einer Kirche impliziert. Auch hier kann man sagen: Diese Mitgliedschaft mag eine kritische, eine distanzierte, sie mag sogar zeitweise eine faktische Nichtmitgliedschaft sein. Eine prinzipielle Nichtmitgliedschaft in einer christlichen Kirche dagegen ist für jemanden, der Glied am Leibe Christi sein will, nicht denkbar. Christlicher Glaube vollzieht sich wesenhaft gemeinschaftlich, und das heisst auch: wesenhaft in einer Kirche.

Kirche als Institution kann als jene organisatorische Gestalt verstanden werden, welche ihr apostolisches Wesen unter weltlich-geschichtlichen Bedingungen bekommt. „Durch Institutionalisierung werden bestimmte Formen der Bedürfnis- und Interessenbefriedigung auf Dauer gestellt.“[22] In der institutionalisierten Kirche wird die Verkündigung des Evangeliums in der Welt auf Dauer gestellt und in eine Vielzahl von einzelnen Vollzügen differenziert. Wenn der oder die einzelne Glaubende durch den Ruf des Evangeliums zur Weiterverkündigung der guten Botschaft gerufen wird, dann bedeutet dies konkret, dass er oder sie ein Mitglied jener Institution wird, die in der Pluralität ihrer Vollzüge die Kommunikation des Evangeliums in der Welt wahrnimmt. Wiederum gilt: Es mag im Blick auf eine real existierende Kirche andere, es mag bessere Weisen geben, in welchen das Evangelium kommuniziert wird. Dennoch kann ich als Glaubender den Auftrag zur Verkündigung nicht anders annehmen als in einer grundsätzlichen Bejahung seiner institutionellen Wirklichkeit.

22 *Wolfgang Huber*, Kirche, 2. Aufl. München 1988, S. 111. Der Begriff der Institution leitet sich her aus dem lateinischen „instituere“, das den Vorgang des Hinstellens und Einrichtens bezeichnet, als auch von „institutio“, welches das Ergebnis dieses Vorgangs, das Hingestellte und Eingerichtete, umschreibt. Vgl. dazu *Eberhard Mechels*, Kirche als Institution, in: ders./Michael Weinrich (Hg.): Die Kirche im Wort. Arbeitsbuch zur Ekklesiologie, Neukirchen-Vluyn 1992, S. 151-168 (151).

Gehört zum Glauben die Verpflichtung zum Zeugnisdienst, gehört zu ihm auch die Partizipation an der Institution dieses Zeugnisses. Bei einer prinzipiellen Nichtmitgliedschaft in einer Kirche ist dagegen zu fragen, ob hier nicht faktisch der Zeugnisdienst des Glaubens verweigert werde.

Diese Frage ist auch an die Konzeption eines „Christentums ausserhalb der Kirche" zu stellen, die vor rund vierzig Jahren erstmals von Trutz Rendtorff zur Diskussion gestellt worden ist, die ihre Aktualität aber bis heute behalten hat[23]. Rendtorff geht für den neuzeitlichen Protestantismus davon aus, dass Christlichkeit und Kirchlichkeit nicht mehr dasselbe sind. Er ist der Überzeugung, „die christliche Überlieferung, christliches Leben und Erkennen sei umfassender, reicher und freier, als dies vom Standpunkt der Kirche aus heute der Fall zu sein scheint"[24]. Rendtorffs Wortmeldung ist insofern ernstzunehmen, als in ihr die Warnung davor enthalten ist, eine bestimmte empirische Gestalt der Kirche absolut zu setzen und damit Distanzierung von dieser Kirche gleichzusetzen mit einer Absage an die Kirche schlechthin. Jede Kirche muss sich bewusst bleiben, dass sie Gefahr läuft, lediglich Kirche eines bestimmten Frömmigkeitstypus' bzw. eines bestimmten soziologischen Segments zu sein. In dieser Situation muss ein „Christentum ausserhalb der Kirche" als Signal für eine Vereinseitigung des kirchlichen Lebens und als Aufforderung zur ständigen Revision gewertet werden[25]. Problematisch wird die genannte Position allerdings dort, wo sie den christlichen Individualismus prinzipialisiert. Rendtorff sieht im kirchlich distanzierten Christentum nicht weniger als eine Verwirklichungsform neuzeitlicher Freiheit und damit die eigentlich adäquate Gestalt von Christsein nach der Aufklärung. Er bestreitet so den hier vertretenen inneren Bezug von Christlichkeit und Kirchlichkeit und damit auch von Glauben und Gemeinschaft.

23 *Trutz Rendtorff*, Christentum ausserhalb der Kirche. Konkretionen der Aufklärung (Stundenbücher 89), Hamburg 1969.

24 Ebda., S. 9.

25 Dazu auch *Norbert Mette*, Kirchlich distanzierte Christlichkeit. Eine Herausforderung für die praktische Kirchentheorie, München 1982, bes. S. 109-203.

## *IV. Kirchliche Dienste und Mitgliedschaft*

Gott, so das Zeugnis des Neuen Testaments, „will, dass alle Menschen gerettet werden und zur Erkenntnis der Wahrheit kommen“[26]. Die Kirche dient dieser Universalität des Evangeliums, ihr Handeln ist deshalb in analoger Weise ein universales Handeln. Jeder Aspekt des Handelns der Kirche, jede kirchliche Handlung, muss in einem bestimmten Sinne auf die grundlegende Universalität der Kirche bezogen sein. Generell muss gelten: So wie Gott keine Vorleistung für seine Zuwendung verlangt, so wird auch die Kirche keine Vorleistung zur Geltung der von ihr verkündeten göttlichen Zuwendung fordern können. Kirchliches Handeln verkehrt sich dort in sein Gegenteil, wo es durch selbst gezogene Grenzen den Zugang zur bedingungslosen Gnade Gottes versperrt.

Nun ist aber nicht jeder kirchliche Dienst *in gleicher Weise* auf die Universalität der kirchlichen Dienstes bezogen, und entsprechend differiert auch die Korrelation von einzelnen kirchlichen Diensten und der Mitgliedschaft in der Kirche. Es wurde bereits von der grundsätzlichen Öffentlichkeit der kirchlichen Verkündigung gesprochen. In dem Masse, da jedes kirchliche Handeln an der Verkündigung partizipiert, ist auch jeder kirchliche Dienst von dieser grundsätzlichen Öffentlichkeit geprägt. Dies gilt uneingeschränkt von der Verkündigung im engeren Sinne, also vom *Gottesdienst* der Kirche: Der Gottesdienst steht allen offen, die Predigt des Evangeliums soll und kann von allen gehört werden. Mitgliedschaft in einer Kirche ist zur Partizipation an kirchlicher Verkündigung keine Voraussetzung. Dasselbe gilt von der *Seelsorge* und vom *diakonischen Handeln* der Kirche, die – ausser der Bedürftigkeit der Begünstigten – an keine Voraussetzungen gebunden sind. Etwas anders liegt der Fall bei der *Katechese*. Hier ist empirisch Mitgliedschaft die Regel, aus dem schlichten Grund, weil es meist Kirchenmitglieder sind, die ihren Kindern kirchliche Unterweisung angedeihen lassen möchten. Auch hier gibt es allerdings zunehmend Ausnahmen, beispielsweise Eltern, die selber aus der Kirche ausgetreten sind, ihren Kindern aber eine Einführung in den christlichen Glauben nicht vorenthalten möchten. Die Kirche hat gute Gründe, einem solchen Ansinnen positiv gegenüber zu stehen. Aber auch aus prinzipiellen Gründen kann für die Katechese Mitgliedschaft keine unerlässliche Voraussetzung sein, *zielt* doch der Unterricht erst auf persönliche Aneignung des Glaubens. Der Unterricht hat damit auch die

26 1 Tim 2, 4.

Mitgliedschaft erst als eine Zielperspektive, was zu einer angemessenen Flexibilität der Kirchen führen sollte.

Nochmals anders liegt der Fall bei der *Taufe*. Die Taufe symbolisiert den Herrschaftswechsel vom Leben ausserhalb Christi zu einem Leben in Christus, und als solche ist sie ein „Initiationsritus" in die Gemeinde der an Christus Glaubenden[27]. Besonders in der reformierten Tradition bedeutet die Taufe deshalb wesentlich „auch Aufnahme in die Kirche"[28]. So besteht ein derart tiefer Konnex zwischen Taufe und Mitgliedschaft in der Kirche, dass die Frage nach einer Taufe von Nichtmitgliedern sich eigentlich nicht stellt. Wo Nichtmitglieder für sich oder ihre Kinder eine Taufe begehren, muss ein von der skizzierten Bedeutung sehr stark abweichendes Verständnis der Taufe vorliegen, und ein Eingehen auf ein derartiges Begehren wäre nur um den Preis einer tiefgreifenden Uminterpretation der Taufe vorstellbar[29]. Analog liegen die Dinge bei der *Konfirmation*, die theologisch eng auf die Taufe bezogen ist. Man wird nun nicht sagen können, durch die Bindung der Taufe an die Kirchenmitgliedschaft würden die Öffentlichkeit des Evangeliums und die universale Ausrichtung des Dienstes der Kirche eingeschränkt. Die Bindung an die Kirchenmitgliedschaft ist eine konstituierende Dimension der Taufe, ohne diese Bindung würde diese ihres Charakters verlustig gehen. Indem die Kirche an dieser Bindung festhält, bewahrt sie deshalb die Taufe vor dem Verlust ihrer Bedeutung. Taufe ohne Kirchenmitgliedschaft ist ein hölzernes Eisen.

Noch einmal gesondert muss man die Situation beim *Abendmahl* beurteilen. Dabei ist vom ökumenisch gültigen Grundsatz auszugehen, dass der Zugang zum Abendmahl die Taufe voraussetze. Wenn die Kirchen Taufe und Abendmahl eng aneinander binden, dann besagt dies, dass auch beim Abendmahl ein enger Bezug zur Kirchenmitgliedschaft be-

27 *Rainer Volp*, Liturgik. Die Kunst, Gott zu feiern, Gütersloh 1994, S. 1172.

28 *August Jilek*, Die Taufe, in: Handbuch Liturgik (Anm. 1), S. 294-332 (315).

29 Zur umgekehrten Frage, inwiefern zur Kirchenmitgliedschaft notwendig auch die Taufe gehöre: *Christine Lienemann-Perrin* (Hg.), Taufe und Kirchenzugehörigkeit. Studien zur Bedeutung der Taufe für Verkündigung, Gestalt und Ordnung der Kirche (Forschungen und Berichte der Evangelischen Studiengemeinschaft 39), München 1983; *Dieter Kraus*, Schweizerisches Staatskirchenrecht. Hauptlinien des Verhältnisses von Staat und Kirche auf eidgenössischer und kantonaler Ebene, Tübingen 1993, S. 379 f.; *Eberhard Winkler*, Tore zum Leben. Taufe – Konfirmation – Trauung – Bestattung, Neukirchen-Vluyn 1995, S. 71-74; *W. Lienemann*, Kirchenzugehörigkeit (Anm. 20), S. 75-86.

steht[30]. Das Abendmahl ist Gemeinschaftsmahl in einem mehrdimensionalen Sinne, in ihm erwartet die christliche Gemeinde Begründung und Erneuerung erstens der Gemeinschaft Gottes mit den Menschen, zweitens der Menschen mit Gott und drittens der Gemeinschaft der Menschen untereinander[31]. Es ist das Abendmahl demnach ein pointiert gemeinschaftsbezogener Akt, jene Feier, in welcher die christliche Gemeinde ihre Gemeinschaft durch ihren Herrn stärken und beleben lässt. Eine Partizipation am Abendmahl bei gleichzeitigem Beharren darauf, in der Kirche nicht Mitglied zu sein, zeugt deshalb von einer tiefgreifenden Verkennung dessen, worum es in dieser Feier geht. Gerade weil das Abendmahl Feier der Gemeinschaft in und vor Christus ist, wird es eine Kirche andrerseits auch vermeiden wollen, aktiv Menschen von der Teilnahme am Abendmahl abzuhalten. Der Heidelberger Dogmatiker Michael Welker unterstreicht in einem Buch zum Geschehen im Abendmahl, dass dieses „ein Ereignis der unbedingten Annahme aller daran beteiligten Menschen" sei[32]. Er illustriert das an den Abendmahlsdarstellungen der Evangelien, in denen Jesus mit durchaus unwürdigen Menschen zu Tische sitzt: mit Judas, der in später verrät, mit Petrus, der ihn bald darauf verleugnen wird, und mit den übrigen Jüngern, die ihn bei seiner Gefangennahme verlassen und fliehen. Daraus folgert Welker, dass niemand „die Macht und die Befugnis" hat, „einen bestimmten Menschen oder eine Menschengruppe von der Teilnahme am Abendmahl auszuschliessen". Zwar muss es der Kirche ein Anliegen sein, dass ihre Abendmahlsfeiern richtig[33] vollzogen werden. Aber: „Jeder und jede soll sich dabei selbst

30 Eine neue Situation ist dort entstanden, wo Kirchen einerseits Kinder- und Erwachsenentaufe gleichberechtigt praktizieren, andrerseits das Kinderabendmahl kennen. Wo solches gilt, kann die Taufe nicht mehr grundsätzlich Voraussetzung für das Abendmahl sein, weil sonst die Entscheidung für die Erwachsenentaufe gleichbedeutend wäre mit einem (Selbst-)Ausschluss vom Abendmahl. In dieser Situation sollte eine Kirche aber deutlich machen, dass Partizipation am Abendmahl auf die Taufe *zielt*, und so unter veränderten Bedingungen am Konnex von Taufe und Abendmahl festhalten.

31 Dazu *M. Zeindler*, Gotteserfahrung (Anm. 19), S. 242-246.

32 *Michael Welker*, Was geht vor beim Abendmahl?, Stuttgart 1999, S. 78.

33 Mit „richtig" gibt *Welker* das lateinische *recte* aus dem Augsburgischen Bekenntnis Art. VII wieder. Der Artikel definiert die Kirche als „die Versammlung aller Gläubigen", „bei denen das Evangelium rein gepredigt und die heiligen Sakramente laut dem Evangelium (*recte*) gereicht werden" (Unser Glaube. Die Bekenntnisschriften der evangelisch-lutherischen Kirche, Gütersloh 1986, S. 64).

prüfen."[34] Aus einem solchen Verständnis des Abendmahls ergibt sich demnach *nicht* die Konsequenz, dass für den Zugang zum Abendmahl die Mitgliedschaft in der Kirche *vorausgesetzt* werden müsse. In der Feier des Abendmahls ergeht aber an jene, die nicht zur Gemeinde gehören, die dringende Frage, ob ihr Hinzukommen zu diesem Tisch nicht die Mitgliedschaft in der darum versammelten Gemeinde zwingend impliziere. Auch hier wäre es oberflächlich, bei einer Koppelung von Kirchenmitgliedschaft und Abendmahl von einer Begrenzung der Universalität des Evangeliums durch die Kirche zu sprechen. Vielmehr geht es auch bei dieser kirchlichen Handlung darum, sie als das sichtbar zu halten, was sie sein soll. Und auch hier lautet das Fazit: Teilnahme am Gemeinschaftsmahl der Kirche bei gleichzeitiger Verweigerung dieser Gemeinschaft ist widersprüchlich. Wo die Kirche dies deutlich macht, begrenzt sie die Universalität der Verkündigung nicht, sondern dient ihr durch Klarheit.

## *V. Trauung und Bestattung für Nichtmitglieder?*

In der gegenwärtigen Praxis sind es vor allem zwei kirchliche Handlungen, welche zu Diskussionen Anlass geben, die Kasualien Trauung und Bestattung. Auch die Kasualien sind Bestandteil des einen Dienstes der Kirche und unterliegen deshalb dem Kriterium der Universalität. Aber wiederum ist danach zu fragen, in welcher Weise Trauung und Bestattung dieser Universalität dienen sollen. Zur Orientierung sei exemplarisch die Berner Kirchenordnung herangezogen. Sie beschreibt die Bedeutung der kirchlichen *Trauung* folgendermassen: „Die kirchliche Trauung ist ein Gottesdienst, der den Eheleuten Gottes Liebe, Treue, Segen und befreiendes Gebot verkündigt."[35] Die Trauung ist ein Gottesdienst, in welchem dem Paar das Evangelium in der Auslegung auf ihre spezifische Situation vermittelt wird. Dies ist zunächst ein Kriterium für die Gestaltung des Traugottesdienstes: Der Traugottesdienst muss Verkündigung des Evangeliums, er kann also nicht eine Feier mit beliebigen Inhalten und auch nicht bloss ein – heute so gefragtes – „Ritual" sein. Diesem Erfordernis steht freilich eine volkskirchliche Situation gegenüber, in der man mit einer bunten Gemengelage von Erwartungen rechnen muss, wo also bei denen, die zur kirchlichen Trauung kommen, neben religiösen

34 Ebda., S. 80.
35 Art. 44 Abs. 1 KiO.

eine Vielfalt von traditionalen, gesellschaftlichen, familiären und persönlichen Gründen zusammenspielen. Hier spielt die Trauvorbereitung eine wichtige Rolle. In ihr gilt es, die Erwartungen des Paares aufmerksam aufzunehmen, sie aber auch mit den Verkündigungsgehalten der Kirche in Beziehung zu setzen und so deutlich zu machen, worum es in der kirchlichen Trauung geht.

Wie ist die Frage der Kirchenmitgliedschaft als Voraussetzung für die kirchliche Trauung zu beurteilen? Die Überlegungen zu Taufe und Abendmahl haben dazu einen wichtigen Hinweis gegeben. Es ist dort deutlich geworden, dass die Kirche mit dem Insistieren auf Mitgliedschaft nicht einer juristischen Logik folgt und darum ihre Dienste auf jene begrenzt, die dazu mitgliedschaftsrechtlich qualifiziert sind. Vielmehr versucht sie mit diesem Insistieren die soziale Dimension jener Handlungen zu bewahren und so der Bedeutung von Taufe und Abendmahl Rechnung zu tragen. Die genannte Begrenzung – wenn man denn von einer solchen sprechen will – ist also theologisch motiviert und zielt darauf, den Gemeinschaftsbezug des christlichen Glaubens zu profilieren. Ähnlich wird man bei der kirchlichen Trauung argumentieren müssen. Auch hier gilt, dass eine Koppelung von Mitgliedschaft und Trauung theologisch zu verstehen ist und nicht juristisch[36]. Aber auch nicht ökonomisch, ein Missverständnis, das heute als wesentlich wirkkräftiger zu veranschlagen ist. Wenn die Kirche die kirchliche Trauung ihren Mitgliedern vorbehält, dann tut sie solches also auch nicht, weil sich diese durch ihre Mitgliedschaft das Recht dazu erworben oder durch entsprechende Beitragszahlungen ihre Zahlungspflicht erfüllt hätten. Das Modell eines Tauschverhältnisses vermag der hier geltenden Logik nicht gerecht zu werden, sei dieses nun rechtlicher oder wirtschaftlicher Art. Wenn die Kirche die Trauung an eine Mitgliedschaft bindet, dann deshalb, weil auch diese kirchliche Handlung als ein Glaubensverhältnis zu verstehen ist. Will heissen: als ein Geschehen, zu dem eine Partizipation an der Gemeinschaft der Glaubenden unveräusserlich dazugehört.

Wenn die kirchliche Trauung Verkündigung des Evangeliums anlässlich einer Eheschliessung ist, dann soll die Kirche bei jenen, die diesen

36 Wobei hier nicht einer Entgegensetzung von Theologie und Recht das Wort geredet sei – auch die theologische Gestalt der Kirche muss rechtlich verfasst sein. Dabei hängen theologischer Gehalt und juristische Form in der Kirche eng zusammen: Die rechtliche Verfasstheit der Kirche muss – soweit möglich – Ausdruck ihres theologischen Wesens sein.

Dienst von ihr beanspruchen, den Willen voraussetzen, diese Verkündigung zu hören. Täte sie dies nicht, würde sie zugeben, dass die in ihrem Raum gefeierte Trauung auch etwas anderes sein könnte als Evangeliumsverkündigung. Die Kirche kann demnach nicht anders als bei den Paaren, die ihren Dienst wünschen, einen Glauben vorauszusetzen, der mit dem in ihr geteilten übereinstimmt. In einer volkskirchlichen Situation wird man dabei wiederum zahlreiche Qualifikationen anbringen müssen, grundsätzlich gilt aber, dass kirchliche Feiern mit solchen stattfinden, die im christlichen Glauben übereinstimmen. Das Begehren einer kirchlichen Trauung ist Ausdruck christlichen Glaubens. Wenn dies aber der Fall ist, dann gilt auch hier wieder vom Glauben, dass er eine soziale Dimension mitenthält. Ist Glaube ein Beanspruchtwerden durch Gott zum Weitertragen der guten Botschaft, dann gehört zu ihm integrierend auch die Bereitschaft zur Partizipation an der Kommunikation dieses Glaubens. Die konkrete Ausprägung dieser Partizipation muss in einer Volkskirche mit ihren abgestuften Formen der Teilnahme so offen wie möglich bleiben, das ändert nichts daran, dass ein Ja zum Glauben stets auch ein Ja zur Kirche impliziert. Wo nun ein Paar, das der Kirche nicht angehört – und ihr auch weiterhin nicht angehören will – die Verkündigung des Evangeliums für seine bestimmte Lebenslage von der Kirche erwartet, da verwickelt es sich unvermeidlich in einen Widerspruch. Mit der Nichtmitgliedschaft dokumentiert es, dass es den Dienst der Kirche nicht mitzutragen bereit ist. Es nimmt für sich einen kirchlichen Dienst in Anspruch, lehnt es aber ab, durch Mitgliedschaft den gleichen Dienst für andere zu ermöglichen. In einem solchen Fall ist ein privatisiertes Verständnis von Religion wirksam, das dem christlichen Glauben nicht entspricht. Einer solchen Verkürzung von Religion versucht die Kirche zu wehren, wenn sie den Konnex von Mitgliedschaft und kirchlicher Trauung aufrechterhält.

Mit diesen Überlegungen ist auch schon vieles zur *Bestattung* gesagt. Ihre Bedeutung wird in der Berner Kirchenordnung so umschrieben: „Die kirchliche Bestattung ist ein Gottesdienst, zu dem sich die Angehörigen mit der Gemeinde versammeln, um eines Verstorbenen oder einer Verstorbenen und ihrer eigenen Vergänglichkeit im Licht des Evangeliums von Jesus Christus zu gedenken und in ihm Tröstung zu finden.“[37] Dabei sei erwähnt, dass die Kirchenordnung ausdrücklich auch die Bestattung von Nichtmitgliedern vorsieht. Daraus ist der wichtige Hinweis zu ge-

37 Art. 52 Abs. 1 KiO.

winnen, dass die Adressaten der kirchlichen Bestattung nicht die Verstorbenen sind, sondern die Hinterbliebenen. In der Frage der Mitgliedschaft wird ebenfalls zwischen dem Toten und den Lebenden zu unterscheiden sein. Bei der Bestattung eines Nichtmitgliedes ist sowohl an die Kirche als auch an die Hinterbliebenen die Frage zu stellen, ob mit einer solchen Feier der Wille des Verstorbenen respektiert werde. In der Regel dürfte bei einem solchen Ansinnen weniger das kirchliche Bedürfnis mitspielen, ein Nichtmitglied posthum noch einzugemeinden, als die Angst von Hinterbliebenen vor gesellschaftlichen Folgen. Bei der Ablehnung eines Begehrens nach Bestattung darf auf keinen Fall der Wille mitspielen, jemanden nachträglich noch „für den Kirchenaustritt zu bestrafen“[38]. Vielmehr ist in einem solchen Falle bei einer Kirche, welche die bedingungslose Zuwendung Gottes verkündet, grösstmögliche Offenheit angezeigt.

In Bezug auf die Hinterbliebenen und ihre Nichtmitgliedschaft in der Kirche ist wieder von der Formulierung der Berner Kirchenordnung auszugehen, dass die kirchliche Bestattung ein Gottesdienst sei, in dem das Evangelium in einer bestimmten biographischen Situation ergeht. Wenn für die Kirche erkennbar wird, dass Hinterbliebene den Zuspruch der biblisch-christlichen Botschaft in ihrer Lage wünschen, dann dürfte es für sie keinen Grund geben, diesen zu verweigern, unabhängig von der Mitgliedschaft. Auch in diesem Fall wird natürlich der innere Bezug von Verkündigung und Kirchenmitgliedschaft nicht hinfällig, es dürfte aber offensichtlich sein, dass die Situation von Trauernden nicht vergleichbar ist mit derjenigen von Traupaaren. Es ist dann kaum der richtige Zeitpunkt, um Fragen der Mitgliedschaft zu erörtern!

Wenn aus den genannten seelsorgerlichen Gründen von der Seite der Kirche eine offene Praxis angezeigt ist, so stellen sich freilich auf der Seite der Hinterbliebenen doch grundsätzlich die gleichen Fragen wie bei der Trauung. Sind auch sie entschlossen, den Dienst der Bestattung von der Kirche in Anspruch zu nehmen, gleichzeitig aber bei ihrer Nichtmitgliedschaft zu bleiben, verwickeln auch sie sich theologisch gesehen in einen Widerspruch. Indem sie den Trost der biblischen Botschaft zu hören begehren, artikulieren sie eine Bindung an den christlichen Glauben, durch ihr Nein zur Kirche verweigern sie sich aber dessen Weiterverbreitung. Die Wahrheit des Glaubens, die für sie Geltung hat, soll sie nicht für alle haben.

38 *E. Winkler*, Tore zum Leben (Anm. 29), S. 193.

Die Überlegungen zur kirchlichen Bestattungen haben deutlich vor Augen geführt, dass theologische und seelsorgerliche Aspekte nicht unabhängig voneinander erörtert werden können, da seelsorgerliche Fragen immer auch theologisch relevant sind. Es wird deshalb noch gesondert zu bedenken sein, wie die Kirche mit den Ergebnissen ihrer theologischen Reflexion verantwortungsvoll umgehen kann. Als Ergebnis kann an dieser Stelle festgehalten werden: *Auch bei kirchlichen Trauungen und Bestattungen soll grundsätzlich die Bindung an die Mitgliedschaft gelten.*

## *VI. Seelsorgerliche Verantwortung in den kirchlichen Diensten*

In den Ausführungen des vorstehenden Abschnittes ist bereits angeklungen, dass die theologische Sicht des Umgangs der Kirche mit kirchlichen Diensten an Nichtmitgliedern sich häufig nicht mit der Perspektive derjenigen deckt, die ein solches Begehren stellen. Eine Situation, die übrigens auch bei Mitgliedern der Kirche häufig besteht! Diese unterschiedlichen Perspektiven müssen in der kirchlichen Praxis ernstgenommen werden. Was genau darunter zu verstehen ist, eine differierende Perspektive ernstzunehmen, bedarf allerdings nochmals der Präzisierung.

Der Umgang mit differierenden Perspektiven wird in den Kirchen heute vor allem unter zwei Begriffen diskutiert, den Begriffen „Bedürfnisse" und „seelsorgerliche Gründe". Beide Begriffe können theologisch Wichtiges artikulieren, hinter beiden können sich aber auch höchst problematische Vorstellungen verbergen. Zu den „Bedürfnissen": Im Zusammenhang mit kirchlichen Diensten wird etwa argumentiert, dass die Kirchen sich mit ihrem Handeln an dem zu orientieren hätten, was von ihnen erwartet werde. Selten denkt man dabei ein kritikloses Eingehen auf alle möglichen Wünsche, im konkreten Falle zeigen sich die Kirchen aber oft erstaunlich flexibel: Taufen an Bergseen sind so wenig ausgeschlossen wie Hochzeiten unter Wasser oder auf dem Hochseil. Die Argumentation mit Bedürfnissen lässt sich unschwer auf Begehren nach kirchlichen Diensten von Nichtmitgliedern übertragen.

Das Anliegen, auf Bedürfnisse einzugehen, ergibt sich ganz selbstverständlich aus der Aufmerksamkeit für die konkreten Menschen, wie sie der Kirche aufgetragen ist. Theologisch gilt, dass Gott nicht an den einzelnen Menschen vorbei oder über sie hinweg handelt, sondern an ihnen und mit ihnen. Sein Heilswillen bezieht sich auf die jeweils konkrete Lebenssituation eines Menschen. Allerdings gilt ebenso, dass es *dieser Heilswille* ist, den Gott durch sein Handeln realisiert. Indem er seinen Heilswillen realisiert, erfüllt er auch die menschlichen Bedürfnisse, er tut dies aber nicht notwendig in der von den Betroffenen erwarteten Weise[39]. Diese dialektische Logik des Handelns Gottes muss auch für das Handeln der Kirche leitend sein. Das bedeutet, dass sie dort kritisch sein muss, wo die Rhetorik der Bedürfniserfüllung Ausdruck einer eigentlichen Kundenorientierung und das damit implizierte Verständnis der Kirche das eines Dienstleistungsbetriebs ist. Michael Weinrich schlägt vor, im Zusammenhang mit einer solchen Kirche von Konzilianz zu sprechen, „denn im Zentrum steht das Entgegenkommen der Kirche gegenüber möglichst allen Menschen mit dem Versprechen, eben in je besonderer Weise für sie dazusein“[40]. Weinrich beobachtet richtig, dass in einer an Konzilianz orientierten Kirche das jeweilige Bedürfnis normativ und das „Kontextargument [...] im Grunde alleinbestimmend“ geworden ist[41]. Die dabei funktionierende Logik lässt sich problemlos ökonomisch fassen als möglichst optimale individuelle Deckung religiöser Nachfrage. Der Eindruck, dass eine für alle noch so exotischen Sonderwünsche offene Kirche sich selbst und damit auch der von ihr vertretenen Botschaft schadet, lässt sich nur schwer widerlegen. Theologisch bedenklich ist an einem derartigen Verständnis, dass man die dialektische Logik des göttlichen Heilshandelns nicht in eine entsprechende Dialektik des kirchlichen Handelns übersetzt, sondern sie einseitig auflöst in eine spannungslose Bedürfniserfüllung.

39 In dogmatischer Sprache: Gott realisiert am Einzelnen seinen Heilswillen, indem er ihn seiner Sünde überführt und ihm Glauben verleiht. Zum Glauben zu kommen, schliesst stets Einsicht in den eigenen verfehlten Lebensweg und Umkehr zu einem erneuerten Leben ein. Gottes suchende Gnade ist nie blosse Bestätigung bestehender Zustände, sondern grundlegende Veränderung der menschlichen Situation. In der klassischen Formulierung der 2. Barmer These: „Wie Jesus Christus Gottes Zuspruch der Vergebung aller unserer Sünden ist, so und mit gleichem Ernst ist er auch Gottes kräftiger Anspruch auf unser ganzes Leben; durch ihn widerfährt uns frohe Befreiung aus den gottlosen Bindungen dieser Welt zu freiem, dankbarem Dienst an seinen Geschöpfen“ (zit. nach: *Karl Barth*, Texte zur Barmer Theologischen Erklärung, hg. von Martin Rohkrämer, Zürich 1984, S. 3).

40 *Michael Weinrich*, Kirche in der Säkularisation. Konziliarität jenseits von Konzilianz und Weltanschaulichkeit, in: Eberhard Mechels/ders., Kirche im Wort (Anm. 22), S. 222-246 (228).

41 Ebda., S. 229.

Sehr ähnlich verhält es sich mit den sogenannten „seelsorgerlichen Gründen". Die „seelsorgerlichen Gründe" gehören in kirchlichen Dokumenten zum festen terminologischen Repertoire. Mit dem Begriff werden all jene Einzelfälle bezeichnet, in denen es sich nahelegt, von einer grundsätzlichen Regelung abzuweichen. Genau darin besteht wiederum die theologische Legitimität des Begriffes, wird doch mit ihm zum Ausdruck gebracht, dass für die Kirche das Wohl der Einzelnen vor der prinzipiellen Geltung allgemeiner Regelungen rangiert. Die Rede von „seelsorgerlichen Gründen" erlaubt also grösstmögliche individuelle Flexibilität, ohne dabei auf verbindliche rechtliche Festlegungen zu verzichten. Theologisch ist der Begriff auch dahingehend zu interpretieren, dass mit ihm das primäre Anliegen der Kirche umschrieben wird, die Gnade Gottes in einer jeweiligen Lage angemessen bei einem bestimmten Menschen ankommen zu lassen. Damit ist aber auch ein Kriterium für den rechten Umgang mit dem Begriff der seelsorgerlichen Gründe gegeben: Seelsorgerliche Gründe werden dann in legitimer Weise in Anschlag gebracht, wenn sie dazu verhelfen, die göttliche Gnade einem Menschen deutlicher zu machen. Auch hier muss gleich hinzugefügt werden, dass die göttliche Gnade nie nur Bestätigung eines status quo ist, sondern stets auch Umkehr und Erneuerung des Menschen bedeutet.

Der praktische Umgang mit den „seelsorgerlichen Gründen" genügt diesem theologischen Kriterium nicht immer. Allzu oft müssen sie dafür herhalten, Konflikten auszuweichen und religiöse Aktionen zu vollziehen, die von der Kirche eigentlich nicht vorgesehen wären. Die Folge einer solchen Praxis kann letztlich nur sein, dass jede allgemein verbindliche kirchliche Regelung faktisch suspendiert und die völlige Beliebigkeit kirchlichen Handelns etabliert wird. Ergebnis ist auch da die Angleichung der Kirche an die generelle Marktlogik.

Damit dürfte klar sein: Es wäre kurzschlüssig, die seelsorgerliche Verantwortung der Kirche zu verwechseln mit einem Diktat der Kundenwünsche. Überhaupt ist jede Auffassung von seelsorgerlicher Verantwortung abwegig, das diese als Gegensatz zu einem theologischen Verständnis kirchlichen Handelns sehen zu sollen meint. Seelsorgerliche Verantwortung kann nichts anderes sein als die aufmerksame Wahrnehmung des jeweiligen Einzelfalls im Horizont dessen, was theologisch angemessen ist. So gesehen ist die Formulierung von Eduard Thurneysen nach wie vor nicht überholt, Seelsorge sei „Ausrichtung des Wortes Gottes an den

Einzelnen"[42]. Die seelsorgerlichen Gründe können immer nur das eine Ziel haben, das Evangelium dem einzelnen Menschen in seiner jeweiligen Lage zugänglich zu machen.

Ihre seelsorgerliche Verantwortung nimmt die Kirche im Zusammenhang mit kirchlichen Handlungen für Nichtmitglieder zunächst so wahr, dass sie mit diesen das Gespräch sucht. In einem solchen Gespräch müssen die unterschiedlichen Perspektiven offengelegt und diskutiert werden. Dazu gehört, dass die Kirche ihr Verständnis von Mitgliedschaft verdeutlicht und dabei insbesondere den Konnex von Evangelium und christlicher Gemeinschaft unterstreicht. Unverzichtbar wird dabei auch sein, auf die damit implizierte Widersprüchlichkeit einer Inanspruchnahme kirchlicher Dienste bei gleichzeitigem Beharren auf Nichtmitgliedschaft hinzuweisen. Weiter gehört zum Gespräch, dass die Kirche die betreffenden Nichtmitglieder dazu anregt, ihre Nichtmitgliedschaft wirklich ernst zu nehmen. Nichtmitgliedschaft in der Kirche muss auch die Bereitschaft einschliessen, die damit verbundenen Konsequenzen zu akzeptieren. Selbstverständlich muss zu einem solchen Gespräch gehören, dass die Kirche den Entscheid, ihr nicht angehören zu wollen, als legitimen Ausdruck von Freiheit anerkennt. Und schliesslich gehört dazu, dass die Entscheidung zur Nichtmitgliedschaft als reversible Entscheidung einsichtig gemacht wird. Das bedingt von Seiten der Kirche glaubwürdige Offenheit, damit man ohne Angst vor Sanktionen sich ihr wieder zuwenden und damit rechnen kann, in ihr willkommen zu sein.

Seelsorgerliche Verantwortung der Kirche kann bei der vorliegenden Problematik auch bedeuten, zwar an der grundsätzlichen Bindung kirchlicher Dienste an die Kirchenmitgliedschaft festzuhalten, diese aber nicht in jedem Fall zwingend *vorauszusetzen*. Wo Nichtmitglieder einen kirchlichen Dienst begehren, sollte die Mitgliedschaft thematisiert werden, und es sollte dabei auch deutlich werden, dass in der Logik eines solchen Begehrens eigentlich eine Mitgliedschaft impliziert wäre. Am meisten Gewicht muss dann aber in der Entscheidung die Tatsache haben, dass hier jemand den Zuspruch der biblischen Botschaft sucht – und in einem solchen Falle soll diese Botschaft keinesfalls verweigert, sondern ausgerichtet werden. Unabhängig von der Entscheidung der jeweiligen Nichtmitglieder kann es deshalb die Logik des Evangeliums nahelegen, ihrem Begehren stattzugeben. Eine Pfarrerin oder ein Pfarrer kann in einem konkreten Falle mit guten Gründen zur Überzeugung kommen, dass die

42 *Eduard Thurneysen*, Die Lehre von der Seelsorge, 3. Aufl. Zürich 1965, S. 9.

suchende Gnade Gottes dadurch am deutlichsten bezeugt wird. Nochmals: Der Verweis auf die suchende Gnade Gottes taugt nicht als Argument für eine unterschiedslose Gleichbehandlung von Mitgliedern und Nichtmitgliedern in der Kirche. Sie muss aber sehr wohl als Regel genommen werden, im Zweifelsfalle so grosszügig wie möglich zu verfahren[43].

Trotzdem gehört es auch zur seelsorgerlichen Verantwortung, kirchliche Dienste an Nichtmitgliedern abzulehnen. Dass nur ein missverstandenes Evangelium zu einer kriterienlosen „Offenheit" führt, dürfte nun klar sein. Längst nicht immer steckt hinter dem Wunsch nach einer kirchlichen Feier das Bedürfnis, die christliche Botschaft zu hören, ebenso häufig sind gesellschaftliche Traditionen oder familiäre Rücksichten wirksam. Es versteht sich, dass eine Ablehnung nur nach entsprechenden Gesprächen erfolgen kann und nur so, dass die Gründe dafür transparent gemacht werden. Und oft bedarf es natürlich eines grossen seelsorgerlichen Feingefühls, hinter Begründungen, die von einer grossen religiösen Sprachnot zeugen, die wahren Motive zu erspüren. Wo eine Kirche sich aber für eine Ablehnung entscheidet, kann sie überzeugt sein, dass sie auch mit einem solchen Schritt letztlich der Klarheit ihrer Verkündigung und damit dem Ergehen des Evangeliums an alle dient.

Ein letztes ist im Kontext der seelsorgerlichen Verantwortung mitzubedenken: Nach wie vor haben die Kirchen in Deutschland und der Schweiz ein faktisches Monopol bei lebensbegleitenden Ritualen. Auch wenn zunehmend religiöse und nichtreligiöse Alternativen bestehen[44], ist doch die gesellschaftliche Position der Kirchen noch immer von der Art, dass für viele nur eine kirchliche Trauung, vor allem aber eine kirchliche Bestattung gesellschaftlich akzeptabel ist. Diese Situation erlegt den Kirchen eine besondere Verantwortung auf. Sie muss davon ausgehen, dass eine Wahlfreiheit in Bezug auf kirchliche Handlungen für viele Menschen

43 Konkret muss dies insbesondere heissen: Kirche soll die Menschen, an welche sie sich wendet, „nehmen, wie sie sind, auch erschöpft und ratlos und verrannt in Verstrickungen" (Theophil Müller: Konfirmation – Hochzeit – Taufe – Bestattung. Sinn und Aufgabe der Kasualgottesdienste, Stuttgart/Berlin/Köln/Mainz 1988, S. 40). Ihre Botschaft vom Angewiesensein des Menschen auf die Gnade Gottes muss zunächst einmal ihre Sensibilität erhöhen für die vielfältigen menschlichen Irrwege und Sackgassen, Irrwege und Sackgassen, die ihnen auch den Zugang zur Kirche verbaut haben können.

44 Zum Umgang der Kirchen mit freien Ritualberatern vgl. *C. Famos*, Rituale und Kirchen (Anm. 2), S. 91-95.

doch faktisch nicht gegeben ist. Auch daraus dürfte sich kaum eine unterschiedslose Freigabe der kirchlichen Dienste ergeben – die vorrangige Aufgabe der Kirche bleibt es, deren Charakter als spezifische Verkündigungsakte zu bewahren. Hingegen müssen die Kirchen sich hüten, ihr faktisches Monopol in irgendeiner Weise für ihre Zwecke zu instrumentalisieren. Insbesondere dürfte es nicht geschehen, dass sie bloss aufgrund ihrer Monopolstellung einen Druck zur Kirchenmitgliedschaft erzeugen.

## *VII. Finanzielle Fragen*

Vollzieht eine Kirche Dienste an Nichtmitgliedern, dann erhebt sich notwendig auch die Frage nach einer finanziellen Abgeltung. Mit der finanziellen Abgeltung sollen zum einen die Aufwendungen der betreffenden Kirche beglichen, andrerseits Mitgliedern gegenüber eine gewisse Gerechtigkeit geschaffen werden. Denn Mitgliedschaft in der Kirche schliesst nicht nur, aber auch die Bereitschaft zur finanziellen Unterstützung der kirchlichen Arbeit ein, sei dies – je nach Regelung in den einzelnen Kantonen – in Form von Kirchensteuern oder von Spenden.

Viele Schweizer Kantonalkirchen und Kirchgemeinden haben bereits Gebührenordnungen für kirchliche Handlungen an Nichtmitgliedern erarbeitet[45]. Sinn solcher Gebührenordnungen ist es, innerhalb eines Kirchengebiets weitestmögliche Gleichbehandlung und Transparenz bei der Festsetzung finanzieller Entschädigungen zu schaffen[46]. Allerdings ergeben sich bei der Einführung von Gebühren neue, in ihrer theologischen Tragweite nicht zu unterschätzende Probleme. Die Kirche, so wurde oben ausgeführt, unterscheidet sich in ihrem Selbstverständnis von einem Dienstleistungsunternehmen, bei welchem gegen angemessene Bezahlung bestimmte Leistungen erworben werden können. Legt nun eine Kirche eine Gebührenordnung fest, fällt es nur mehr schwer anzugeben, in-

45 Vgl. die Zusammenstellung in Reformierte Presse Nr. 35, 31.8.2007, S. 9.

46 So hat der Berner Synodalrat seine Gebührenrichtlinien für kirchliche Trauungen und Bestattungen von Nichtmitgliedern am 19.1.2005 im Bestreben erlassen, „mit dem Erlass von Richtlinien, bei Respektierung der Gemeindeautonomie, eine Vereinheitlichung im Bereich der Gebühren zu erwirken“ (Einleitung). Auch mit den „Leitlinien und Empfehlungen des Kirchenrates“ der Reformierten Landeskirche Aargau betreffend „Kirchliche Angebote und Handlungen für Nichtmitglieder“ vom März 2007 „sollen eine gewisse Beliebigkeit und stossende Unterschiede zwischen den einzelnen Kirchgemeinden vermieden werden“ (S. 3).

wiefern sich ihre Dienste noch von frei erwerbbaren Leistungen unterscheiden. Die Gebührenordnung leistet dem Missverständnis grossen Vorschub, dass mit dem Entrichten von Gebühren die Mitgliedschaftspflichten nun doch erfüllt wären, dass die Gebühr also das Äquivalent der Kirchensteuer ist. Nach theologischem Verständnis ist aber die Kirchensteuer – oder die regelmässige Mitgliederspende – lediglich ein Aspekt der Mitgliedschaft, die pekuniäre Seite einer Partizipation am geteilten Glauben der christlichen Gemeinde[47].

Die Gebührenordnung birgt eine weitere Gefahr. Zwar sorgt sie für Gleichbehandlung der Betroffenen, gleichzeitig kann sie aber für die Kirche ein Instrument der Konfliktvermeidung sein. Dies geschieht dann, wenn an die Stelle einer Auseinandersetzung mit den Spezifika des einzelnen Falls die blosse Anwendung der Gebührenordnung tritt. Kirchliche Dienste für Nichtmitglieder mutieren dann vom theologischen und seelsorgerlichen Problem zum Fall für die Administration. In der Praxis muss deshalb auch dort, wo eine Gebührenordnung in Kraft ist, über ein Ersuchen um einen kirchlichen Dienst im individuell orientierten Gespräch entschieden werden. Die Gebührenordnung soll in diesem Prozess lediglich dazu dienen, auch die finanziellen Fragen sinnvoll zu regeln.

Diese Überlegungen dienen der Prüfung der Frage, ob aus theologischen Gründen kirchliche Dienste an Nichtmitgliedern möglich sind. Die Antwort ist ein Nein im Grundsatz, ein Ja für bestimmte Einzelfälle. Wo aber eine Kirche ihre Dienste in einzelnen Fällen für Nichtmitglieder offenhält, ist es sinnvoll, diese Offenheit auch finanziell gleich zu handhaben wie bei anderen offenen kirchlichen Handlungen, also der Verkündigung, der Diakonie und der Seelsorge. So wie für Verkündigung, Diakonie und Seelsorge keine Gebühren erhoben werden – ja, in der Regel der Bekenntnisstand der Begünstigten gar nicht eigens abgeklärt wird –, so soll dies auch bei kirchlichen Handlungen wie Trauung oder Bestattung gehandhabt werden. Damit wird unterstrichen, dass in Fällen, wo das Begehren nach kirchlichen Handlungen abgelehnt wird, dies nicht aus finanziellen, sondern aus theologischen Gründen erfolgt. Wo andrerseits

47 Die erwähnten Aargauer Leitlinien wollen genau deshalb keine Gebührenordnung sein. Im Bewusstsein, dass kirchliche Handlungen „keine handelsüblichen Dienstleistungen sind", empfiehlt der Kirchenrat den Kirchgemeinden, dass sie „keine Gebühren nach feststehenden Tarifen erheben". Höchstens sollen „Entschädigungen für personelle und infrastrukturelle Aufwändungen" verlangt werden können (S. 7).

die Kirche einem entsprechenden Begehren stattgibt, da wird erst durch Unentgeltlichkeit die Offenheit auch dieser kirchlichen Dienste zu einer wirklichen Offenheit. Zu einer Offenheit, die noch einmal der Verwechselbarkeit mit frei erwerblichen Dienstleistungen vorbeugt.

Anders steht es mit einer freien Spende von Seiten der Nichtmitglieder, welche einen kirchlichen Dienst in Anspruch genommen haben[48]. Mit einer solchen Spende haben die Betreffenden die Möglichkeit, sich auch auf materielle Weise bei der Kirche erkenntlich zu zeigen und sich an den entstandenen Unkosten zu beteiligen. Wichtig ist hier die Freiwilligkeit, welche die Spende klar von einer verbindlichen Gebühr unterscheidet. Auf diese Möglichkeit darf in einem Gespräch auch hingewiesen werden, ohne dass damit Druck erzeugt werden muss. Die Spende kann für die Begünstigten im Gegenteil eine willkommene Gelegenheit sein, ihre Dankbarkeit für den Dienst der Kirche auszudrücken.

48 So ist der Zürcher Kirchenrat gegenüber Gebühren skeptisch und befürwortet stattdessen einen Aufruf zu Solidarspenden. Vgl. dazu *C. Famos*, Kasualhandlungen (Anm. 2), S. 49 f.

SJKR/ASDE 12 (2007), S. 119-138

# Kirchliche Gebühren für „Nichtmitglieder"? Praxisbezogene Überlegungen*

von Daniel Kosch (Zürich)

## *I. Einleitung*

### *Aktuelle Fragen*

Die zunehmende Zahl von Personen, die ihren Austritt aus der Kirche erklärt haben oder keiner Konfession angehören und dennoch kirchliche Dienstleistungen der Kirche beanspruchen, stellt Kirchenpflegen und Seelsorgende vor neue Fragen:

- Wie ist mit deren Wunsch nach kirchlicher Beerdigung, nach Taufe ihrer Kinder, nach Teilnahme am Religionsunterricht oder anderen kirchlichen Angeboten umzugehen?

* Die nachfolgende Abhandlung wurde als Bericht im Auftrag des Römisch-katholischen Kirchenrates des Kantons Aargau erstellt. Ihre Ausarbeitung wurde begleitet von einer Arbeitsgruppe, der neben dem Verf. folgende Personen angehörten:
- Barbara Kühne, lic. iur., Präsidentin des Röm.-kath. Kirchenrates des Kantons Aargau;
- Werner Huber, lic. iur., a. Oberrichter und ehemaliger Präsident des Röm.-kath. Kirchenrates des Kantons Aargau;
- Otto Wertli, mag. oec., Sekretär der Röm.-kath. Landeskirche des Kantons Aargau.

Eine erste Fassung wurde am 17.4.2007 im Rahmen eines Gesprächs einer Vertretung der Bistumsleitung unterbreitet, an dem seitens der Diözese teilnahmen:
- Generalvikar P. Dr. Roland-Bernhard Trauffer,
- Domdekan Dr. Peter Schmid.

Die Ergebnisse dieses Gesprächs sowie die Hinweise des Bischofsrates, die dem Kirchenrat mit Brief vom 1.5.2007 mitgeteilt wurden, sind in der vorliegenden Fassung berücksichtigt.

- Sind diese in Anspruch genommenen Angebote finanziell abzugelten? Wenn ja: In welcher Form und auf welcher Bemessungsgrundlage?
- Wer ist für den Erlass entsprechender Richtlinien und Tarife zuständig?

*Diözesanes Dokument zur Frage der Kirchenaustritte*

Im Jahr 2001 hat die Leitung des Bistums Basel „Pastorale und kirchenrechtliche Überlegungen zu den Kirchenaustritten“ herausgegeben[1]. Diese beleuchten insbesondere die theologischen und pastoralen Fragen im Zusammenhang mit Ausgetretenen. Was den finanziellen Aspekt betrifft, wird mit Hinweis auf die Solidaritätspflicht ein freiwilliges finanzielles Entgelt empfohlen, eine eigentliche Tarifordnung aber abgelehnt.

*Richtlinien einzelner Kirchgemeinden und Anfragen an die Landeskirche*

Weil unentgeltliche Kasualhandlungen an Nichtmitgliedern im Einzelfall in Pfarreien und Kirchgemeinden zu Unmut und Ärger geführt haben, haben vereinzelte Kirchgemeinden dennoch Richtlinien erlassen (z.B. Kosten für eine Beerdigung Fr. 1‘200 bis Fr. 1‘500). Dabei wird teilweise nicht unterschieden zwischen Gebühren für die Benutzung kirchlicher Räume (Kirche, Kapelle, Pfarreisaal) und einer Entschädigung für die eigentliche seelsorgerliche Handlung.

Aufgrund der Rechtsunsicherheit in dieser Frage, aber auch im Sinne einer einheitlichen Regelung ist der Kirchenrat von Kirchenpflegen verschiedentlich aufgefordert worden, eine Tarifordnung oder wenigstens Richtlinien zu erlassen.

*Gutachtensauftrag*

Es liegt im Interesse der Landeskirche, dass die offenen Fragen einer Klärung zugeführt und Regelungen gefunden werden, die den verschiedenen Aspekten der Problematik Rechnung tragen. Sonderlösungen einzelner

1 *Bistum Basel*, Kirchenaustritte. Pastorale und kirchenrechtliche Überlegungen zur Kirchenmitgliedschaft, 2001.

Kirchgemeinden sind ebenso wenig wünschenswert wie Divergenzen zwischen den kirchlich und den staatskirchenrechtlich verantwortlichen Instanzen.

Vor dem allfälligen Erlass von Richtlinien, Gebührenordnungen oder Empfehlungen hat der Kirchenrat die rechtliche Situation abklären lassen. Prof. Dr. iur. can. Adrian Loretan (Universität Luzern) wurde beauftragt, ein entsprechendes Gutachten zu erstellen, das er im Dezember 2006 vorgelegt hat[2].

## *Zielsetzung und Grundlagen des vorliegenden Berichtes*

Der vorliegende Bericht hat zum Ziel, zu Handen des Kirchenrates und der Kirchenpflegen der Katholischen Kirche im Aargau praxisbezogene Überlegungen vorzulegen. Diese sollen einerseits als Entscheidungsgrundlagen dienen, anderseits den staatskirchenrechtlichen Organen, Seelsorgenden und interessierten Kirchenmitgliedern ein vertieftes Verständnis der Problematik ermöglichen, ohne die kirchen- und staatskirchenrechtlichen Fragen so detailliert zu erörtern, wie dies im Gutachten geschieht.

Als Grundlagen für diesen Bericht wurden deshalb nur sehr wenige Quellen verwendet:

- Die Schweizerische Bundesverfassung (BV), die Aargauische Kantonsverfassung (KV) und das Organisationstatut der Aargauer Landeskirche (OS) für die staatskirchenrechtlichen Belange.
- Der Codex Iuris Canonici (CIC) für die kirchenrechtlichen Belange.
- Die Dokumente des Zweiten Vatikanischen Konzils (Vat. II) für die pastoralen Fragen.
- Das diözesane Dokument „Kirchenaustritte. Pastorale und kirchenrechtliche Überlegungen zur Kirchenmitgliedschaft“ aus dem Jahr 2001 (Bistum Basel, Kirchenaustritte, vgl. Anm. 1).
- Das Gutachten von Prof. Dr. A. Loretan, „Kirchliche Gebühren für ‚Nichtmitglieder‘. Theoretische Grundlagen – Praktische Konsequenzen“, Dezember 2006 (Gutachten Loretan, vgl. Anm. 2).

Mit den abschliessenden Empfehlungen zu Handen des Kirchenrates und der Kirchgemeinden zieht der Bericht konkrete Schlussfolgerungen und

2 *Adrian Loretan*, Kirchliche Gebühren für „Nichtmitglieder“. Theoretische Grundlagen – Praktische Konsequenzen, Gutachten Dezember 2006.

geht dabei in manchen Punkten über die Ausführungen des Rechtsgutachtens hinaus.

## *II. Grundlegende rechtliche Voraussetzungen*

### *A. Kirchliches und staatliches Recht*

Kirchenrecht und Staatskirchenrecht sind zwei unterschiedliche Rechtssysteme, die unterschiedliche Geltungsbereiche haben und von unterschiedlichen Voraussetzungen ausgehen. Diese Unterschiede sind in der Frage der Kirchenzugehörigkeit erheblich. Der Begriff des „Nicht-Mitgliedes" wird deshalb je unterschiedlich aufgefasst und die Tatsache der „Nicht-Zugehörigkeit" hat im staatskirchenrechtlichen und im kirchenrechtlichen Bereich je unterschiedliche rechtliche Auswirkungen[3].

### *B. Kirchenzugehörigkeit nach kirchlichem Recht*

Grundlegendes Kriterium für die Kirchenzugehörigkeit ist die Taufe. Sie ist die „Eingangspforte zu den Sakramenten". Durch sie werden die Menschen „zu Kindern Gottes neu geschaffen und, durch ein untilgbares Prägemal (character indelebilis) Christus gleichgestaltet, der Kirche eingegliedert." (can. 849 CIC). Die Taufe „ist die Grundlage zur Teilnahme am kirchlichen Leben, insbesondere zum Empfang der übrigen Sakramente" (Bistum Basel, Kirchenaustritte 1.1.1).

Auf dieser Basis entwickelt das Kirchenrecht entsprechend dem Selbst- und Sakramentenverständnis der katholischen Kirche ein abgestuftes, in gewissem Sinne „dynamisches" Verständnis der Kirchenzugehörigkeit[4].

3 Aus diesem Grund ergeben sich auch terminologische Fragen. Gemäss staatlichem Recht sind sowohl Personen, die der Kirche nie angehört haben, als auch solche, die den Austritt aus der Kirche erklärt haben, „Nichtmitglieder". Trotzdem wird dort, wo dies der Verständlichkeit dient, zwischen „Nichtmitgliedern" und „Personen, die den Kirchenaustritt erklärt haben" unterschieden. Zum kirchenrechtlichen Verständnis s.u. II.B.

4 Vgl. dazu Vat. II, LG 13: „Zu dieser katholischen Einheit des Gottesvolkes [...] sind alle Menschen berufen. Auf verschiedene Weise gehören zu ihr oder sind ihr zugeordnet die katholischen Gläubigen, die anderen an Christus glaubenden und schliesslich alle Menschen überhaupt, die durch die Gnade Gottes zum Heile berufen sind."

- „Voll in der Gemeinschaft der katholischen Kirche [...] stehen jene Getauften, die in ihrem sichtbaren Verband mit Christus verbunden sind, und zwar durch die Bande des Glaubensbekenntnisses, der Sakramente und der kirchlichen Leitung." (can. 205 CIC)
- Mit den Christen anderer Konfessionen „weiss sich die Kirche aus mehrfachem Grunde verbunden" (Vat. II, LG 15).
- Wer durch Ablehnung einzelner Glaubenswahrheiten (Häresie), Abspaltung von der Glaubensgemeinschaft und Aufkündigung der Gemeinschaft mit der kirchlichen Leitung (Schisma) oder Abfall vom Glauben (Apostasie) die volle Gemeinschaft mit der Kirche aufkündigt[5], bleibt aufgrund des unverlierbaren Prägemerkmals der Taufe Mitglied, wenn auch mit eingeschränkten Rechten[6].
- Die Nicht-Getauften sind zwar nicht Glieder der Kirche, aber der universale Heilsauftrag der Kirche gilt auch ihnen. Auch Mitglieder anderer Religionsgemeinschaften und Nichtgläubige sind in gewissem Sinne auf die Kirche hingeordnet.
- Besonders gilt dies für die Katechumenen, die sich auf die Taufe vorbereiten, durch die sie in die Gemeinschaft Kirche aufgenommen werden[7].

Über diese rechtlichen Bestimmungen hinausgehend erwähnt das 2. Vatikanische Konzil als Merkmal jener, die in der „vollen Gemeinschaft mit der Kirche" leben, dass sie „den Geist Christi haben" (Vat. II, LG 14). Damit macht es deutlich, dass es auch innerhalb der Kirchenmitglieder Unterschiede gibt. Zudem unterscheidet das Konzil zwischen der Frage der Kirchenzugehörigkeit und der Frage der Zugehörigkeit zur Gemeinschaft jener, die von Gott zum ewigen Heil berufen sind[8].

5 Zur Definition von Häresie, Apostasie und Schisma s. can. 751 CIC.

6 Der CIC (can. 1364) spricht von der „Exkommunikation als Tatstrafe".

7 Vgl. dazu Vat. II, LG 14: „Die Katechumenen, die, getrieben vom Heiligen Geist, mit ausdrücklicher Willensäusserung um Aufnahme in die Kirche bitten, werden durch eben dieses Begehren mit ihr verbunden. Die Mutter Kirche umfasst sie schon in liebender Sorge als die Ihrigen."

8 Das Konzil spricht einerseits von der Heilsmöglichkeit jener, die „ohne Schuld" das Evangelium Christi und seine Kirche nicht kennen oder noch nicht zur ausdrücklichen Anerkennung Gottes gekommen sind (Vat. II, LG 16). Anderseits hält es fest: „Nicht gerettet wird aber, wer, obwohl der Kirche eingegliedert, in der Liebe nicht verharrt und im Schosse der Kirche zwar ‚dem Leibe', aber nicht ‚dem Herzen' nach verbleibt." (Vat. II, LG 14)

## *C. Kirchenzugehörigkeit nach staatlichem Recht*

Das staatliche Religionsrecht knüpft bezüglich der Frage der Zugehörigkeit zu einer Religionsgemeinschaft an deren Selbstverständnis an. Daraus ergibt sich, dass die Taufe eine Voraussetzung für die staatlich relevante Zugehörigkeit zur römisch-katholischen Körperschaft ist[9].

Im Rahmen der öffentlich-rechtlichen Anerkennung der katholischen Kirche werden deren Mitglieder vom staatlichen Religionsrecht in Form von Gebietskörperschaften organisiert.

Angehörige einer Kirchgemeinde sind demzufolge die Konfessionsangehörigen, die ihren Wohnsitz im Gebiet der Kirchgemeinde haben.

Aufgrund der Religionsfreiheit (Art. 15 Abs. 4 BV[10]) kennt das staatliche Religionsrecht aber eine Austrittsmöglichkeit: Wer gegenüber der zuständigen Behörde erklärt, der Kirche nicht mehr anzugehören, gilt nicht mehr als deren Mitglied[11]. In diesem Punkt weicht es grundlegend vom Zugehörigkeitsverständnis der katholischen Kirche ab[12].

## *D. Anerkennung der kirchlichen Zuständigkeit in pastoralen Fragen*

Das Organisationsstatut der Aargauer Landeskirche wahrt ausdrücklich die Zuständigkeit der kirchlichen Autoritäten bezüglich der inneren Angelegenheiten der Kirche (Art. 6 Abs. 2 OS: „Die kirchliche Zuständig-

9 Vgl. Art. 21 Abs. 1 OS: „Die Kirchgemeinde umfasst sämtliche innerhalb ihres Gebietes wohnhaften Angehörigen der römisch-katholischen Konfession."

10 Art. 15 BV: „(1) Die Glaubens- und Gewissensfreiheit ist gewährleistet. (2) Jede Person hat das Recht, ihre Religion und ihre weltanschauliche Überzeugung frei zu wählen und allein oder in Gemeinschaft mit anderen zu bekennen. (3) Jede Person hat das Recht, einer Religionsgemeinschaft beizutreten oder anzugehören und religiösem Unterricht zu folgen. (4) Niemand darf gezwungen werden, einer Religionsgemeinschaft beizutreten oder anzugehören, eine religiöse Handlung vorzunehmen oder religiösem Unterricht zu folgen."

11 Vgl. Art. 21 Abs. 3 OS: „Der Austritt aus der Kirchgemeinde kann jederzeit erfolgen. Er setzt die Erklärung der austretenden Person voraus, dass sie der römisch-katholischen Konfession nicht mehr angehören will. Diese Erklärung ist beim Pfarramt oder bei der Kirchenpflege zu hinterlegen."

12 Vgl. *Bistum Basel*, Kirchenaustritte (Anm. 1), 2.1.1: „Die Taufe ist grundsätzlich etwas Bleibendes. Daher ist der sogenannte Kirchenaustritt vor allem ein staatskirchenrechtlicher Schritt, bei dem der oder die Ausgetretene immer noch Glied der sakramentalen Kirche bleibt." (vgl. dazu auch das Gutachten *Loretan* [Anm. 2], passim).

keitsordnung bleibt vorbehalten.“). Dies bedeutet eine Verpflichtung, in Zweifelsfällen die kirchliche Rechtsordnung zu achten.

Es ist unbestritten, dass die Spendung von Sakramenten, die Feier von Gottesdiensten und weitere seelsorgerliche Handlungen (wie z.B. die Beerdigung) zu dieser „kirchlichen Zuständigkeitsordnung“ gehören. Dies gilt auch bezüglich der Frage, welche Personen die Kirche unter welchen Voraussetzungen zu den Sakramenten zulässt und an wem sie bestimmte seelsorgerliche Handlungen vollzieht[13].

Der Vorbehalt bezüglich der kirchlichen Zuständigkeitsordnung betrifft auch die Erhebung von finanziellen Beiträgen für Sakramente und Sakramentalien[14].

## *E. Staatskirchenrechtliche Zuständigkeit in finanziellen Fragen*

Indem das staatliche Religionsrecht die Errichtung der öffentlich-rechtlich anerkannten Körperschaften mit der Verleihung der Steuerhoheit verbindet, überträgt es diesen im Bereich der Einnahme und Verwendung der Kirchensteuern eine hohe Verantwortung. Das Organisationsstatut hält dazu fest: „Der Finanzhaushalt ist nach den Grundsätzen der Gesetzmässigkeit, der Wirtschaftlichkeit, der Solidarität und der Sparsamkeit zu führen.“ (Art. 39, Abs. 1 OS)

Gestützt auf diesen Auftrag kann die Landeskirche in Analogie zur öffentlichen Hand auch vorsehen, für bestimmte ihrer Angebote Gebühren zu erheben[15], z.B. weil eine unentgeltliche Bereitstellung die Solidarität

13 Für unsere Fragestellung einschlägige Beispiele bietet z.B. das Eherecht: Die Kirchgemeinde wäre nicht befugt, die Feier einer Trauung zu verweigern, weil ein Ehepartner einer anderen Konfession und damit nicht der Kirchgemeinde angehört. Ebenso wenig ist sie legitimiert, aus der Tatsache, dass eine Person die Kirchensteuer bezahlt, abzuleiten, dass sie ein Recht auf eine kirchliche Trauung hat, obwohl sie nach Kirchenrecht nicht heiraten kann.

14 Vgl. can. 1264 CIC: „Wenn nichts anderes von Rechts wegen bestimmt ist, ist es Aufgabe des Konventes der Bischöfe einer Provinz […] Stolgebühren anlässlich der Spendung von Sakramenten und Sakramentalien festzulegen.“ sowie can. 848 CIC: „Der Spender darf ausser den von der zuständigen Autorität festgesetzten Stolgebühren für die Sakramentenspendung nichts fordern; er hat immer darauf bedacht zu sein, dass Bedürftige nicht wegen ihrer Armut der Hilfe der Sakramente beraubt werden.“

15 Vgl. dazu Art. 6 Abs. 1 OS: „Soweit in diesem Organisationsstatut oder in den entsprechenden Ausführungserlassen Vorschriften fehlen, ist das kantonale Recht über die Körperschaften des öffentlichen Rechts sinngemäss anzuwenden“ und

übermässig strapazieren oder die Forderung der Sparsamkeit missachten würde. So sind bereits jetzt manche Angebote von landeskirchlichen Stellen kostenpflichtig, z.B. Beratungsleistungen, Ausbildungen etc. Dies entspricht der Praxis der öffentlichen Hand, dort Gebühren zu erheben, wo einzelne einen Sondernutzen haben oder wo es sinnvoll ist, die Kosten nach dem Verursacherprinzip zu verteilen. Dass bei solchen Gebührenordnungen zwischen verschiedenen Kategorien von Beitragspflichtigen differenziert wird, ist nicht ausgeschlossen. Wenn entsprechende rechtliche Grundlagen geschaffen werden, ist es den Kirchgemeinden und der Landeskirche daher unbenommen, hier auch die Frage der Kirchenmitgliedschaft zu berücksichtigen.

## *III. Konsequenzen für die Frage nach Gebühren für „Nichtmitglieder“*

### *A. „Nichtmitglieder“ nach staatlichem Recht*

Die Forderung nach Gebühren für „Nichtmitglieder“ geht davon aus, dass „Nicht-Mitglieder“ und Personen, die den Kirchenaustritt erklärt haben, anders zu behandeln sind als „Mitglieder“. Sie kann sich auf das Prinzip der rechtsgleichen Behandlung berufen, wonach Gleiches gleich, Ungleiches aber ungleich zu behandeln ist.

Im Hintergrund steht die Frage, wie dem Sachverhalt Rechnung zu tragen ist, dass Mitglieder der Kirche nach staatlichem Recht kirchensteuerpflichtig sind und mit ihren Steuerbeiträgen für das Leben der Kirche aufkommen, während Nichtmitglieder dies nicht tun – und somit allenfalls in den Genuss kirchlicher Handlungen und Dienstleistungen kommen, ohne dazu beizutragen, dass die Kirche materiell in die Lage versetzt wird, diese zu erbringen.

Mögliche Modelle für eine solche Differenzierung zwischen Mitgliedern und Nichtmitgliedern sind z.B. manche Regelungen der öffentlichen Hand: Das Schwimmbad ist für Einheimische kostengünstiger als für Auswärtige; die kommunale Mehrzweckhalle wird lokalen Vereinen gra-

---

Art. 113 Abs. 5 KV AG: „Die Landeskirchen und Kirchgemeinden verwalten ihr Vermögen und ihre Einkünfte selbständig nach den staatlichen Grundsätzen, die für die Verwaltung öffentlichen Gutes und öffentlicher Einkünfte gelten.“

tis zur Verfügung gestellt, Auswärtige müssen etwas bezahlen und für kommerzielle Nutzer gelten nochmals andere Tarife.

Eine Übertragung solcher Modelle auf die Kirche setzt voraus, dass eine rechtlich durchsetzbare Unterscheidung zwischen Mitgliedern und Nichtmitgliedern getroffen wird. Folgende Lösungen sind denkbar:

1. Als Mitglieder gelten die Konfessionsangehörigen der jeweiligen Gebietskörperschaft[16]. Alle anderen sind Nichtmitglieder und folglich gebührenpflichtig. Als Kriterium gälte demzufolge: Gebührenpflichtig sind all jene, die nicht mit ihren Kirchensteuern schon einen Beitrag leisten.
2. Als Mitglieder gelten die Angehörigen der katholischen Kirche, unabhängig vom Wohnort. Alle anderen werden als Nichtmitglieder gebührenpflichtig. Das Kriterium lautete in diesem Fall: Gebührenpflichtig sind all jene, die keiner oder einer anderen Glaubensgemeinschaft angehören, während unter den Gemeinden der gleichen Kirche das Prinzip der Solidarität gilt.
3. Nicht gebührenpflichtig sind alle, die keiner öffentlich-rechtlich anerkannten Religionsgemeinschaft angehören und daher keine Kirchensteuern entrichten. Kriterium wäre: Gebührenpflichtig sind all jene, die sich nicht mit Kirchensteuern an der Finanzierung einer Kirche oder Religionsgemeinschaften und ihrem gesamtgesellschaftlichen Auftrag beteiligen.

Um Rechtssicherheit zu schaffen und eine rechtsgleiche Anwendung von Gebührenordnungen sicher zu stellen, müsste im Rahmen ihres allfälligen Erlasses geklärt werden, wie konkret zwischen Mitgliedern und Nichtmitgliedern unterschieden wird. Sofern man dabei nicht direkt an die Zugehörigkeit zur jeweiligen Kirchgemeinde anknüpfen will, müsste dafür im Rahmen des Organisationsstatuts oder der Kirchgemeindeordnung eine Rechtsgrundlage geschaffen werden[17].

16 Diese Definition kann direkt an Art. 21 Abs. 1 OS anknüpfen: „Die Kirchgemeinde umfasst sämtliche innerhalb ihres Gebietes wohnhaften Angehörigen der römisch-katholischen Konfession.“

17 Als Rechtsgrundlage für kommunale Regelungen kommt Art. 23 Abs. 1-3 OS in Frage: „(1) Die Kirchgemeinden ordnen im Rahmen des Organisationsstatuts ihre Angelegenheiten selbständig. (2) Sie können eine Kirchgemeindeordnung erlassen. Diese darf den Bestimmungen des Organisationsstatuts und den dazu gehörenden Erlassen nicht widersprechen. (3) Sie beschaffen und verwalten die für die Erfüllung der kirchlichen Aufgaben notwendigen Mittel.“ Da die Definition

## B. *Unterschiedliche Verständnisse von Kirchenzugehörigkeit nach staatlichem und kirchlichem Recht*

Die zentralen Probleme ergeben sich aus dem unterschiedlichen Verständnis von Kirchenzugehörigkeit nach staatlichem und kirchlichem Recht und aus dem unterschiedlichen Selbstverständnis der Kirche und der staatskirchenrechtlichen Körperschaften[18]. Besonders zu erwähnen sind folgende Aspekte:

Für die an das Kirchenrecht gebundenen kirchlichen Instanzen ist die nach staatlichem Recht mögliche „Kirchenaustrittserklärung", die ohne Angabe von Gründen erfolgen kann, in doppelter Hinsicht interpretationsbedürftig[19]:

- Einerseits kann die Kirche sie (anders als der Staat) aufgrund ihres Sakramentenverständnisses nicht als „Austritt" im eigentlichen Sinne verstehen. Vielmehr handelt es sich um ein „Wegtreten", das die Gemeinschaft mit der Kirche zwar einschränkt, aber nicht völlig aufhebt.
- Anderseits muss die Kirche – um die Folgen einer solchen Austrittserklärung gemäss ihrem eigenen Recht richtig abschätzen zu können – nach der Bedeutung fragen, die die Austrittserklärung für jene Person hat, die sie macht: Ein Übertritt zu einer anderen Religionsgemeinschaft ist anders zu beurteilen als eine Entfremdung oder Distanzierung von der Institution Kirche, ein Streit mit dem Pfarrer oder der Kirchenpflege als Austrittsgrund anders als die Überzeugung, die kirchliche Auffassung der Homosexualität sei inakzeptabel. Ein Austritt aus hauptsächlich finanziellen Motiven hat eine andere Qualität als ein Austritt aus der Überzeugung, die kirchliche Hierarchie gehöre abgeschafft oder das Frauenpriestertum endlich eingeführt.

---

der Kategorie der „gebührenpflichtigen Nichtmitglieder" eng mit der Frage der Zugehörigkeit zur Kirchgemeinde und Landeskirche verknüpft ist, ist eine Klärung dieser Frage auf landeskirchlicher Ebene zweifellos angemessener.

18 S.o. II.B und II.C sowie das Vorwort von Bischof *Kurt Koch*, in: Bistum Basel, Kirchenaustritte (Anm. 1), S. 3-6, und das Gutachten *Loretan* (Anm. 2), passim.

19 Vgl. dazu *Bistum Basel*, Kirchenaustritte (Anm. 1), 2.1.2: „Die moralische Beurteilung eines sog. Kirchenaustritts hängt auch von dessen Motiven ab. Selbst wenn im Einzelfall die Austrittserklärung nicht unmittelbar eine kirchliche Strafe nach sich zieht, wiegt im öffentlichen Bereich (forum externum) das verursachte Ärgernis schwer und kann pastoral nicht übergangen werden."

Diese Unterschiede kommen auch dann zum Tragen, wenn Personen, die den Kirchenaustritt erklärt haben, den Dienst der Kirche in Anspruch nehmen möchten. Ob dies möglich ist, entscheidet sich kirchenrechtlich und pastoral nicht primär daran, ob sie Kirchensteuern oder eine Gebühr entrichten, sondern ob dafür die notwendigen kirchenrechtlichen Voraussetzungen gegeben sind[20]. Nicht jede Erklärung des Kirchenaustritts ist kirchenrechtlich gleich zu beurteilen, was auch pastorale Konsequenzen haben kann[21].

Aus Respekt vor der kirchlichen Zuständigkeit (Art. 6 Abs. 2 OS) müssen die staatskirchenrechtlichen Organe den kirchlich Verantwortlichen einen entsprechenden Gestaltungsspielraum einräumen und dürfen diesen nicht dadurch einschränken, dass sie Entscheide, die eindeutig in die kirchliche Zuständigkeit fallen, an die Erfüllung von finanziellen Voraussetzungen knüpfen[22].

## *C. Anliegen der staatskirchenrechtlichen Organe*

Im Rahmen ihres Auftrags, die pastoralen Aufgaben der Römisch-katholischen Kirche zu unterstützen[23], haben die staatskirchenrechtlichen Organe in diesem Zusammenhang folgende Anliegen:

1. Die kirchlichen Instanzen dürfen „Austrittserklärungen" nicht a priori als „rein staatskirchenrechtliche Angelegenheit" behandeln, die kirchenrechtlich belanglos ist, da sie damit das System der öffentlich-rechtlich anerkannten kirchlichen Körperschaften und auch das ent-

20 Das Kirchenrecht begründet die Beitragspflicht der Gläubigen mit den „Erfordernissen der Kirche" (can. 222 CIC); zur Sakramentenspendung s. can. 848 CIC (zit. in Anm. 14). Sanktionen, die sich explizit auf nicht geleistete materielle Solidarität beziehen, kennt das Kirchenrecht keine.

21 Vgl. dazu das Vorwort von Bischof *Kurt Koch*, in: Bistum Basel, Kirchenaustritte (Anm. 1), S. 4-5: Es ist „in einem pastoralen Gespräch jeweils zu überprüfen", ob „ein Mensch, der seinen Kirchenaustritt erklärt, nicht nur aus der Kirchgemeinde austreten, sondern auch nicht mehr Glied der Römisch-Katholischen Kirche sein will".

22 Bei den Kirchensteuern ist dies nicht der Fall. Die Kirchensteuer ist eine „voraussetzungslos geschuldete Zwangsabgabe", der man sich nur durch den Austritt entziehen kann. Ein Rechtsanspruch auf bestimmte kirchliche Handlungen ist damit nicht verbunden und die pastorale Zuständigkeit somit gewahrt.

23 Vgl. Art. 2 Abs. 1 OS.

sprechende Finanzierungssystem über Steuern aushöhlen[24]. Um dies zu vermeiden, sollten die kirchlichen Autoritäten bei Austrittserklärungen bis zum Erweis des Gegenteils von der Voraussetzung (praesumptio) ausgehen, es handle sich um eine auch kirchenrechtlich relevante Aufkündigung der Gemeinschaft mit der Kirche mit entsprechenden Folgen für den Ausgetretenen[25]. Aus dieser Voraussetzung ergibt sich, dass Personen, die den Austritt aus der Kirche erklärt haben, keinen Anspruch auf die Dienste der Kirche geltend machen können und dass bei der Gewährung von Ausnahmeregelungen grösste Zurückhaltung angezeigt ist.

2. Die kirchlichen Instanzen und die Seelsorgenden haben bei ihren Entscheidungen und Überlegungen der Tatsache Rechnung zu tragen, dass das aargauische Staatskirchenrecht das Bekenntnis zur römisch-katholischen Konfession mit der Mitgliedschaft in der römisch-katholischen Landeskirche verknüpft und keinen „partiellen Kirchenaustritt" ermöglicht. Wer aus der staatskirchenrechtlichen Körperschaft, nicht aber aus der katholischen Kirche austreten möchte, um damit das in der Deutschschweiz verbreitete System der staatskirchenrechtlichen Besteuerung zu umgehen, verstösst gegen die im Kirchenrecht (can. 222 CIC) verankerte Pflicht zur materiellen Unterstützung der Kirche. Solange das Kirchenvolk dieses Modell wünscht und die Diözesanleitung diesem zustimmt, ist es für die einzelnen Kirchenmitglieder verbindlich.
3. Wenn Seelsorger zur Überzeugung kommen, die „Austrittserklärung" sei rechtsmissbräuchlich (aus rein finanziellen Motiven) erfolgt oder wenn sie feststellen, dass Ausgetretene regelmässig am kirchlichen Leben teilnehmen, sind diese zu verpflichten, zum Wiedereintritt zu motivieren und die staatskirchenrechtlichen Organe darüber ins Bild setzen.
4. Wenn die kirchlichen Instanzen von Ausgetretenen um kirchliche Handlungen gebeten werden, ist es unabdingbar, dass sie auf den Zusammenhang von religiösen Zeichen und gelebter Solidarität auf-

24 Vgl. das Zitat von *U. J. Cavelti*, in: Gutachten Loretan (Anm. 2), S. 32: „Dies kann eine Entwicklung einleiten, welche die öffentlich-rechtliche Anerkennung überhaupt in Frage stellt."

25 Die Formulierung in: *Bistum Basel*, Kirchenaustritte (Anm. 1), 2.1.1, der Kirchenaustritt sei „vor allem ein staatskirchenrechtlicher Schritt" vermag daher nicht zu befriedigen.

merksam machen, der ein Grundzug der christlichen Botschaft ist. Gottesliebe ist ohne Nächstenliebe und ohne Verbindung mit der Gemeinschaft der Kirche nicht zu haben.

Die diözesanen Richtlinien zum Thema Kirchenaustritt geben diesbezüglich zwar wichtige Hinweise, sind aber zu wenig verbindlich und konkret.

## *D. Respekt der unterschiedlichen Zuständigkeiten bei der Erhebung von Gebühren*

Bei den Angeboten und Dienstleistungen der Kirche kann im System der Schweizerischen Doppelstruktur unterschieden werden, zwischen

(1) seelsorgerlichen Handlungen, die die staatskirchenrechtlichen Organisationen zwar durch die Schaffung der entsprechenden Voraussetzungen ermöglichen, die aber in die Zuständigkeit der kirchlichen Autoritäten fallen. Dazu gehören zweifellos die Sakramente und Sakramentalien, die Gottesdienste, die Verkündigung und Lehre des Glaubens;

(2) administrativen Dienstleistungen und Angeboten, die in die Zuständigkeit der staatskirchenrechtlichen Organe fallen. Dazu gehören die Bereitstellung von Räumen für nicht-gottesdienstliche Nutzung, Verwaltungstätigkeiten sowie ausschliesslich kirchgemeindliche oder landeskirchliche Angebote;

(3) Angeboten und Dienstleistungen in gemeinsamer Zuständigkeit, die sich z.B. darin äussert, dass auf kantonaler Ebene Kirchenrat und Regionalleitung gemeinsam die Aufsicht und Verantwortung übernehmen[26]. Dazu gehören z.B. Jugendarbeit, Erwachsenenbildung, Öffentlichkeitsarbeit, Religionsunterricht und Katechese, Spitalseelsorge und andere Formen von Spezialseelsorge.

### (1) Seelsorgerliche Handlungen in kirchlicher Zuständigkeit

Bei den seelsorgerlichen Handlungen in rein kirchlicher Zuständigkeit sind die staatskirchenrechtlichen Organe nicht befugt, Gebührenordnun-

26 Solche sind im Organisationsstatut an verschiedener Stelle erwähnt oder vorausgesetzt, vgl. Art. 6, Art. 17 Abs. 1 lit. l), Art. 20 Abs. 2 lit c) - i), Art. 19 OS. In *Bistum Basel*, Kirchenaustritte (Anm. 1), 1.2.4 ist in diesem Zusammenhang von der „verpflichtenden Mitsorge für kirchliche Bildungs- und Sozialaufgaben in finanzieller und personeller Hinsicht" die Rede.

gen zu erlassen oder über die Zulassung von Nichtmitgliedern zu befinden. Angesichts der spezifischen Form der Finanzierung des kirchlichen Lebens sind die kirchlichen Autoritäten jedoch gehalten, die staatskirchenrechtlichen Organe über entsprechende Regelungen zu informieren und bei deren Erlass ihren Anliegen Rechnung zu tragen.

(2) Administrative Dienstleistungen und Angebote in staatskirchenrechtlicher Zuständigkeit

Bei den administrativen Dienstleistungen und Angebote, die in die Zuständigkeit der staatskirchenrechtlichen Organe fallen, sind diese aufgrund der Forderungen nach „Wirtschaftlichkeit, Solidarität und Sparsamkeit“ (Art. 39 OS) verpflichtet, angemessene Entschädigungen einzufordern, wenn sie solche Leistungen für Dritte erbringen. In diesem Bereich ist die Frage der „Gebühren für Nichtmitglieder“ völlig unproblematisch, aber in der Praxis vermutlich kaum von grosser Bedeutung[27].

(3) Angebote und Dienstleistungen in gemeinsamer Zuständigkeit

Bei den Angeboten und Dienstleistungen in gemeinsamer Zuständigkeit sind nicht nur in Bezug auf „Nichtmitglieder“, sondern generell in Bezug auf die Erhebung von Gebühren und Unkostenbeiträgen gemeinsame Lösungen zu finden. Dieser Bereich ist vom Bereich der seelsorgerlichen Handlungen nicht leicht abgrenzbar und auch in pastoraler Hinsicht sehr sensibel, weil die Sendung der Kirche zu allen Menschen (auch und gerade jenen, die sich mit ihrer Botschaft und Institution schwer tun) und der volkskirchliche Charakter der Landeskirche hier mit den Idealen der Solidarität und der Gerechtigkeit in einen Zielkonflikt geraten können. Es gilt, folgende Gesichtspunkte zu berücksichtigen:

– Gemäss ihrem Selbstverständnis hat die Kirche den Auftrag, „Zeichen und Werkzeug für die innigste Vereinigung mit Gott wie für die Einheit der ganzen Menschheit“ (Vat. II, LG 1) zu sein. Was das bedeutet, hat das Konzil wie folgt formuliert: „Freude und Hoffnung, Trauer und Angst der Menschen von heute, besonders der Armen und

27 Stellt z.B. eine Kirchgemeinde nicht genutzte Räume für andere Zwecke zur Verfügung (z.B. Vermietung an die politische Gemeinde oder an Private) oder erbringt sie Dienstleistungen (z.B. Führung der Buchhaltung auch für die reformierte Kirchgemeinde), kann sie dies kostendeckend verrechnen oder bei Bedarf entsprechende Gebührenordnungen erlassen.

Bedrängten aller Art, sind auch Freude und Hoffnung, Trauer und Angst der Jünger Christi. Und es gibt nichts wahrhaft Menschliches, das nicht in ihrem Herzen seinen Widerhall fände. [...] Darum erfährt diese Gemeinschaft sich mit der Menschheit und ihrer Geschichte wirklich engstens verbunden.“ (GS 1). Die Mitglieder der Kirche haben Anteil an dieser Sendung und dieser menschheitlichen Solidarität – und entsprechend wird auch die finanzielle Unterstützung der Kirche nicht als „Gegenleistung“ oder „Abgeltung“ von Dienstleistungen verstanden, sondern als Beitrag, der es der Kirche ermöglicht, ihren Auftrag zu erfüllen.

- Allerdings weiss auch die Kirche um die Notwendigkeit, ihr Überleben materiell zu sichern und sieht dafür Beiträge der Gläubigen (can. 222 CIC) aber auch sogenannte „Stolgebühren“ (can. 1264 CIC) vor[28].
- Das System der obligatorischen Kirchensteuer jedoch führt – verbunden mit einem weit verbreiteten Verständnis der Kirche als „Dienstleistungsorganisation“ zur Auffassung, die Bezahlung von Steuern begründe einen Anspruch auf die Dienste der Kirche – womit sich leicht die Vorstellung verknüpft, wer nichts bezahle, habe demzufolge auch keine Ansprüche, bzw. sei von der Kirche auf anderem Wege dazu zu bewegen, seiner Solidaritätspflicht nachzukommen, z.B. mit Gebühren oder freiwilligen Spenden[29].
- Diese enge Verknüpfung von „Leistung“ und „Gegenleistung“ steht jedoch nicht nur in Spannung zum christlichen Bekenntnis, dass Gottes Liebe und daher auch die Sendung der Kirche voraussetzungslos allen Menschen gilt, sondern auch zur vielfach betonten Offenheit der „Volkskirche“ für alle, auch die suchenden Menschen.

28 Bei letzteren gilt die Sorge der Kirche aber sehr stark der Tatsache, dass sie nicht im Sinne einer „Käuflichkeit“ des göttlichen Heiles verstanden werden oder zum Ausschluss von finanziell benachteiligten Menschen von den Sakramenten führen (can. 848 CIC, zit. in Anm. 14).

29 So auch *Bistum Basel*, Kirchenaustritte (Anm. 1), 4.2.6 im Zusammenhang mit der Beerdigung Ausgetretener: „Ein freiwilliges finanzielles Entgelt kann angebracht sein. Es soll jedoch einem sozialen oder kirchlichen Werk zukommen. Von einer eigentlichen Tarifordnung ist abzusehen.“

Daraus ergibt sich:

1. Die Fragen der finanziellen Solidarität müssen im Gespräch mit Nichtmitgliedern von den Seelsorgenden angemessen berücksichtigt werden.
2. Die staatskirchenrechtlichen Organe und die Kirchensteuerpflichtigen sind dafür zu sensibilisieren, dass Kirchensteuern nicht in erster Linie den Anspruch auf „kirchliche Dienstleistungen" begründen, sondern ein Beitrag dazu sind, dass die Kirche ihren Auftrag nicht nur gegenüber ihren Mitgliedern, sondern auch gegenüber der gesamten Gesellschaft erfüllen kann[30].

## *IV. Empfehlungen zu Handen des Kirchenrates*

### *A. Dialog zu Fragen der Finanzierung des kirchlichen Lebens*

*Der Dialog und die gemeinsame Lösungssuche zwischen kirchlichen und staatskirchenrechtlichen Gremien zu Fragen der Finanzierung des kirchlichen Lebens ist zu intensivieren.*

Auslöser für den Ruf nach „Gebührenordnungen für Nichtmitglieder" sind die Umbrüche in der Religionslandschaft und in der Haltung von Kirchenmitgliedern in bezug auf Mitgliedschaft und Kirchensteuern:

- Ausgetretene, aber auch Personen, die der Kirche nie angehört haben, und trotzdem gewisse Erwartungen an die Institution Kirche haben, sind keine seltenen Ausnahmen mehr, sondern haben zahlenmässig zugenommen. Diese Entwicklung wird sich voraussichtlich noch verstärken.
- Glaube und Kirchenzugehörigkeit werden nicht mehr als Einheit erfahren. Es gibt sowohl das „believing without belonging" als auch das „belonging without believing". Das wirkt sich auf die kirchlichen, aber auch auf die staatskirchenrechtlichen Strukturen aus.

30 Dieser gesamtgesellschaftliche Auftrag der Kirchen und Religionsgemeinschaften ist eines der wichtigsten Argumente für die öffentlichrechtliche Anerkennung. Wäre sie bloss „Erbringerin religiöser Dienstleistungen für ihre Mitglieder", würden dieser Anerkennungsgrund und damit auch das Privileg des Steuerbezugsrechts entfallen.

- Kirchenangehörige verstehen die Kirche stärker als „Dienstleistungsorganisation“ und ihre Kirchensteuern demzufolge als „Gegenleistung“ oder „Abgeltung“ in Anspruch genommener oder zumindest nach Bedarf verfügbarer Dienste. Dieses (problematische!) Kirchenverständnis wirkt sich auch auf die Haltung gegenüber „Nichtzahlern“ aus.

Diese Entwicklungen sind für die Kirche in jeder Hinsicht von grosser Bedeutung und haben langfristig weitreichende Auswirkungen auf die Frage der Kirchenfinanzierung. Die Forderung nach Gebühren für Nichtmitglieder ist als Symptom eines Unbehagens in manchen Kirchgemeinden und Kirchenpflegen darüber, dass die Kirchenleitung auf diese Entwicklung nicht adäquat zu reagieren scheint, ernst zu nehmen.

Dass Nichtmitglieder und Personen, die den Kirchenaustritt erklärt haben, die Kirche materiell unterstützen, wenn sie kirchliche Handlungen und Dienstleistungen in Anspruch nehmen, ist eine Frage der Gerechtigkeit und der Solidarität, welche ein gemeinsames Anliegen der staatskirchenrechtlichen Organe und der kirchlich Verantwortlichen sein muss.

Eine Intensivierung des Dialogs und der gemeinsamen Lösungssuche zwischen kirchlichen und staatskirchenrechtlichen Gremien zu Finanzierungsfragen kann diesbezügliche Konflikte abbauen und ist im Blick auf langfristige Weiterentwicklungen der gegenwärtigen Finanzierungsform unabdingbar.

Anzustreben sind gemeinsam erarbeitete rechtliche Regelungen und Richtlinien, die der veränderten Situation angemessen Rechnung tragen[31].

### *B. Respekt der kirchlichen Zuständigkeitsordnung*

*Die Kirchgemeinden sind darauf hinzuweisen, dass sie in der Frage der Gebühren für Nichtmitglieder die „kirchliche Zuständigkeitsordnung“ zu respektieren haben*[32].

Im Rahmen seiner „Aufsicht über die Kirchgemeinden“ (Art. 17 lit. g OS) ist der Kirchenrat gefordert, diesem Respekt vor der kirchlichen Zuständigkeitsordnung bei Bedarf Nachachtung zu verschaffen.

31 Das Dokument *Bistum Basel*, Kirchenaustritte (Anm. 1), bildet dafür eine wichtige Grundlage, ist aber aus Sicht der staatskirchenrechtlichen Organe nicht verbindlich genug.

32 Vgl. dazu oben III.D).

## *C. Keine speziellen Gebührenordnungen für Nichtmitglieder*

*Die Kirchgemeinden sind darauf hinzuweisen, dass der Erlass von speziellen Gebührenordnungen für Nichtmitglieder und Personen, die den Kirchenaustritt erklärt haben, nicht in ihren Zuständigkeitsbereich fällt und als kontraproduktiv zu beurteilen ist.*

Spezielle Gebührenordnungen lösen die mit den erwähnten Entwicklungen und Umbrüchen verbundenen Probleme nicht und sind im Blick auf die Linderung von konkreten finanziellen Auswirkungen sinkender Mitgliederzahlen oder Steuererträgen von marginaler Bedeutung. Sie werden kaum Personen vom Austritt abhalten – und wirken im Hinblick auf eine Pastoral des Wiedereintritts eher abschreckend. Damit sind sie als kontraproduktiv einzuschätzen – nicht nur aus pastoraler, sondern auch aus staatskirchenrechtlicher Sicht.

Aus staatskirchenrechtlicher Sicht besteht das Hauptproblem darin, dass solche Gebührenordnungen den Eindruck erwecken könnten, es gäbe gewissermassen zwei Möglichkeiten, der Beitragspflicht nachzukommen: Durch regelmässige Kirchensteuer als „Vollmitglied" oder durch „Finanzierung nach Bedarf" für weniger Engagierte. Damit könnten Gebührenordnungen das Prinzip unterlaufen, dass Angehörige der römisch-katholischen Kirche zugleich Mitglied der öffentlichrechtlich anerkannten kirchlichen Körperschaft und damit steuerpflichtig sind.

## *D. Im Gespräch die Solidarität einfordern*

*Die Seelsorgenden sind verpflichtet, die Frage der finanziellen Solidarität in den Gesprächen mit Nichtmitgliedern und Personen, die den Kirchenaustritt erklärt haben, konkret zur Sprache bringen und in ihren pastoralen Entscheidungen berücksichtigen. Die Kirchenpflege soll über die Ergebnisse solcher Gespräche informiert werden. Dabei sind das Gebot der Diskretion („discretio pastoralis") und der Persönlichkeitsschutz zu respektieren.*

Im Gespräch mit Nichtmitgliedern und Personen, die den Kirchenaustritt erklärt haben, und trotzdem kirchliche Handlungen und Dienstleistungen in Anspruch nehmen, sind die Seelsorgenden verpflichtet, die Frage der finanziellen Solidarität konkret anzusprechen. Wenn sie regelmässig kirchliche Handlungen und Dienstleistungen in Anspruch nehmen, sollen sie auf den (Wieder)Eintritt angesprochen werden – im Sinn einer Kirche, die sowohl missionarisch-offen als auch solidarisch ist. Dabei gilt es, ihnen die verschiedenen Möglichkeiten aufzuzeigen, der Solidaritätspflicht nachzukommen, z.B.:

- „Wiedereintritt" jenes Elternteils, das die Taufe eines Kindes wünscht, obwohl beide Eltern einmal den „Austritt" erklärt hatten;
- Wiedereintritt des Kindes, z.B. wenn es getauft ist und sich trotz „Austritt" der Familie aus der Kirche am Religionsunterricht beteiligen oder in der Jugendgruppe mitmachen möchte;
- Leistung eines angemessenen Beitrags an ein kirchliches oder soziales Werk[33], der den eigenen Möglichkeiten Rechnung trägt und nicht nur eine Aufwandentschädigung darstellt.

## *E. Austretende über die Folgen ihrer Entscheidung informieren*

*Personen, die den Austritt aus der Kirche erklären, sollen auf die kirchenrechtlichen und staatskirchenrechtlichen Folgen ihrer und auf dessen Auswirkungen auf die Kirche aufmerksam gemacht werden.*

Im Zusammenhang mit der Erklärung des Kirchenaustritts hält Art. 21 Abs. 3 OS fest, sie sei „beim Pfarramt oder bei der Kirchenpflege zu hinterlegen". Diese Regelung macht deutlich, dass sowohl die kirchlichen als auch die staatskirchenrechtlichen Organe davon betroffen sind. Diese sind gehalten,

- die Austrittserklärung an das Pfarramt bzw. an die Kirchenpflege weiterzuleiten;
- an die Ausgetretenen zu gelangen und sich dabei an den Musterbriefen der Landeskirche und der Regionalleitung zu orientieren;
- sich im Fall, dass Ausgetretene weiterhin kirchliche Dienste beanspruchen, gegenseitig zu informieren und das Vorgehen einvernehmlich festzulegen.

Angesichts der sich verändernden kirchlichen Situation wird der Kirchenrat mit der Regionalleitung die Musterbriefe zum Thema „Kirchenaustritt" überprüfen und dabei der Frage der finanziellen Solidarität besondere Aufmerksamkeit schenken.

33 Vgl. *Bistum Basel*, Kirchenaustritte (Anm. 1), 4.2.6.

### *F. Unkostenbeiträge*

*In jenen Bereichen, wo Unkostenbeiträge eingefordert werden, soll der Frage der Kirchenzugehörigkeit bzw. der Nähe und Solidarität mit den Anliegen der Kirche Rechnung getragen werden.*

In Zeiten knapper werdender Kirchenfinanzen ist es durchaus denkbar, dass die Erhebung von Unkostenbeiträgen für „Angebote" der Kirche an Bedeutung gewinnt, sei es im Bereich der Bildung, der Beratung, der Information, der Betreuung und Freizeitgestaltung etc.

In diesem Bereich ist es gerechtfertigt, dem Aspekt Beachtung zu schenken, ob eine Person oder Familie schon durch die Bezahlung der Kirchensteuern einen gewissen Beitrag an die Kosten leistet. Allerdings sind entsprechende Regelungen sorgfältig zu erarbeiten und zu kommunizieren. Dabei sind kantonale Richtlinien kommunalen Einzellösungen vorzuziehen.

Konkret ist in diesem Zusammenhang an folgende Bereiche zu denken:

- Benutzung von Räumlichkeiten (ohne Kirchen und Kapellen),
- Aus- und Weiterbildungsangebote,
- Beiträge für kirchliche Gruppen.

SJKR/ASDE 12 (2007), S. 139-145

# Kirchengeläut vs. Nachtruhe. Leitlinien für Kirchenbehörden

von Alexander Schaer (Zürich)

Zahlreiche Kirchgemeinden sahen sich in der Vergangenheit mit Klagen oder angedrohten Klagen von Anwohnern von Kirchen konfrontiert, welche die Kirchgemeinden zumeist unter Berufung auf die Nachtruhe zu Verschiebungen, Streichungen oder gar Abschaffung des Kirchengeläuts bewegen wollten. Die starken medialen Begleitumstände hinterliessen deutliche Spuren. Aber: Die Ängste vor einer „Abschaffung" des Kirchengeläuts sind juristisch gesehen unbegründet. Allerdings stellt die bundesgerichtliche Praxis einige Leitlinien für die Behörden auf.

## I. *Grundsätzliches*

Gemäss Art. 15 Abs. 2 BV hat jede Person das Recht, ihre Religion und ihre weltanschauliche Überzeugung frei zu wählen und allein oder in Gemeinschaft mit anderen zu bekennen. Die so geschützte Kultusfreiheit, d.h. „die Freiheit einer in ritueller Form geäusserten Glaubensbezeugung"[1], umfasst unbestritten auch das Glockengeläut, soweit es Teil der Religionsausübung darstellt[2]. Allerdings darf auch das kirchliche Geläut zum Schutz der öffentlichen Ruhe gewissen Einschränkungen unterwor-

1 *Regina Kiener/Walter Kälin*, Grundrechte, Bern 2007, S. 268.

2 *Roland Pfäffli*, Die Kirchenglocken und andere Lärmimmissionen, in: Jusletter vom 24.04.2006, Rz. 1; BGE 1A.159/2005 E. 2.1; *Regula Kiener/Mathias Kuhn*, Die bau- und planungsrechtliche Behandlung von Kultusbauten im Lichte der Glaubens- und Gewissensfreiheit, in: ZBl 2003, S. 631 ff.; BGE 1A.240/2002 E. 2.1; BGE 126 II 366 E. 2a; *Kiener/Kälin*, Grundrechte (Anm. 1), S. 268; *Urs Josef Cavelti*, St. Galler Kommentar zu Art. 15 BV, Rz. 17, S. 230; BBl 1997 I 156; BGE 36 I 374.

fen werden[3]. Nicht vom Schutzbereich von Art. 15 Abs. 2 BV umfasst ist das rein weltliche Geläut wie bspw. zur Zeitverkündung[4].

Auszugehen ist ferner von der grundsätzlichen Anwendbarkeit der Umweltschutzgesetzgebung auf das Kirchengeläut[5]. So stellt das Glockenspiel einer Kirche in der Regel eine mit einer Baute dauerhaft verbundene ortsfeste Einrichtung und damit eine Anlage im Sinne von Art. 7 Abs. 7 des Umweltschutzgesetz (USG)[6] sowie Art. 2 Abs. 1 der Lärmschutz-Verordnung (LSV)[7] dar[8].

## *II. Kriterien zur Beantwortung der Frage der Zulässigkeit des Kirchengeläuts*

### *A. Das Ende des Kirchengeläuts?*

Die besondere Schwierigkeit in Fällen um Kirchengeläute liegt in der Tatsache begründet, dass die Umweltschutzgesetzgebung in erster Linie Geräusche zu vermeiden oder einzudämmen versucht, welche als unerwünschte Nebenwirkungen von bestimmten Tätigkeiten auftreten. I.c. liegt jedoch ein Fall vor, wo das Geräusch gerade den Zweck der Aktivität widerspiegelt. „Solche Lärmemissionen können nicht völlig vermieden und in der Regel auch nicht in der Lautstärke wesentlich reduziert

3 *R. Pfäffli*, Kirchenglocken (Anm. 2), Rz. 1; BGE 1A.159/2005 E. 2.1; BGE 1A.240/2002 E. 2.1; BGE 126 II 366 E. 2a; *Peter Karlen*, Das Grundrecht der Religionsfreiheit in der Schweiz, Zürich 1988, S. 308 u. 318; BGE 36 I 374 E. 3.

4 BGE 1A.159/2005 E. 2.4; so entschied bspw. der Regierungsrat des Kantons Bern am 15.06.1965 zugunsten eines Verbotes des nächtlichen Glockenschlags in Wangen an der Aare von 20 bis 7:55 Uhr aufgrund der massiven Lärmbelastung in der Umgebung des Kirchturms (vgl. SJZ 61 [1965] N. 133). Anders entschied die Baurekurskommission II des Kantons Zürich am 14.08.1984, welche auch den Zeitglockenschlag in der Nacht als Ausdruck eines jahrhundertealten Brauchs als sozialadäquat hinzunehmen deklarierte (vgl. ZBl 1988, S. 186 f.).

5 BGE 1A.159/2005 E. 2.1; BGE 1A.240/2002 E. 2.1; BGE 126 II 366 E. 2a.

6 Bundesgesetz über den Umweltschutz vom 7.10.1983 (SR 814.01).

7 SR 814.41.

8 *R. Pfäffli*, Kirchenglocken (Anm. 2), Rz. 2; BGE 1A.159/2005 E. 2.1; *Kiener/ Kuhn*, Kultusbauten (Anm. 2), S. 628; BGE 1A.240/2002 E. 2.1; BGE 126 II 366 E. 2b; es ist zu beachten, dass für Glockenspiele, welche nach dem 1.1.1985 errichtet wurden, die (strengeren) Vorschriften für Neuanlagen i.S.v. Art. 25 USG und Art. 7 LSV gelten.

werden, ohne dass zugleich der Zweck der sie verursachenden Tätigkeit vereitelt würde. Derartige Lärmemissionen als unnötig und unzulässig zu qualifizieren, würde implizieren, die betreffende Tätigkeit generell als unnötig zu betrachten."[9] Das Bundesgericht verlangt denn auch in solchen Fällen kein Verbot des Kirchengeläuts, sondern bloss einschränkende Massnahmen[10].

## *B. Frage des Ermessens*

Es ist unbestritten, dass den örtlichen Behörden ein Beurteilungsspielraum zugestanden wird[11]. Mangels festgelegter Grenzwerte für die Lärmbelastung durch Glockenspiele stützt sich das Bundesgericht in seinen Urteilen jeweils auf eine konkrete Bewertung der Emissionen im Einzelfall anhand der Kriterien von Art. 15, 19 und 23 USG[12]. Wichtig für das Bundesgericht sind Kriterien wie Charakter des Lärms, Zeitpunkt und Häufigkeit seines Auftretens sowie die Lärmempfindlichkeit bzw. Lärmvorbelastung der betroffenen Zone[13].

9 BGE 1A.159/2005 E. 2.4; BGE 1A.240/2002 E. 2.4; BGE 126 II 366 E. 2d.

10 BGE 1A.159/2005 E. 2.4; BGE 1A.240/2002 E. 2.4; BGE 126 II 366 E. 2d; so z.B. eine Einschränkung der Betriebszeiten. Kritisch zeigte sich das Bundesgericht hingegen gegenüber Schallschutzmassnahmen. Letzteres, nämlich den Einbau von Schallfolien, verfügte das Verwaltungsgericht des Kantons Aargau in seinem Entscheid „Würenlos" vom 18.11.1988 (ebenfalls als mögliche Massnahme aufgeführt wurde eine Neukonstruktion der Glockenschwingmechanik; vgl. ZBl 1989, S. 507 ff.). Auch das Verwaltungsgericht des Kantons Zürich tendierte in seinem Entscheid VB.95.00016 vom 30.08.1995 primär zu technischen Massnahmen.

11 BGE 1A.159/2005 E. 2.4; BGE 1A.240/2002 E. 2.4; BGE 126 II 366 E. 2d.

12 BGE 1A.159/2005 E. 2.3; BGE 1A.240/2002 E. 2.3; BGE 126 II 366 E. 2c.

13 BGE 1A.159/2005 E. 2.3; BGE 1A.240/2002 E. 2.3; BGE 126 II 366 E. 2c/d; das Verwaltungsgericht des Kantons Zürich bemerkte in seinem Entscheid zum Fall „Gossau", dass Kirchen mit ihren Glockengeläuten regelmässig in Ortszentren liegen, welche zahlreiche weitere mit Emissionen verbundene Funktionen erfüllen (Entscheid VB.2004.00240 vom 24.04.2005).

## *C. Fallbeispiele zur Immissionsstärke*

### 1. Fall „Bubikon“ (BGE 126 II 366)

Im Fall „Bubikon“ wohnte der Beschwerdeführer rund 50 Meter vom Kirchturm entfernt. I.c. wurde auf Untersuchungen der SUVA verwiesen, welche ergeben hätten, „dass in 50 Meter Distanz von einem mittelhohen Kirchturm bei mittelgrossen Kirchenglocken am Ohr der Betroffenen im Innern eines Gebäudes (bei gekipptem Fenster zur Belüftung des Zimmers) ein Schalldruckpegel von mehr als 60 dB(A) entstehe“, wodurch nachts mit Aufwachreaktionen zu rechnen sei[14]. Es könne daher von einer erheblichen Störung i.S.v. Art. 15 USG gesprochen werden[15].

### 2. Fall „Thal“ (BGE 1A.240/2002)

Im Fall „Thal“ wohnten die Beschwerdeführer rund 360 Meter vom Kirchturm entfernt mit direkter Sichtverbindung. Die Lärmmessungen, welche unter anderem bei gekipptem Fenster einen Maximalpegel von 51,8 dB(A) ergaben, stufte das BUWAL als zu gering ein, um eine Aufwachreaktion auszulösen[16].

### 3. Fall „Gossau“ (BGE 1A.159/2005)

Im Fall „Gossau“ wohnte der Beschwerdeführer rund 200 Meter vom Kirchturm entfernt mit direkter Sichtverbindung. Die EMPA ging bei ihrem Lärmgutachten für die Stunden- und Viertelstundenschläge von einem Maximalpegel von 46-54 dB(A) am Ohr der schlafenden Person bei spaltweise geöffnetem Fenster aus und schätze die Wahrscheinlichkeit einer Aufweckreaktion als „gering“ ein[17].

Das Höchstgericht stellte zudem klar, dass nicht auf das subjektive Lärmempfinden einzelner Personen abzustellen ist, sondern dass „eine objektivierte Betrachtung unter Berücksichtigung von Personen mit er-

14 BGE 126 II 366 E. 3a; gemäss Richtlinien der WHO sollte der Wert von rund 45 dB(A) innerhalb der Räumlichkeiten nicht mehr als 10-15 mal pro Nacht überschritten werden, um einen guten Schlaf zu gewährleisten (vgl. WHO, Guidelines for Community Noise, Genf 2001, S. 28).

15 BGE 126 II 366 E. 3a.

16 BGE 1A.240/2002 E. 3.1.

17 BGE 1A.159/2005 E. 3.2.1.

höhter Empfindlichkeit (Art. 13 Abs. 2 USG) vorzunehmen" ist[18]. Wichtig ist letzten Endes also eine Interessenabwägung zwischen dem Ruhebedürfnis der Bevölkerung und dem Interesse am Kirchengeläute[19]. Das Bundesgericht betonte ausserdem, dass das Glockengeläut von den meisten Menschen nicht als störend empfunden werde, für viele Leute einen Wohlklang habe und sich weit über den Kreis der Gläubigen hinaus im Bewusstsein der Menschen eingeprägt habe[20].

### *D. Frage der Ortsüblichkeit*

Es kann festgestellt werden, dass den örtlichen Behörden auch bei der Beurteilung der Frage nach der allgemeinen Akzeptanz des Frühgeläutes und dem öffentlichen Interesse an der Aufrechterhaltung dieser Tradition ein grosses Ermessen eingeräumt wird[21]. Insbesondere sei es nicht unverhältnismässig, wenn dem Interesse an der Beibehaltung der Tradition grösseres Gewicht beigemessen werde als dem Ruhebedürfnis der Beschwerdeführer respektive einiger Nachbarn[22]. Als wesentliches Kriterium in der Frage nach der Ortsüblichkeit der Immissionen hat sich in der bundesgerichtlichen Rechtsprechung die lokale Nachtruheordnung herauskristallisiert[23]. So verordnete die Polizeiverordnung der Gemeinde Bubikon Nachtruhe von 22 Uhr bis 6 Uhr[24]. Das Frühgeläut ab 6 Uhr

18 BGE 1A.159/2005 E. 2.3; BGE 1A.240/2002 E. 2.3; BGE 126 II 366 E. 2c.
19 BGE 1A.159/2005 E. 2.4; BGE 126 II 366 E. 2d.
20 BGE 1A.240/2002 E. 3.2; BGE 126 II 366 E. 3c; so schon *Monika Kölz*, Die Anwendbarkeit der bundesrechtlichen Lärmschutzvorschriften auf menschlichen Alltagslärm und verwandte Lärmarten, in: URP 1993, S. 380.
21 BGE 1A.159/2005 E. 3.3; BGE 1A.240/2002 E. 3.6; BGE 126 II 366 E. 5b.
22 BGE 1A.159/2005 E. 3.3; BGE 1A.240/2002 E. 3.6; BGE 126 II 366 E. 5b; so wurde bspw. im Fall „Gossau" der Antrag abgelehnt, die Stunden- und Viertelstundenschläge zwischen 21:45 Uhr und 6 Uhr zu verbieten. In BGE 1A.240/2002 betonte das Bundesgericht zudem, dass Mehrheitsmeinungen nicht ohne weiteres als Massstab für die Befindlichkeit der „Bevölkerung" herangezogen werden können (E. 3.2).
23 So auch schon das Verwaltungsgericht des Kantons Zürich in seinem Entscheid VB.95.00016 vom 30.08.1995 sowie die Praxis von BGE 126 II 366 bestätigend in seinem Entscheid VB.2001.00167 vom 24.10.2001, wo die Kirchgemeinde verpflichtet wurde, das Frühgeläute auf 7 Uhr zu verschieben und damit die kommunale Nachtruheordnung zu respektieren.
24 BGE 126 II 366 E. 4a.

wurde denn auch von Bundesgericht geschützt[25]. In Thal lag zum Zeitpunkt des Entscheides keine kommunale Ruheordnung vor, so dass subsidiär massgeblich auf den Gesichtspunkt der Wahrscheinlichkeit einer Aufwachreaktion abgestellt wurde[26].

## *III. Fazit*

Zusammenfassend lässt sich sagen, dass die Angst zahlreicher Kirchenbehörden vor einem Ende des Kirchengeläuts juristisch gesehen unbegründet ist. Der Tradition des Glockengeläuts wird weiterhin hohes Gewicht beigemessen, auch wenn sich einzelne Nachbarn gestört fühlen mögen. Die bundesgerichtliche Rechtsprechung räumt den lokalen Behörden prinzipiell ein sehr grosses Ermessen ein. So muss jeder Einzelfall gesondert geprüft werden. Zudem ergeben sich aus der höchstrichterlichen Rechtsprechung einige Leitlinien, deren Beachtung durch die Kirchgemeinden das Risiko juristischer Klagen weitgehend reduziert, selbst wenn natürlich nie gänzlich verhindert werden kann, dass Nachbarn prozessuale Schritte wegen dem Glockengeläute einleiten.

### *Leitlinie 1: Unterscheidung zwischen weltlichem und kirchlichem Geläute*

Nur das kirchliche Geläut wird von Art. 15 Abs. 2 BV geschützt. In Konfliktfällen bei Nachtruhefragen sollte daher im Zweifel das weltliche Geläut abgestellt werden. Dies ist insbesondere dann der Fall, wenn die im Einzelfall zu bestimmenden Grenzwerte für Nachtlärm überschritten werden.

25 BGE 126 II 366 E. 5b; insbesondere stellte das Bundesgericht klar, dass der Klang von Glocken von seiner Art her nicht mit Industrie-, Gewerbe- und Verkehrslärm oder mit Lärm von Geräten in Haus und Garten vergleichbar sei (BGE 1A.240/2002 E. 3.2; BGE 126 II 366 E. 5a). Das Verwaltungsgericht des Kantons Aargau empfahl in seinem Urteil „Würenlos" vom 18.11.1988 das Frühläuten in der Regel nicht vor 7 Uhr zu beginnen (vgl. ZBl 1989, S. 507).

26 BGE 1A.240/2002 E. 3.4 (siehe oben).

*Leitlinie 2: Respektierung der kommunalen Ruheordnung*

Wie aufgezeigt, stellt die kommunale Ruheordnung einen wichtigen Gradmesser für den Beginn des Frühgeläutes dar. Im Konfliktfalle sollte daher die kommunale Ruheordnung eingehalten werden.

*Leitlinie 3: Lautstärkemessungen und evtl. bauliche Massnahmen*

In vollem Bewusstsein des Kostenaufwandes ist den Kirchgemeinden zu empfehlen, Lautstärkemessungen im direkten Umfeld des Kirchturms vornehmen zu lassen. Nach aktuellem „case law" dürfte ein Maximalpegel von 54 dB(A) am Ohr einer schlafenden Person bei spaltweise geöffnetem Fenster noch zulässig sein. Bezugnehmend auf die Richtlinien der WHO wäre ein Maximalpegel von 45 dB(A) zu begrüssen. Bei (allenfalls auch massivem) Überschreiten dieser Richtwerte sollten bauliche Massnahmen am Kirchturm in Betracht gezogen werden.

SJKR/ASDE 12 (2007), S. 147-180

# Rechtsprechung

## Religionsrechtlich bedeutsame Entscheide des Bundesgerichts in den Jahren 2006–2007*

von Dieter Kraus (Luxemburg)

### *I. Überblick*

Die nachstehend wiedergegebenen Entscheide des Bundesgerichts betreffen die Steuerbefreiung von Religionsgemeinschaften, den Import von Koscherfleisch sowie den Austritt aus den römisch-katholischen staatskirchenrechtlichen Körperschaften.

Im ersten Entscheid geht es um einen Antrag auf Steuerbefreiung, der von der Israelitischen Kultusgemeinde Genf für die Stiftung Maghen Abraham eingereicht und von den Genfer Behörden abschlägig beschieden worden war. Das Bundesgericht erkennt hier eine rechtsungleiche Behandlung der Stiftung im Hinblick darauf, dass andere, vergleichbare Institutionen, insbesondere die Israelitische Kultusgemeinde selbst, in den Genuss einer Steuerbefreiung kommen. Der Entscheid ist auszugsweise abgedruckt hinten S. 149 ff.

Gegenstand eines weiteren Entscheids ist die Frage, ob und ggfs. wie eine ungenügende Versorgung der jüdischen Bevölkerung mit Koscherfleisch, die auf die Nichtbenützung eines versteigerten Zollkontingents zurückgeht, zu beheben ist, d.h. ob in einem solchen Fall Angehörige der jüdischen Gemeinschaften bzw. ihnen zugehörige juristische Personen oder Personengemeinschaften gestützt auf Art. 9 TierschutzG und übergeordnete Normen des Verfassungs- und Völkerrechts ein zusätzliches,

* In Fortführung von SJKR/ASDE 11 (2006), S. 97 ff.

über das bereits versteigerte hinausgehendes Zollkontingent beanspruchen können. Das Bundesgericht erklärt zunächst, dass das geltende System der Vergabe von Zollkontingenten für Koscherfleisch grundsätzlich geeignet ist, den in diesem Zusammenhang zu berücksichtigenden landwirtschaftspolitischen, tierschützerischen und grundrechtlichen Anforderungen zu genügen. Diese Verteilmethode gewährleiste den Anspruch der jüdischen Bevölkerung, koscheres Fleisch in ausreichenden Mengen zu Bedingungen importieren zu können, die auch bei der Einfuhr von nicht koscherem Fleisch üblich sind. Wenn es jedoch wie im vorliegenden Fall durch Nichtbenützung eines zugeteilten Kontingents zu Versorgungsengpässen kommt, erweise sich die Regelung der Kontingentsvergabe für koscheres Fleisch als zu starr, weil sie keine zusätzliche Einfuhr zu Kontingentszollansätzen zulässt. Das Bundesgericht sieht in solchen Situationen eine Pflicht der Behörden, tätig zu werden, nachdem sie – wie hier – auf den Versorgungsengpass aufmerksam gemacht worden sind. Das Bundesamt für Landwirtschaft hätte daher das Gesuch der Beschwerdeführerinnen nicht abweisen dürfen, sondern hätte prüfen müssen, auf welche Weise der darin geltend gemachte Versorgungsengpass zu beseitigen gewesen wäre. Die direkte Zuteilung eines ergänzenden Kontingents komme allerdings nicht in Frage. Wie genau vorzugehen ist, verrät das Bundesgericht indes nicht. Auch vom Bundesamt sind vorerst keine diesbezüglichen Überlegungen zu erwarten, da das Bundesgericht von einer Zurückverweisung absieht, im Hinblick darauf, dass wegen Zeitablaufs an einem neuen Entscheid des Bundesamts in der betreffenden Angelegenheit kein aktuelles Interesse mehr besteht. Wegen der präjudiziellen Bedeutung des Falles hatte das Bundesgericht übrigens vom Erfordernis des aktuellen Interesses als Sachurteilsvoraussetzung abgesehen. Der Entscheid ist abgedruckt hinten S. 157 ff.

In Bezug auf den Kirchenaustritt im Kontext der römisch-katholischen Kirchenorganisation in der Schweiz revidiert das Bundesgericht eine erst kürzlich ergangene Rechtsprechung (BGE 129 I 68; dazu *meine* Bemerkungen in: SJKR 8 [2003], S. 147 ff.). Es spricht sich nunmehr dafür aus, dass für den Kirchenaustritt eine Erklärung genügt, die sich auf die „Landeskirche" bezieht. Das Erfordernis, gleichzeitig zu erklären, nicht mehr der römisch-katholischen Konfession, Kirche oder Religionsgemeinschaft anzugehören, sei verfassungswidrig. Der Entscheid ist zusammen mit einer Anmerkung abgedruckt hinten S. 169 ff.

## *II. Entscheid des Bundesgerichts vom 8. März 2007 i.S. Fondation Maghen Abraham contre Département des finances du canton de Genève (2P.157/2006, 2P.297/2006)*

### Art. 9 et 29 Cst. (exonération des droits d'enregistrement)

*Faits:*

A. Le 30 août 2005, la Communauté israélite de Genève a déposé pour la fondation Maghen Abraham, en constitution, une demande d'exonération de l'impôt sur le bénéfice et le capital, des droits de succession et des droits d'enregistrement sur les donations.

La fondation Maghen Abraham (ci-après: la Fondation) a été constituée par acte authentique du 1$^{er}$ novembre 2005, aux termes duquel il s'agit d'une fondation ecclésiastique de droit civil (art. 80 ss CC), sise à Genève. Son but est le suivant (art. 2 des statuts):

> „La Fondation a pour but d'assurer la construction à Genève d'un bâtiment comportant une synagogue de rite séfarade et des locaux pour des activités associatives, elle subvient à ses frais d'entretien, notamment de conservation, d'amélioration et de réparation, ainsi qu'aux frais de fonctionnement de la synagogue. La Fondation devra également, sous l'égide de la Communauté israélite de Genève [...] et sous l'autorité religieuse de son rabbinat, permettre l'observance, le maintien et la transmission aux nouvelles générations des traditions et du culte juif de rite sépharade. La Fondation organise ses activités et gère ses institutions en respectant les principes fondamentaux du judaïsme (Halacha)".

Par décision du 15 novembre 2005, la Conseillère d'Etat chargée du Département des finances du canton de Genève a statué comme suit sur la demande d'exonération:

1) La Fondation était exonérée de l'impôt sur le bénéfice et le capital; l'exonération ne s'étendait pas à l'impôt immobilier complémentaire, ni à l'impôt sur les plus-values immobilières ou les bénéfices résultant d'aliénations de biens et d'actifs immobiliers.
2) Elle bénéficiait d'une réduction de 70 % des droits de succession afférents aux libéralités mobilières pour cause de mort, pour autant que le testateur n'ait pas mis les droits à la charge des héritiers légaux ou institués.
3) Elle était totalement exonérée des droits d'enregistrement afférents à son capital initial de dotation.

4) Elle bénéficiait d'une réduction de 70 % des droits d'enregistrement relatifs aux donations mobilières qui lui étaient faites.

La décision précisait que ces exonérations totales ou partielles étaient prononcées pour une durée de cinq ans, à l'exception de celle relative au capital initial de dotation. Du reste, l'exonération ne s'étendait pas aux droits d'enregistrement afférents aux actes et opérations immobiliers. La décision en question se référait notamment aux dispositions suivantes:

- à l'art. 9 al. 1 lettre f de la loi genevoise du 23 septembre 1994 sur l'imposition des personnes morales (LIPM; RS/GE D 3 15), aux termes duquel sont exonérées de l'impôt „les personnes morales qui poursuivent des buts de service public ou d'utilité publique, sur le bénéfice et le capital exclusivement et irrévocablement affectés à ces buts";
- à l'art. 6 al. 2 de la loi genevoise du 26 novembre 1960 sur les droits de succession (RS/GE D 3 25; ci-après: LDS), en vertu duquel „le Conseil d'Etat peut exempter partiellement ou totalement des droits d'autres sociétés et institutions [que celles énumérées à l'alinéa 1] ayant la personnalité civile, à la double condition qu'elles exercent une activité d'utilité publique, philanthropique ou de charité et que le testateur n'ait pas mis les droits à la charge des héritiers légaux ou institués";
- aux art. 28 et suivant de la loi genevoise du 9 octobre 1969 sur les droits d'enregistrement (RS/GE D 3 30; ci-après: LDE).

Il était précisé que la décision pouvait faire l'objet d'une réclamation en tant qu'elle portait sur le point 1. S'agissant en revanche des points 2 à 4, la décision avait été prise sur délégation du Conseil d'Etat, de sorte qu'elle était définitive.

Le 28 novembre 2005, la Fondation a déposé une demande complémentaire tendant à ce qu'elle soit exonérée totalement – et non pas seulement partiellement – des droits d'enregistrement sur les donations et exonérée des droits de mutation relatifs à l'acquisition de la parcelle de l'avenue Krieg destinée à accueillir la nouvelle synagogue séfarade ainsi que de l'impôt immobilier complémentaire en relation avec le même immeuble. En tant que de besoin, la demande devait être considérée comme une réclamation pour l'impôt immobilier complémentaire et comme une demande de reconsidération pour l'exonération partielle des droits d'enregistrement. A titre principal, la Fondation a fait valoir qu'elle assurerait directement le culte séfarade, de sorte qu'elle devait être considérée comme une Eglise au sens de l'art. 28 al. 1 lettre a LDE, bénéficiant d'une pleine exonération des droits d'enregistrement.

A titre subsidiaire, elle a relevé que si elle n'était pas qualifiée d'Eglise, mais d'institution d'utilité publique au sens de l'art. 28 al. 1 lettre q LDE, elle devait également bénéficier d'une exonération entière de l'impôt sur les donations.

Le 5 décembre 2005, la Conseillère d'Etat chargée du Département des finances du canton de Genève a rendu une décision annulant et remplaçant celle du 15 novembre 2005. Elle a mis la Fondation au bénéfice des mêmes exonérations que dans la précédente décision, si ce n'est que l'exonération des droits d'enregistrement relatifs aux donations mobilières était désormais entière.

La décision ne se référait plus aux art. 28 et suivant LDE, mais plus précisément au seul art. 28 LDE, notamment à son alinéa 1 lettre q, la Fondation étant qualifiée d'„institution d'utilité publique établie dans le canton et œuvrant en règle générale en faveur de bénéficiaires de nationalité genevoise ou résidant dans le canton de Genève". Pour le reste, la décision mentionnait les mêmes dispositions que celle du 15 novembre 2005. Par ailleurs, l'indication des voies de droit était la même que dans le prononcé du 15 novembre 2005.

Dans un courrier du 18 janvier 2006 adressé au Conseiller d'Etat chargé du Département des finances, la Fondation a indiqué qu'elle avait acquis pour 1'404'000 fr. la parcelle destinée à abriter la nouvelle synagogue de rite séfarade. Elle a demandé qu'il soit constaté par voie d'arrêté du Conseil d'Etat que ce transfert immobilier était exonéré des droits de mutation, conformément à l'art. 42 en relation avec l'art. 28 al. 1 lettre a LDE.

B. Par décision du 10 mai 2006, prise sur délégation du Conseil d'Etat, le Conseiller d'Etat chargé du Département des finances a refusé d'exonérer des droits d'enregistrement et des émoluments du registre foncier l'acquisition par la Fondation de la parcelle en question. Il a considéré ce qui suit:

> „Selon les dispositions de l'article 42, alinéa premier, de la loi sur les droits d'enregistrement du 9 octobre 1969, seules les institutions énumérées exhaustivement aux lettres a) à p) de l'article 28 de ladite loi peuvent être exonérées des droits d'enregistrement lors d'acquisitions faites dans un but d'utilité publique.
>
> L'institution que vous représentez, dont l'activité n'est nullement mise en doute, n'étant pas citée aux lettres a) à p) de l'article 28 précité, il ne m'est pas possible de donner une suite favorable à votre demande".

La décision précisait qu'étant prise sur délégation du Conseil d'Etat, elle était définitive et pouvait seulement faire l'objet d'un recours de droit public au Tribunal fédéral.

C. Agissant le 9 juin 2006 par la voie du recours de droit public (affaire 2P.157/2006), la recourante demande au Tribunal fédéral d'annuler cette décision. Elle dénonce la violation de la liberté des cultes, de la liberté de conscience et de croyance ainsi que des principes de l'égalité de traitement et de l'interdiction de l'arbitraire.

L'Administration fiscale du canton de Genève conclut au rejet du recours dans la mesure où il est recevable, sous suite de frais.

Nonobstant l'indication des voies de droit, la Fondation a également déféré la décision du Conseiller d'Etat en charge du Département des finances du 10 mai 2006 au Tribunal administratif du canton de Genève (ci-après: le Tribunal administratif).

Par ordonnance du Président de la II$^{ème}$ Cour de droit public du Tribunal fédéral du 14 juin 2006, la procédure fédérale dans la cause 2P.157/2006 a été suspendue jusqu'à droit connu sur le recours cantonal.

Par arrêt du 19 septembre 2006, le Tribunal administratif a déclaré le recours irrecevable. Il a relevé que le Conseil d'Etat avait rejeté la demande pour le motif que l'une des conditions de l'art. 42 LDE n'était pas réalisée, à savoir celle qui limite l'exemption aux communes et aux institutions énumérées à l'art. 28 al. 1 lettres a à p LDE. Le Conseil d'Etat avait estimé en effet que la Fondation ne faisait partie d'aucune de ces catégories. Or, l'art. 28 LDE disposait que la décision du Conseil d'Etat était définitive et, comme l'art. 42 LDE se référait à cette disposition, il devait en aller de même du prononcé litigieux. De plus, le recours était tardif, car la Fondation prétendait être une Eglise et contestait ainsi la qualification d'institution d'utilité publique retenue dans la décision du 5 décembre 2005, laquelle était entrée en force.

Par ordonnance du Président de la II$^{ème}$ Cour de droit public du Tribunal fédéral du 3 novembre 2006, l'instruction de l'affaire 2P.157/2006 a été reprise.

D. Agissant par la voie du recours de droit public (affaire 2P.297/2006), la Fondation demande au Tribunal fédéral d'annuler l'arrêt du Tribunal administratif du 19 septembre 2006, sous suite de frais et dépens. Elle dénonce un déni de justice et un refus de statuer ainsi que la violation de l'interdiction de l'arbitraire.

L'autorité intimée renonce à se déterminer, en persistant dans les considérants et le dispositif de son arrêt. L'Administration fiscale du canton de Genève conclut au rejet du recours dans la mesure où il est recevable, sous suite de frais.

*Le Tribunal fédéral considère en droit:*

1. 1.1 La loi du 17 juin 2005 sur le Tribunal fédéral (LTF; RS 173.110) est entrée en vigueur le 1^er^ janvier 2007 (RO 2006 p. 1205 ss, 1242). L'acte attaqué ayant été rendu avant cette date, la procédure reste régie par la loi fédérale d'organisation judiciaire du 16 décembre 1943 (ci-après: OJ; art. 132 al. 1 LTF).

1.2 Les deux recours reposent sur le même état de fait et opposent les mêmes parties, de sorte qu'il se justifie de joindre les causes par économie de procédure.

Il convient de traiter d'abord le recours de droit public dirigé contre l'arrêt d'irrecevabilité du Tribunal administratif du 19 septembre 2006 (2P.297/2006). En effet, si celui-là est bien fondé, la cause doit être renvoyée au Tribunal administratif pour qu'il entre en matière sur le recours et le recours de droit public dirigé contre la décision du 10 mai 2006 (2P.157/2006) est irrecevable, celle-ci n'ayant pas été rendue en dernière instance cantonale.

I. Recours de droit public dirigé contre l'arrêt du Tribunal administratif du 19 septembre 2006 (2P.297/2006)

2.-4. [...].

Au vu de ce qui précède, l'autorité intimée n'est pas tombée dans l'arbitraire et n'a pas commis de déni de justice formel en déclarant irrecevable le recours formé contre la décision du 10 mai 2006. Dans cette mesure, le recours est mal fondé. Les autres griefs ayant trait au fond du litige sont irrecevables dans le cadre d'un recours dirigé contre une décision d'irrecevabilité.

II. Recours de droit public dirigé contre la décision rendue le 10 mai 2006, sur délégation du Conseil d'Etat, par le Conseiller d'Etat chargé du Département des finances (2P.157/2006)

5. 5.1 L'intimée fait valoir que le statut de la recourante a été déterminé dans la décision de la Conseillère d'Etat en charge du Département des finances du 5 décembre 2005, aux termes de laquelle il s'agit d'une insti-

tution d'utilité publique. Ce prononcé n'ayant pas été contesté, il serait entré en force et la recourante ne pourrait pas remettre en question cette qualification en s'en prenant à la décision du 10 mai 2006.

Cette argumentation ne peut être suivie: seul le dispositif d'une décision entre en force et est revêtu de l'autorité de la chose décidée, à l'exclusion de la motivation. Or, en l'occurrence, la qualification de la recourante comme institution d'utilité publique relève de la motivation de la décision du 5 décembre 2005. Au demeurant, la demande complémentaire du 28 novembre 2005 tendait aussi à l'exonération, en vertu de l'art. 42 LDE, des droits d'enregistrement relatifs à l'acquisition de la parcelle de l'avenue Krieg destinée à accueillir la nouvelle synagogue. On peut donc partir de l'idée que la décision du 5 décembre 2005 rejetait la demande également sur ce point. D'un autre côté, il semble que ce prononcé, qui ne se référait pas à l'art. 42 LDE, constituait une décision-cadre à concrétiser lors de chaque acquisition immobilière. La question de savoir si la décision du 5 décembre 2005 statuait aussi de manière définitive sur l'exonération des droits d'enregistrement relatifs à l'acquisition de la parcelle de l'avenue Krieg peut toutefois demeurer indécise. En effet, le 10 mai 2006, le Conseiller d'Etat chargé du Département des finances est entré en matière et a rendu sur ce point une décision sur le fond assimilable pour le moins à une décision nouvelle sur reconsidération. Un tel prononcé peut faire l'objet d'un recours, nonobstant l'autorité de la chose décidée dont serait éventuellement revêtu celui du 5 décembre 2005.

5.2 Au surplus, déposé en temps utile contre une décision finale (cf. consid. 4.4 ci-dessus), qui ne peut être attaquée que par la voie du recours de droit public et qui touche la recourante dans ses intérêts juridiquement protégés, le recours est recevable au regard des art. 84 ss OJ.

6. 6.1 La recourante se plaint d'une violation du principe de l'égalité de traitement. Selon elle, il est notoire que les églises qui sont „reconnues publiques" en vertu d'un règlement du Conseil d'Etat du 17 mai 1944 (RS/GE C 4 15.03), à savoir l'Eglise nationale protestante, l'Eglise catholique romaine et l'Eglise catholique chrétienne, sont exonérées des droits de mutation. Elle relève que la Communauté israélite de Genève, association qui assure le culte selon le rite ashkénaze, est elle-même considérée comme une Eglise au sens de l'art. 28 al. 1 lettre a LDE et peut ainsi bénéficier de l'exemption des droits de mutation. La recourante produit à cet égard la décision du 11 octobre 2002 de la Conseillère d'Etat en charge du Département des finances, faisant suite à la demande de renou-

vellement de l'exonération fiscale de l'association précitée. Il en ressort que le but de cette dernière est le suivant:

„a) grouper en son sein les juifs qui désirent y adhérer, en particulier ceux de Genève et des environs;
b) promouvoir, encourager et développer l'éducation et la culture juive, l'observance religieuse ainsi que le maintien des traditions juives;
c) assurer la célébration du culte, des cérémonies, des inhumations et des autres actes religieux qui ponctuent la vie juive;
d) développer et resserrer entre ses membres les liens de fraternité, de solidarité et d'entraide dans le respect des diversités culturelles et cultuelles;
e) apporter une aide sociale aux personnes qui en ont besoin;
f) promouvoir la participation active des membres à ses activités et à sa gestion, notamment en les informant et en les consultant, en particulier par l'envoi d'un périodique;
g) représenter la population suisse de Genève auprès des autorités;
h) lutter contre l'antisémitisme et représenter les intérêts du judaïsme en général, ceux de la population juive de Genève en particulier;
i) resserrer les liens avec les juifs de Suisse et du monde entier, spécialement ceux d'Israël."

La recourante fait valoir que sa mission est d'assurer à Genève des cultes selon le rite sépharade et qu'il n'existe aucun motif raisonnable de ne pas lui reconnaître à elle également le statut d'Eglise et, partant, de ne pas la mettre au bénéfice de l'exemption des droits de mutation.

6.2 Une décision viole le principe de l'égalité de traitement lorsqu'elle établit des distinctions juridiques qui ne se justifient par aucun motif raisonnable au regard de la situation de fait à réglementer ou lorsqu'elle omet de faire des distinctions qui s'imposent au vu des circonstances, c'est-à-dire lorsque ce qui est semblable n'est pas traité de manière identique et ce qui est dissemblable ne l'est pas de manière différente. Il faut que le traitement différent ou semblable injustifié se rapporte à une situation de fait importante (ATF 131 V 107 consid. 3.4.2 p. 114; 129 I 113 consid. 5.1 p. 125; 125 I 1 consid. 2b/aa p. 4 et la jurisprudence citée).

6.3 La décision attaquée se limite à affirmer que la recourante ne fait pas partie des institutions énumérées à l'art. 28 al. 1 lettres a à p LDE. Elle n'indique pas les motifs pour lesquels elle ne constituerait pas, en particulier, une Eglise au sens de la lettre a de cette disposition. Il en va de même de la décision du 5 décembre 2005, qui se limite à qualifier la recourante d'„institution d'utilité publique" au sens de l'art. 28 al. 1 lettre q LDE. Or, au vu des éléments ressortant du dossier, on voit mal la raison de traiter la recourante différemment de la Communauté israélite de Genève, notamment, dont il n'est pas contesté qu'elle a été qualifiée d'Eglise au sens de l'art. 28 al. 1 lettre a LDE. Le but de la recourante, qui est en particulier de permettre, „sous l'égide de la Communauté israélite de Genève et sous l'autorité religieuse de son rabbinat", l'„observance, le maintien et la transmission aux nouvelles générations des traditions et du culte juif de rite sépharade", est en effet semblable à celui de cette dernière. La recourante apparaît comme une branche autonome de la Communauté israélite de Genève, qui est elle-même reconnue comme Eglise. Au demeurant, le fait que la recourante constitue une fondation ne saurait justifier un traitement différent, car l'art. 165 al. 2 de la Constitution de la République et canton de Genève du 24 mai 1847 (RS/GE A 2 00) prévoit expressément que les Eglises peuvent prendre cette forme juridique. Au vu de ce qui précède, force est d'admettre qu'en l'état du dossier la décision entreprise apparaît contraire au principe de l'égalité de traitement. Le recours doit donc être admis, sans qu'il soit besoin d'examiner les autres griefs soulevés par la recourante.

III. Frais et dépens

7. Vu ce qui précède, il y a lieu de rejeter, dans la mesure où il est recevable, le recours de droit public dirigé contre l'arrêt du Tribunal administratif du canton de Genève du 19 septembre 2006 (affaire 2P.297/2006) et d'admettre le recours de droit public formé à l'encontre de la décision du Conseiller d'Etat chargé du Département des finances du 10 mai 2006 (affaire 2P.157/2006).

Succombant dans l'affaire 2P.297/2006, la recourante supporte les frais judiciaires (art. 156 al. 1 OJ). Obtenant en revanche gain de cause dans l'affaire 2P.157/2006, elle a droit à des dépens (art. 159 al. 1 OJ), qu'il convient de mettre à la charge du canton de Genève.

Succombant dans l'affaire 2P.157/2006, le canton de Genève, dont les intérêts pécuniaires sont en cause, supporte les frais judiciaires (art. 156 al. 1 et 2 OJ).

Par ces motifs, le Tribunal fédéral prononce:

1. Les causes 2P.297/2006 et 2P.157/2006 sont jointes.
2. Le recours de droit public 2P.297/2006 est rejeté dans la mesure où il est recevable.

3. Le recours de droit public 2P.157/2006 est admis et la décision du Conseiller d'Etat chargé du Département des finances du 10 mai 2006 est annulée.
4. Un émolument judiciaire de 2'500 fr. est mis à la charge de la recourante dans la cause 2P.297/2006.
5. Un émolument judiciaire de 3'500 fr. est mis à la charge du canton de Genève dans la cause 2P.157/2006.
6. Le canton de Genève versera à la recourante une indemnité de 3'500 fr. à titre de dépens.
7. Le présent arrêt est communiqué en copie au mandataire de la recourante, au Département des finances et au Tribunal administratif du canton de Genève.

## *III. Entscheid des Bundesgerichts vom 14. November 2007 i.S. X. AG und Y. AG gegen Z. Ltd und Bundesamt für Landwirtschaft (2C_89/2007)*

**Art. 15 BV und Art. 9 EMRK, Art. 9 TschG, Art. 18 Schlachtviehverordnung (Import von Koscherfleisch der Rindviehgattung)**

*Sachverhalt:*

A. Die X. AG sowie die Y. AG importieren seit Jahrzehnten Koscherfleisch in die Schweiz und versorgen damit einen grossen Teil der jüdischen Bevölkerung. Bei der Versteigerung des Teilzollkontingents Koscherfleisch der Rindviehgattung für das erste Quartal des Jahres 2007 am 15. Dezember 2006 gingen die beiden Firmen leer aus. Von den total versteigerten 73'750 kg erhielten die Z. Ltd. 72'250 kg und ein weiterer Teilnehmer den Rest.

Am 22. Januar 2007 ersuchten die X. AG sowie die Y. AG das Bundesamt für Landwirtschaft, ihnen für das erste Quartal 2007 den Import von 50 Tonnen Koscherfleisch von Tieren der Rindviehgattung innerhalb des Zollkontingents zu gestatten. Sie beriefen sich darauf, dass nur so der inländische Bedarf nach Koscherfleisch gedeckt werden könne, da die Z. Ltd. vom ersteigerten Kontingent nur teilweise Gebrauch mache und nicht bereit sei, die von ihr nicht benötigten Kontingentsanteile abzutreten. Das Bundesamt für Landwirtschaft wies das Gesuch am 25. Januar 2007 ab. Die gegen diesen Entscheid beim Bundesverwaltungsgericht erhobene Beschwerde blieb ohne Erfolg.

B. Die X. AG sowie die Y. AG beantragen dem Bundesgericht mit Beschwerde in öffentlich-rechtlichen Angelegenheiten vom 22. März 2007, das Urteil des Bundesverwaltungsgerichts vom 1. März 2007 aufzuheben und sie zu ermächtigen, im ersten Quartal 2007 insgesamt 50 Tonnen Koscherfleisch von Tieren der Rindviehgattung einzuführen.

C. Die Z. Ltd. stellt Antrag auf Abweisung der Beschwerde. Das Bundesamt für Landwirtschaft ersucht um Abweisung der Beschwerde, soweit darauf eingetreten werden könne. Das Bundesverwaltungsgericht hat auf eine Vernehmlassung verzichtet.

*Das Bundesgericht zieht in Erwägung:*

1. Das Recht zur Beschwerdeführung setzt gemäss Art. 89 Abs. 1 lit. c BGG ein schutzwürdiges Interesse an der Aufhebung oder Änderung des angefochtenen Entscheids voraus, das grundsätzlich im Zeitpunkt der Urteilsfällung noch aktuell sein muss. Nach Ablauf des ersten Quartals 2007 ist der Antrag der Beschwerdeführerinnen gegenstandslos geworden. Diese machen jedoch geltend, die Klärung ihres Anspruchs auf ein Einfuhrkontingent von Koscherfleisch der Rindviehgattung sei von grosser Bedeutung, da sich der fragliche Streit jederzeit wiederholen könne und sie kaum je in der Lage wären, vor Ende des Quartals, für welches ein Einfuhrkontingent erteilt wird, einen höchstrichterlichen Entscheid zu erwirken.

Unter der Herrschaft des früheren Bundesgesetzes vom 16. Dezember 1943 über die Organisation der Bundesrechtspflege (OG, BS 3 531) sah das Bundesgericht vom Erfordernis eines aktuellen Interesses an der Beschwerdeführung ab, wenn die aufgeworfenen Fragen grundsätzlicher Natur waren und sich unter gleichen oder ähnlichen Umständen wieder stellen konnten, ohne dass im Einzelfall rechtzeitig eine höchstrichterliche Prüfung stattfinden könnte (BGE 131 II 670 E. 1.2 S. 674; 128 II 34 E. 1b S. 36). Diese Praxis ist auch bei der Auslegung von Art. 89 Abs. 1 lit. c BGG wegleitend (nicht publizierte E. 2.1 von BGE 133 IV 267 [1B_156/2007] mit Hinweis). Dem angefochtenen Entscheid kommt mit Blick auf die künftige Zuteilung von Kontingenten eine präjudizielle Bedeutung zu; er hat ausserdem erhebliche Auswirkungen auf die Versorgung der jüdischen Bevölkerung mit Koscherfleisch. Im Lichte der angeführten Praxis rechtfertigt es sich daher, vom Erfordernis des aktuellen Interesses abzusehen. Da auch die übrigen Sachurteilsvoraussetzungen erfüllt sind, ist auf die Beschwerde einzutreten.

2. 2.1 Die Versteigerung von Zollkontingenten für Koscherfleisch, wie sie die Landwirtschaftsgesetzgebung vorsieht, erscheint nach Auffassung der Beschwerdeführerinnen nicht in allen Fällen sachgerecht. Mache der Ersteigerer von seinem Kontingent keinen Gebrauch und trete er dieses auch nicht Personen ab, die importieren wollten, so sei die Versorgung der jüdischen Bevölkerung mit Koscherfleisch nicht gewährleistet. Das Bundesamt für Landwirtschaft müsse diesfalls Importeuren, die den Versorgungsengpass beheben könnten, das dazu erforderliche zusätzliche Kontingent erteilen. Der von den Vorinstanzen eingenommene gegenteilige Standpunkt beruhe auf einer unzutreffenden Auslegung von Art. 9 Abs. 1 Satz 2 des Tierschutzgesetzes vom 9. März 1978 (TSchG; SR 455), die der Religionsfreiheit (Art. 15 BV, Art. 9 EMRK) und dem Diskriminierungsverbot (Art. 8 Abs. 2 BV, Art. 14 EMRK) zuwiderlaufe. Die Beschwerdeführerinnen werfen der Vorinstanz überdies eine unvollständige Sachverhaltsfeststellung vor, da sie nicht ausdrücklich festgehalten habe, dass die Abweisung ihres Gesuchs um Zuteilung eines Zollkontingents für Koscherfleisch zu einem Versorgungsnotstand geführt habe.

2.2 Die Beschwerdegegnerin erachtet eine nachträgliche Kontingentserweiterung als unzulässig. Sie macht zudem geltend, es gehe den Beschwerdeführerinnen gar nicht um die Behebung eines Versorgungsengpasses, sondern um die Aushebelung der Kontingentierungsvorschriften, um einen unliebsamen Konkurrenten aus dem Markt zu verdrängen.

2.3 Die Vorinstanzen weisen das Gesuch der Beschwerdeführerinnen ab, weil die massgeblichen Vorschriften es nicht zuliessen, nach der Versteigerung des quartalsweisen Zollkontingents für Koscherfleisch die Zuteilung eines weiteren solchen Kontingents vorzunehmen. Sie stützen sich dabei auf die Bestimmungen der Landwirtschaftsgesetzgebung, die seit dem Beitritt der Schweiz zur Welthandelsorganisation (WTO) die Einfuhr von Agrarprodukten nur noch indirekt über die Festsetzung von Zollansätzen lenken. Zur Steuerung dienen dabei insbesondere die Zollkontingente (Art. 21 des Bundesgesetzes vom 29. April 1998 über die Landwirtschaft [Landwirtschaftsgesetz, LwG; SR 910.1]).

3. 3.1 Die Zollkontingente bestimmen die Warenmenge, die zu einem vorteilhaften Zollansatz (Kontingentszollansatz, KZA) in die Schweiz

eingeführt werden kann. Für den Import einer zusätzlichen Menge ist ein höherer Zoll zu bezahlen (Bemessung nach dem Ausserkontingentszollansatz, AKZA), der gewöhnlich prohibitive Wirkung hat. Bei der Bestimmung der Zollkontingente ist der Bund nicht frei, dienen diese doch ausländischen Produzenten zum staatsvertraglich vereinbarten Marktzutritt (BGE 128 II 34 E. 2b S. 38 mit Hinweisen).

3.2 Die Verteilung der Zollkontingente ist mangels Regelung im internationalen Recht hingegen Sache der nationalen Gesetzgebung (BGE 128 II 34 E. 2c S. 38). Hierbei soll gemäss Art. 22 Abs. 1 LwG der Wettbewerb gewahrt bleiben. Zur Vergabe der Kontingente kommen verschiedene Methoden zur Anwendung (vgl. Art. 22 Abs. 2 LwG). Mit der jüngsten Reform der Landwirtschaftsgesetzgebung (sog. Agrarpolitik 2007) wurde schrittweise die Versteigerung der Zollkontingente eingeführt, nachdem die Wettbewerbskommission gegenüber der früheren Zuteilung nach der Inlandleistung wettbewerbspolitische Bedenken geäussert hatte. Die Versteigerung gilt als wettbewerbsgerechtere und transparentere Verteilungsart (vgl. Botschaft zur Weiterentwicklung der Agrarpolitik [Agrarpolitik 2007] vom 29. Mai 2002, BBl 2002 S. 4721 ff., 4809-4812; Paul Richli, Agrarrecht, in: Schweizerisches Bundesverwaltungsrecht, Band XIII: Wirtschaftsstrukturrecht, Basel/Genf/München 2005, S. 222 Rz. 579).

Die Zollkontingente für Koscherfleisch werden seit dem Jahr 2005 ebenfalls versteigert (vgl. Art. 187b Abs. 4 LwG). Zuvor waren sie nach dem sog. Windhundverfahren, d.h. entsprechend der Reihenfolge des Eingangs der Bewilligungsgesuche beim Bundesamt, vergeben worden (Art. 27 der Verordnung vom 7. Dezember 1998 über den Schlachtvieh- und Fleischmarkt, AS 1999 S. 111 ff., S. 119). Noch früher setzte eine Importbewilligung den Nachweis eines gleichartigen Exportgeschäfts voraus (Art. 58 Abs. 2 lit. a der Verordnung über den Schlachtviehmarkt und die Fleischversorgung vom 22. März 1989, AS 1989 S. 588 ff., S. 607); doch wurde diese Vorschrift für die Einfuhr von Koscherfleisch nach einem Urteil des Bundesgerichts (2A.143/1992 vom 5. Februar 1993) offenbar nicht mehr angewendet (Pascal Krauthammer, Schächten nach islamischer Tradition und dessen Verbot im schweizerischen Recht, in: René Pahud de Mortanges/Erwin Tanner [Hrsg.], Muslime und schweizerische Rechtsordnung, Freiburg 2002, S. 293). Vor der zuletzt genannten Regelung existierten überhaupt keine mengenmässigen Beschränkungen der Einfuhr von Koscherfleisch, doch hatte sich der Schweizerische Israelitische Gemeindebund in einer Vereinbarung mit dem Bundesamt für Landwirtschaft verpflichtet, das eingeführte koschere Fleisch einzig zur Versorgung der jüdischen Bevölkerung zu verwenden (vgl. das erwähnte Urteil 2A.143/1992, E. 2b).

3.3 Die Zollkontingente für Schlachtvieh und Fleisch werden nach dem Gesagten heute gemäss Art. 48 Abs. 1 LwG grundsätzlich durch Versteigerung verteilt. Bei Koscher- und Halalfleisch kommt seit dem Jahr 2005 ausschliesslich diese Verteilungsmethode zur Anwendung (vgl. Art. 48 Abs. 2 und Art. 187b Abs. 4 LwG).

Die Versteigerung der Zollkontingente wird vom Bundesamt für Landwirtschaft im Schweizerischen Handelsamtsblatt ausgeschrieben (Art. 16 der Allgemeinen Verordnung des Bundesrates vom 7. Dezember 1998 über die Einfuhr von landwirtschaftlichen Erzeugnissen [Agrareinfuhrverordnung, AEV; SR 916.01]). Innert der festgesetzten Frist können darauf dem Bundesamt Steigerungsgebote unterbreitet werden. Jede bietende Person kann für die ausgeschriebene Menge maximal fünf Gebote mit verschiedenen Preisen und Mengen einreichen (Art. 17 AEV). Die Zuteilung der Kontingentsanteile erfolgt, beginnend beim höchsten gebotenen Preis, in abnehmender Reihenfolge der gebotenen Preise (Art. 18 Abs. 1 AEV). Auf dem tiefsten noch zu berücksichtigenden Preisniveau wird gegebenenfalls eine proportional gekürzte Menge zugeteilt (Art. 18 Abs. 2 AEV). Wird durch die Zuteilung die ausgeschriebene Zollkontingentsmenge nicht voll ausgenützt, so kann die Restmenge entweder unter die erstmalig bietenden Personen auf dem Zirkularweg neu ausgeschrieben oder nochmals allgemein ausgeschrieben werden (Art. 18 Abs. 3 AEV).

Das jährliche Zollkontingent für Koscherfleisch von Tieren der Rindviehgattung (Nummer 05.3) beträgt 295 Tonnen (Anhang 4 AEV). Es wird zu 100 Prozent versteigert (Art. 17 Abs. 1 der aktuellen Verordnung vom 26. November 2003 über den Schlachtvieh- und Fleischmarkt [Schlachtviehverordnung, SV; SR 916.341]), wobei die Verteilung quartalsweise erfolgt (Art. 18 Abs. 3 SV). Zollkontingentsanteile werden nach Art. 18 Abs. 1 SV nur Angehörigen der jüdischen Gemeinschaft sowie der ihnen zugehörigen juristischen Personen und Personengemeinschaften zugeteilt, die a) sich verpflichten, das einzuführende Fleisch ausschliesslich an anerkannte Verkaufsstellen für Koscherfleisch zu liefern; oder b) sich verpflichten, das einzuführende Fleisch ausschliesslich über eine eigene anerkannte Verkaufsstelle von Koscherfleisch selbst zu vermarkten.

4. 4.1 Die Versteigerung des Zollkontingents 1/2007 von Koscherfleisch der Rindviehgattung wickelte sich nach den soeben dargestellten Regeln ab. Die Beschwerdegegnerin erhielt entsprechend ihren drei Geboten 20'000 kg zu Fr. 0.21/kg, 30'000 kg zu Fr. 0.16/kg und 22'250 kg zu Fr. 0.11/kg, also insgesamt 72'250 kg zum Zuschlagpreis von Fr. 11'447.50 zugeteilt. 1'500 kg des Kontingents 1/2007 für Koscherfleisch der Rindviehgattung gingen an die A. GmbH in Basel. Die Beschwerdeführerinnen, die fünf Gebote von insgesamt 55'000 kg zu Preisen von Fr. 0.02-0.07/kg eingereicht hatten, gingen leer aus. Die Beschwerdegegnerin hatte demnach beinahe das gesamte Zollkontingent 1/2007 an Koscherfleisch der Rindviehgattung ersteigert. Sie machte davon aber kaum Gebrauch, da das von ihr zum Import bestimmte Fleisch von den zuständigen Rabbinern nicht als koscher anerkannt wurde, so dass sie es nicht hätte absetzen können.

4.2 Die Vorinstanz hat offen gelassen, wie sich die erwähnte Zuteilung des Kontingents 1/2007 auf die Versorgung der jüdischen Bevölkerung mit Koscherfleisch ausgewirkt hat. Wie die Beschwerdeführerinnen zu Recht darlegen, ist der Sachverhalt in diesem Punkt offensichtlich unvollständig festgestellt und vom Bundesgericht von Amtes wegen zu ergänzen (vgl. Art. 105 Abs. 2 BGG). Denn es liegt auf der Hand, dass der Nichtgebrauch beinahe des gesamten Kontingents 1/2007 zu einem Versorgungsengpass an Koscherfleisch der fraglichen Gattung führen muss. Im Inland kann wegen des Schächtverbots kein solches Fleisch hergestellt werden. Die Beschwerdegegnerin trat ihre ersteigerten Kontingentsanteile auch nicht an die Beschwerdeführerinnen, die nach eigenen Angaben rund 85 % der jüdischen Bevölkerung mit Koscherfleisch versorgen, oder an Dritte ab, so dass nahezu das gesamte Kontingent 1/2007 blockiert blieb. Ein Import zum Ausserkontingentszollansatz entfiel wegen der prohibitiven Höhe der Zollbelastung, die sich bei dessen Anwendung ergibt. Der Einwand der Beschwerdegegnerin, es seien gemäss Medienberichten bei einem Augenschein in den Metzgereien ausreichende Mengen frischen Koscherfleischs vorhanden gewesen, vermag zumindest einen vorübergehenden Versorgungsengpass an frischem koscherem Rindfleisch nicht in Frage zu stellen. Die Medienberichte beziehen sich einerseits nicht auf die gesamte fragliche Zeitperiode und anderseits nicht nur auf Rindfleisch. Ausserdem räumen die Beschwerdeführerinnen ein, in äusserster Notlage auf unzulässigem Weg vier Tonnen Koscherfleisch der Rindviehgattung über ein dafür nicht vorgesehenes Kontingent für gewöhnliches Fleisch eingeführt zu haben. Auch sind sich die Parteien einig, dass gewöhnlich mindestens die Hälfte des Zollkontingents von Koscherfleisch der Rindviehgattung gebraucht wird. Es steht demnach fest, dass nach der Versteigerung des Zollkontingents 1/2007 die Versorgung der jüdischen Bevölkerung mit dem erwähnten Fleisch zeitweise nicht mehr sichergestellt war.

5. 5.1 Die dargestellten Vorschriften regeln nicht ausdrücklich, ob und allenfalls wie eine ungenügende Versorgung der Angehörigen der jüdischen Gemeinschaften mit Koscherfleisch, die auf die Nichtbenützung eines versteigerten Zollkontingents zurückgeht, zu beheben ist. Streitgegenstand bildet die Frage, ob in einem solchen Fall Angehörige der jüdischen Gemeinschaft bzw. ihnen zugehörige juristische Personen oder Personengemeinschaften gestützt auf Art. 9 TSchG und übergeordnete Normen des Verfassungs- und Völkerrechts ein zusätzliches, über das bereits versteigerte hinausgehendes Zollkontingent beanspruchen können.

5.2 Die Vorinstanz lehnt einen solchen Anspruch ab. Nach ihrer Auffassung konkretisieren die dargestellten landwirtschaftsrechtlichen Vorschriften die Vorgaben, die sich aus Art. 15 BV und Art. 9 EMRK sowie Art. 9 TSchG zur Versorgung der jüdischen Gemeinschaften mit Koscherfleisch ergeben, abschliessend. Es bestehe keine Notwendigkeit, einem allfälligen Versorgungsengpass – unter Annahme einer Gesetzeslücke – mit der Zuteilung eines zusätzlichen Zollkontingents zu begegnen, da stets die Möglichkeit bestehe, zusätzliches Koscherfleisch zum Ausserkontingentszollansatz einzuführen.

5.3 Die Beschwerdeführerinnen stellen sich demgegenüber auf den Standpunkt, aus den erwähnten verfassungsmässigen Rechten ergebe sich ein Versorgungsauftrag der staatlichen Behörden gegenüber der jüdischen Bevölkerung, der vom Gesetzgeber in Art. 9 TSchG ausdrücklich anerkannt werde. Beim Auftreten einer Mangellage müsse deshalb zu deren Behebung ein zusätzliches Kontingent bewilligt werden. Die bestehende Regelung müsse im Lichte der verfassungs- und völkerrechtlichen Vorgaben ergänzt werden. Die Ansicht der Vorinstanzen, die Versorgung mit Koscherfleisch könne nötigenfalls durch Importe zum Ausserkontingentszollansatz erfolgen, kritisieren die Beschwerdeführerinnen als völlig verfehlt. Denn dieser betrage Fr. 1'368.– pro 100 kg im Vergleich zu Fr. 159.– beim Kontingentszollansatz für die gleiche Menge, also 8,6 mal mehr (vgl. die Zolltarifnummern 0201.2091 und 0201.2099). Die Juden würden auf diese Weise beim Fleischkonsum auf krasse Weise diskriminiert; sie müssten durch die Bezahlung solcher hohen Zölle letztlich die inländische Fleischproduktion mitfinanzieren, die mit den Zollkontingenten geschützt werde, obwohl sie solches Fleisch gar nicht essen dürften.

6. Der Import von Koscherfleisch in die Schweiz ist weitgehend den gleichen Regeln unterworfen, wie sie für die Einfuhr von nicht koscheren landwirtschaftlichen Erzeugnissen gelten. Die Regulierung zum Schutz der inländischen Produkte erfolgt nicht mehr direkt durch eine mengenmässige Einfuhrbeschränkung, sondern in Anlehnung an entsprechende Vorgaben des GATT/WTO-Übereinkommens (Abkommen vom 15. April 1994 zur Errichtung der Welthandelsorganisation; SR 0.632.20) nur noch indirekt durch Zölle. Dabei müssen unter anderem Importe im Umfang der durchschnittlichen Mengen der Jahre 1986/88 – als sog. Basisperiode – ermöglicht werden (Näheres in BGE 128 II 34 E. 2a S. 37 mit Hinweisen; Richli, a.a.O., S. 200 f. Rz. 509 ff.).

Wie das Bundesgericht bereits in einem früheren Urteil erklärt hat, ist die Versteigerung der Kontingente im Blick auf diese Zielsetzung eine geeignete Verteilmethode. Da der Ersteigerer das erlangte Kontingent in aller Regel auch ausnützt, liegt in ihr keine Behinderung des Marktzugangs, selbst wenn dafür ein zusätzlicher Steigerungspreis bezahlt werden muss. Zudem sind die Importländer nach dem GATT/WTO-Übereinkommen nicht verpflichtet, dafür zu sorgen, dass tatsächlich Einfuhren getätigt werden; sie müssen Importe lediglich nach den Bedingungen der erwähnten Basisperiode ermöglichen (Urteil 2A.496/ 1996 vom 14. Juli 1997, E. 4c/bb; vgl. auch BGE 128 II 34 E. 2a in fine S. 37).

Im Lichte der genannten Zielsetzung des Landwirtschaftsrechts erscheint das Verhalten der Beschwerdegegnerin, die vom ersteigerten Zollkontingent 1/2007 für Koscherfleisch der Rindviehgattung keinen Gebrauch gemacht hat, zwar unerwünscht. Doch kann daraus nicht abgeleitet werden, dass hier auf dem Weg der richterlichen Lückenfüllung nachträglich ein zusätzliches Kontingent zugeteilt werden müsste.

7. Die Kontingentierung der Einfuhr von Koscherfleisch entspringt zudem nicht nur landwirtschaftspolitischen Motiven, sondern verwirklicht auch Anliegen des Tierschutzes. Zwar stellt das Europäische Übereinkommen vom 10. Mai 1979 über den Schutz von Schlachttieren (SR 0.458), das für die Schweiz seit dem 4. Mai 1994 gilt, es den Vertragsstaaten frei, rituelles Schlachten ohne vorheriges Betäuben der Tiere zuzulassen (Art. 17 des Übereinkommens). Der inländische Gesetzgeber entschied sich indes, das Schlachten von Säugetieren ohne Betäubung vor dem Blutentzug zu untersagen (Art. 20 Abs. 1 TSchG; Botschaft vom 9. Februar 1977 über ein Tierschutzgesetz in BBl 1977 I 1092 f.). Daran

hat er im neuen Tierschutzgesetz vom 16. Dezember 2005 (Art. 21 Abs. 1), das noch nicht in Kraft getreten ist, festgehalten (vgl. BBl 2006 S. 327 ff., insbes. S. 333; Sibylle Horanyi, Das Schächtverbot zwischen Tierschutz und Religionsfreiheit, Diss. Basel 2004, S. 19 ff.). Das genannte Verbot gilt auch für das Schlachten von Tieren nach jüdischem und islamischem Ritus, das sog. Schächten, bei dem die Luft- und Speiseröhre des Tiers ohne vorherige Betäubung durchtrennt werden. Die jüdische Religion kennt für die Produktion von koscherem Fleisch noch weitere Regeln. So dürfen Schlachtungen nur von Personen mit einwandfreiem Lebenswandel und unter strenger Aufsicht vorgenommen werden. Nach dem Verständnis der orthodoxen Juden müssen zudem die Lungen des geschlachteten Tiers noch besonders untersucht werden. Allein das Fleisch von ganz reinen Tieren – d.h. solchen ohne jedes Anzeichen einer früheren Krankheit – ist nach ihrer Auffassung „glatt" und zugelassen für den Verzehr (vgl. zu den Vorschriften der jüdischen Religion über das Schächten die Darstellung im Urteil des EGMR i.S. Cha'are Shalom Ve Tsedek c. Frankreich vom 27. Juni 2000, Recueil CourEDH 2000-VII S. 195, Ziff. 18 f. und 30 ff.).

Da in der Schweiz wegen des Schächtverbots kein koscheres Fleisch produziert werden kann, gestattet Art. 9 Abs. 1 Satz 2 und 3 TSchG – und damit übereinstimmend Art. 14 Abs. 1 Satz 2 und 3 des noch nicht in Kraft gesetzten neuen Tierschutzgesetzes vom 16. Dezember 2005 (BBl 2006 S. 331) – ausdrücklich die Einfuhr von Koscher- und Halalfleisch, um die ausreichende Versorgung der jüdischen und islamischen Gemeinschaften mit solchem Fleisch sicherzustellen. Im Blick auf Bestrebungen, aus Gründen des Tierschutzes auch die Einfuhr rituell geschlachteter Tiere in die Schweiz zu verbieten, soll der Import von Koscher- und Halalfleisch nicht weiter gehen, als zur Versorgung der jüdischen und islamischen Bevölkerung nötig ist. Das Zollkontingent für Koscher- und Halalfleisch begrenzt die zur Einfuhr zugelassene Menge und erfüllt damit auch eine tierschützerische Funktion (vgl. Botschaft Agrarpolitik 2007 in BBl 2002 S. 4980 f.; Sibylle Horanyi, a.a.O., S. 276 ff.).

8. Die Ausnahmeregelung in Art. 9 Abs. 1 Satz 2 und 3 TSchG, die in beschränktem Umfang die Einfuhr von koscherem Fleisch zulässt, wurde erst im Jahre 2003 im Tierschutzgesetz verankert. Der Gesetzgeber beabsichtigte damit ausdrücklich, der Religionsfreiheit (Art. 15 BV, Art. 9 EMRK und Art. 18 UNO-Pakt II) der jüdischen und islamischen Gemeinschaften Rechnung zu tragen (vgl. Botschaft Agrarpolitik 2007 in BBl 2002 S. 4980). Der Schutzbereich dieses Grundrechts erstreckt sich in der

Tat auch auf die Einhaltung religiöser Speisevorschriften. Der Europäische Gerichtshof für Menschenrechte hat dementsprechend erklärt, dass die Religionsfreiheit verletzt wäre, wenn in Frankreich das „glatte" Fleisch, das orthodoxe Juden nach ihrem Glauben benötigen, überhaupt nicht mehr erhältlich wäre. Er verneinte indessen eine solche Verletzung, da das „glatte" Fleisch – soweit es nicht in Frankreich produziert werde – jedenfalls ohne weiteres aus Belgien importiert werden könne (erwähntes Urteil Cha'are Shalom Ve Tsedek c. Frankreich, Ziff. 80 ff.). Auch in der Schweiz ist weitgehend anerkannt, dass ein Importverbot für koscheres Fleisch in einem Land, welches das Schächten verbietet, mit der Religionsfreiheit nicht vereinbar ist (vgl. Botschaft über die Volksinitiative „Für einen zeitgemässen Tierschutz [Tierschutz – Ja!]" vom 7. Juni 2004, BBl 2004 S. 3283 ff., dort S. 3291 und 3308 f.; Krauthammer, a.a.O. in Pahud de Mortanges/Tanner, S. 295 und 300).

Art. 9 TSchG berücksichtigt diese verfassungs- und konventionsrechtlichen Vorgaben. Allerdings verleiht er den Angehörigen jüdischer Gemeinschaften einen Anspruch auf Einfuhr von koscherem Fleisch lediglich im Rahmen der bestehenden landwirtschaftsrechtlichen Ordnung. Denn es ist nicht von vornherein ganz auszuschliessen, dass – je nach Marktlage – der Import von Koscherfleisch den Absatz einheimischer Erzeugnisse konkurrenzieren könnte (vgl. erwähntes Urteil 2A.143/1992, E. 3d). Die jüdische Bevölkerung im Inland kann mithin nicht verlangen, das von ihr benötigte koschere Fleisch zu Weltmarktpreisen einführen zu dürfen, wenn die Preise für nicht koscheres Fleisch im Inland über jenen des Weltmarkts liegen. Das verfassungs- und konventionsrechtliche Diskriminierungsverbot (Art. 8 Abs. 2 BV und Art. 14 in Verbindung mit Art. 9 EMRK) untersagt aber eine Schlechterstellung der Personen, die aus religiösen Gründen koscheres Fleisch essen. Diese Personen haben somit Anspruch darauf, dass das zur Deckung ihres Bedarfs benötigte koschere Fleisch vom Staat – abgesehen vom Kontingentszollansatz (s. E. 3.1 hiervor) – nicht durch zusätzliche Zollabgaben verteuert wird.

9. 9.1 Die Beschwerdeführerinnen stellen nicht in Frage, dass das geltende System der Vergabe von Zollkontingenten für Koscherfleisch grundsätzlich geeignet ist, den dargestellten landwirtschaftspolitischen, tierschützerischen und grundrechtlichen Anforderungen zu genügen. Sie machen jedoch geltend, dass dies nicht mehr zutreffe, wenn ein Ersteigerer faktisch eine Monopolstellung erlange und diese missbrauche.

9.2 Tatsächlich bewirkte die Beschwerdegegnerin, die beinahe das gesamte Kontingent 1/2007 ersteigerte, in der Folge davon aber kaum

Gebrauch machte, dass die jüdische Bevölkerung vorübergehend nicht mehr ausreichend mit koscherem Fleisch versorgt war. Der Einwand der Vorinstanzen, in einer solchen Situation hätte das fehlende Fleisch zum Ausserkontingentszollansatz eingeführt werden können, erscheint zwar aus landwirtschaftsrechtlicher Sicht folgerichtig. Dabei übersehen sie aber, dass die Kontingentsvergabe beim Koscherfleisch auch Art. 9 TSchG bzw. den verfassungsrechtlichen Vorgaben, welche diese Norm umsetzt, genügen muss. Danach hat die jüdische Bevölkerung Anspruch, koscheres Fleisch in ausreichenden Mengen zu Bedingungen importieren zu können, die auch bei der Einfuhr von nicht koscherem Fleisch üblich sind, d.h. zu Konditionen bei Anwendung des Kontingentszollansatzes. Die Beschwerdeführerinnen bemerken zu Recht, dass die Angehörigen jüdischen Glaubens andernfalls beim Fleischkonsum diskriminiert würden. Die vorinstanzliche Interpretation missachtet den Sinn von Art. 9 TSchG. Dieser Norm, welche die Versorgung der jüdischen Bevölkerung mit Koscherfleisch bezweckt, läuft es zuwider, wenn der Import nur zu prohibitiv hohen Zollansätzen – also solchen, welche die Einfuhr verhindern wollen – erfolgen kann.

Die Zuteilung des Zollkontingents 1/2007 für Koscherfleisch der Rindviehgattung an die Beschwerdegegnerin, hat somit trotz korrekter Anwendung der bestehenden Vorschriften des Landwirtschaftsrechts zu einem Ergebnis geführt, das dem verfassungs- und konventionskonform interpretierten Art. 9 TSchG widerspricht.

10. Die festgestellte Gesetzesverletzung beruht nicht auf einer einzelnen Verordnungsvorschrift, welche Art. 9 TSchG zuwiderläuft. Sie hat ihre Ursache vielmehr im ungewöhnlichen Verhalten der Beschwerdegegnerin, die entgegen den gesetzgeberischen Erwartungen von dem ihr zugeteilten Kontingent kaum Gebrauch gemacht hat. Mit Blick auf diesen Fall erweist sich die Regelung der Kontingentsvergabe für koscheres Fleisch als zu starr, weil sie keine zusätzliche Einfuhr zu Kontingentszollansätzen zulässt, um eine ungenügende Versorgung der jüdischen Bevölkerung mit Koscherfleisch zu beheben.

Die Beschwerdeführerinnen bemerken zu Recht, dass das Bundesamt für Landwirtschaft nicht hätte untätig bleiben dürfen, nachdem sie dieses durch ihr Gesuch auf die mangelhafte Versorgung mit koscherem Fleisch aufmerksam gemacht hatten. Sie sind der Auffassung, es hätte ihnen ein zusätzliches Teilzollkontingent für das erste Quartal 2007 zum Import von 50 Tonnen Koscherfleisch der Rindviehgattung zuteilen müssen. Es gab indessen verschiedene Möglichkeiten, um den gesetzes- und verfassungswidrigen Zustand zu beheben. Die von ihnen verlangte direkte Zuteilung eines ergänzenden Kontingents fiel dabei allerdings ausser Betracht. Denn Art. 48 Abs. 1 und 2 sowie Art. 187b Abs. 4 LwG schreiben vor, dass die Zollkontingente vollumfänglich zu versteigern sind. Art. 9 TSchG geht diesen beiden Gesetzesbestimmungen nicht vor. Es ist jedenfalls nicht ersichtlich, dass es auf dem Weg der Kontingentsversteigerung von vornherein nicht möglich gewesen wäre, die ausreichende Versorgung mit koscherem Fleisch wieder herzustellen. Zudem war nicht ausgeschlossen, dass neben den Beschwerdeführerinnen auch andere Personen den Versorgungsengpass hätten beheben können.

Das Bundesamt verfügte bei der Wahl der geeigneten Mittel, um einen gesetz- und verfassungsmässigen Zustand herbeizuführen, über ein erhebliches Ermessen, in das der Richter nicht einzugreifen hat. Das Bundesgericht hat deshalb nicht darüber zu befinden, auf welche Weise im vorliegenden Fall der festgestellte Versorgungsengpass zu beheben war.

11. 11.1 Aus diesen Erwägungen ergibt sich, dass das Bundesamt für Landwirtschaft das Gesuch der Beschwerdeführerinnen nicht hätte abweisen dürfen, sondern hätte prüfen müssen, auf welche Weise der darin geltend gemachte Versorgungsengpass zu beseitigen gewesen wäre. Der angefochtene Entscheid, der die Haltung des Bundesamts schützte, verletzt somit Bundesrecht.

Die Beschwerde ist deshalb im Sinne der vorstehenden Erwägungen gutzuheissen und der Entscheid des Bundesverwaltungsgerichts vom 1. März 2007 aufzuheben. Da das Bundesgericht angesichts des bestehenden Ermessens der Verwaltung nicht selber in der Sache entscheiden kann, wäre die Angelegenheit an sich an das Bundesamt für Landwirtschaft zurückzuweisen. Davon ist jedoch abzusehen, da an der Zuteilung eines zusätzlichen Kontingents kein aktuelles Interesse mehr besteht.

11.2 Bei diesem Verfahrensausgang sind die bundesgerichtlichen Kosten der Beschwerdegegnerin aufzuerlegen (Art. 66 Abs. 1 BGG). Sie hat ausserdem die Beschwerdeführerinnen für das bundesgerichtliche Verfahren angemessen zu entschädigen (Art. 68 Abs. 1 und 2 BGG). Die Kosten des vorinstanzlichen Verfahrens sind neu ebenfalls der Beschwerdegegnerin aufzuerlegen (Art. 67 BGG), und diese hat die Beschwerdeführerinnen ausserdem dafür angemessen zu entschädigen (Art. 68 Abs. 5 BGG). Schliesslich ist für das Verfahren vor dem Bundesamt für Landwirtschaft auf eine Gebührenerhebung zu verzichten (Art. 3 Abs. 2 lit. a der Allgemeinen Gebührenverordnung vom 8. September 2004 [AllgGebV; SR 172.041.1]).

Demnach erkennt das Bundesgericht:

1. Die Beschwerde in öffentlich-rechtlichen Angelegenheiten wird im Sinne der Erwägungen gutgeheissen und das Urteil des Bundesverwaltungsgerichts vom 1. März 2007 aufgehoben.
2. Die Gerichtsgebühr von Fr. 8'000.– wird der Beschwerdegegnerin auferlegt.
3. Die Beschwerdegegnerin hat die Beschwerdeführerinnen für das bundesgerichtliche Verfahren mit Fr. 8'000.– zu entschädigen.
4. Die Gerichtsgebühr von Fr. 2'000.– für das vorinstanzliche Verfahren wird der Beschwerdegegnerin auferlegt.
5. Die Beschwerdegegnerin hat die Beschwerdeführerinnen für das vorinstanzliche Verfahren mit Fr. 2'000.– zu entschädigen.
6. Für das Verfahren vor dem Bundesamt für Landwirtschaft werden keine Kosten erhoben.
7. Dieses Urteil wird den Parteien sowie dem Bundesamt für Landwirtschaft und dem Bundesverwaltungsgericht, Abteilung II, schriftlich mitgeteilt.

## *IV. Entscheid des Bundesgerichts vom 16. November 2007 i.S. X. gegen Katholische Kirchgemeinde Luzern, Römisch-katholische Landeskirche des Kantons Luzern (2P.321/2006, BGE-Veröffentlichung vorgesehen)*

### Art. 15 BV und Art. 9 EMRK (Kirchenaustritt)

*Sachverhalt:*

A. X. ist in der Stadt Luzern wohnhaft. Mit Schreiben vom 22. Mai 2006 erklärte sie den „Austritt aus der staatskirchenrechtlichen Organisation ‚Katholische Kirchgemeinde Luzern'" und ersuchte um eine Bestätigung des Austritts. Am 29. Mai 2006 teilte die katholische Kirchgemeinde Luzern X. mit, dass ein Teilaustritt aus einer katholischen Kirchgemeinde nicht möglich sei, und verweigerte deshalb die verlangte Austrittsbestätigung. Der Synodalrat der römisch-katholischen Landeskirche des Kantons Luzern wies die dagegen erhobene Beschwerde am 8. November 2006 ab.

B. Mit staatsrechtlicher Beschwerde vom 5. Dezember (Postaufgabe am 9. Dezember) 2006 beantragt X. dem Bundesgericht, den Synodalratsentscheid vom 8. November 2006 aufzuheben und festzustellen, dass sie mit Wirkung ab Empfang der Austrittserklärung, d.h. ab 23. Mai 2006, nicht mehr Mitglied der katholischen Kirchgemeinde Luzern sei. Sie rügt in erster Linie eine Verletzung der Glaubens- und Gewissensfreiheit (Art. 15 BV und Art. 9 EMRK).

C. Die katholische Kirchgemeinde Luzern und die römisch-katholische Landeskirche des Kantons Luzern ersuchen um Abweisung der Beschwerde.

*Erwägungen:*

1. Der angefochtene Entscheid erging noch vor dem Inkrafttreten des Bundesgerichtsgesetzes (BGG) am 1. Januar 2007. Gemäss Art. 132 Abs. 1 BGG richtet sich das Verfahren daher nach den Bestimmungen des Bundesgesetzes vom 16. Dezember 1943 über die Organisation der Bundesrechtspflege (Bundesrechtspflegegesetz, OG; BS 3 531).

2. 2.1 Die Beschwerdeführerin verlangt neben der Aufhebung des Entscheids des Synodalrats auch die Feststellung, dass sie seit dem 23. Mai 2006 nicht mehr Mitglied der katholischen Kirchgemeinde Luzern sei. Dieser Antrag ist zulässig, da sich bei staatsrechtlichen Beschwerden wegen Verweigerung des Kirchenaustritts eine Ausnahme vom Grundsatz der kassatorischen Natur dieses Rechtsmittels rechtfertigt (BGE 104 Ia 79 E. 5 S. 87).

2.2 Soweit die Beschwerdeführerin neben der Verletzung der Glaubens- und Gewissensfreiheit unter anderem Rechtsmissbrauch sowie Verstösse gegen das Willkürverbot und gegen den Grundsatz von Treu und Glauben geltend macht, ist hierauf nicht einzutreten. Zum Teil sind die Begründungsanforderungen nach Art. 90 Abs. 1 lit. b OG nicht erfüllt (vgl. dazu BGE 110 Ia 1 E. 2 S. 3 f.; 119 Ia 197 E. 1d S. 201, mit Hinweisen). Zum verbleibenden Teil beziehen sich diese Rügen nicht auf den angefochtenen Entscheid und können damit nicht Verfahrensgegenstand bilden.

3. 3.1 Der Synodalrat der römisch-katholischen Landeskirche des Kantons Luzern sowie die Kirchgemeinde der Stadt Luzern anerkennen das

Schreiben der Beschwerdeführerin vom 22. Mai 2006 nicht als Erklärung des Kirchenaustritts gemäss § 12 der Verfassung der römisch-katholischen Landeskirche des Kantons Luzern vom 25. März 1969 (im Folgenden: Kirchenverfassung). Diese Bestimmung lautet:

> „Wer nach kirchlicher Ordnung der römisch-katholischen Kirche angehört, gilt für Landeskirche und Kirchgemeinden als Katholikin oder Katholik, solange sie oder er dem zuständigen Kirchenrat am gesetzlich geregelten Wohnsitz nicht schriftlich erklärt hat, der römisch-katholischen Konfession nicht mehr anzugehören."

3.2 Nach Ansicht der kantonalen Instanzen strebte die Beschwerdeführerin mit ihrem Schreiben vom 22. Mai 2006 lediglich einen partiellen Kirchenaustritt an, d.h. sie wollte nur die katholische Kirchgemeinde der Stadt Luzern verlassen, der römisch-katholischen Kirche aber weiterhin angehören. Ein solcher bloss teilweiser Austritt sei jedoch unbeachtlich. Zum wirksamen Kirchenaustritt müsse sie ausdrücklich erklären, dass sie der „römisch-katholischen Konfession" nicht mehr angehöre. Statt römisch-katholische Konfession könne sie auch die insoweit als Synonyme zu verstehenden Begriffe „römisch-katholische Religionsgemeinschaft", „römisch-katholische Kirche" oder „katholische Kirche" verwenden. Mit „römisch-katholischer Konfession" sei in § 12 der Kirchenverfassung nicht allein die Landeskirche oder eine katholische Kirchgemeinde gemeint. Zur Stützung ihrer Rechtsauffassung verweisen die kantonalen Instanzen auf ein Urteil des Bundesgerichts (2P.16/2002 vom 18. Dezember 2002, teilweise amtlich publiziert in BGE 129 I 68).

3.3 Nach Auffassung der Beschwerdeführerin verletzt die dargelegte Auslegung der Kirchenverfassung die Glaubens- und Gewissensfreiheit gemäss Art. 15 BV und Art. 9 EMRK. Sie stellt sich auf den Standpunkt, der in § 12 der Kirchenverfassung verwendete Begriff der Konfession sei in ihrem Fall gleichbedeutend mit katholischer Kirchgemeinde Luzern. Wenn die kantonalen Behörden dagegen unter Konfession die römisch-katholische Kirche verstünden, so verlangten sie im Ergebnis eine zusätzliche zweite Erklärung, die sich auf den Austritt aus der römisch-katholischen Kirche als solcher und nicht bloss auf deren staatskirchenrechtliche Organisation beziehe.

4. 4.1 Die Bundesverfassung gewährleistet nach Art. 15 BV die Glaubens- und Gewissensfreiheit (Abs. 1). Jede Person hat das Recht, ihre Religion und ihre weltanschauliche Überzeugung frei zu wählen und allein oder in Gemeinschaft mit anderen zu bekennen (Abs. 2). Sie hat das

Recht, einer Religionsgemeinschaft beizutreten oder anzugehören und religiösem Unterricht zu folgen (Abs. 3). Umgekehrt darf niemand gezwungen werden, einer Religionsgemeinschaft beizutreten oder anzugehören, eine religiöse Handlung vorzunehmen oder religiösem Unterricht zu folgen (Abs. 4). Gemäss Art. 9 Ziff. 1 EMRK hat jede Person das Recht auf Gedanken-, Gewissens- und Religionsfreiheit; dieses Recht umfasst die Freiheit, seine Religion oder Weltanschauung zu wechseln, und die Freiheit, seine Religion oder Weltanschauung einzeln oder gemeinsam mit anderen öffentlich oder privat durch Gottesdienst, Unterricht oder Praktizieren von Bräuchen und Riten zu bekennen.

4.2 Art. 15 BV und Art. 9 EMRK rücken ihrem Wortlaut nach die Religionsfreiheit des Individuums in den Vordergrund. Art. 15 Abs. 4 BV schliesst – als Ausprägung der sog. negativen Religionsfreiheit – das Recht ein, aus einer Kirche oder Religionsgemeinschaft auszutreten. Insoweit muss der Staat dafür sorgen, dass derjenige, welcher einer Religionsgemeinschaft nicht mehr angehören will, aus ihr austreten kann und hernach nicht der zwangsweisen Durchsetzung von Mitgliedschaftspflichten ausgesetzt wird (Christoph Winzeler, Einführung in das Religionsverfassungsrecht der Schweiz, Zürich/Basel/Genf 2005, S. 32; Peter Karlen, Das Grundrecht der Religionsfreiheit in der Schweiz, Diss. Zürich 1987/1988, S. 333). Das gilt auch dann, wenn die betreffende Glaubensgemeinschaft nach ihrem internen Recht keine Austrittsmöglichkeit vorsieht. Der Austritt muss jederzeit möglich sein und darf nicht durch schikanöse Vorschriften erschwert oder unnötig verzögert werden (BGE 104 Ia 79 E. 3 S. 84). Aus Art. 9 EMRK ergeben sich keine weitergehenden Ansprüche.

4.3 Die genannten Verfassungsbestimmungen verbieten es den Kirchen nicht, gewisse formelle Anforderungen an die Austrittserklärung zu stellen. Demnach ist es insbesondere zulässig, das Austrittsverfahren durch ausdrückliche Formvorschriften derart zu gestalten, dass überstürzte Austritte unter dem momentanen Einfluss von Drittpersonen verhindert werden. Es darf ausserdem im Interesse der Rechtssicherheit verlangt werden, dass der Wille, der Kirche oder Religionsgemeinschaft nicht mehr anzugehören, unzweideutig erklärt wird (BGE 104 Ia 79 E. 3a S. 84; Urteil P.1384/1981 vom 18. März 1983, ZBl 85/1984 S. 131, E. 1 und 3b). Die kantonale Gesetzgebung kann auch das Erfordernis aufstellen, dass der Austritt nicht nur aus einer einzelnen Kirchgemeinde, sondern aus der Landeskirche als ganzer erklärt wird (vgl. BGE 2 S. 388 E. 5 S. 396; 34 I 41 E. 11 S. 52 f.).

5. Die Kirchgemeinde Luzern und der Synodalrat lassen die Erklärung des Austritts aus der Landeskirche jedoch nicht genügen und verlangen einen solchen aus der römisch-katholischen Kirche.

5.1 Die römisch-katholische Kirche ist eine hierarchisch strukturierte Gemeinschaft von Gläubigen, die vom Papst und von den Bischöfen geleitet wird. Sie hat eine eigene kirchliche Rechtsordnung, die vor allem im Codex Iuris Canonici – dem kirchlichen Gesetzbuch der römisch-katholischen Kirche – enthalten ist und nach ihrem Verständnis weltweit gilt. Sie verfügt auch über eine eigene Regelung der Zugehörigkeit (vgl. dazu René Pahud de Mortanges, Die Erklärung des Austritts aus der römisch-katholischen Kirche, Schweizerisches Jahrbuch für Kirchenrecht 2003 S. 106 ff.; Martin Grichting, Kirche oder Kirchenwesen, Diss. Freiburg 1997, S. 178, je mit Hinweisen). Die römisch-katholische Kirche bildet jedoch auch Teil des Glaubens. Katholiken bekennen sich zu der von ihnen als heilig verstandenen Kirche (vgl. Katechismus der Katholischen Kirche [1997], Erster Teil, Zweiter Abschnitt, Art. 9: „Ich glaube an …, die heilige katholische Kirche“ bzw. das Glaubensbekenntnis: „Credo in … unam, sanctam, catholicam et apostolicam ecclesiam.“).

5.2 Daneben haben sich die stimmberechtigten Angehörigen der römisch-katholischen Kirche im Kanton Luzern gestützt auf § 92 der Staatsverfassung des Kantons Luzern vom 29. Januar 1875 und auf das kantonale Gesetz über die Kirchenverfassung vom 21. Dezember 1964 die Kirchenverfassung vom 25. März 1969 gegeben. Mit ihr organisieren sich die im Kanton wohnhaften Katholiken in der „römisch-katholischen Landeskirche“. Diese ist eine Körperschaft des öffentlichen Rechts und gliedert sich in „römisch-katholische Kirchgemeinden“, die zusammen das ganze Kantonsgebiet umfassen. Die Kirchgemeinden sind die öffentlich-rechtlichen Körperschaften ihrer katholischen Einwohner (vgl. §§ 1 und 2 der Kirchenverfassung). In innerkirchlichen Belangen anerkennen Landeskirche und Kirchgemeinden die Lehre und Rechtsordnung der römisch-katholischen Kirche (§ 5 Abs. 2 der Kirchenverfassung).

5.3 Wegen dieses Nebeneinanders von römisch-katholischer Kirche einerseits und Landeskirche als staatskirchenrechtlichen Organisation anderseits wird von einer dualistischen Kirchenstruktur gesprochen (Winzeler, a.a.O., S. 51 f. und 83; Karlen, a.a.O., S. 333; vgl. auch Pius Hafner, Staat und Kirche im Kanton Luzern, Diss. Freiburg 1991, insbes. S. 228 ff. und 299 ff.; Dieter Kraus, Schweizerisches Staatskirchenrecht, Tübingen 1993, S. 181 ff.).

6. Wie ausgeführt, verlangt der Synodalrat für einen wirksamen Kirchenaustritt die ausdrückliche Erklärung des Betreffenden, dass er der römisch-katholischen Kirche, Konfession oder Religionsgemeinschaft nicht mehr angehöre; eine lediglich auf die Kirchgemeinde oder Landeskirche bezogene Austrittserklärung genüge nicht. Das bedeutet, dass sich der Austrittswillige nach der Auffassung des Synodalrates explizit von der römisch-katholischen Kirche lossagen muss. Diese ist aber – wie in Erwägung 5.1 hiervor erwähnt – selber Teil des Glaubensbekenntnisses. Für einen Kirchenaustritt erwartet der Synodalrat vom Austrittswilligen somit einen bekenntnishaften Akt. Besteht aber – wie hier – neben der Glaubensgemeinschaft eine staatskirchenrechtliche Organisation, so muss es genügen, dass nur der Austritt aus der Letzteren erklärt wird. Denn im weltlichen Rechtsverkehr ist in einem solchen Fall nur der Austritt aus der staatlichen Zugehörigkeitsordnung massgebend. Mit der Erklärung des Austritts aus dieser – in casu aus der Landeskirche – kann bereits gewährleistet werden, dass Mitgliedschaftspflichten künftig nicht mehr zwangsweise durchgesetzt werden; unter anderem wird für die Zeit ab der Austrittserklärung die Kirchensteuer nicht mehr geschuldet. Zusätzliche, bekenntnishafte Erklärungen sind nach dem Gesagten für einen Kirchenaustritt nicht notwendig. Für das Erfordernis einer auch auf die römisch-katholische Kirche, Religionsgemeinschaft oder Konfession bezogenen Erklärung gibt es keinen zwingenden Grund. Daher ist dieses Erfordernis mit der Religionsfreiheit nicht zu vereinbaren (vgl. auch Art. 36 Abs. 2 und 3 BV). Welche religiösen, innerkirchlichen Konsequenzen der erklärte Austritt hat, namentlich ob noch Ansprüche auf Leistungen der Religionsgemeinschaft bestehen, ist nicht vom Staat, sondern von der jeweiligen Religionsgemeinschaft selber zu beantworten (vgl. dazu Pahud de Mortanges, a.a.O., S. 123 ff. und 139 ff.; Grichting, a.a.O., S. 185 ff.).

7. § 12 der Kirchenverfassung ist demnach verfassungskonform so auszulegen, dass für den Kirchenaustritt eine Erklärung genügt, die sich auf die „Landeskirche“ bezieht. Verfassungswidrig ist dagegen die vom Synodalrat vorgenommene Auslegung, wonach ausdrücklich zu erklären sei, nicht mehr der römisch-katholischen Konfession, Kirche oder Religionsgemeinschaft anzugehören.

An der bereits erwähnten Rechtsprechung (BGE 129 I 68) kann demnach nicht festgehalten werden. Ausserdem bedarf der Klarstellung, dass im Blick auf das dargestellte Nebeneinander Landeskirche und Kirchgemeinden nicht als „Organe der Dachorganisation“ der römisch-katholischen Kirche zu verstehen sind (vgl. die kritischen Besprechungen zu

BGE 129 I 68: Andreas Kley, Die staatsrechtliche Rechtsprechung des Bundesgerichts in den Jahren 2002 und 2003, ZBJV 139/2003 S. 707; Dieter Kraus, Religionsrechtlich bedeutsame Entscheide des Bundesgerichts in den Jahren 2002-2003, in: Schweizerisches Jahrbuch für Kirchenrecht 2003 S. 148; Markus Walser, Kantonalkirche und Kirchgemeinden im Kanton Luzern, in: Wilhelm Rees [Hrsg.], Recht in Kirche und Staat, Berlin 2004, S. 833 ff.).

8. In ihrem Schreiben vom 22. Mai 2006 hat die Beschwerdeführerin den Austritt aus der staatskirchenrechtlichen Organisation „Katholische Kirchgemeinde Luzern" erklärt. Die kantonalen Behörden sehen darin auch deshalb keine gültige Austrittserklärung, weil § 12 der Kirchenverfassung nicht bloss einen Austritt aus einer Kirchgemeinde zulasse. Die Beschwerdeführerin behauptet nicht, dass eine solche Auslegung des kantonalen Rechts willkürlich sei. Sie macht allein geltend, dass sie eine Verletzung der Glaubens- und Gewissensfreiheit bewirke. Diese Rüge ist indessen im Lichte der obigen Ausführungen unbegründet. Denn die kantonale Gesetzgebung darf verlangen, dass der Austritt nicht nur aus der Kirchgemeinde, sondern aus der Landeskirche erklärt wird (vgl. E. 4.3).

Die Beschwerdeführerin kritisiert auch, dass sie im Verfahren vor dem Synodalrat zu den Hintergründen ihres Schreibens vom 22. Mai 2006 näher befragt und – nach Verweigerung der Aussage zu einzelnen Fragen – sogar zur Beweisaussage angehalten wurde. Da das erwähnte Schreiben die Anforderungen einer Austrittserklärung nicht erfüllte, lag es nahe, den Willen der Beschwerdeführerin durch eine Befragung näher zu ergründen. Es ist darüber hinaus zulässig, Fragen zu den Motiven und Hintergründen des Austritts zu stellen. Da ein solcher jedoch nicht begründet werden muss, ist es unstatthaft, allein aus der Aussageverweigerung bei entsprechenden Fragen auf den fehlenden Austrittswillen zu schliessen. Die Würdigung des Aussageverhaltens im angefochtenen Entscheid erscheint in dieser Hinsicht verfassungswidrig.

Nicht zu beanstanden ist dagegen die Folgerung, die Beschwerdeführerin habe durch ihre Aussageverweigerung nichts dazu beigetragen, den Mangel ihrer Erklärung vom 22. Mai 2006 zu beheben. Der Synodalrat durfte in diesem Zusammenhang auch zwei frühere Schreiben der Beschwerdeführerin vom 7. März und 28. April 2005 berücksichtigen, in denen sie ebenfalls ihren Austritt aus der katholischen Kirchgemeinde Luzern erklärte. Nach einem Briefwechsel und der Erhebung von zwei Gemeindebeschwerden teilte sie der Kirchgemeinde am 8. April 2006 mit, dass sie die beiden Rechtsmittel durch ihren Anwalt zurückziehen lasse; zudem wolle sie, soweit dies überhaupt möglich bzw. nötig sei, wieder in die katholische Kirchgemeinde Luzern eintreten. Wenn die Beschwerdeführerin nur wenige Wochen später ohne jegliche Erläuterung erneut den Austritt aus ebendieser Kirchgemeinde erklärt, erscheint ihr Verhalten wenig kohärent. Die kantonalen Behörden durften deshalb den Schluss ziehen, aus der Vorgeschichte und aus dem Aussageverhalten gehe kein klar erkennbarer Wille der Beschwerdeführerin hervor, aus der römisch-katholischen Landeskirche des Kantons Luzern auszutreten. Jedenfalls zeigt sie nicht in einer Art. 90 Abs. 1 lit. b OG entsprechenden Weise auf, inwiefern eine solche Würdigung der dargestellten Umstände willkürlich sein oder gegen Treu und Glauben verstossen sollte.

Die ungenügende Klarheit der schriftlichen Erklärung vom 22. Mai 2006 wird demnach nicht behoben, wenn das weitere Verhalten der Beschwerdeführerin mitberücksichtigt wird. Dieses bestätigt im Gegenteil, dass sie ihren Willen zum Kirchenaustritt nicht in der erforderlichen Eindeutigkeit kundgetan hat.

9. 9.1 Der angefochtene Entscheid verletzt damit zwar die Glaubens- und Gewissensfreiheit und die übrigen angerufenen verfassungsmässigen Rechte der Beschwerdeführerin nicht. Er stützt sich jedoch zu einem wesentlichen Teil auf eine verfassungswidrige Begründung. Die Beschwerde ist deshalb im Sinne der Erwägungen abzuweisen, soweit darauf einzutreten ist.

9.2 Bei diesem Verfahrensausgang sind die bundesgerichtlichen Kosten der Beschwerdeführerin aufzuerlegen (Art. 156 Abs. 1 OG). Parteientschädigungen werden nicht geschuldet (Art. 159 OG).

Demnach erkennt das Bundesgericht:

1. Die staatsrechtliche Beschwerde wird im Sinne der Erwägungen abgewiesen, soweit darauf einzutreten ist.
2. Die Gerichtsgebühr von Fr. 2'500.– wird der Beschwerdeführerin auferlegt.
3. Dieses Urteil wird den Parteien und der römisch-katholischen Landeskirche des Kantons Luzern schriftlich mitgeteilt.

*Anmerkung:*

*Mit dem vorstehenden Entscheid gibt das Bundesgericht seine erst kürzlich ergangene und ausführlich begründete Rechtsprechung zum sog. modifizierten Kirchenaustritt auf. Nach der bisherigen Rechtsprechung konnte die Erklärung des Austritts aus einer römisch-katholischen Landeskirche als unbeachtlich behandelt werden, wenn sie sich nur auf die staatskirchenrechtlichen Körperschaften bezog und mit dem Zusatz verbunden war, weiterhin der römisch-katholischen Kirche angehören zu wollen. Nunmehr darf die Gültigkeit eines solchen Kirchenaustritts nicht mehr davon abhängig gemacht werden, dass – in der Formulierung von § 12 röm.-kath. KiVerf LU – der Betreffende „schriftlich erklärt hat, der römisch-katholischen Konfession nicht mehr anzugehören". Wie in der NZZ zu lesen war, fiel der Entscheid „mit drei zu zwei Stimmen nach einer engagiert geführten öffentlichen Beratung, die sich im Gegensatz zum nun aufgegebenen Leitentscheid durch ein tieferes Verständnis der zugrundeliegenden kirchenrechtlichen und theologischen Problematik auszeichnete" (NZZ vom 17. November 2007).*

*Die mit einiger Verspätung im März 2008 veröffentlichte Begründung des Entscheids spiegelt dieses Ringen um ein tieferes Verständnis der Problematik wider. Das zentrale Argument des Entscheids findet sich in einem Satz, dessen Formulierung den Leser zunächst innehalten lässt: „Die römisch-katholische Kirche bildet jedoch auch Teil des Glaubens." (E. 5.1). Wenig später wird dieser Gedanke wieder aufgegriffen und dahingehend fortgeführt, dass die Kirche „selber Teil des Glaubensbekenntnisses" sei und die Lossagung von der römisch-katholischen Kirche infolgedessen einen „bekenntnishaften Akt" darstelle (E. 6). Wenn die Erklärung der Zugehörigkeit zur Kirche somit gleichsam ein ‚positives' Glaubensbekenntnis beinhaltet (das Bundesgericht zitiert in diesem Zusammenhang aus dem Katechismus der Katholischen Kirche und aus dem Glaubensbekenntnis), erscheint die Lossagung von der Kirche gewissermassen als ein ‚negatives' Glaubensbekenntnis. Gemäss Art. 15 Abs. 4 BV darf indes niemand gezwungen werden, eine religiöse Handlung vorzunehmen. Das Bundesgericht vermeidet jedoch die Feststellung, dass die Luzerner Regelung zur Vornahme einer religiösen Handlung zwingt, und nimmt stattdessen eine Verhältnismässigkeitsprüfung vor. Bei einer dualistischen Kirchenstruktur (Nebeneinander von römisch-katholischer Kirche einerseits und Landeskirche als staatskirchenrechtlicher Organisation anderseits) „muss es genügen", dass der Austritt nur aus letzterer erklärt wird, da das staatliche Recht ohnehin nur dort anknüpfe und bereits auf diese Weise sicherstelle, dass etwaige Mitgliedschaftspflichten nicht mehr zwangsweise durchgesetzt werden können. „Zusätzliche, bekenntnishafte Erklärungen sind nach dem Gesagten für einen Kirchenaustritt nicht notwendig" und verstossen folglich gegen die grundrechtliche Religionsfreiheit (E. 6).*

*Im Ergebnis sei § 12 röm.-kath. KiVerf LU verfassungskonform so auszulegen, dass für den Kirchenaustritt eine Erklärung genügt, die sich auf die „Landeskirche" bezieht (E. 7). Da die von der Beschwerdeführerin abgegebene Erklärung jedoch nicht hinreichend deutlich mache, ob sie nur die Kirchgemeinde oder auch die Landeskirche meint, weist das Bundesgericht die staatsrechtliche Beschwerde schlussendlich ab und ‚rettet' auf diese Weise wenigstens die äussere Hülle des angefochtenen Entscheids (E. 8).*

*Man mag sich bei alledem fragen, ob das Bundesgericht die theologischen Aspekte nicht überbetont und dabei überhöht. Schliesslich sind die Erklärung, sich von der Kirche loszusagen einerseits und die Erklärung, sich von der Kirche losgesagt zu haben, anderseits, rechtlich verschieden zu bewerten. Während ersterer Erklärung sicherlich Bekenntnischarakter zukommt, teilt letztere lediglich mit, einen solchen Akt vorgenommen zu haben, ohne selbst ein solcher Akt zu sein. Die blosse Mitteilung der ‚Lossagung von der Kirche' an eine dritte Person oder Institution erscheint damit aus Bekenntnisgesichtspunkten ohne eigenen Aussagewert. § 12 röm.-kath. KiVerf LU, der verlangt, dass der Austrittswillige „schriftlich erklärt hat, der römisch-katholischen Konfession nicht mehr anzugehören", lässt sich ohne weiteres im letztgenannten Sinne verstehen. Den staatskirchenrechtlichen Kirchenbehörden wird von der Tatsache der weggefallenen Konfessionszugehörigkeit Mitteilung gemacht, nicht jedoch wird der Wegfall ihnen gegenüber ausgesprochen bzw. ihnen gegenüber vorgenommen. Vielmehr ist der Wegfall der Konfessionszugehörigkeit ein Vorgang, welcher – jedenfalls nach der Konzeption von § 12 röm.-kath. KiVerf LU – der Kirchenaustrittserklärung zeitlich vorausliegt. Die staatskirchenrechtlichen Kirchenbehörden wären im Übrigen auch gar nicht der richtige Adressat für eine Erklärung mit Bekenntnischarakter, durch welche die Konfessionszugehörigkeit wegfallen soll. Denn ihre Kompetenz beschränkt sich auf die staatskirchenrechtliche Zugehörigkeit und diese schliesst die konfessionelle bzw. kirchliche Zugehörigkeit bekanntlich nicht mit ein.*

*Doch verstellt all dies nur den Blick auf ein stärkeres Argument. Letztlich nämlich verlangen Vorschriften wie diejenige des § 12 röm.-kath. KiVerf LU etwas Unmögliches: Staatskirchenrechtlich soll der Kirchenaustritt voraussetzen, dass zuvor auch kirchenrechtlich die Mitgliedschaft beendet wurde, d.h. das Band der Taufe, mit der die Kirchenmitgliedschaft einst begründet worden war, zerschnitten ist. Das aber widerspricht kirchlichem Verständnis (character indelebilis der Taufe).*

*Deutlicher wird das Unmöglichkeitsargument, wenn man sich vor Augen führt, dass die von § 12 röm.-kath. KiVerf LU geforderte Erklärung im Grunde nichts anderes ist als der Nachweis der weggefallenen Konfessionszugehörigkeit. Indes würde man sich bei einem Verfahren der Mitgliedschaftsbeendigung in – allgemein gesprochen – zwei miteinander verbundenen Einrichtungen strenggenommen nicht mit einer solchen einfachen ‚Erklärung' begnügen, sondern würde einen stärkeren Nachweis etwa in Form einer Bescheinigung fordern. Nur, wer sollte sie ausstellen? Die Kirchgemeinde/Landeskirche kann es mangels Kompetenz nicht, die kanonisch-kirchlichen Institutionen können es aufgrund ihres Selbstverständnisses nicht. Dem Austrittswilligen ist es daher unmöglich, eine solche Bescheinigung zu bekommen. An dieser Stelle zeigt sich auch, dass die in § 12 röm.-kath. KiVerf LU vorgesehene ‚Erklärung' eine aus der Not geborene und wenig tragfähige Lösung ist, um einen Weg aus diesem Dilemma zu finden.*

*An der neuen bundesgerichtlichen Lösung dieser Frage mag man bedauern, dass sie die juristische Verbindung der Mitgliedschaften in Katholischer Kirche einerseits und kantonalkirchlichen Körperschaften anderseits ein (weiteres) Stück lockert, und damit ein zentrales Strukturelement der staatskirchenrechtlichen Organisation der Katholiken in der Schweiz trifft. Doch hat diese Lösung ganz gewiss den Vorzug, dass sie den ‚weltlichen' Kirchenaustritt von der Befrachtung und Belastung mit ‚geistlichen' Unmöglichkeiten befreit und auf diese Weise zu einer rationaleren und praktikableren rechtlichen Regelung führt. Die staatskirchenrechtlichen Behörden brauchen nicht länger fragwürdige und oftmals auch wenig erfolgverheissende Gewissenserforschung zu betreiben. Sie können sich auf die ihnen zukommende Rolle beim Kirchenaustritt konzentrieren, d.h. das Gespräch mit dem Austrittswilligen suchen und ihn auf die Konsequenzen seines Austrittswunsches hinweisen oder, wenn der Austritt ihnen gegenüber erklärt worden ist, die kanonisch-kirchlichen Institutionen davon in Kenntnis setzen.*

*Ferner ist es nach der nunmehr wohl als endgültig anzusehenden bundesgerichtlichen Lösung der Frage des sog. modifizierten Kirchenaustritts an der Zeit, sich verstärkt der dahinter stehenden Thematik zuzuwenden. Denn wer der Kirche nicht angehören will, wird keine Probleme damit haben, aus allen Organisationen, die das Attribut ‚katholisch' im Namen führen, auszutreten. Umgekehrt wird der, der der Kirche angehören möchte, normalerweise aus keiner dieser Organisationen austreten. Wenn – ausnahmsweise – jemand die staatskirchenrechtliche Organisationsweise der Katholischen Kirche in der Schweiz grundsätzlich ablehnt, ohne aber nicht mehr Katholik sein zu wollen, so wird der vielberufene Dualismus damit leben können. Wenn hingegen die Ausnahmefälle überhand nehmen, dann muss intensiv Ursachenforschung betrieben werden: Wollen die betreffenden Menschen nicht verstehen, dass Kirche nicht nur Glaubens-, sondern auch Solidargemeinschaft ist und sich diese Solidarität auch in der finanziellen Unterstützung in den dafür vorgesehenen Formen, d.h. ggfs. auch durch Kirchensteuerzahlung, vollzieht oder kommt in ihrem Verhalten eine generelle Unzufriedenheit mit diesem Dualismus zum Ausdruck? In beiden Fällen wäre durch die kanonischen und die kantonalkirchlichen Einrichtungen zunächst Überzeugungsarbeit zu leisten, um für die Akzeptanz dieses insgesamt erfolgreichen Organisationsmodells, das sowohl die konfessionelle Tradition respektiert als auch für die Zukunft offen ist, zu werben und sie zu verbessern. Darüber hinaus wäre, und zwar wiederum in Zusammenarbeit aller Beteiligten, ersterenfalls insbesondere auch auf die im kirchlichen Recht begründete Pflicht zur materiellen Unterstützung der Kirche hinzuweisen. Im anderen Fall müsste das dualistische Organisationsmodell neu durchdacht und ggfs. abgeändert werden (vgl. auch meine Anmerkung zu BGE 129 I 68 in: SJKR 8 [2003], S. 147 ff. [149]). Eine solche Diskussion sollte keine Tabus kennen, aber auch nicht zu übereilten Massnahmen führen, die lang und gut gewachsene Strukturen ohne Not zerstören.*

SJKR/ASDE 12 (2007), S. 181-182

# Mitteilungen

## Jahresbericht 2007 der Schweizerischen Vereinigung für evangelisches Kirchenrecht

### *I. Tagung und Generalversammlung vom 26. Januar 2007*

Die 20. Tagung der Schweizerischen Vereinigung für Evangelisches Kirchenrecht fand am 26. Januar 2006 in Liestal statt. Die Vereinigung genoss auf Vermittlung des Kirchenratspräsidenten der Evangelisch-reformierten Kirche des Kantons Basel-Landschaft, Pfr. Markus Christ, Gastrecht in den Räumlichkeiten der evangelisch-reformierten Kirchgemeinde Liestal-Seltisberg. Hierfür sei an dieser Stelle nochmals gedankt[1].

Nach der Begrüssung durch Kirchenratspräsident Pfr. Markus Christ referierte Prof. Dr. iur. Andreas Kley, Zürich/Bern, über die Rolle Gottes in den Reden der Bundesräte[2]. Andreas Kley kam in seinem Referat zum Schluss, dass die Zivilreligion, als deren Ausprägung die Anrufung Gottes in politischen Reden erscheint, das zu erreichen sucht, was die Demokratie nicht fertigbringt: Eigennutz und Egoismus der Bürgerinnen und Bürger zu begrenzen und diese auf das Gemeinwohl hin zu orientieren.

Das Nachmittagsreferat von Pfr. Dr. Ulrich Knellwolf, Zollikon, war dem Thema der Öffentlichkeit der Kirche gewidmet[3]. Öffentlichkeit der Kirche bedeute nicht, Konzentration der Verantwortung auf die Spitzen der Kirchen, wie dies heute zu beobachten sei. Kirche sei ursprünglich die Verkündigung des Evangeliums in Wort und Sakrament, weshalb in der Confessio Augustana von 1530 auch nichts von Kirchenleitung stehe. Ulrich Knellwolf stellte fest, das heute eine schleichende Hierarchisie-

1 Zur Berichterstattung über die Tagung vgl. auch reformierte presse Nrn. 5 und 6 vom 2. bzw. 9. Februar 2007.

2 Siehe vorn S. 11 ff.

3 Siehe vorn S. 57 ff.

rung in der Kirche stattfinde, wodurch die reformierte Kirche zu einer repräsentativen Öffentlichkeit tendiere, obschon eigentlich jeder Christ ein Verkündiger des Evangeliums sei.

Vor Beginn der Tagung versammelten sich die anwesenden Mitglieder der Vereinigung zur 15. ordentlichen Generalversammlung, welche die üblichen Traktanden behandelte. Im Vorstand (lic. iur. Theres Meierhofer-Lauffer, Fürsprecher Peter D. Deutsch, PD Dr. iur. Cla Reto Famos, Dr. iur. Martin Röhl, PD Dr. iur. Christoph Winzeler) waren keine Mutationen zu verzeichnen. Sodann nahm die Versammlung Kenntnis von der von Finanzverwalter Fürsprecher Peter D. Deutsch sorgfältig geführten und übersichtlich präsentierten Jahresrechnung 2006, die wiederum mit einem guten Ergebnis abschloss. Die Vereinigung schätzt sich glücklich, dass sie für die Herstellung und den Druck des Jahrbuchs bisher mit der finanziellen Hilfe der deutschschweizerischen, in der Kirchenkonferenz zusammengeschlossenen Landeskirchen hat rechnen dürfen. Es liegt dem Vorstand namens der Vereinigung daran, an dieser Stelle für die Unterstützung und das damit verbundene Wohlwollen zu danken.

## *II. Weitere Tätigkeit*

Der Vorstand hat sich während des Jahres an zwei Sitzungen in Zürich und Bern getroffen und weitere Geschäfte auf dem Korrespondenzweg behandelt.

Die nächste Tagung, die am 25. Januar 2008 in Zug stattfinden wird, wird sich mit Fragen des Rechtsschutzes befassen. Dr. iur. Martin Kayser, Zürich, wird zur Rechtsweggarantie der Bundesverfassung sprechen, während das Referat von Bundesgerichtspräsident Dr. Giusep Nay, Valbella, dem staatlichen und landeskirchlichen Rechtsschutz in kirchlichen Angelegenheiten gewidmet sein wird.

*Der Vorstand*

SJKR/ASDE 12 (2007), S. 183-230

# Berichte

## „Röschenz" – eine Auseinandersetzung mit vielen Facetten

Seit 2003 kritisiert Franz Sabo, römisch-katholischer Pfarradministrator in Röschenz (Kanton Basel-Landschaft), öffentlich und von der Kanzel die Hierarchie seiner Kirche, namentlich den für ihn zuständigen Bischof von Basel, Kurt Koch. Wegen des dadurch zerrütteten Vertrauens entzog ihm der Bischof 2005 die kirchliche Sendung („Missio canonica")[1].

Nun kennt Basel-Landschaft für die Römisch-katholische Kirche eine dualistische Ordnung. Neben der eigentlichen, kanonisch verfassten, von Papst und Bischöfen hierarchisch geleiteten Kirche steht eine vom Kanton demokratisch aufgebaute und mit Steuerrecht versehene „Landeskirche". Diese hat sich – gestützt auf § 2 des Kirchengesetzes vom 3. April 1950 (SGS 191) – am 10. Februar 1976 eine Kirchenverfassung gegeben (Verfassung der Römisch-katholischen Landeskirche des Kantons Basel-Landschaft, SGS 196). Ihre für diesen Fall einschlägigen Bestimmungen lauten wie folgt:

> „§ 49 Wählbarkeit, Wahlart
>
> (1) Als Pfarrer ist wählbar, wer ein eidgenössisch oder kantonal anerkanntes Maturitätszeugnis sowie die kirchliche Sendung besitzt. In Ausnahmefällen kann der Landeskirchenrat auf die Erfüllung einzelner Voraussetzungen verzichten (Kirchengesetz § 5).
>
> (2) Der Pfarrer, bzw. der Gemeindeleiter oder die Gemeindeleiterin, wird nach Vereinbarung mit dem Diözesanbischof auf Vorschlag des Kirchgemeinderates durch die Stimmberechtigten der Kirchgemeinde im Urnenverfahren auf 5 Jahre gewählt.
>
> (3) Falls nur eine Person zur Wahl vorgeschlagen wird, kann die Kirchgemeindeversammlung in geheimer Abstimmung die Wahl durchführen.

1 *Urban Fink-Wagner*, Der „Fall Röschenz", in: SKZ 173 (2005), S. 832-834; *Kurt Koch*, Offener Brief an die Mitglieder der Pfarrei St. Anna in Röschenz, in: SKZ 174 (2006), S. 250.

§ 50 Bestätigungswahl
Je nach Ablauf von 5 Jahren soll über Beibehaltung oder Nichtbeibehaltung des Pfarrers, resp. des Gemeindeleiters oder der Gemeindeleiterin, an der Urne 20 abgestimmt werden, sofern wenigstens 1/20, mindestens aber 25 Stimmberechtigte eine solche Abstimmung spätestens 3 Monate vor Ablauf der Amtsdauer des Pfarrers, resp. des Gemeindeleiters oder der Gemeindeleiterin, schriftlich verlangen (Kirchengesetz § 4)."

Entsprechend hat die der Pfarrei St. Anna zugeordnete Kirchgemeinde Röschenz das in der Schweiz verbreitete Recht auf demokratische Wahl „ihres" Pfarrers, der zu seiner Wählbarkeit der „Missio canonica" des Bischofs bedarf. Nicht ausdrücklich in der Kirchenverfassung steht, dass die Kirchgemeinde beim nachträglichen Wegfall der Wählbarkeit des Pfarrers diesen entlassen muss[2]. So aber – und mit rechtlich überzeugender Begründung – hat der Landeskirchenrat als Aufsichtsorgan über die basellandschaftlichen Kirchgemeinden am 31. Mai 2006 entschieden[3].

Diesen Entscheid hat die Kirchgemeinde Röschenz beim Kantonsgericht des Kantons Basel-Landschaft angefochten. Am 5. September 2007 hob das Gericht den Entscheid des Landeskirchenrates mit einer sehr ausführlichen Begründung auf, u.a. weil der Bischof den Entzug der „Missio canonica" nicht angemessen begründet bzw. Pfarrer Sabo nicht ausreichend dazu angehört habe[4].

Bischof und Landeskirchenrat haben darauf verzichtet, das Urteil beim Bundesgericht anzufechten[5], womit es rechtskräftig wird, der „Fall Röschenz" aber ungelöst bleibt[6]. Die Kirchgemeinde beschäftigt einen Pfarradministrator, den sie aus materiellrechtlichen Gründen nicht beschäftigen dürfte. Der Bischof sieht sich ausserstande, seinen kanonisch gültigen Missio-Entzug in einem rechtsstaatlich breiter abgestützten Verfahren zu wiederholen, und wirft dem Gericht eine unkorrekte Wahrneh-

2 Vgl. das im Auftrag des römisch-katholischen Landeskirchenrates von Basel-Landschaft entstandene Gutachten: *Felix Hafner/Urs Brosi*, Bischöfliche Personalentscheide und landeskirchliches Recht, Gutachten, Basel 2007, welches den später ergangenen Entscheiden in dieser Sache zugrunde liegt.

3 Hinten S. 252 ff.

4 Hinten S. 255 ff.

5 Jedoch kritisch dazu Stellung genommen, hinten S. 322 f. und 323 ff. Vgl. nun auch *Kurt Koch*, Die Kirche Gottes, Gemeinschaft im Geheimnis des Glaubens, Augsburg 2007, S. 66 ff., insb. S. 73 ff.

6 Vgl. dazu *Adrian Loretan*, „Das Verhältnis stark strapaziert", Interview mit: Berner Zeitung vom 17.11.2007, S. 4.

mung des Sachverhalts vor. Diesen zu überprüfen, soweit er nicht „offensichtlich unrichtig“ war, hätte dem Bundesgericht die Zuständigkeit gefehlt (Art. 105 Abs. 1 und 2 Bundesgerichtsgesetz).

Damit bleibt es dem Landeskirchenrat weiterhin überlassen, einen Weg zur Lösung des Problems zu finden. Ist es wirklich korrekt, vom Bischof ein Verwaltungsverfahren gemäss staatlichem Recht zu verlangen, oder wäre dafür nicht doch und vielmehr der Landeskirchenrat zuständig? Eine sachgerechte Verhältnisbestimmung zwischen dem staatlichen und kirchlichen Recht ist dem Kantonsgericht jedenfalls nicht geglückt.

*Red.*

# Neuregelung der Organisation der Kirchgemeinden im Kanton Luzern durch das Gemeindegesetz von 2004

Am 1. Januar 2005 ist das neue Gemeindegesetz des Kantons Luzern in Kraft getreten (nachfolgend Gemeindegesetz 2004 genannt). Es ersetzt das frühere und mehrfach revidierte Gemeindegesetz vom 9. Oktober 1962 (nachfolgend Gemeindegesetz 1962 genannt).

## *I. Zum Gemeindegesetz 2004*

Das Gemeindegesetz 2004 führt ein völlig neues System ein. Während das Gemeindegesetz 1962 detailliert die Organisation der Einwohner-, der Bürger-, der Kirch- und der Korporationsgemeinden, die Zusammenarbeit und den Finanzhaushalt der Gemeinden sowie die staatliche Aufsicht regelte, beschränkt sich das neue Gemeindegesetz 2004 auf die Regelung der Grundzüge der Gemeindeorganisation. Es handelt sich um ein Rahmengesetz. Die Gemeinden erhalten mehr Handlungsfreiheit. Sie sind für ihre Organisation grundsätzlich selber verantwortlich. Die Gemeindeorganisation hat jedoch die demokratischen, rechtsstaatlichen, verwaltungstechnischen und die finanziellen Mindestanforderungen zu erfüllen. Anders als bisher hat künftig jede Gemeinde die wichtigsten Grundsätze der Organisation und der Führung in einer Gemeindeordnung festzulegen.

Das Gemeindegesetz 2004 legt den Fokus auf die Einwohnergemeinden. Auf die Kirchgemeinden der Evangelisch-Reformierten und der Römisch-katholischen Landeskirchen ist es nur subsidiär und sinngemäss, auf die Christkatholische Kirchgemeinde Luzern nur sinngemäss anwendbar (vgl. § 2 GemG).

Während das Gemeindegesetz 1962 den Gemeinden eine „Normalorganisation“ vorgab, von der sie im Rahmen einer Sonderorganisation abweichen konnten, beschränkt sich das Gemeindegesetz 2004 darauf, die zwingenden Grundzüge der Organisation, der Zusammenarbeit und des Finanzhaushaltes sowie die kantonale Aufsicht zu regeln. Die Gemeinden erhalten einen grösseren Spielraum und haben die Möglichkeit, die für sie zweckmässige und auf ihre Verhältnisse angepasste Organisation selber zu wählen. Zu diesem Zweck haben sie zwingend eine Gemeindeordnung zu erlassen.

## *II. Zur Umsetzung des neuen Gemeindegesetzes in den Landeskirchen*

Das Gemeindegesetz 2004 bringt auch für die Landeskirchen bzw. ihre Kirchgemeinden Handlungsbedarf. § 111 GemG schreibt vor, dass die Landeskirchen ihre gesetzlichen Grundlagen spätestens auf den 31. Dezember 2007 an dieses Gesetz anzupassen haben. Der Regierungsrat kann in begründeten Fällen die Frist erstrecken. Solange und soweit die Kirchgemeinden ihre gesetzlichen Grundlagen noch nicht angepasst und in Kraft gesetzt haben, gelten die Bestimmungen des Gemeindegesetzes 1962. Der Synodalrat der Evangelisch-Reformierten Kirche des Kantons Luzern hat ein entsprechendes Fristerstreckungsgesuch gestellt, da die neue Satzung über die Organisation der Kirchgemeinden erst am 1. Januar 2009 in Kraft treten soll.

Für die Umsetzung der Vorgaben des kantonalen Rechts gibt es grundsätzlich zwei Möglichkeiten. Entweder gibt sich jede Kirchgemeinde eine eigene Gemeindeordnung oder die Kantonalkirche erlässt ein „kirchliches Gemeindegesetz". Der Synodalrat hat sich – wie auch die Römisch-katholische Landeskirche des Kantons Luzern – für den zweiten Weg entschieden. Da die Verhältnisse bei den Kirchgemeinden einfacher sind als bei den Einwohnergemeinden, erachtet er es nicht als sinnvoll, wenn jede Kirchgemeinde zwingend eine Gemeindeordnung erlassen muss. Vielmehr soll mit einer kirchlichen Satzung über die Kirchgemeinden eine „Normalorganisation" vorgegeben werden, die für eine „durchschnittliche" Kirchgemeinde brauchbar und sinnvoll ist. Die Kirchgemeinden können jedoch entsprechend ihren Bedürfnissen im Rahmen des übergeordneten Rechts von dieser Normalorganisation abweichen und ihre Organisation entsprechend anpassen.

Der Synodalrat der Evangelisch-Reformierten Kirche des Kantons Luzern hat deshalb den Entwurf einer Satzung über die Organisation der Kirchgemeinden ausgearbeitet. Dieser Entwurf wird derzeit von der zuständigen Synodekommission vorberaten. Die Synode wird sich an den beiden ordentlichen Sitzungen im Jahre 2008 damit befassen.

Der Satzungsentwurf weist folgende Grundzüge auf:

- Der Hauptteil der Satzung regelt die „Normalorganisation“ einer Kirchgemeinde. Der Satzungsentwurf bestimmt diese Normalorganisation so detailliert, dass der Erlass einer eigenen Kirchgemeindeordnung für die Kirchgemeinden nicht zwingend erforderlich ist. Diejenigen Punkte, die von den Kirchgemeinden in einer Kirchgemeindeordnung geändert werden können, sind in der Satzung abschliessend bezeichnet. Falls eine Kirchgemeinde Abweichungen von der Normalorganisation erlassen will, muss dazu nicht unbedingt eine umfassende und komplizierte Gemeindeordnung geschaffen werden. Es genügt, diejenigen Einzelpunkte zu regeln, in denen von der Normalorganisation abgewichen werden soll und im Übrigen auf die Satzung zu verweisen.
- Der Entwurf ist bewusst ausführlich formuliert. Er soll als „Handbuch“ dienen. Es wurden deshalb gewisse Wiederholungen in Kauf genommen, um zu vermeiden, dass in verschiedenen Erlassen nachgeschlagen werden muss. Die Kirchgemeinden sollen vielmehr die für sie massgebenden Bestimmungen soweit möglich aus nur einem Erlass entnehmen können. Die Satzung macht deshalb nur wenige Verweisungen auf andere Erlasse. Auch enthält der Entwurf verschiedene möglichst vollständige Auflistungen mit Aufgaben und Kompetenzen der einzelnen Gemeindeorgane, damit diesbezüglich rasch Klarheit geschaffen werden kann.
- Im Finanzrecht sind die verschiedenen Instrumente wie zum Beispiel Voranschlag und Rechnung sowie die entsprechenden Verfahren zusammengefasst, damit eine klare Orientierung möglich ist. Neu ist, dass anstelle des Finanzplanes ein Finanz- und Aufgabenplan vorgesehen ist, der die Planung von Aufgaben und Investitionen verknüpft. Damit sollen die Auswirkungen auf den Finanzhaushalt der Kirchgemeinde frühzeitig erkennbar sein.
- Neu ist im Kreditrecht, dass der Kirchenvorstand eine eigene, in der Satzung geregelte Finanzkompetenz erhält. Für diese neue Kreditkompetenz besteht allerdings gesamthaft ein Jahresmaximum.
- Die Satzung sieht die Schaffung eines einheitlichen Rechnungsmodells für die Kirchgemeinden vor. Um eine praktikable und für die Kirchgemeinden tragbare Lösung zu finden, hat der Synodalrat eine Arbeitsgruppe mit Vertreterinnen und Vertretern aller Kirchgemeinden eingesetzt, die entsprechende Vorschläge ausarbeiten soll. Die Arbeitsgruppe hat auch den Auftrag, Vorschläge für das in der Satzung ebenfalls neu vorgesehene Berichtswesen zu erarbeiten.

Im Vernehmlassungsverfahren wurde der Satzungsentwurf grossmehrheitlich gut aufgenommen. Es wurde begrüsst, dass nicht jede Kirchgemeinde zwingend eine Gemeindeordnung erlassen muss. Mehrfach wurden jedoch Bedenken bezüglich des Rechnungs- und Berichtswesens geäussert. Befürchtet wurden Schwierigkeiten bei der Rekrutierung von fachlich qualifiziertem und unabhängigem Personal für derartige Aufgaben sowie ein übermässiger administrativer Aufwand. Diesen Bedenken hat der Synodalrat durch die Einsetzung der erwähnten Arbeitsgruppe Rechnung getragen. Ebenso hat er die weiteren in der Vernehmlassung vorgebrachten Einwendungen und Vorschläge eingehend geprüft und soweit möglich und sinnvoll berücksichtigt.

*Peter Möri*

# Vereinbarung betreffend die Theologische Fakultät der Universität Luzern vom 8. November 2005

Seit 1971 bestand eine Vereinbarung des Kantons Luzern mit dem Bischof von Basel über die Theologische Fakultät[1]. Sie regelte namentlich die Mitwirkungsrechte des Bischofs bei der Besetzung des Lehrkörpers (Erteilung und Entzug der „missio canonica").

Nach längeren Verhandlungen[2] haben der Bischof von Basel, die Universität Luzern und der Kanton Luzern am 8. November 2005 eine neue Vereinbarung „betreffend die Theologische Fakultät der Universität Luzern" abgeschlossen, die rückwirkend auf den 1. Oktober 2005 in Kraft getreten ist. Sie ersetzt die Vereinbarung von 1971 und ist kein völkerrechtliches Konkordat mit dem Heiligen Stuhl, sondern ein dreiseitiger Vertrag des Bischofs als Grosskanzler der Fakultät („Magnus cancellarius") mit Universität und Kanton. Die Unterzeichnung fand in der Sakristei der Luzerner Jesuitenkirche statt, die als Gebäude dem Kanton gehört. Die neue Vereinbarung ist im Dokumentationsteil dieses Bandes abgedruckt[3].

Aufschlussreich sind die in der Präambel gebündelten Ziele der Vertragsparteien, die deutlich machen, dass durchaus unterschiedliche Beweggründe sich zu einem gemeinsamen Interesse, nämlich dem Fortbestand und der Fortentwicklung der Theologie an der Luzerner Universität, zusammenfinden können.

So geht es dem Bischof von Basel um die Qualität der theologischen Ausbildung, die Praxisrelevanz theologischer Forschung und den Dialog zwischen Kirchenleitung und Theologie im Bistum Basel. Der Luzerner Universität liegt an der kirchlichen Anerkennung ihrer Theologischen

1 Vereinbarung zwischen dem Bischof von Basel und dem Regierungsrat des Kantons Luzern betreffend die Theologische Fakultät Luzern vom 5. April und 14. Mai 1971, in: *Christoph Winzeler* (Hg.), Schweizerische Kirchenrechtsquellen, Bd. 3: Konkordate und weitere Verträge, Beiheft 5 (2004) zu SJKR/ASDE, Nr. 36, S. 234 ff.

2 Verhandlungsdelegierte: *Alois Reinhard* für den Bischof von Basel, *Adrian Loretan* für die Universität und *Jörg Sprecher* für den Kanton. – Siehe auch die damals erschienene, thematisch einschlägige Publikation *Adrian Loretan* (Hg.), Theologische Fakultäten an europäischen Universitäten. Rechtliche Situation und theologische Perspektiven, Münster 2004.

3 Hinten S. 333 ff.

Fakultät, der Garantie der Freiheit von Forschung und Lehre sowie der Gestaltung ihrer Arbeit im Austausch mit den relevanten gesellschaftlichen Gruppierungen.

Auf diese Weise wollen die Vertragsparteien Luzern als angesehenen Standort für theologische Forschung und kirchliche Ausbildung festigen, im Interesse aller Bevölkerungsgruppen für das kulturelle und religiöse Leben günstige Bedingungen schaffen, sowie in der Gesellschaft Verantwortungsbewusstsein und kritische Reflexion unterstützen.

Bemerkenswert sind auch die Bestimmungen über den Umgang mit der „missio canonica" bzw. dem bischöflichen „nihil obstat":

Berufungen in den Lehrkörper bedürfen des „nihil obstat", das der Bischof dem oder der Erstplatzierten der Kandidierenden jedoch nur dann nicht erteilt, wenn die betreffende Person nachweislich mindestens ein wesentliches Erfordernis des allgemeinen oder des partikularen kirchlichen Rechts nicht erfüllt (Art. 3 Abs. 2 der Vereinbarung).

Bei Verweigerung oder nachträglichem Widerruf des „nihil obstat" sind grundlegende rechtsstaatliche Anforderungen wie Gewährung von Gehör, schriftliche Entscheidbegründung, Möglichkeit der Wiedererwägung und Akteneinsicht vorgeschrieben (Art. 5 der Vereinbarung).

Im Fall einer Abberufung wegen Entzugs des „nihil obstat" mit Ersatzgestellung trägt der Bischof „während fünf Jahren die Hälfte der daraus allenfalls erwachsenden zusätzlichen Kosten" (Art. 4 Abs. 3 Satz 4 der Vereinbarung)[4].

Streitigkeiten aus der Vereinbarung sollen schiedsgerichtlich geregelt werden (Art. 9 der Vereinbarung).

*Red.*

4 Vgl. Art. 2.3 der alten Vereinbarung von 1971: „[...] Wird der Betroffene aufgrund des Entzugs der missio canonica, nach dem staatlichen Recht jedoch unverschuldet, aus dem Staatsdienst entlassen, nicht wiedergewählt oder in eine Stelle mit niedriger Besoldung eingereiht, so haftet der Bischof dem Staat für allfällige gerichtlich gutgeheissene Ansprüche des Betroffenen auf Schadenersatz und Genugtuung."

# Motion „Neue Rahmenbedingungen für den Religionsunterricht in der Volksschule“ im Kanton St. Gallen

Mit Datum vom 4. April 2006 wurde im Kantonsrat des Kantons St. Gallen eine Motion von A.B.M. (und 28 Mitunterzeichnende) zum Thema „Neue Rahmenbedingungen für den Religionsunterricht in der Volksschule“ eingereicht (Geschäftsnummer 42.06.12; Federführung: Erziehungsdirektion).

Die schriftliche Begründung der Motionärin lautete wie folgt:

> „Die Veränderung in der Gesellschaft im Umgang mit Religionen ist unübersehbar, etwa 70 Prozent der Bevölkerung bezeichnen sich als christlich, aber immer weniger Kinder werden getauft (im Detail: 41,8 % römisch-katholisch; 33 % evangelisch-reformiert; 5 % muslimisch; 11 % konfessionslos). Religionslose Kinder und Kinder, die anderen Religionsgemeinschaften angehören, sind vom Unterricht im Fach Religion befreit. Dieses Fach wird von Lehrpersonen der Volksschule oder den Landeskirchen (teilweise ökumenisch) erteilt. Da die Gruppe derjenigen, die anderen als christlichen Religionen angehören, wächst, nimmt auch die Gruppe der Kinder und Jugendlichen zu, die nicht mehr genügend mit Kenntnissen über die historische Entwicklung der westlichen Zivilisation und der Rolle der Religion in unserer Gesellschaft unterrichtet wird. Dieses Wissensdefizit ist einerseits Grund für Vorurteile und behindert andererseits eine erfolgreiche Integration.
>
> Das Wissen um Merkmale und Eigenheiten einer bestimmten Religion darf nicht verwechselt werden mit Bekenntnisunterricht in einer Glaubensrichtung, dies steht den jeweiligen Kirchen und Geistlichen zu, sollte aber ausserhalb der obligatorischen Schule stattfinden.
>
> In der Schule ist es zentral, dass neutral über die verschiedenen Glaubensgrundsätze diskutiert und informiert wird, damit keine falschen Vorstellungen das Zusammenleben beeinträchtigen. Diese Aufgabe müssen die Lehrkräfte der Volksschule wahrnehmen. Dafür soll im Lehrplan der Volksschule anstelle der von den Landeskirchen erteilten Religionsstunden ein neutrales Fach ‚Religionen und Kulturen‘ eingeführt werden, das Grundkenntnisse aller Religionen vermittelt, und von dem sich niemand auf Glaubensfreiheit dispensieren lassen könnte.
>
> Aktuell läuft eine Vernehmlassung zur neuen Stundentafel in der Volksschule. Es wäre sinnvoll, jetzt auch für den Religionsunterricht Rahmenbedingungen zu schaffen, da wichtige Kenntnisse über Sitten und Gebräuche mit aktivem Erleben in der Primar- und der Oberstufe verbunden werden sollten.
>
> Die Regierung wird aufgefordert, den Religionsunterricht in der gesamten Volksschule auf bekenntnisneutrale Basis zu stellen und ein Fach ‚Religionen und Kul-

turen‘ einzuführen, das allen Kindern und Jugendlichen wichtige Kenntnisse über die fünf Weltreligionen möglichst vorurteilslos übermittelt und auch sicherstellt, dass das Wissen um die Trennung von Kirche und Staat als Errungenschaft und Grundlage unseres modernen Staatswesens in der Volksschule gelehrt und gelebt wird. Die gesetzlichen Grundlagen und Weisungen sind entsprechend anzupassen.“

Am 2. Mai 2006 begründete der Regierungsrat des Kantons St. Gallen seinen Nichteintretensantrag folgendermassen:

„Die Motion möchte den heutigen Religionsunterricht der Landeskirchen abschaffen und statt dessen ein Fach ‚Religionen und Kulturen‘ einführen, das neutral erteilt wird und in der Nähe von Religions- und Zivilisationsgeschichte anstelle des heutigen Bekenntnisunterrichts anzusiedeln wäre.

Nach Art. 3 Abs. 1 des Volksschulgesetzes (sGS 213.1; abgekürzt VSG) wird die Volksschule nach christlichen Grundsätzen geführt. Dieser Grundsatz bedeutet zwar nicht, dass christliches Bekennen in den obligatorischen Schulunterricht fliessen müsste und dürfte. Er widerspiegelt jedoch den Willen des Gesetzgebers und der St. Galler Bürgerschaft, dass der Religionsunterricht auf der christlich bekennenden und nicht bloss auf der ‚Weltreligionen‘ analysierenden Ebene stattfindet. Die Lehrpläne der Landeskirchen sind auf den Volksschullehrplan abgestimmt und der Religionsunterricht, der in der Verantwortung der Landeskirchen läuft, ist in die Stundentafel der Volksschule eingebaut. In der Volksschule besuchen immerhin drei Viertel der Schülerinnen und Schüler diesen Unterricht.

Für das restliche Viertel, das einer anderen oder keiner Religionsgemeinschaft angehört bzw. vom Recht auf Dispensation Gebrauch macht, soll, vorerst auf der Oberstufe, später auch in der Primarschule, ein Fach Ethik eingeführt werden. Auch das Fach Ethik soll indessen, wiewohl vom christlichen Bekenntnis losgelöst, auf die Vermittlung von Werthaltungen ausgerichtet und nicht auf ‚Philosophie‘ beschränkt sein. Das Fächerpaar Religion/Ethik soll wertend sein und bleiben und damit einen besonderen Qualitätsanspruch der Volksschule erfüllen. Mit einer neutralen Religions- und Ethik-‚Kunde‘ würde dieser Anspruch preisgegeben. Elemente davon sollen indessen im Rahmen des geltenden Lehrplans in den übrigen Fächern (Sprachen, Individuum und Gemeinschaft usw.) zum Tragen kommen.“

Am 6. Juni 2006 beschloss der Kantonsrat Nichteintreten und folgte somit dem Antrag des Regierungsrates.

In der Diskussion wurde von einem Gegner der Motion u.a. vorgebracht:

„[…] Wir sind nach wie vor der Meinung, dass Religionsunterricht in unserer Schule Platz hat. Wir sind auch der Meinung, dass eine Schule, die nach Gesetz auf christlicher Grundlage erteilt wird, religiöse Werthaltungen vermitteln muss.

Aber wir haben die grundsätzliche Glaubens- und Gewissensfreiheit zu gewährleisten, und hierzu gibt es eine ganz grosse Judikatur, was zulässig ist und was nicht. Jedermann kann sich gestützt auf seine eigene Gewissensüberzeugung vom Religionsunterricht abmelden. Der Religionsunterricht wird nach unserem Volksschulgesetz in der Schule durchgeführt, ist Bestandteil des Stundenplans, wird aber in der Verantwortung der Landeskirchen durchgeführt. Das gilt übrigens nicht nur in der Volksschule, das gilt auch für die Mittelschulen. In den Mittelschulen haben wir seit mehreren Jahren als Alternative Philosophieunterricht, weil wir die Meinung vertreten, dass Schülerinnen und Schülern, die keinen Religionsunterricht besuchen, ethische Grundlagen unseres Zusammenlebens ebenfalls beigebracht werden sollen. Es gibt keine vollständig wertfreie Ethik in dem Sinne, dass nicht die Grundlage desjenigen oder die Grundhaltung desjenigen, der Ethik und ethische Grundlagen vermittelt, eine Rolle spielt. [...].

Aber wir sind der Meinung, der Ersatz für den Religionsunterricht für diejenigen, die ihn nicht besuchen, kann nicht ein Geschichtsunterricht sein, das, was der Kanton Zürich macht. Er wollte aus Spargründen ursprünglich den Religionsunterricht völlig streichen, weil dort der Staat den Religionsunterricht der anerkannten Kirchen bisher finanzierte. Das ist bei uns nicht der Fall. Wir stellen den Kirchen nur die Räume und das Zeitgefäss zur Verfügung. [...] Das, was wir bisher als Religionsunterricht vermitteln wollten, das war nicht ein Unterricht über die Religionen, sondern das ist ein Unterricht, der die Werthaltungen der Religion vermitteln soll. Wir haben nichts dagegen, wenn andere Religionen, die in diesem Land nicht zu den öffentlich-rechtlich anerkannten Kirchen gehören, ihren Religionsunterricht vermitteln. Aber das heisst nicht, dass wir den beiden grossen Landeskirchen die Möglichkeit verwehren, in den Räumen der Schule und im Rahmen des Stundenplans Religionsunterricht zu vermitteln. [...]"

Die Mitglieder des Kantonsrats gewichteten solche Argumente stärker als Argumente, die in der Beratung von der Motionärin – sie bekannte sich in ihrem Votum als regelmässige Kirchgängerin evangelisch-reformierter Konfession – vorgebracht wurden:

„[...] Kirchen sind nicht a priori die Einzigen, die Kenntnisse über Religion vermitteln können und auch nicht sollen, denn sie sind ihrem Bekenntnis verpflichtet. Hier zeigt die Antwort der Regierung einen argen Argumentationsnotstand. Sie weiss ganz genau, dass Art. 3 Abs. 1 des Volksschulgesetzes die Absicht der Gesetzgebenden zeigt, die öffentliche Schule bekenntnisneutral zu halten. Es sollten eben gerade keine katholischen oder reformierten Volksschulen geführt werden. Etwas anderes stand damals bei der Einführung nicht zur Debatte. Dass die Landeskirchen sowohl an Publikum wie auch an Personal erheblichen Mangel haben, soll hier nicht diskutiert werden. [...] Trotzdem, die Öffentlichkeit, nicht die Kirchen sollen definieren, welche religiösen Inhalte zum Verständnis unserer Kulturgeschichte unverzichtbar sind. Darum sollten auch Lehrpersonen dies unterrichten. Denn nur so gelingt die Einbettung der Themen in den Gesamtunterricht, was für das Verständnis der Schulkinder der Primarstufe zentral

> ist. Dies ist keine Abkehr von der Vermittlung von Werthaltungen, wie sie der Lehrplan vorschreibt und mir die Regierung zu Unrecht unterstellen möchte. Im Gegenteil: Erst so wird der Lehrplan wirklich für alle umgesetzt. Die Motion entspringt der tiefen Überzeugung, dass der Grundsatz der Trennung von Kirche und Staat für unser Staatswesen fundamental ist und darum auch in der Volksschule Beachtung finden muss. Das ist ein zutiefst liberaler Wert. Die Stellung der Landeskirchen ist aus dieser Sicht ein Anachronismus und mit der Trennung von Kirche und Staat eben eigentlich nicht vereinbart. […]"

28 Mitglieder des Kantonsrates stimmten für Überweisung, 112 für Nichtüberweisung („Nichteintreten").

*Jakob Frey*

# Obligatorische Volksabstimmung für den Bau von Minaretten und religiöser Architektur im Kanton St. Gallen?

Am 25. September 2006 wurde von der SVP-Fraktion im Kantonsrat des Kantons St. Gallen eine Motion eingereicht, welche den Bau von Minaretten und religiöser Architektur der obligatorischen Volksabstimmung unterstellen wollte (Geschäft 42.06.21). Das Geschäft wurde der Baudirektion übertragen.

Am 31. Oktober 2006 beschloss der Regierungsrat, dass dem Kantonsrat zu beantragen ist, auf die Motion nicht einzutreten. Die Begründung lautete:

> „Nach Art. 87 Abs. 1 des Baugesetzes (sGS 731.1; abgekürzt BauG) ist die Baubewilligung zu erteilen, wenn keine im öffentlichen Recht begründeten Hindernisse vorliegen. Grundsätzlich gilt damit die Baufreiheit als Ausfluss der Eigentumsgarantie nach Art. 26 der Bundesverfassung (SR 101; abgekürzt BV). Diese kann eingeschränkt werden, wenn eine gesetzliche Grundlage besteht, die Einschränkung im öffentlichen Interesse liegt, verhältnismässig ist und der Kerngehalt unangetastet bleibt (Art. 36 BV). Entsprechend können Baugesuche nur abgelehnt werden, wenn die Bauvorhaben gegen geltendes Recht verstossen. Ob dies zutrifft, muss im Einzelfall geprüft werden. Die Ablehnung eines Baugesuches ist dabei zu begründen.
>
> Diese Begründungspflicht ergibt sich aus dem Anspruch auf rechtliches Gehör nach Art. 29 BV. Da die Stimmbürgerschaft einer solchen Begründungspflicht – wenigstens an der Urne – nicht nachkommen kann, sind Regelungen, wonach über konkrete Bauvorhaben an der Urne abgestimmt werden muss, schon aus diesem Grund verfassungswidrig. Weil gegen einen ablehnenden Beschluss der Bürgerschaft nur das Rechtsmittel der Kassationsbeschwerde offen stände, müsste – gleich wie etwa bei Zonenplanverfahren (Art. 30 und 30$^{bis}$ BauG) – zusätzlich noch eine Rekursmöglichkeit gegen die Bürgerschaftsbeschlüsse geschaffen werden. Im Rahmen der Rekursverfahren wäre dann allerdings jeder ablehnende Bürgerschaftsbeschluss, der das Bauvorhaben – trotz Einhaltung aller materiellen Vorschriften – abweist, aufzuheben, weil das Stimm- und Wahlrecht keinen Anspruch auf Anerkennung eines Abstimmungsergebnisses gewährleistet, das rechtswidrig ist. Damit erweist sich die Durchführung einer Volksabstimmung über Baugesuche offensichtlich als untaugliches Mittel zur Verhinderung bestimmter Bauvorhaben.
>
> Zudem gibt es keine sachlichen Gründe, die es rechtfertigen könnten, bestimmte Kategorien von Bauvorhaben anders zu behandeln als die übrigen. Insbesondere ist kein Grund ersichtlich, weshalb religiöse Bauvorhaben anders zu beurteilen

sind als beispielsweise gewerbliche, soziale oder kulturelle, zumal gerade etwa gewerbliche Bauvorhaben (Mobilfunkantennen, Betriebe der pharmazeutischen Industrie, Erotikbetriebe, Schlachthöfe und dergleichen) das Empfinden oft vergleichbar tangieren können wie religiöse. Insofern verstiesse eine entsprechende Regelung auch gegen den verfassungsmässigen Grundsatz des Willkürverbots von Art. 9 BV.

Kantonsrat und Regierungsrat haben bereits im Jahr 2001 entschieden, das interkulturelle Zusammenleben im Kanton St. Gallen zu fördern. Die dazu erforderlichen Grundlagen wurden mit dem Bericht 40.00.04 ‚Interkulturelles Zusammenleben' gelegt. Die Rahmenbedingungen dafür, dass die Entwicklung der verschiedenen Religionen und Kulturen hierzulande in geordneten Bahnen verläuft, werden mit den Grundrechten der Bundesverfassung festgelegt. Insbesondere die in Art. 15 BV garantierte Glaubens- und Gewissensfreiheit sowie das Rechtsgleichheitsgebot von Art. 8 BV stellen sicher, dass in der Schweiz niemand gezwungen wird, seine Religion im Versteckten zu leben. Dadurch soll erreicht werden, dass religiöse Aktivitäten zu einem gewissen Grad öffentlich und sichtbar bleiben, damit der Kontakt und die Auseinandersetzung zwischen unterschiedlichen Religionsgemeinschaften, aber auch zwischen Behörden und Religionsgemeinschaften gepflegt werden kann.

Die Überlegungen führen zum Schluss, dass eine Anpassung der Gesetzgebung im Sinn der Motion nicht nur zu interkulturellen Konflikten führen würde, sondern dass sie auch gegen die Glaubens- und Gewissensfreiheit sowie das Rechtsgleichheitsgebot verstiesse."

Die Motion wurde vom Kantonsrat am 29. November 2006 behandelt. Nach einer engagierten Eintretensdebatte – zwei Mitglieder des Kantonsrates beantragten Eintreten, drei beantragten Nichteintreten – wurde mit 108 gegen 46 Stimmen (bei 2 Enthaltungen) Nichteintreten beschlossen.

*Jakob Frey*

# Die Zugehörigkeit zur evangelischen Landeskirche im Kanton Thurgau*

## *I. Wer ist Mitglied der Evangelischen Landeskirche?*

> Wir schreiben Donnerstag, den 15. April 1529. Aus allen Dörfern und Städten der gemeinen Herrschaft sind die Anwälte der Gemeinden in Weinfelden zusammengekommen, und viel Volk ist mitgelaufen. Es geht um wichtige Dinge. In den Gemeinden ist allerlei vorgefallen. In den Kirchen wird überall evangelisch gepredigt. Die Klöster haben ihre Pforten geöffnet. Gutwillig oder nicht haben die Mönche und Nonnen der Stimme des Volkes nachgegeben. Wer sich nicht fügen will, geht ausser Landes. Man fragt sich nicht mehr nach den ererbten und gekauften Rechten der Gerichtsherren. Die gemeinen Leute haben ihren Zwingli ins Herz geschlossen.[1]

So (oder ähnlich) wurden unsere Vorfahren zur evangelischen Glaubensgemeinschaft und späteren Landeskirche zugehörig. Heute ist längst nicht mehr so klar, wer dazu gehört und wer nicht. Gemäss unserer Kirchenverfassung ist jeder evangelische Einwohner und jede evangelische Einwohnerin des Kantons, der oder die nicht schriftlich den Austritt erklärt hat, Mitglied der Evangelischen Landeskirche. Die geltende Kirchenordnung präzisiert, dass jeder evangelische Einwohner des Kantons, der nicht ausdrücklich seinen Austritt genommen oder bei der Wohnsitznahme im Kanton seine Nichtzugehörigkeit erklärt hat, Mitglied unserer Landeskirche ist. Die Taufe wird nicht explizit vorausgesetzt. Die meisten schweizerischen evangelischen Landeskirchen gehen heute zwar davon aus, dass im Normalfall die Kirchenmitglieder getauft sind. Doch als *unabdingbares* notwendiges Mitgliedschaftskriterium ist die Taufe in den schweizerischen evangelischen Landeskirchen in der Regel nicht verbindlich vorgeschrieben. Abstammung und Wohnsitznahme sind in der Regel die hinreichenden Merkmale, auf die sich die Annahme einer Kirchenmitglied-

* Auszug aus dem Jahresbericht 2006 der Evangelischen Landeskirche des Kantons Thurgau. Dort abgedruckt unter dem Titel „Die Zugehörigkeit zur evangelischen Landeskirche. Persönliche Gedanken anlässlich der Kirchenordnungsrevision".

1 *Alfred Knittel*, Werden und Wachsen der evangelischen Kirche im Thurgau. Von der Reformation bis zum Landfrieden von 1712, Frauenfeld 1946, S. 9.

schaft gründet, solange diese nicht ausdrücklich widerrufen wird, auch wenn im Normalfall natürlich die Taufe als Zeichen der Zugehörigkeit gilt[2]. In unserer Kirchenordnung wird die Frage, wer evangelisch ist, im Gegensatz zu anderen Kirchenordnungen nicht näher erläutert[3]. In der Praxis gilt im Thurgau, dass dem Glaubensbekenntnis der evangelischen Landeskirche die Mitgliedskirchen des reformierten Weltbundes und weitere evangelische Glaubensgemeinschaften wie die der Lutheraner entsprechen. Im Zusammenhang mit der beschränkten Steuerpflicht[4] empfiehlt sich, diesbezüglich in der Kirchenordnung eine nähere Umschreibung vorzunehmen.

Ohne dass dies in der Kirchenordnung explizit erwähnt wird, ist somit Mitglied der thurgauischen Evangelischen Landeskirche, wer als Kind evangelischer Eltern zur Welt gekommen und in der Regel getauft worden ist. Ein spezielles „Aufnahmeverfahren" gibt es nicht. Die Konfirmation ist unter anderem „Aufruf zur verantwortlichen Mitarbeit in Gemeinde und Gesellschaft, Einladung in die Nachfolge Christi und zum eigenen Glauben sowie Ausdruck des Eintritts in die kirchliche Mündigkeit. Durch die Konfirmation wird ein junger Mensch mündiges Mitglied der

2 *Wolfgang Lienemann*, Probleme der Kirchenmitgliedschaft, in: SJKR 1 (1996), S. 76 f.

3 Die Kirchenordnung der evangelisch-reformierten Landeskirche des Kantons Zürich ist diesbezüglich etwas präziser: Die kirchlichen Erfordernisse als Glied der Landeskirche erfüllt ohne weiteres, wer als Kind eines Gliedes einer auf dem Boden reformatorischen Glaubens- und Schriftverständnisses stehenden Kirche in diesem Glauben auferzogen wird oder wer sonst den in dieser Kirchenordnung vorgesehenen Unterricht besucht hat und konfirmiert worden ist (Art. 9 KiO ZH). – Gemäss Kirchengesetz der evangelischen Landeskirche Bern sind Glieder der Landeskirche: a) alle Einwohner des bernischen Kirchengebiets, die nach den Vorschriften der Kirchenordnung getauft und admittiert worden sind, b) Personen von mehr als sechzehn Jahren, die auf Grund eines besonderen Gesuches in die Kirche aufgenommen worden sind, c) alle Personen, die von auswärts in das bernische Kirchengebiet eingezogen sind und bisher schon einer dem Schweizerischen Evangelischen Kirchenbund angeschlossenen Kirchen oder Gemeinschaften angehört haben, d) die Glieder weiterer evangelischer Kirchen oder Gemeinschaften sind, sofern sie die Erfordernisse und Grundsätze dieser Verfassung anerkennen, e) Kinder unter 16 Jahren, deren Eltern der evangelisch-reformierten Kirche angehören, sofern die Inhaber der elterlichen Gewalt nicht etwas anderes bestimmen.

4 Wenn z.B. jemand im Ausland wohnt, aber im Thurgau Grundeigentum versteuert.

Kirchgemeinde“[5]. Wie die Taufe ist die Konfirmation ebenfalls zumindest rechtlich gesehen nicht eine *un*abdingbare Voraussetzung für die Mitgliedschaft.

Auch Ausländer sind übrigens Mitglieder unserer Landeskirche, sofern sie hier Wohnsitz haben und ihre Mitgliedschaft beim Zuzug erklärt haben. Im Kanton Thurgau Wohnsitz hat, wer hier angemeldet ist und damit auch das Stimmrecht ausüben kann und Steuern zahlt. Das trifft nicht auf Wochenendaufenthalter oder Kurzaufenthalter zu.

## *II. Wie wird man Mitglied?*

Gemäss geltender Kirchenordnung kann in die Evangelische Landeskirche des Kantons Thurgau aufgenommen werden, wer das 16. Altersjahr vollendet hat und den Eintritt wünscht. Hat er vorher noch nie einer evangelischen Kirche angehört, so hat er sich an das Pfarramt oder an die Kirchenvorsteherschaft seines Wohnortes zu wenden. Die Aufnahme erfolgt nach vorausgegangenem angemessenem Unterricht aufgrund eines Entscheides der Kirchenvorsteherschaft. Wer bereits einmal Mitglied einer evangelischen Landeskirche war, kann durch eine schriftliche Anzeige an die Kirchenvorsteherschaft des Wohnortes wieder in die Kirche eintreten. Ein Entscheid der Kirchenvorsteherschaft ist in diesem Fall nicht vorgesehen[6].

Der Wiedereintritt dürfte in der Praxis kaum Probleme stellen. Auch der Eintritt eines Erwachsenen warf bis anhin kaum Fragen auf. Worin die Unterweisung besteht, liegt mangels konkretisierender landeskirchlicher Bestimmungen im Ermessen der örtlichen Kirchenvorsteherschaft[7]. Fraglich ist lediglich die Formulierung, wonach die Kirchenvorsteherschaft über die Aufnahme entscheidet. Immerhin geht es um die Aufnahme in die evangelische Landeskirche des Kantons Thurgau, weshalb die

5 Thesenpapier des Evangelischen Kirchenrates des Kantons Thurgau vom 5.1.2000 für kirchliche Angebote für Nichtmitglieder der Evangelischen Landeskirche.

6 Vgl. Kirchenordnung der Evangelischen Landeskirche des Kantons Thurgau vom 20.2.1978, §§ 2, 4.

7 Eine Verordnung des Kirchenrates, die die Einzelheiten der Aufnahme in die Landeskirche regeln würde, wie sie in § 2 Abs. 2 KiO vorgesehen ist, gibt es (derzeit) nicht.

Zuständigkeit nicht alleine bei der kommunalen Behörde liegen sollte. Analog zur Erteilung der Bürgerrechte müsste eigentlich auch die kantonale Kirchenleitung etwas dazu sagen können[8]. Kann eine Aufnahme überhaupt abgelehnt werden? Wenn ja, aus welchen Gründen? Kann zum Beispiel eine bereits bestehende Mitgliedschaft zur Katholischen Landeskirche oder zu einer anderen Glaubensgemeinschaft ein Ablehnungsgrund sein? Die Ablehnung einer Aufnahme in die Landeskirche berührt das Grundrecht der Religionsfreiheit. Unsere Bundesverfassung schreibt nämlich vor, dass jede Person das Recht hat, einer Religionsgemeinschaft beizutreten oder anzugehören[9]. Niemand kann sich jedoch auf die Religionsfreiheit berufen, wenn er die Voraussetzungen für die Mitgliedschaft, welche die Religionsgemeinschaft fordert, nicht erfüllt. Diese Voraussetzungen müssen aber geregelt sein. Allfällige Ablehnungsgründe im Sinne von negativen Voraussetzungen (wie z.B. Doppelmitgliedschaft[10]) müssen angesichts der grundrechtlichen Tragweite in einem Gesetz (z.B. Kirchenordnung) genannt werden. Weiter ist das Verfahren (allenfalls in einer Verordnung des Kirchenrates) näher zu regeln, namentlich, dass das Gesuch schriftlich gestellt werden muss und dass die neue Mitgliedschaft der Einwohnerkontrolle zu melden ist (womit datenschutzrechtliche Probleme beseitigt werden). Wichtig ist ferner festzuhalten, ab welchem Zeitpunkt die Mitgliedschaft gilt und das neue Mitglied steuerpflichtig wird (Datum der Gesuchstellung oder des Aufnahmeentscheides)[11].

## *III. Die Mitgliedschaft von Kindern*

Gemäss Art. 303 ZGB entscheiden Kinder, die das 16. Altersjahr zurückgelegt haben, selber über ihre religiösen Bekenntnisse. Bis zu diesem Zeitpunkt verfügen die Eltern über die religiöse Erziehung der Kinder.

8 So sieht zum Beispiel die Kirchenordnung des Kantons Zürich vor, dass beim Kirchenrat eine „Bescheinigung" einzuholen sei und nach deren Vorliegen die Aufnahme vollzogen werden könne (Art. 10 KiO ZH).

9 Art. 15 Abs. 3 BV.

10 Eine solche ist aus rechtlicher Sicht möglich. Die Landeskirche des Kantons Zürich lehnt eine Doppelmitgliedschaft z.B. ab, wenn es sich um eine weitere öffentlich rechtliche Kirche handelt (§ 10 Abs. 3 KiO ZH).

11 Dieser Gesichtspunkt spielt allerdings bei der aktuellen Steuerpraxis nur über den Jahreswechsel eine Rolle.

Die Eltern bestimmen die Religion und Konfession des Kindes. Sie haben auch das Recht, das Kind konfessionslos zu erziehen. Doch haben die Eltern schon vor Erreichen der Religionsmündigkeit das eigene religiöse Gefühl und Bewusstsein des Kindes mit zunehmendem Alter und zunehmender Urteilsfähigkeit zu respektieren. Sie dürfen ihm keinen Religions- oder Konfessionswechsel gegen seinen Willen aufdrängen[12]. Das Erziehungsrecht der Eltern geht beim Entzug der elterlichen Sorge auf den Vormund über. Wird jedoch nur die elterliche Obhut (Fremdplatzierung) entzogen, so wird das religiöse Erziehungsrecht nicht tangiert[13]. Das bedeutet, dass die Pflegeeltern nicht über die religiöse Zugehörigkeit des Pflegekindes bestimmen können.

Die Kinder sind somit vor dem 16. Altersjahr zwar noch nicht religionsmündig. Sie sind jedoch grundsätzlich Träger von Grundrechten und geniessen damit den Schutz der Glaubens- und Gewissensfreiheit, denn die Menschenrechte gelten als „angeborene Rechte". Art. 11 Abs. 2 BV räumt den Unmündigen und Entmündigten die Handlungsfähigkeit im Bereich der Grundrechte generell ein, soweit sie urteilsfähig sind[14]. Es sei denn das Verfassungsrecht gewähre bestimmte Rechte ausdrücklich nur den Mündigen, wie etwa die politischen Rechte. Kinder, die zwar das 16. Altersjahr noch nicht vollendet haben, aber in Bezug auf die Frage der Religionszugehörigkeit urteilsfähig sind, geniessen also ebenfalls den Schutz der Religionsfreiheit. Die Vorschrift in Art. 303 ZGB über das Erziehungsrecht der Eltern beseitigt die Grundrechtsträgerschaft der Minderjährigen somit nicht, gewährt aber dem Erziehungsrecht der Eltern bis zum Erreichen der Altersgrenze Vorrang, sofern nicht im konkreten Fall bereits religiöse Urteilsfähigkeit vorliegt[15].

Über die Mitgliedschaft der Kinder unter 16 Jahren gibt es im thurgauischen Kirchenrecht keine Regelung. Das ist insofern nicht nötig, als im staatlichen Recht das religiöse Erziehungsrecht der Eltern bzw. der Vormundschaft geregelt und die Religionsfreiheit verankert ist. Wie weit das Grundrecht des Kindes auf Religionsfreiheit das Erziehungsrecht der Eltern einschränkt, ist grundsätzlich eine staatliche und nicht kirchenrechtliche Frage. Kirchenrechtlich zu regeln dagegen ist, ob Kinder, die nicht

12 Vgl. Basler Kommentar zum ZBG, Bd. I, zu Art. 303, N 6.

13 BGE 129 III 689.

14 *René Pahud de Mortanges*, Das Religionsrecht der neuen Bundesverfassung, Freiburg i.Ue. 2001, S. 18 f.

15 Vgl. *Dieter Kraus*, Schweizerisches Staatskirchenrecht, Tübingen 1993, S. 74 f.

bereits per Abstammung Mitglieder sind, solche (auch im Einverständnis der Eltern) werden können.

Ein Grund, die Mitgliedschaft für urteilsfähige Kinder unter 16 Jahren generell auszuschliessen, wenn die Eltern Nichtmitglieder der Landeskirche sind, ist wohl nicht ersichtlich. Wenn also die urteilsfähigen Kinder im Einverständnis der Eltern die Mitgliedschaft beantragen, so dürfte die Mitgliedschaft, sofern die übrigen Voraussetzungen erfüllt sind, nicht verwehrt werden. Anders mag es bei allenfalls Urteilsunfähigen aussehen, namentlich wenn man davon ausgeht, dass eine Mitgliedschaft nur Sinn macht, wenn eine entsprechende Verbundenheit mit der Landeskirche bzw. der Wille dieser anzugehören entweder bei den Eltern oder beim Kind vorhanden sein sollte. Diese Überlegung würde es rechtfertigen, für die Begründung der Mitgliedschaft von Kindern, deren Eltern nicht der Landeskirche angehören, vorauszusetzen, dass die Kinder (und nicht die Eltern) eine solche wünschten oder dass sich die Verbundenheit zur Landeskirche in einer anderen Weise manifestiert[16].

Sind Kinder im Unterschied zu ihren Eltern Mitglieder, so stellt sich als nächstes die Frage, wer für die von ihnen in Anspruch genommenen Leistungen (Religions- oder Konfirmationsunterricht) aufzukommen hat. Die Kinder sind nun nicht mehr „Nichtmitglieder", von denen allenfalls eine Gebühr für die Inanspruchnahme von kirchlichen Leistungen (Unterricht) verlangt werden könnte. Mitglieder der Landeskirche sind grundsätzlich steuerpflichtig. Auch Minderjährige sind steuerpflichtig. So haben Unmündige ihr Erwerbseinkommen oder Ersatzerwerbseinkommen (z.B. Taggelder aus Versicherungen) selber zu versteuern. Unmündige, die nicht unter der elterlichen Sorge stehen, werden schon vor der Mündigkeit für ihr gesamtes Einkommen besteuert[17]. Kinder, die den Religions- oder Konfirmationsunterricht besuchen, dürften aber regelmässig über

16 Die Kirchenordnung der Evangelisch-Reformierten Kirche des Kantons Basel bestimmt in § 5, dass dem Aufnahmegesuch, welches namens eines noch nicht 16 Jahre alten Kindes von einem Inhaber der elterlichen Sorge zuständigen Vertreters gestellt wird, entsprochen werden muss, „wenn Gewähr besteht für Erziehung im protestantischen Glauben, Besuch des Religionsunterrichts und nötigenfalls Vornahme der Taufe". Dies kann etwa dann der Fall sein, wenn das Kind bei Pflegeeltern aufwächst oder die Eltern einer Freikirche angehören oder das Kind andere Bezugspersonen (Paten, Grosseltern) mit kirchlichem Bezug hat oder bereits während dieser Zeit den Religionsunterricht als Nicht-Mitglied besucht hat.

17 Vgl. §§ 12 und 59 StG.

kein selbständig zu versteuerndes Einkommen verfügen. Da liegt die Frage nahe, ob allenfalls von den Eltern ein Beitrag erwartet werden kann. Die Eltern haben nicht für alle Verbindlichkeiten ihrer Kinder aufzukommen. So haftet dieses selber für unerlaubte Handlungen oder für seine Verpflichtungen, die es als urteilsfähiges unmündiges Kind mit Zustimmung der Eltern eingegangen ist[18]. Für Vereinsbeiträge beispielsweise sind dagegen die Eltern Schuldner, wenn der Vereinsbeitritt durch Vertretung der Eltern oder mit deren Zustimmung erfolgte, weil die Bezahlung solcher Beiträge unter die Unterhaltspflicht fällt. Sie dürfen aber für deren Erfüllung Erträgnisse des Kindesvermögens verwenden[19].

Für Kinder, die Mitglieder sind und es (hoffentlich) nach der Konfirmation auch bleiben, kann somit nicht einfach ein fixer Betrag für den Besuch des Religions- oder Konfirmationsunterrichts verlangt werden. Möglich dagegen ist ein „Beitrag" im Rahmen ihrer (wohl in den seltensten Fällen bestehenden) eigenen Steuerpflicht. Nur ein solcher „Beitrag" könnte von den Eltern eingefordert werden. Im Unterschied zu den Nicht-Mitgliedern, von denen grundsätzlich eine fixe Summe zur Kostendeckung verlangt werden darf, bemisst sich der Steuerbeitrag der Mitglieder nicht an den von ihnen bezogenen „Leistungen" der Landeskirche, sondern an ihren finanziellen Einkommensverhältnissen.

Das gilt meines Erachtens grundsätzlich auch dann, wenn der Wunsch, dass die Kinder Mitglieder bleiben, nicht den Kindern sondern den aus der Kirche tretenden Eltern entspricht. Die Eltern haben in solchen Fällen für ihre unmündigen Kinder im Sinne des Kindeswohls zu entscheiden. Die Leistungen der Landeskirche (z.B. Religionsunterricht) werden denn auch zugunsten des Kindes und nicht der Eltern erbracht.

Nun erachtete es das Bundesgericht im Zusammenhang mit der Steuerpflicht von Eheleuten, die nicht beide der evangelischen Landeskirche angehören, allerdings als zulässig, nach dem Prinzip der Haushaltsbesteuerung vorzugehen und nur einen der Kirchenzugehörigkeit der einzelnen Familienmitglieder entsprechenden Bruchteil der vollen Steuer zu erheben[20]. So gilt auch im Kanton Thurgau, dass – wenn nur ein Ehegatte der evangelischen Landeskirche angehört – die steuerpflichtige Familie die halbe Kirchensteuer an die evangelische Kirchgemeinde zu entrichten

18 Art. 305 Abs. 2 ZGB, Art. 19 ZGB.
19 Vgl. Berner Kommentar, zu Art. 70 N 20.
20 BGE 100 Ia 255, 128 I 317 mit Hinweisen.

hat (auch wenn dieser Ehegatte über kein eigenes Einkommen verfügt)[21]. Dieser vom Bundesgericht bestätigten Praxis liegt der Gedanke zu Grunde, dass der eine Ehegatte ebenso am Einkommen des anderen Partners teilhat, sich die wirtschaftliche Leistungsfähigkeit des einen Partners auch nach dem Einkommen und Vermögen des anderen bestimmt und die Ehegatten zivilrechtlich und wirtschaftlich eine gewisse Einheit bilden. Eine ähnliche Einheit besteht auch zwischen Eltern und Kindern, weshalb eine Bruchsteilsbesteuerung auch dann zulässig sein sollte, wenn nur die Kinder, nicht aber die Eltern Mitglieder der Landeskirche sind. Das geltende thurgauische Recht kennt – im Gegensatz zu andern Kantonen[22] – jedoch keine andere Aufteilung der Kirchensteuerpflicht nach Köpfen als diejenige der Ehepartner. Nun liegt die Steuerhoheit in der Kompetenz des Kantons. Die Kirchgemeinden verfügen nur über die Berechtigung, von ihren Kirchgemeindemitgliedern Steuern in Form von Zuschlägen zu den Hauptsteuern zu erheben. Über das System der Zuschläge bestimmt also das kantonale Gesetz den Umfang des „Besteuerungsrechts" der Kirchgemeinden. Diese legen alsdann den Steuerfuss fest[23]. Die Haushaltsbesteuerungen nach Bruchteilen für Familien mit evangelischen Kindern und konfessionslosen Eltern einzuführen, dürfte ohne staatliche Steuerverordnungsänderung daher nicht möglich sein.

In jedem Fall zulässig ist es, an die Solidarität der aus der Kirche austretenden Eltern zu appellieren und ihnen zu erläutern, dass ihre Kinder weiterhin Mitglieder der Landeskirche bleiben können, dass man aber von den Eltern erwartet, sich an den Unkosten (z.B. für den Religionsunterricht, Jugendarbeit etc.) mit einem finanziellen Beitrag zu beteiligen[24]. Eine gleiche Regelung erweist sich auch für Kinder, die nicht Mitglieder

21 § 56 StV.

22 Vgl. Steuerordnung der römisch-katholischen Kirche Basel-Stadt, Dekret über die Kirchensteuer der Evangelisch-reformierten Kirche des Kantons Schaffhausen. Im Kanton St. Gallen entfällt grundsätzlich die Steuerpflicht, wenn die Eltern aus der Landeskirche austreten, die Kinder aber noch Mitglieder bleiben, ausser mindestens ein Elternteil verlangt die Aufteilung der Kirchensteuer nach Köpfen (Art. 2 Abs. 2 StV SG). In diesem Fall zahlen die ausgetretenen Eltern für ihre Kinder weiterhin eine anteilsmässige Kirchensteuer.

23 *Philipp Stähelin*, Wegweiser durch die Thurgauer Verfassung, Frauenfeld 1991, zu § 93 N 6.

24 Die Diözese von Lausanne, Genf und Freiburg erarbeitete ein Merkblatt über die Konsequenzen eines Kirchenaustritts und formulierte darin eine solche Erwartung an die Eltern, vgl. http://www.diocese-lgf.ch/SEd-A.pdf.

der Landeskirche sind, trotzdem aber deren Leistungen in Anspruch nehmen, als sachgerecht. Die Gleichbehandlung aller Kinder, deren Eltern nicht Mitglieder der Landeskirche sind, erübrigt zudem die in der Praxis oftmals nicht ganz einfache Feststellung, welche Kinder nun Mitglieder der Landeskirche sind und welche nicht[25].

## *IV. Der Kirchenaustritt und seine Folgen*

Unsere aktuelle Kirchenordnung hält diesbezüglich einzig fest, dass der Austritt durch eine persönliche schriftliche Erklärung an die Kirchenvorsteherschaft zu erfolgen habe und der Austritt der zuständigen Gemeindeverwaltung zu melden sei. Gemäss § 4 KiV sind die Einzelheiten in der Kirchenordnung zu regeln. Das heisst, dass die Regelung des Austrittsverfahrens in die Kompetenz der Landeskirche und nicht der Kirchgemeinden fällt. Die derzeit geltende Kirchenordnung erweist sich diesbezüglich als offensichtlich ergänzungsbedürftig, was offenbar zu unterschiedlichen Praxen im Kanton geführt hat[26].

Die Garantie der Religionsfreiheit hat unter anderem zur Folge, dass der Austritt aus der Landeskirche jederzeit möglich sein muss und nicht durch schikanöse Vorschriften erschwert oder unnötig verzögert werden darf. Hingegen ist es gemäss bundesgerichtlicher Rechtsprechung zulässig, an die Erklärung des Kirchenaustrittes formelle Anforderungen zu stellen, um einen überstürzten Austritt oder einen momentanen Einfluss von Drittpersonen nach Möglichkeiten zu verhindern. So darf z.B. verlangt werden, dass der Austritt schriftlich erklärt wird, oder dass der Austrittswillige nach einer Bedenkzeit seinen Austrittswillen in Kenntnis der daraus entstehenden Konsequenzen bestätigt[27]. Die Zugehörigkeit zur Landeskirche ist ein persönliches Recht. Deshalb sind kollektive Aus-

25 So empfehlen z.B. der Kirchenrat des Kantons Aargau und des Kantons Graubünden, Eltern, die Nichtmitglieder der Landeskirche sind, zur Bezahlung eines Beitrages an den Religionsunterricht einzuladen.

26 Einzelne Kirchgemeinden verlangen eine Bestätigung des Austrittswillens nach einer bestimmten Bedenkfrist.

27 Vgl. z.B. §§ 8 ff. KiO BS; die sanktgallische Kirchenordnung schreibt vor, dass derjenige, der aus der Kirche austreten will, eine schriftliche Erklärung mit amtlich beglaubigter Unterschrift einzureichen hat (Art. 24 Abs. 1 KiO SG).

trittserklärungen nicht möglich[28]. Bei Kindern sollte geklärt werden, ob der Austritt der Eltern auch für die Kinder gilt. Bei Kindern über 16 Jahre ist dies zu verneinen, weil sie religionsmündig sind. Bei Kindern unter 16 Jahren empfiehlt sich, von den Eltern eine ausdrückliche Erklärung zu verlangen. Eine Regelung, wonach die weitere Mitgliedschaft der Kinder (beim Austritt der Eltern) nur möglich ist, wenn eine gewisse Verbindung zur Landeskirche nach wie vor besteht (analog zum Eintritt), ist übrigens nicht möglich, wir kennen den Ausschluss aus der Landeskirche nicht.

Der Austritt muss immer auf den Zeitpunkt der ersten Erklärung erfolgen[29]. Es gibt keine „Kündigungsfristen". Die Möglichkeit eines rückwirkenden Austritts vor diesem Zeitpunkt ist dagegen abzulehnen.

Nicht möglich ist übrigens ein partieller Kirchenaustritt. Man kann also nicht aus der örtlichen Kirchgemeinde austreten aber Mitglied der Landeskirche bleiben wollen[30].

Ist ein Mitglied einmal ausgetreten, so stellen sich Fragen, wie z.B. ob es gleich wohl noch kirchlich heiraten darf, ob es seine Kinder taufen lassen oder bei einer Taufe Pate sein kann. Mit der Revision der Kirchenordnung erhalten wir die Gelegenheit, uns mit den neuen Tendenzen der Individualisierung und Pluralisierung im religiösen Bereich, mit dem Begriff „Kirche" und dem Verständnis der Kirchenmitgliedschaft vertiefter auseinander zu setzten[31].

Nutzen wir die Gelegenheit für konstruktive und grundlegende Diskussionen.

> „Die Aufgabe einer Kirche, die nicht selber die Wahrheit ist, sondern auf die Wahrheit hinweist, ist es, den Menschen zu zeigen, dass es eine Hoffnung gibt, die sie trägt, ihnen Kraft und Orientierung gibt. Das verstehe ich unter Evangelium. Deshalb muss die Kirche dem Weg der Menschen folgen. Sie darf keine hohen Schwellen haben."[32]

*Anna Katharina Glauser Jung*

28 Viele Kirchenordnungen erwähnen sinnvollerweise explizit die Unzulässigkeit solcher kollektiver Austrittserklärungen.

29 BGE 104 Ia 79.

30 §§ 4 und 11 der Kirchenverfassung, BGE 129 I 68.

31 Vgl. dazu auch *Cla Reto Famos*, Kausalhandlungen an Nichtmitgliedern aus juristischer und theologischer Sicht, in: SJKR 10 (2005), S. 33; *Wolfgang Lienemann*, Gesellschaftliche, rechtliche und theologische Probleme der Kirchenzugehörigkeit, in: SJKR 1 (1996), S. 67 f.

32 *Thomas Wipf*, Thurgauer Zeitung vom 7.4.2007, S. 3.

# Zur Kirchenordnung der Evangelisch-Reformierten Landeskirche Uri vom 7. Mai 2007

Infolge der Auflösung des Evangelisch-reformierten Kirchenverbandes der Zentralschweiz – zum letzten Mal erschien ein Jahresbericht dieses Verbandes im Jahr 2003 – konstituierten sich die Zentralschweizer Kirchen neu[1]. Eine der Folgen war, dass das Organisationsstatut der Evangelisch-Reformierten Landeskirche Uri vom 22. April 1986 am 19. November 2001 teilrevidiert wurde. Geändert wurde insbesondere Art. 5, indem nun die Evangelisch-Reformierte Landeskirche Uri Mitglied des Schweizerischen Evangelischen Kirchenbundes (SEK) wurde. Art. 5 Abs. 1 des revidierten Organisationsstatuts lautet:

> „Die Evangelisch-Reformierte Landeskirche Uri ist Mitglied des Schweizerischen Evangelischen Kirchenbundes (SEK) und durch diesen mit den Kirchen der Leuenberger Kirchengemeinschaft, des Reformierten Weltbundes und des Ökumenischen Rates verbunden.“

Nach dieser Revision des Organisationsstatuts folgte nun ein weiterer wichtiger Schritt, nämlich die Erarbeitung und Beschlussfassung einer eigenen Kirchenordnung. Sie wurde von der Kantonalversammlung am 7. Mai 2007 „genehmigt“[2].

Die neue Kirchenordnung umfasst 41 Artikel und ist in die folgenden sieben Abschnitte gegliedert: I. Grundsätze, II. Organisation und Verwal-

1 Siehe eine Reihe von Berichten von *Fritz Gloor*, nämlich: Die Urschweizer Kirchen auf der Suche nach tragfähigen Kooperationsstrukturen, in: SJKR/ASDE 4 (1999), S. 150-195; Neue Kantonalkirchen? Die Urschweizer Kirchen nach Auflösung des Evangelisch-reformierten Kirchenverbandes der Zentralschweiz, in: SJKR/ASDE 7 (2002), S. 185-195; EKZ-Schlussbericht 2002: „Zentralschweizer Kirchen zwischen regionaler Solidarität und kantonaler Identität“, in: SJKR/ASDE 8 (2003), S. 235-240. Siehe auch den redaktionellen Bericht zur Frage, ob die kleinen Kantonalkirchen der Urschweiz dem Kirchenbund beitreten können, in: SJKR/ASDE 5 (2000), S. 182-185. – Speziell zu Uri: SJKR/ASDE 7 (2002), S. 190 f.

2 Gemäss dem Organisationsstatut vom 22. April 1986 mit die Änderung vom 19. November 2001 kennt die Evangelisch-Reformierte Landeskirche Uri als oberstes Organ die Kantonalversammlung (Art. 19 ff.), den Kirchenrat mit dem Sekretariat (Art. 24 ff.) und die Rechnungsprüfungskommission (Art. 27 f.). Die Kantonalversammlung ist u.a. zuständig, Rechtsvorschriften zu beschliessen (Art. 23 Abs. 1).

tung der Evangelisch-Reformierten Landeskirche des Kantons Uri, III. Mitgliedschaft, IV. Auftrag der Kirche in der Gesellschaft, V. Auftrag der Kirche in den Gemeinden (A. Leitbild, B. Diakonie, C. Gottesdienst, D. Taufe und Abendmahl, E. Kasualien [kirchliche Handlungen], F. Kinder- und Jugendgottesdienst, G. Konfessioneller Religionsunterricht und Konfirmation), VI. Mitarbeitende der Landeskirche, VII. Vision.

Die Kirchenordnung atmet einen neuen Geist[3]. So enthält sie – nebst den üblichen Themen, die in einer Kirchenordnung zu regeln sind – auch Besonderheiten, die recht fortschrittlich anmuten. Zu erwähnen ist u.a. der Artikel über den interreligiösen Diskurs:

> **Art. 9. Interreligiöser Diskurs.** Die Landeskirche und die Kirchgemeinden nehmen teil am interreligiösen Diskurs. Sie fördern damit aktiv das konstruktive Zusammenleben unterschiedlicher Ethnien mit verschiedenen religiösen Orientierungen. Sie greifen dieses Thema im Rahmen ihrer Aktivitäten auf und unterstützen dadurch das Bewusstsein für die interreligiös gewordene Gesellschaft in Kanton und Land.

Eine solche Bestimmung findet sich bislang noch nicht in manchen kirchlichen Rechtstexten der Schweiz. Somit kann dem gewissermassen eine Vorbildfunktion zukommen.

Recht weit geht Art. 13 (Personenbezogene Diakonie), wonach die Landeskirche und ihre Kirchgemeinden sich verpflichten, Gemeindemitgliedern und weiteren Bedürftigen diakonische Hilfe zukommen zu lassen. Sie müssen dafür sorgen, dass die notwendige Zahl von ausgebildeten Personen für diesen Dienst zur Verfügung steht. Die benötigten Mittel werden im Budget und in der Rechnung ausgewiesen. Es wird sich die Frage stellen, wie diese verpflichtende Bestimmung konkret gehandhabt wird.

Demgegenüber ist die wichtige Bestimmung zur „gesellschaftsbezogenen Diakonie“ eher allgemein-programmatisch gefasst (Art. 14): „Die Landeskirche und ihre Kirchgemeinden sind bereit, im gesellschaftlichen, strukturellen Bereich diakonische Kompetenz zur Verfügung zu stellen. Sie unterstützen dadurch sowohl staatliche wie private Initiativen und Projekte, die dem Gemeinwohl dienen.“

Neu und in althergebrachten Kirchenordnungen noch immer ungewohnt ist der Stellenwert, der in der neuen Urner Kirchenordnung den freiwilligen Mitarbeitenden eingeräumt wird. In Art. 40 wird betont, dass die Kirchgemeinden für ihre vielfältigen Tätigkeiten auf den Einsatz von

3 Die Kirchenordnung ist abgedruckt hinten S. 339 ff.

freiwilligen Mitarbeitenden angewiesen sind. Sie werden durch die Kirchenpflege in ihren Dienst eingeführt. „Über allfällige Entschädigungen entscheidet der Kirchenrat. Der Kirchenrat sorgt auch für eine angemessene Versicherung der freiwilligen Mitarbeitenden." Besonders zum Ausdruck kommt in Art. 40 Abs. 4 auch, dass die Dienste der Freiwilligen wertzuschätzen und zu anerkennen sind.

In der Kirchenordnung fällt auf, dass mit den finanziellen Mitteln durchaus auch haushälterisch und zielgruppenorientiert umzugehen ist. So stehen die kirchlichen Gebäude in erster Linie für die Kirchenmitglieder zur Verfügung. Nichtmitglieder können die kirchlichen Gebäude sowie die Dienstleistungen kirchlicher Mitarbeitender für Kasualien zwar ebenfalls beanspruchen. Es werden jedoch Kosten auferlegt (es gelten die Richtlinien des Kirchenrates der Evangelisch-Reformierten Landeskirche Uri betr. Gebühren für Nichtmitglieder der Evang.-Ref. Landeskirche Uri bei Trauungen, Taufe und Beerdigung vom 23. Januar 2006).

Hervorzuheben ist zudem der letzte Artikel der Kirchenordnung im Abschnitt VII „Vision", der mit „Perspektiven der kirchlichen Arbeit für die Zukunft" betitelt ist. Dieser Artikel zeigt schön, dass die Urner Kirche mit der Kirchenordnung auch eine Perspektive einbringen will. Die Kirchenordnung regelt somit nicht bloss – in gewohnter Manier – das Gemeindeleben und die Organisation, sondern sie möchte – im Sinne eines Leitbilds oder eines langfristigen Legislaturprogramms – in die Zukunft weisen und für die Kirche verschiedene gesellschaftliche Aktionsfelder aufzeigen. Art. 41 lautet wie folgt:

> (1) Weil Gott ein Gott des Friedens, der Gerechtigkeit, der Freiheit und der Hoffnung ist, vertraut die Evangelisch-Reformierte Landeskirche Uri auf die Verwandlung der Welt in seinem Namen.
>
> (2) Weil Gott seine Schöpfung liebt, engagiert sich die Evangelisch-Reformierte Landeskirche Uri für die Bewahrung der Schöpfung, für den Schutz der natürlichen Ressourcen und Rohstoffe der Erde, für den uneingeschränkten Zugang aller Menschen zu den lebensnotwendigen Gütern, für die Sicherstellung der Existenzgrundlagen an allen Orten dieser Erde.
>
> (3) Weil Gott das Recht auf ein erfülltes Leben für alle Menschen auf dieser Erde will, setzt sich die Evangelisch-Reformierte Landeskirche Uri in besonderer Weise ein für die Hilfe an Notleidende, an Unterdrückte, an Verfolgte und an Arme, unterstützt Bewegungen zur Ermächtigung von Menschengruppen, Völkern und Nationen für ein selbstverantwortliches Zusammenleben, widersetzt sich allen Versuchen, bestimmten Menschen und Gruppen eine Lebenshaltung aufzuzwingen, die nicht die ihre ist, tritt sie ein für die Befreiung von Gefangenen, die ohne Urteil eingesperrt sind, von Kindern, die Kriegsdienste leisten

müssen, von Frauen, deren Gleichberechtigung nicht anerkannt ist, von alten Menschen, deren Leben in Würde bedroht ist.

(4) Weil das verheissene und erwartete Gottesreich alle Bereiche des Lebens und der Gesellschaft umfasst, beteiligt sich die Evangelisch-Reformierte Landeskirche Uri im Rahmen ihrer Möglichkeiten an laufenden politischen Debatten zu den Grundwerten der Schweiz, zu einem Schuldenausgleich mit den Armutsgebieten dieser Welt, zur Durchsetzung der allgemeinen Menschenrechte der UNO-Charta in allen Ländern, zu Versöhnung und Heilung und zu einem ethisch verantwortlichen Wirtschaften.

(5) Die Evangelisch-Reformierte Landeskirche Uri fördert Studien- und Forschungsprojekte zu wichtigen Sachthemen, veröffentlicht Stellungnahmen zur Orientierung der Bevölkerung in diesen Fragen, sie sucht den kritischen Dialog mit politischen Instanzen und mit der Wirtschaft, sie schafft Bildungsmöglichkeiten für ihre Mitglieder und weitere Interessierte, damit das Hoffnungspotenzial der biblischen Botschaft für alle Lebensbereiche konkret werden kann.

*Jakob Frey*

# Das neue Zürcher Kirchengesetz von 2007 – die Neuregelung des Verhältnisses zwischen Staat und Kirchen vor dem Abschluss

## *I. Vorgeschichte*

Der Zürcher Kantonsrat verabschiedete am 9. Juli 2007 ein neues Kirchengesetz[1]. Das neue Kirchengesetz bringt die sich über mehr als ein Jahrzehnt erstreckende Neuregelung des Verhältnisses zwischen Kirchen und Staat im Kanton Zürich vorläufig zum Abschluss. Ausgangspunkt hierzu hatte 1995 die Ablehnung einer kantonalen Volksinitiative auf vollständige Trennung von Staat und Kirchen gebildet. In einem ersten Anlauf verwarfen die Stimmberechtigten des Kantons Zürich am 30. November 2003 allerdings ein neues Kirchengesetz, das Teil einer umfassenden Vorlage zur Neuregelung der Beziehungen zwischen dem Staat und den Kirchen bildete[2]. In der Folge entwarf der Verfassungsrat eine Regelung, die in der nachfolgenden Volksabstimmung über die neue Kantonsverfassung weitgehend unangefochten blieb[3].

1 Kirchengesetz vom 9. Juli 2007 (KiG), ABl. 2007, S. 1247 ff. Der Gesetzestext ist auf S. 370 ff. im Dokumentationsteil dieses Bandes abgedruckt.

2 Zur Vorgeschichte und zur Volksabstimmung vom 30. November 2003 vgl. *Werner Bräm*, Staatskirchenrechtliche Reformschritte im Kantons Zürich, SJKR/ADSE 1 (1996), S. 160 ff.; *ders.*, Zum Stand der Entwicklung im Verhältnis von Kirche und Staat im Kanton Zürich, SJKR/ADSE 3 (1999), S. 177 ff.; *ders.*, Konkreter Schritt auf dem Weg zur neuen Gestaltung des Verhältnisses zwischen Staat und Kirche im Kanton Zürich, SJKR/ADSE 6 (2001), S. 187 ff.; *Martin Röhl*, Neuregelung des Verhältnisses zwischen Kirchen und Staat im Kanton Zürich – Standortbestimmung nach der Volksabstimmung vom 30. November 2003, SJKR/ADSE 8 (2003), S. 241 ff.; *ders.*, Neugestaltung des Verhältnisses zwischen Kirchen und Staat im Kanton Zürich – Reformpostulate und Reformbedarf, SJKR/ADSE 9 (2004), S. 39 ff. Vgl. zum Ganzen auch *Tobias Jaag*, Neuordnung des Verhältnisses zwischen Kirchen und Staat im Kanton Zürich, SJZ 99 (2003), S. 549 ff.

3 *Martin Röhl*, in: Kommentar zur Zürcher Kantonsverfassung, Zürich/Basel/Genf 2007, Art. 130 N. 5 f.; *ders.*, Die staatskirchenrechtlichen Bestimmungen der neuen Zürcher Kantonsverfassung, SJKR/ADSE 10 (2005), S. 200 ff., S. 201.

Wie die staatskirchenrechtlichen Bestimmungen der Kantonsverfassung[4] blieb auch das neue Kirchengesetz von politischen Auseinandersetzungen verschont. Die Beratungen im Kantonsrat verliefen zügig und das Referendum wurde nicht ergriffen. Grund dafür dürfte sein, dass sich die staatskirchenrechtlichen Bestimmungen der Kantonsverfassung als massvoll erweisen, indem diese am Prinzip der öffentlich-rechtlich anerkannten Volkskirchen festhält[5]. Zudem regelt die Kantonsverfassung verschiedene Punkte mit politischer Sprengkraft abschliessend[6]. Es ist zurzeit davon auszugehen, dass der Regierungsrat das neue Kirchengesetz auf den 1. Januar 2009 in Kraft setzen wird. Bis dahin muss auch die regierungsrätliche Ausführungsverordnung vorliegen, die sich vor allem mit den Details hinsichtlich der staatlichen Leistungen an die kantonalen kirchlichen Körperschaften befassen wird. Bereits am 1. Januar 2008 werden §§ 26 und 32 KiG betreffend die kirchlichen Liegenschaften im Eigentum des Staates und die Übertragung kantonaler kirchlicher Liegenschaften ins Eigentum der Kirchgemeinden in Kraft gesetzt, um die laufenden und seit längerer Zeit geplanten Liegenschaftsübertragungen nach neuem Recht abwickeln zu können[7].

## *II. Ziele*

Die staatskirchenrechtlichen Bestimmungen der Kantonsverfassung und das Kirchengesetz haben zum Ziel, eine Entflechtung zwischen dem Staat und den öffentlich-rechtlich anerkannten kirchlichen Körperschaften als je eigenständige, eigenen Forderungen und Wertungen unterliegende

4 Art. 130, 131 und 145 der Verfassung des Kantons Zürich vom 27. Februar 2005 (KV; LS 101).

5 *M. Röhl*, Staatskirchenrechtliche Bestimmungen (Anm. 3), S. 201.

6 Dies gilt namentlich für den Kreis der öffentlich-rechtlich anerkannten kirchlichen Körperschaften und der durch die Verfassung anerkannten Religionsgemeinschaften (Art. 130 Abs. 1 und Art. 131 Abs. 1 KV), die Autonomie der kantonalen kirchlichen Körperschaften in der Regelung des Stimm- und Wahlrechts in den eigenen Angelegenheiten (Art. 130 Abs. 2 lit. a KV), das Recht der kirchlichen Körperschaften zur Erhebung von Steuern (Art. 130 Abs. 3 lit. b KV), die negative Zweckbindung eines Teils der Steuerträge (Art. 130 Abs. 4 KV) und die generelle Zusicherung finanzieller Leistungen des Staates an die kirchlichen Körperschaften (Art. 130 Abs. 3 lit. c KV).

7 Regierungsratsbeschluss Nr. 1014 vom 4. Juli 2007.

Partner herbeizuführen[8]. Das Kirchengesetz will dies erreichen durch eine Stärkung der Autonomie der kirchlichen Körperschaften, insbesondere in Form des Abbaus und der Vereinfachung von staatlichen Regelungen sowie der Schaffung eines einzigen Erlasses für alle öffentlich-rechtlich anerkannten kirchlichen Körperschaften, durch deren Gleichbehandlung auch bezüglich der finanziellen Leistungen des Staates, durch die Erhöhung der Steuerbarkeit der staatlichen Leistungen und durch die Einführung der negativen Zweckbindung für die Erträge aus den Kirchensteuern der juristischen Personen[9].

## *III. Das Kirchengesetz im Einzelnen*

Das Kirchengesetz gliedert sich in einen institutionellen und in einen finanziellen Teil sowie in Schlussbestimmungen. Hinzukommt ein umfangreicher Anhang mit Anpassungen zahlreicher Gesetze[10]. Der institutionelle Teil regelt die Grundzüge der Organisation der kantonalen kirchlichen Körperschaften, der Kirchgemeinden und des Rechtsschutzes[11], während sich der finanzielle Teil mit den Leistungen des Staates, den Kirchensteuern und den kirchlichen Liegenschaften im Eigentum des Kantons befasst[12]. Die Schlussbestimmungen enthalten Übergangsregelungen betreffend die staatlichen Leistungen, die berufliche Vorsorge, die Übertragung kirchlicher Liegenschaften vom Kanton in das Eigentum der Kirchgemeinden sowie die vorzeitige Beendigung der Amtsdauer der gewählten Pfarrerinnen und Pfarrer[13].

8 Antrag und Weisung des Regierungsrates zum Kirchengesetz vom 31. Mai 2006, ABl. 2006, S. 573 ff., S. 593.

9 Antrag und Weisung des Regierungsrates (Anm. 8), S. 593 f. Dies betrifft insbesondere das Gemeindegesetz, das Gesetz über die politischen Rechte, das Verwaltungsrechtspflegegesetz und das Steuergesetz.

10 Vgl. den Wortlaut in ABl. 2007, S. 1255 ff.

11 §§ 1-18 KiG.

12 §§ 19-26 KiG.

13 §§ 29-33 KiG.

## *1. Institutionelles*

### a) Allgemeines

#### aa) Gegenstand und Begriffe

Gegenstand des Kirchengesetzes ist es gemäss dessen § 1, die Rechtsstellung und die Organisation der evangelisch-reformierten Landeskirche und ihrer Kirchgemeinden, der römisch-katholischen Körperschaft und ihrer Kirchgemeinden sowie der christkatholischen Kirchgemeinde zu regeln. Die Anerkennung als Körperschaften des öffentlichen Rechts ergibt sich dabei bereits aus Art. 130 Abs. 1 KV, so dass § 1 KiG keine normsetzende Funktion zukommt[14].

§ 2 KiG unterscheidet formell zwischen den kantonalen kirchlichen Körperschaften und den Kirchgemeinden, gemäss Art. 130 Abs. 1 KV alles Körperschaften des öffentlichen Rechts. Kantonale kirchliche Körperschaften sind die evangelisch-reformierte Landeskirche, die römisch-katholische Körperschaft und die christkatholische Kirchgemeinde[15]. Die Kirchenordnungen der kantonalen kirchlichen Körperschaften bilden nach dem Willen des kantonalen Gesetzgebers deren Verfassungen[16]. Dies bedeutet nicht, dass die kantonalen kirchlichen Körperschaften verpflichtet wären, für ihre Kirchenordnungen die Bezeichnung „Verfassung“ oder „Kirchenverfassung“ zu verwenden. Vielmehr bringt der Gesetzgeber zum Ausdruck, dass die grundlegenden Organisationsbestimmungen der kantonalen kirchlichen Körperschaften dem obligatorischen Referendum der stimmberechtigten Mitglieder unterstehen sollen.

#### bb) Mitgliedschaft und Beziehungen zum Kanton

§ 3 Abs. 1 KiG übernimmt vom geltenden Recht die Mitgliedschaftsvermutung[17]. Als Korrelat dazu verpflichtet § 3 Abs. 2 KiG die kirchlichen Körperschaften auf ein einfaches Austrittsverfahren: Der Austritt kann bei der Kirchenpflege am Wohnsitz jederzeit schriftlich erklärt werden. Der Wortlaut von § 3 Abs. 1 KiG bringt dabei zum Ausdruck, dass die Mitgliedschaft bei einer kantonalen kirchlichen Körperschaft untrennbar

14 Antrag und Weisung des Regierungsrates (Anm. 8), S. 601.

15 § 2 Ziffer 1 KiG.

16 § 2 Ziffer 2 KiG.

17 § 8 Abs. 1 des Gesetzes über die evangelisch-reformierte Landeskirche vom 7. Juli 1963 (KG; LS 181.11) und § 4 Abs. 1 des Gesetzes über das katholische Kirchenwesen vom 7. Juli 1963 (kathKG; LS 182.1).

mit jener bei einer ihrer Kirchgemeinden verbunden ist[18]. Sodann impliziert § 3 KiG, insbesondere Abs. 2, dass eine Kirchenmitgliedschaft nur in der Kirchgemeinde am Wohnsitz möglich ist. Dem entspricht, dass während der gesetzgeberischen Vorarbeiten Konsens darüber bestand, dass weder die Möglichkeit zur freien Wahl der Kirchgemeinde noch zur Schaffung nicht territorialer Kirchgemeinden gewährt werden sollte[19]. Begründen lässt sich diese Zurückhaltung des Gesetzgebers vor allem damit, dass er den Aufwand für die Erhebung der Kirchensteuern und für die Nachführung der Einwohnerregister bei den politischen Gemeinden begrenzen wollte.

§ 4 Abs. 1 KiG hält ausdrücklich fest, dass das Verhältnis zwischen dem Staat und den kantonalen kirchlichen Körperschaften entsprechend der allgemeinen Zielsetzung der Neuregelung ein partnerschaftliches sein soll. Staat und Kirchen treten sich somit auf „Augenhöhe" gegenüber. Folgerichtig haben die kantonalen kirchlichen Körperschaften das Recht zur Stellungnahme zu den sie betreffenden Geschäften des Kantons, unabhängig davon ob die Betroffenheit unmittelbarer oder mittelbarer Natur ist[20]. Dies ist für die kantonalen kirchlichen Körperschaften deshalb von Bedeutung, weil das staatliche Recht weiterhin sinngemäss zur Anwendung kommt, soweit sie keine eigenen Bestimmungen erlassen[21]. Dieses Recht auf Stellungnahme wird für die evangelisch-reformierte Landeskirche hinsichtlich der Berufungen an die Theologische Fakultät der Universität Zürich erweitert[22]. Damit ist gewährleistet, dass sie weiterhin auf die wissenschaftliche Ausbildung der angehenden Pfarrerinnen und Pfarrer durch die Theologische Fakultät Einfluss nehmen kann.

b) Kantonale kirchliche Körperschaften

aa) Autonomie und Aufsicht

Die Autonomie der kantonalen kirchlichen Körperschaften im Rahmen des kantonalen Rechts ergibt sich im Allgemeinen sowie hinsichtlich des Stimm- und Wahlrechts und der Neubildung, des Zusammenschlusses und der Auflösung von Kirchgemeinden aus der Kantonsverfassung[23]. § 5

18 Antrag und Weisung des Regierungsrates (Anm. 8), S. 601.
19 Vgl. Antrag und Weisung des Regierungsrates (Anm. 8), S. 604 f.
20 § 4 Abs. 3 KiG; Antrag und Weisung des Regierungsrates (Anm. 8), S. 601.
21 § 5 Abs. 3 KiG.
22 So schon § 34 Abs. 3 Ziffer 7 KG.
23 Art. 130 Abs. 2 KV.

KiG bestätigt dies und verpflichtet die kantonalen kirchlichen Körperschaften in Organisations- und Verfahrensfragen auf rechtsstaatliche und demokratische Grundsätze[24]: Ihr Handeln muss auf einer gesetzlichen Grundlage beruhen und durch eine Rechtsmittelinstanz überprüft werden können. Die Ausgestaltung und Ausübung der politischen Rechte hat im kirchlichen Bereich jenen demokratischen Prinzipien zu folgen, die Kanton allgemein massgebend sind[25]. Der Vorhalt der Rechtsstaatlichkeit und der Demokratie berührt jedoch nicht die Autonomie im innerkirchlichen und religiösen Bereich, namentlich das Selbstverständnis der kantonalen kirchlichen Körperschaften als Kirchen, das Bekenntnis, den Kultus, gottesdienstliche Veranstaltungen, den durch die kirchlichen Körperschaften organisierten Unterricht, die Seelsorge, das diakonische Wirken sowie die innere und äussere Mission[26]. Die sinngemässe Anwendung kantonalen Rechts auf die kantonalen kirchlichen Körperschaften, soweit diese keine eigenen Bestimmungen erlassen, bewirkt, dass trotz der mit dem neuen Kirchengesetz verfolgten Entflechtung im Verhältnis von Staat und Kirchen weiterhin ein enger Bezug zwischen dem staatlichen Recht und der Organisation der kantonalen kirchlichen Körperschaften bestehen wird[27].

Die Kantonsverfassung unterstellt die kirchlichen Körperschaften der Oberaufsicht des Kantons. Diese wird gemäss § 6 Abs. 1 KiG vom Kantonsrat ausgeübt, der im Sinn einer Rechenschaftsablage der kantonalen kirchlichen Körperschaften gegenüber der Öffentlichkeit deren Jahresberichte und Jahresrechnungen zur Kenntnis nimmt[28]. Die unmittelbare Aufsicht führt der Regierungsrat, insbesondere durch die Genehmigung der Kirchenordnungen, d.h. deren Prüfung auf Übereinstimmung mit der Kantonsverfassung und dem weiteren kantonalen Recht[29]. Es handelt sich

24 § 5 Abs. 1 und 2 KiG.

25 Vgl. dazu *M. Röhl*, Kommentar zur Zürcher Kantonsverfassung (Anm. 3), Art. 130 N. 17.

26 Antrag und Weisung des Regierungsrates (Anm. 8), S. 602. Zum Begriff der innerkirchlichen Angelegenheiten vgl. *M. Röhl*, Kommentar zur Zürcher Kantonsverfassung (Anm. 3), Art. 130 N. 15, mit Hinweisen.

27 § 5 Abs. 3 KiG; Antrag und Weisung des Regierungsrates (Anm. 8), S. 602.

28 So schon § 4 Abs. 1 KG und § 3 Abs. 1 kathKG, wobei es sich hierbei um eine Genehmigung und nicht nur um eine formelle Kenntnisnahme handelt.

29 § 6 Abs. 2 und 3 KiG.

dabei nicht um eine allgemeine Aufsicht, sondern um eine Rechtskontrolle[30].

bb) Organisation

Die Organe der kantonalen kirchlichen Körperschaften und deren Bezeichnung sind durch § 7 KiG vorgegeben. Für die evangelisch-reformierte Landeskirche sind dies die Gesamtheit der Stimmberechtigten und die Kirchensynode als Legislative, der Kirchenrat als Exekutive und die Rekurskommission als Judikative[31]. Auf Seiten der römisch-katholischen Körperschaft sind es die Gesamtheit der Stimmberechtigten und die Synode, der Synodalrat und die Rekurskommission. Die unterschiedlichen Bezeichnungen der Organe von Landeskirche und Körperschaft sind einerseits historisch, anderseits im allgemeinen Sprachgebrauch begründet. Mit Bezug auf die Bezeichnung der Exekutiven galt es zusätzlich zu berücksichtigen, dass dem evangelisch-reformierten Kirchenrat und dem römisch-katholischen Synodalrat unterschiedliche Aufgaben und Funktion zukommen. Namentlich trägt der Kirchenrat eine theologisch-geistliche Verantwortung für die Landeskirche und die personalrechtliche Verantwortung für die Pfarrschaft, die katholischerseits beide vom Bischof wahrgenommen werden. Die römisch-katholische Körperschaft wird neu eine Rekurskommission schaffen müssen[32]. Eine Sonderstellung nimmt die christkatholische Kirchgemeinde ein, die zwar eine kantonale kirchliche Körperschaft bildet, jedoch aus einer Kirchgemeinde entstanden ist und deshalb über deren Organe verfügt. Diese Organe nehmen gleichwohl Aufgaben und Funktionen kantonaler körperschaftlicher Organe wahr[33]. Bemerkenswert ist, dass für die christkatholische Kirchgemeinde keine Rekurskommission vorgesehen ist. Offen ist deshalb, wie sie gemäss § 18 Abs. 2 KiG einen dem kantonalen Recht gleichwertigen

30 Antrag und Weisung des Regierungsrates (Anm. 8), S. 603.

31 § 7 Abs. 1 KiG.

32 Die evangelisch-reformierte Landeskirche verfügt seit dem Inkrafttreten des heutigen Kirchengesetzes im Jahr 1967 über ein solches Organ (vgl. §§ 37 f. KG). Die landeskirchliche Rekurskommission amtet als kirchliches Verwaltungsgericht (vgl. dazu *Martin Röhl*, Rechtsschutz in der Zürcher Landeskirche, in: Isabelle Häner [Hg.], Nachdenken über den demokratischen Staat und seine Geschichte, Beiträge für Alfred Kölz, Zürich 2003, S. 337 ff., S. 350; *Eduard Rübel*, Kirchengesetz und Kirchenordnung der Zürcher Landeskirche, 2.Aufl. Zürich 1983, S. 46).

33 Antrag und Weisung des Regierungsrates (Anm. 8), S. 603, 605.

Rechtsschutz wird gewährleisten können, vor allem in innerkirchlichen Angelegenheiten.

§ 8 KiG verpflichtet die kantonalen kirchlichen Körperschaften, ihr Gebiet in Kirchgemeinden einzuteilen, deren Grenzen sie selber bestimmen. Es gibt somit kein Gebiet im Kanton Zürich, das nicht gleichzeitig einer evangelisch-reformierten und einer römisch-katholischen Kirchgemeinde zugewiesen ist. Der Kanton geht dabei von territorialen Kirchgemeinden aus, weshalb das zürcherische Staatskirchenrecht keinen Raum für ideelle Personal- oder Gesinnungsgemeinden lässt[34].

§ 9 KiG auferlegt den kantonalen kirchlichen Körperschaften, einen Finanzausgleich unter den Kirchgemeinden einzurichten, der eine zu grosse Steuerfussdisparität zwischen den Kirchgemeinden vermeidet. Die Ausgestaltung des Finanzausgleichs, insbesondere die Wahl der geeigneten Instrumente, fällt in die Autonomie der kantonalen kirchlichen Körperschaften[35].

### c) Kirchgemeinden

#### aa) Bestand, Organisation und Aufsicht

§ 10 KiG befasst sich mit dem Bestand der Kirchgemeinden. Während Neubildung, Zusammenschluss und Auflösung von Kirchgemeinden von den kantonalen kirchlichen Körperschaften zu regeln sind, bedürfen Gebietsveränderungen von Kirchgemeinden der Genehmigung durch die kantonalkirchliche Exekutive[36]. Untergeordnete Grenzbereinigung fallen in die Zuständigkeit der betreffenden Kirchgemeinden[37]. Die Pflicht der kantonalen kirchlichen Körperschaften, in ihren Kirchenordnungen ein Verzeichnis ihrer Kirchgemeinden zu führen, wirkt sich für die Kirchgemeinden im Sinn einer Bestandsgarantie aus: Jede Änderung im Bestand

34 Antrag und Weisung des Regierungsrates (Anm. 8), S. 604 f.; *M. Röhl*, Kommentar zur Zürcher Kantonsverfassung (Anm. 3), Art. 130 N. 11.

35 Antrag und Weisung des Regierungsrates (Anm. 8), S. 604. Zurzeit liegen die Steuerfüsse in den evangelisch-reformierten Kirchgemeinden zwischen 5 % und 15 % des einfachen Satzes der Staatssteuer.

36 § 10 Abs. 1 und 2 KiG. Dies in Anlehnung an § 2 Abs. 1 des Gesetzes über das Gemeindewesen vom 6. Juni 1926 (GemeindeG; LS 131.1), welche Bestimmung bei politischen Gemeinden und Schulgemeinden den Regierungsrat als zuständig erklärt.

37 Antrag und Weisung des Regierungsrates (Anm. 8), S. 605.

der Kirchgemeinden setzt die Anpassung der betreffenden Kirchenordnung voraus[38].

§ 11 Abs. 2 KiG gewährleistet den Kirchgemeinden ihre Autonomie, in Anlehnung an die Umschreibung der Gemeindeautonomie in der bundesgerichtlichen Rechtsprechung allerdings nur im Rahmen des Kirchengesetzes und der jeweiligen Kirchenordnung[39]. Gleichzeitig werden die Organe der Kirchgemeinden – Gesamtheit der Stimmberechtigten und Kirchgemeindeversammlung, Kirchenpflege, Rechnungsprüfungskommission – verbindlich vorgegeben. Dies hat zur Folge, dass neu Kirchgemeinden, die auf dem Gebiet einer politischen Gemeinde ohne Gemeindeparlament gelegen sind, eine eigene Rechnungsprüfungskommission bestellen müssen[40]. Eine staatliche Aufsicht über die Kirchgemeinden besteht gemäss § 11 Abs. 3 KiG nur noch insoweit, als diese staatliches Recht anwenden. Darunter ist die unmittelbar Anwendung staatlichen Rechts und nicht dessen sinngemäss Anwendung gemäss § 5 Abs. 3 und § 17 KiG zu verstehen[41]. Für die kantonalen kirchlichen Körperschaften hat dies zur Folge, dass sie einen Grossteil der Aufsichtsaufgaben, die heute die Bezirksräte und der Regierungsrat gegenüber den Kirchgemeinden wahrnehmen, selber übernehmen müssen[42]. Bei den staatlichen Behörden verbleibt lediglich die Aufsicht über die Kirchgemeinden mit Bezug auf §§ 10-18 KG und die Pfarrbestätigungswahlen. Für die kantonalen kirchlichen Körperschaften bedeutet dies einen erheblichen Hand-

38 Antrag und Weisung des Regierungsrates (Anm. 8), S. 605.

39 Zum Begriff der Gemeindeautonomie vgl. *Tobias Jaag*, Staats- und Verwaltungsrecht des Kantons Zürich, 3.A., Zürich/Basel/Genf 2005, Rz. 2605 ff., und *Ulrich Häfelin/Georg Müller/Felix Uhlmann*, Allgemeines Verwaltungsrecht, 5.A., Zürich/Basel/Genf/St. Gallen 2006, Rz. 1392 ff., je mit Hinweisen auf die bundesgerichtliche Rechtsprechung.

40 Diese Aufgabe wird heute von den Mitgliedern der betreffenden Konfession der Rechnungsprüfungskommission der politischen Gemeinde wahrgenommen. Sind es weniger als fünf solche Mitglieder, hat die Kirchgemeindeversammlung konfessionelle Ergänzungsmitglieder zu wählen (§ 83a Abs. 2 GemeindeG).

41 Antrag und Weisung des Regierungsrates (Anm. 8), S. 606. Eine entsprechende Präzisierung in § 11 Abs. 3 KiG ist im Rahmen der Anpassung des Verwaltungsrechtspflegegesetzes an die Rechtsweggarantie der Bundesverfassung beabsichtigt.

42 Dies betrifft namentlich die Bereiche Kirchgemeindeorganisation, Organe der Kirchgemeinde, Wahlen und Abstimmungen, Gemeindehaushalt, Kirchgemeindearchiv, Personalrecht und Liegenschaften.

lungsbedarf, da hierfür personelle und finanzielle Mittel zur Verfügung gestellt und entsprechende Schulungen durchgeführt werden müssen.

bb) Kirchenpflege und Pfarrschaft

§ 12 Abs. 1 KiG belässt die minimale Mitgliederzahl der Kirchenpflege bei fünf Personen[43]. Hingegen werden die Unvereinbarkeitsregelungen des Gesetzes über die politischen Rechte insoweit konsequent umgesetzt, als es Pfarrerinnen und Pfarrern in Zukunft nicht mehr möglich sein wird, sich in die Kirchenpflege jener Kirchgemeinde wählen zu lassen, wo sie im Pfarramt tätig sind[44]. § 12 Abs. 3 KiG gestattet es, den Kreis der Teilnehmenden an den Sitzungen der Kirchenpflege abweichend vom Gemeindegesetz zu regeln, insbesondere die Sitzungsteilnahme über die Mitglieder der Kirchenpflege sowie Pfarrerinnen und Pfarrer hinaus auf Mitarbeitende der Kirchgemeinde auszudehnen, z.B. reformierterseits auf Sozial-Diakoninnen und Sozial-Diakone und katholischerseits auf Laientheologinnen und -theologen, die als Gemeindeleiterinnen bzw. -leiter tätig sind[45].

An der periodischen Volkswahl der Pfarrerinnen und Pfarrer in den Kirchgemeinden wird festgehalten und deren Amtsdauer auf höchstens sechs Jahre begrenzt[46]. Für das Wahlverfahren verweist § 12 Abs. 3 KiG auf das Gesetz über die politischen Rechte. Dieses wiederum bezeichnet für die Regelung der Pfarrneuwahlen die Kirchenordnungen zuständig, während es die Pfarrbestätigungswahlen detailliert regelt[47]. Daneben besteht gemäss § 12 Abs. 2 KiG die Möglichkeit, in der Kirchenordnung für bestimmte Pfarrstellen ein besonderes Besetzungsverfahren vorzusehen. Im Vordergrund stehen Pfarrstellen in Institutionen, z.B. in Spitälern, Heimen, Gefängnissen, an Mittel- und Hochschulen sowie Entlastungspfarrstellen in Kirchgemeinden. In diesen Fällen steht es den kantonalen kirchlichen Körperschaften frei, sich für eine Wahl auf Amtsdauer oder

43 Vgl. § 80 Abs. 1 GemeindeG.

44 Antrag und Weisung des Regierungsrates (Anm. 8), S. 606. Vgl. § 26 Abs. 1 des Gesetzes über die politischen Rechte vom 1. September 2003 (GPR; LS 161). Heute sind Pfarrerinnen und Pfarrer lediglich vom Präsidium der Kirchenpflege ausgeschlossen (§ 80 Abs. 1 Satz 3 GemeindeG).

45 Antrag und Weisung des Regierungsrates (Anm. 8), S. 606.

46 § 13 Abs. 1 KiG.

47 Vgl. § 116 GPR (Neuwahlen) und §§ 117 f. GPR (Bestätigungswahlen). Das Pfarrbestätigungswahlverfahren ändert dabei nicht. Es gibt aber Bestrebungen, im Rahmen einer Teilrevision des Gesetzes über die politischen Rechte die stillen Pfarrbestätigungswahlen abzuschaffen.

eine befristete oder unbefristete Anstellung zu entscheiden. Die Wählbarkeitsvoraussetzungen und die Voraussetzungen für die Amtsausübung richten sich nach dem Recht der kantonalen kirchlichen Körperschaften[48].

Mit dem Inkrafttreten des Kirchengesetzes wird die laufende Amtsdauer aller gewählten Pfarrerinnen und Pfarrer von Gesetzes wegen beendet[49]. Dies ist erforderlich, um die Arbeitsverhältnisse, die heute sowohl durch kantonales als auch kirchliches Recht geregelt sind, in die alleinige Zuständigkeit der kantonalen kirchlichen Körperschaften zu überführen. Diese werden auch zu regeln haben, ob die erneute Wahl der Pfarrerinnen und Pfarrer als Bestätigungs- oder Pfarrneuwahl erfolgen soll.

cc) Zugangsrechte

§ 14 KiG gewährt den Kirchgemeinden entsprechend der geltenden Praxis das Recht, öffentliche Schulräume für den kirchlichen Unterricht unentgeltlich zu benützen. Die Bedürfnisse der Schule gehen in jedem Fall vor[50].

Der Zugang zu den Personendaten aus den Einwohnerregistern und den Registern der Schulgemeinden umfasst einerseits jene Angaben, welche die Kirchgemeinden zur Erfassung ihrer Mitglieder benötigen[51]. Zusätzlich gewährt § 15 Abs. 1 KiG Anspruch auch auf jene Personendaten, welche die kirchlichen Körperschaften zur Erfüllung ihrer kirchlichen Aufgaben benötigen. Darunter dürften auch Angaben über Ehepartnerinnen bzw. Ehepartner und Kinder von Mitgliedern fallen, die nicht derselben Konfession wie das betreffende Mitglied angehören. Denn nur so ist es den Kirchgemeinden möglich, gemischtkonfessionelle Familien als Ganzes zu erfassen.

Mit Bezug auf den durch § 16 KiG gewährleisteten Anspruch von Pfarrerinnen und Pfarrer auf Zulassung zur Seelsorge in Einrichtungen des Kantons und den Gemeinden wird sich in der Praxis zeigen müssen, ob sich darauf auch Laientheologinnen und -theologen werden berufen können, die in einer römisch-katholischen Kirchgemeinde als Gemeindeleiterinnen bzw. -leiter tätig sind.

§ 17 KiG präzisiert mit dem Hinweis auf die sinngemässe Anwendung des Gemeindegesetzes den Grundsatz von § 5 Abs. 3 KiG mit in Bezug

48 § 13 Abs. 4 KiG. Für Pfarrer der römisch-katholischen Kirche ist deren Rechtsordnung massgebend.

49 § 33 KiG.

50 Antrag und Weisung des Regierungsrates (Anm. 8), S. 608.

51 § 15 Abs. 1 KG. So schon § 39a Abs. 1 GemeindeG.

auf die Kirchgemeinden. Weil die sinngemässe Anwendung des Gemeindegesetzes keine unmittelbare Anwendung darstellt, begründet sie keine Zuständigkeiten staatlicher Organe im Sinn von § 11 Abs. 4 und § 18 Abs. 4 KiG[52].

d) Rechtsschutz gegen Anordnungen kirchlicher Organe

Gleich der Neuverteilung der aufsichtsrechtlichen Zuständigkeiten zwischen dem Staat und den kirchlichen Körperschaft erfährt auch der Rechtsschutz eine Neuordnung. An der Gabelung des Rechtswegs wird festgehalten. Anordnungen kirchlicher Behörden sind aber nur noch im Fall der unmittelbaren Anwendung kantonalen Rechts bei den staatlichen Organen anfechtbar[53]. Folgerichtig sind die kantonalen kirchlichen Körperschaften im Anwendungsbereich des kirchlichen Rechts – einschliesslich der sinngemässen und der mittelbaren Anwendung des staatlichen Rechts – verpflichtet, einen dem kantonalen Recht gleichwertigen Rechtsschutz zu gewährleisten[54]. Dies bedeutet insbesondere, dass das innerkirchliche Rechtsschutzverfahren den Anforderungen der Rechtsweggarantie gemäss Art. 29a der Bundesverfassung zu genügen hat[55]. Infolgedessen sind Entscheide kirchlicher Behörden gemäss § 18 Abs. 3 KiG letztinstanzlich an die betreffende Rekurskommission oder, falls die Kirchenordnung dies nicht vorsieht, an das Verwaltungsgericht weiterziehbar, ausgenommen Entscheide in kultischen Angelegenheiten[56]. Eine weitere Ausnahme betrifft Entscheide mit vorwiegend politischem Charakter, deren Anfechtung beim Bundesgericht Art. 86 Abs. 3 des Bundesgerichtsgesetzes auch dann vorsieht, wenn die unmittelbare Vorinstanz kein Gericht ist. Hierzu zählen in erster Linie Rechtsstreitigkeiten aus dem Bereich der politischen Rechte. Noch ist offen, ob und inwieweit die kantonalen kirchlichen Körperschaften von dieser Ausnahmeregelung Gebrauch machen werden.

52 Vgl. Antrag und Weisung des Regierungsrates (Anm. 8), S. 610.

53 § 18 Abs. 1 KiG. Im Rahmen der Anpassung des Verwaltungsrechtspflegegesetzes an die Rechtsweggarantie der Bundesverfassung ist beabsichtigt, § 18 KiG hinsichtlich des Instanzenzugs bei unmittelbarer Anwendung des kantonalen Rechts zu präzisieren.

54 § 18 Abs. 2 KiG.

55 Vgl. Antrag und Weisung des Regierungsrates (Anm. 8), S. 611.

56 Dies ergibt sich auch aus § 43 Abs. 1 lit. k des Verwaltungsrechtspflegegesetzes vom 24. Mai 1959 (VRG; LS 175.2), welche Bestimmung die Zuständigkeit des Verwaltungsgerichts im Bereich des Kirchenwesens in Kultusfragen ausschliesst.

## 2. *Finanzielles*

### a) Staatliche Leistungen

#### aa) Kostenbeiträge

An die Stelle der Leistungen des Staates an die kirchlichen Körperschaften, die heute auf der Grundlage der historischen Rechtstitel ausgerichtet werden[57], treten gemäss § 19 Abs. 1 KiG Kostenbeiträge des Staates. Bei diesen handelt es sich um Staatsbeiträge, auf die im Unterschied zu Subventionen ein Rechtsanspruch besteht, deren Höhe sich aber nicht unmittelbar aus der Gesetzgebung ergibt[58]. Diese Kostenbeiträge werden den kantonalen kirchlichen Körperschaften ausgerichtet; diese sind für eine Weiterleitung an die Kirchgemeinden zuständig. Die Kostenbeiträge sind für Tätigkeiten der kantonalen kirchlichen Körperschaften mit Bedeutung für die ganze Gesellschaft bestimmt[59]. Im Gesetz namentlich genannt werden die Bereiche Bildung, Soziales und Kultur. Darunter fallen unter anderem die Erwachsenenbildung, die Sozial- und Gemeinwesenarbeit, der Unterhalt und Betrieb von Räumlichkeiten für gesellschaftliche und gemeinnützige Aktivitäten, aber auch die Seelsorge im Rahmen des diakonischen Auftrags und an Orten wie Bahnhof, Flughafen und Einkaufszentrum[60]. Ausserdem gewährt § 19 Abs. 5 KiG den kantonalen kirchlichen Körperschaften einen Anspruch auf Abgeltung von Tätigkeiten, die sie auf spezialgesetzlicher Grundlage erbringen. Damit wird verhindert, dass diese Tätigkeiten zulasten der staatlichen Kostenbeiträge erfolgen müssen. Als zusätzlich zu entschädigende Tätigkeiten sind insbesondere

57 Art. 145 Abs. 1 Satz 1 KV. Zur Hauptsache handelt es sich um einen Anteil von 63 % an den Besoldungen der Pfarrerinnen und Pfarrer der evangelisch-reformierten Landeskirche und eine Verwaltungspauschale zugunsten der Landeskirche (§ 5 Abs. 1 KG) sowie pauschalisierte Beiträge an die römisch-katholischen Kirchgemeinden und eine Verwaltungspauschale an die römisch-katholische Körperschaft (§§ 11-13 ff. kathKG).

58 Vgl. §§ 2, 2a und 3 des Staatsbeitragsgesetzes vom 1. April 1990 (LS 132.2).

59 § 19 Abs. 2 KiG.

60 Antrag und Weisung des Regierungsrates (Anm. 8), S. 614. Anzumerken ist, dass die evangelisch-reformierte Landeskirche gemäss ihrem Selbstverständnis als Volkskirche ihr gesamtes Wirken als von Bedeutung für die ganze Gesellschaft versteht. Weil Kirchen und Kirchgemeindehäuser in der Regel nicht nur kultisch genutzt werden – § 17 GemeindeG gestattet es den politischen Gemeinden, Kirchen für öffentliche Zwecke wie die Gemeindeversammlung zu nutzen –, können für deren Unterhalt auch die Kostenbeiträge des Staates herangezogen werden.

die Seelsorge in Institutionen des Staates – Spitäler, Heime, Gefängnisse – und die ökumenische Paar- und Familienberatung zu nennen[61]. Voraussetzung für die Gewährung von Kostenbeiträgen ist, dass die kantonalen kirchlichen Körperschaften Tätigkeitsprogramme vorlegen. Diese bedürfen zwar nicht der staatlichen Genehmigung, doch ist die zuständige Direktion des Regierungsrates zwecks Koordination zwischen staatlicher und kirchlicher Tätigkeit vorgängig anzuhören[62].

bb) Bemessung und Aufteilung

Die Kostenbeiträge werden vom Kantonsrat in Form eines Rahmenkredits für eine Beitragsperiode von jeweils sechs Jahren bewilligt, d.h. auf die gleiche Dauer wie die Tätigkeitsprogramme[63]. Für die jährliche Aufteilung des Rahmenkredits ist der Regierungsrat zuständig, während die zuständige Direktion des Regierungsrates die jährlichen Anteile der kantonalen kirchlichen Körperschaften an den regierungsrätlichen „Jahrestranchen" für die ganze Beitragsperiode festlegt[64]. Hinsichtlich der Festsetzung des Gesamtbetrags der Kostenbeiträge schreibt § 20 Abs. 3 KiG sowohl eine retrospektive als auch eine prospektive Betrachtungsweise aufgrund der Berichterstattungen über die vorangegangene und der Tätigkeitsprogramme für die bevorstehende Beitragsperiode vor. Damit sollen zum einen willkürliche Herabsetzungen des Gesamtbetrags der Kostenbeiträge im Zusammenhang mit der aktuellen politischen Zusammensetzung des Kantonsrates verhindert und zum andern eine verlässliche Planung der kirchlichen Tätigkeiten ermöglicht werden[65].

Art. 145 Abs. 1 Satz 3 KV verlangt, dass sich die Neuregelung der Leistungen des Staates an deren bisherigem Gesamtumfang orientiert. Entsprechend setzt § 29 Abs. 1 KiG den Gesamtbetrag der Kostenbeiträge für die erste Beitragsperiode auf 50 Mio. Franken pro Jahr fest. Dabei handelt es sich nicht um ein festes Kostendach auch für die Zukunft. Namentlich können die nach wie vor sinkenden Mitgliederzahlen der kantonalen kirchlichen Körperschaften – bei der evangelisch-reformierten Landeskirche ist dies vor allem demographisch bedingt – eine Verminderung der Kostenbeiträge oder aber die zunehmende Bedeutung der kirchlichen

61 Antrag und Weisung des Regierungsrates (Anm. 8), S. 612.

62 § 19 Abs. 3 und 4 KiG; Antrag und Weisung des Regierungsrates (Anm. 8), S. 614.

63 § 20 Abs. 1 Satz 1 und § 19 Abs. 4 KiG.

64 § 20 Abs. 1 Satz 2 und § 21 Abs. 1 KiG.

65 Antrag und Weisung des Regierungsrates (Anm. 8), S. 613.

Tätigkeiten für die ganze Gesellschaft deren Erhöhung zur Folge haben. Die sinkenden Mitgliederzahlen dürften allerdings einen gewichtigen Indikator für die gesellschaftliche Bedeutung der kirchlichen Körperschaften darstellen[66]. Die erste Beitragsperiode dauert lediglich vier Jahre[67], während der die Angleichung der staatlichen Leistungen an die evangelisch-reformierte Landeskirche und die römisch-katholische Körperschaft gemäss § 30 KiG in vier linearen jährlichen Schritten erfolgt.

Im Sinn der Gleichbehandlung erfolgt die Aufteilung der Kostenbeiträge auf die kantonalen kirchlichen Körperschaften nach der Anzahl ihrer Mitglieder durch Verfügung der zuständigen Direktion des Regierungsrates[68]. Die Zahlung erfolgt in Form einer jährlichen, auf die Dauer der sechsjährigen Beitragsperiode festgelegten Pauschale. Die kantonalen kirchlichen Körperschaften sind im Rahmen der gesetzlichen Zweckbestimmung in der Verwendung der zugesprochenen Mittel frei[69].

cc) Rechtsschutz

Gegen den Budgetentscheid des Kantonsrates betreffend den Gesamtbetrag der Kostenbeiträge steht kein ordentliches Rechtsmittel zur Verfügung. Die kantonalen kirchlichen Körperschaften können einzig mittels subsidiärer Verfassungsbeschwerde beim Bundesgericht eine Verletzung ihrer durch die Kantonsverfassung und das Kirchengesetz gewährleisteten Autonomie geltend machen, unter anderem mit der Begründung, dass ein Rechtsanspruch auf Kostenbeiträge bestehe und diese dem Erhalt und Betrieb der kantonalen kirchlichen Körperschaften dienten[70]. Ebenso wenig kann das kantonale Verwaltungsgericht gegen Anordnungen betreffend die Gewährung von Kostenbeiträgen angerufen werden[71]. Nicht unter diesen Beschwerdeausschluss fallen dürfte jedoch die jährliche Aufteilung des Rahmenkredits durch den Regierungsrat gemäss § 20 Abs. 1 KiG. Denn in diesem Zeitpunkt sind die Kostenbeiträge durch den Kantonsrat bereits bewilligt und geht es lediglich noch um deren Aufteilung

66 Antrag und Weisung des Regierungsrates (Anm. 8), S. 595 f.

67 § 29 Abs. 2 KiG.

68 § 21 Abs. 1 und 2 KiG. Nach heutigem Kenntnisstand wird die evangelisch-reformierte Landeskirche einen Rückgang der jährlichen Leistungen des Staates um rund 12 Mio. Franken zu verkraften haben.

69 § 21 Abs. 2 KiG; Antrag und Weisung des Regierungsrates (Anm. 8), S. 614.

70 Antrag und Weisung des Regierungsrates (Anm. 8), S. 613.

71 § 43 Abs. 1 lit. c VRG.

während der entsprechenden Beitragsperiode[72]. In vergleichbarer Weise sind nämlich Entscheide der zuständigen Direktion des Regierungsrates über die Verteilung der Kostenbeiträge auf die kantonalen kirchlichen Körperschaften, die aufgrund von § 21 Abs. 1 KiG ergehen, mit Rekurs beim Regierungsrat und anschliessend mit Beschwerde beim Verwaltungsgericht anfechtbar[73].

dd) Berichterstattung

Die Gewährung staatlicher Kostenbeiträge setzt nicht nur voraus, dass die kantonalen kirchlichen Körperschaften Tätigkeitsprogramme vorlegen. § 22 Abs. 1 KiG verpflichtet sie auf Ende jeder Beitragsperiode ausserdem zur Berichterstattung über die Mittelverwendung sowie über die Auswirkungen und die Wirksamkeit der Tätigkeitsprogramme. Ziel dieser Berichterstattung ist nicht eine umfassende Rechenschaftsablage. Vielmehr geht es darum, vernünftige Aussagen zu erhalten, die sich mit verhältnismässigem Aufwand machen lassen, namentlich ob die Aufgabenteilung zwischen dem Staat und den kantonalen kirchlichen Körperschaften, wie sie den Tätigkeitsprogrammen zugrunde gelegt wurde, weiterhin sinnvoll ist[74]. Für vertiefte Aussagen sieht § 22 Abs. 2 KiG die Möglichkeit von punktuellen Evaluationen vor. Hinzukommt die jährliche Berichterstattung der kantonalen kirchlichen Körperschaften zuhanden des Kantonsrates gemäss § 6 Abs. 1 KiG in Form der Jahresberichte. Da die Kostenbeiträge als jährliche Pauschale ausgerichtet werden, kommt die in § 22 Abs. 3 KiG vorgesehene Rückerstattungspflicht erst zum Tragen, wenn eine kantonale kirchliche Körperschaft die Kostenbeiträge insgesamt nicht ausschöpft und nicht bereits dann, wenn einzelne Projekte im Rahmen des Tätigkeitsprogramms nicht umgesetzt wurden[75].

Die Ausführungsverordnung gemäss § 24 KiG liegt zurzeit noch nicht vor. Sie wird die Ausgestaltung der innerkirchlichen Finanzordnungen massgebend beeinflussen.

72 So sinngemäss auch Antrag und Weisung des Regierungsrates (Anm. 8), S. 616.

73 § 23 Abs. 1 und 2 KiG. Dies entspricht dem ordentlichen Rechtsmittelzug des Verwaltungsrechtspflegegesetzes.

74 Antrag und Weisung des Regierungsrates (Anm. 8), S. 614 f.

75 So sinngemäss auch Antrag und Weisung des Regierungsrates (Anm. 8), S. 615.

b) Kirchensteuern

Art. 130 Abs. 3 lit. c KV weist die Regelung der Befugnis zur Steuererhebung dem Gesetzgeber zu. § 25 Abs. 1 KiG schafft die entsprechende Rechtsgrundlage für die Besteuerung der natürlichen und der juristischen Personen durch die Kirchgemeinden. Diese erfolgt nach Massgabe des Steuergesetzes. In diesem Sinn stellen das materielle Steuerrecht und das Steuerverfahrensrecht unmittelbar anwendbares kantonales Recht dar, was die Zuständigkeit der staatlichen Aufsichts- und Rechtspflegeorgane begründet. § 25 Abs. 2 KiG schöpft die durch Art. 130 Abs. 4 KV gewährte Möglichkeit aus, einen Teil der Steuererträge der negativen Zweckbindung zu unterstellen. Diese beschränkt sich zu Recht auf die Erträge der Besteuerung der juristischen Personen[76]. Sie stellt sicher, dass die Steuererträge der juristischen Personen nicht für kultische Zwecke verwendet werden, sondern den gesamtgesellschaftlich relevanten Tätigkeiten der Kirchen zugute kommen[77]. Zu diesen zählen auch die Seelsorge im Rahmen des diakonischen Auftrags, in Spitälern und Gefängnissen, im Bahnhof, am Flughaben und im Einkaufzentrum[78]. Überwacht wird die Einhaltung der negativen Zweckbindung durch den Staat im Rahmen seines Aufsichtsrechts. Weil die Steuererträge der natürlichen und juristischen Personen zwischen den Kirchgemeinden grosse Unterschiede aufweisen, erfolgt die Rechenschaftsablage der kantonalen kirchlichen Körperschaften über die Erträge aus der Besteuerung der juristischen Personen nicht kirchgemeindeweise, sondern über die kantonale Körperschaft als Ganzes[79]. Die negative Zweckbindung hat für die kantonalen kirchlichen Körperschaften allerdings zur Folge, dass im Rahmen des Finanzausgleichs zwischen den Kirchgemeinden die Steuererträge der natürlich und juristischen Personen ebenfalls getrennt ausgewiesen werden müssen, d.h. für die beiden Arten von Steuerträgen je ein eigener Finanzausgleich eingerichtet werden muss.

76 *M. Röhl*, Kommentar zur Zürcher Kantonsverfassung (Anm. 3), Art. 130 N. 30.

77 Zum Begriff des kultischen bzw. nichtkultischen Zwecks vgl. *M. Röhl*, Kommentar zur Zürcher Kantonsverfassung (Anm. 3), Art. 130 N. 31 f.

78 Antrag und Weisung des Regierungsrates (Anm. 8), S. 617.

79 § 25 Abs. 2 Satz 2 KiG.

### *3. Kirchliche Liegenschaften im Eigentum des Kantons*

Der Kanton ist zurzeit noch Eigentümer mehrere Pfarrliegenschaften und Kirchen[80]. Von diesen verbleiben laut § 26 Abs. 1 KiG das Grossmünster sowie die Klosterkirchen Kappel und Rheinau aufgrund ihrer besonderen historischen und kulturgeschichtlichen Bedeutung im Eigentum des Staates. Die Benutzungsverhältnisse, die bis anhin auf einer überlieferten Praxis beruhen, sind vertraglich je mit der evangelisch-reformierten Landeskirche und der römisch-katholischen Körperschaft zu regeln[81]. Im Übrigen soll die seit 1964 laufende Abtretung von Pfarrliegenschaften im Eigentum des Kantons an die betreffenden Kirchgemeinden zum Abschluss gebracht werden. Die Abtretung erfolgt in Fortführung der seit mehr als vier Jahrzehnten geübten Praxis zusammen mit einer kapitalisierten Abfindung für die Ablösung der Unterhaltspflicht. Demgegenüber werden die Kirchen in einem guten Zustand ohne Abfindung übertragen, wobei im Einzelfall festzustellen sein wird, was einem guten Zustand entspricht[82]. Diese Eigentumsübertragungen sollen in Jahren 2008-2011 stattfinden[83].

## *IV. Fazit*

Das Kirchengesetz ist das erste Gesetz, das der Kantonsrat auf der Grundlage und in Umsetzung der neuen Zürcher Kantonsverfassung erlassen hat. Dass dies so rasch nach deren Inkrafttreten am 1. Januar 2006 möglich war, ist einerseits darauf zurückzuführen, dass mit dem 2003 abgelehnten Kirchengesetz bereits eine Vorlage bestand und die Kantonsverfassung durch ihre ausführlichen Regelungen in Art. 130 und 145 den Handlungsspielraum des Gesetzgebers von vornherein einschränkt. Anderseits war es die Absicht des Regierungsrates, ein neues Kirchengesetz noch in der Legislatur 2003-2007 des Kantonsrates zumindest in erster Lesung zu verabschieden. Obschon das neue Kirchengesetz gegenüber der Vorlage von 2003 gesetzgeberisch und inhaltlich an Qualität gewonnen hat, offenbart sich noch vor dem Inkrafttreten Nachbesserungsbedarf,

80 Es sind dies zehn Kirchen, ein Kirchturm und acht Pfarrliegenschaften.

81 § 26 Abs. 2 KiG.

82 § 32 Abs. 1 und 3 KiG.

83 Regierungsratsbeschluss Nr. 1014 vom 4. Juli 2007.

insbesondere im Bereich der Zuständigkeiten staatlicher und kirchlicher Organe für die Aufsicht und die Rechtsprechung[84].

Das neue Kirchengesetz vergrössert die Organisationsautonomie der kirchlichen Körperschaften erheblich. Mit dieser erweiterten Handlungsfreiheit geht ein entsprechender Handlungsbedarf einher. Die von den kantonalen kirchlichen Körperschaften zu übernehmenden, bisher vom Staat erfüllten Aufgaben, insbesondere in den Bereichen Aufsicht, Rechtsprechung, Wahlen und Abstimmungen, Personalverantwortung für die Pfarrschaft, sowie die Vorgaben des Kirchengesetzes, namentlich die negative Zweckbindung der Steuererträge der juristischen Personen in Verbindung mit einer Rechenschaftspflicht, Tätigkeitsprogramme und Berichterstattungen im Rahmen der Kostenbeiträge, werden den administrativen Aufwand der kirchlichen Körperschaften spürbar vergrössern. Zu hoffen ist, dass dies nicht zulasten des kirchlichen Kernauftrags geschieht.

Für die kantonalen kirchlichen Körperschaften gilt es in einem nächsten Schritt, ihre Rechtsordnungen an das neue Kirchengesetz anzupassen. Seitens der evangelisch-reformierten Landeskirche sind diese Arbeiten seit Mitte 2006 im Gang. Bis Mitte November 2007 befand sich der Entwurf einer gesamtrevidierten Kirchenordnung in der Vernehmlassung. Die Kirchensynode wird sich im Herbst 2008 mit dieser Vorlage befassen. Es ist geplant, die gesamtrevidierte Kirchenordnung Mitte 2009 in Kraft zu setzen, vorausgesetzt sie wird von den stimmberechtigten Mitgliedern in der obligatorischen Volksabstimmung angenommen.

Abschliessend ist darauf hinzuweisen, dass der Kantonsrat gleichzeitig mit dem neuen Kirchengesetz das Gesetz über die anerkannten jüdischen Gemeinden verabschiedete[85]. Es regelt die Wirkungen der verfassungsrechtlichen Anerkennung von jüdischen Gemeinden gemäss Art. 131 KV[86]. Auch gegen dieses Gesetz wurde das Referendum nicht ergriffen.

*Martin Röhl*

84 Diese Nachbesserung des Kirchengesetzes ist im Rahmen der Anpassung des Verwaltungsrechtspflegegesetzes an die Rechtsweggarantie der BV vorgesehen.

85 Gesetz über die anerkannten jüdischen Gemeinden vom 9. Juli 2007 (GjG), ABl. 2007, S. 1265 ff. (abgedruckt im Dokumentationsteil, hinten S. 378 ff.).

86 Vgl. dazu auch *M. Röhl*, Kommentar zur Zürcher Kantonsverfassung (Anm. 3), Art. 131 N. 3 ff.

SJKR/ASDE 12 (2007), S. 231-242

# Rezensionen und Buchanzeigen

*Axel Frhr. von Campenhausen/Heinrich de Wall*, Staatskirchenrecht. Eine systematische Darstellung des Religionsverfassungsrechts in Deutschland und Europa. Ein Studienbuch. 4. Aufl. München: Verlag C.H. Beck 2006. XIV & 436 S.

*Axel von Campenhausens* „Staatskirchenrecht" ist ein Lehrbuchklassiker[1], vergleichbar *Auberts* „Traité de droit constitutionnel suisse" (1967-1982), *Forsthoffs* „Lehrbuch des Verwaltungsrechts" (10. Aufl. 1973) oder *Hesses* „Grundzüge[n] des Verfassungsrechts der Bundesrepublik Deutschland" (20. Aufl. 1995), führend auf seinem Gebiet[2]. Mit ihm hat der Autor Pionierarbeit geleistet (1. Aufl. 1973 bei Goldmann[3], einziges Lehrmittel zum Fach, bis ihm *Jeand'heurs* und *Korioths* „Grundzüge des Staatskirchenrechts" [2000], *Winters* „Staatskirchenrecht der Bundesrepublik Deutschland" [2001], *Classens* „Religionsrecht" [2006] folgten). Unvergessen bleibt seine Diskussion etwa mit *Wolfgang Lienemann* an der Basler Kirchenrechtstagung 1996[4]. Nachdem die 3. Auflage nun zehn Jahre zurückliegt (1996), konnte als Zweitautor für die Neubearbeitung *Heinrich de Wall* gewonnen werden. Das ist verdienstvoll, denn es wird den Einfluss des Werks auf Doktrin und Praxis für längere Zeit sichern.

1 Vgl. auch *seine* Kommentierung der „Staatskirchenartikel" des deutschen Verfassungsrechts (Art. 140 GG bzw. Art. 136-139 und 141 WRV), in: Hermann von Mangoldt/Friedrich Klein/Christian Starck (Hg.), Kommentar zum Grundgesetz, 5. Aufl., München 2005, Bd. 3.

2 Vgl. die umfassende Würdigung bei *Martin Heckel*, Leitlinien des Staatskirchenrechts: Ausgleich in Freiheit, in: Zeitschrift für Theologie und Kirche 101 (2004), S. 67-84 = *ders.*, Gesammelte Schriften, Staat Kirche Recht Geschichte, Bd. 5, Tübingen 2004, S. 347-364.

3 Auf die einige der nachstehend wiedergegebenen, besonders einprägsamen Sätze zurückgehen, so zur Historizität des Staatskirchenrechts (S. 1) oder zur Systemfrage (S. 371).

4 *Axel Frhr. von Campenhausen*, Kirchliches Mitgliedschaftsrecht, in: SJKR 1 (1996), S. 55-66; *Wolfgang Lienemann*, Gesellschaftliche, rechtliche und theologische Probleme der Kirchenzugehörigkeit, in: SJKR 1 (1996), S. 67-106; *mein* Tagungsbericht, in: SJKR 1 (1996), S. 107-113.

Ebenso in die Zukunft gewendet ist der Untertitel des Buchs, der den heutigen Begriff des Religionsverfassungsrechts mit dem Staatskirchenrecht deutscher Tradition versöhnt:

> „Dafür sprechen auch die religiöse Pluralisierung, das Bemühen um die Integration muslimischer und anderer Ausländer, die schwindende Kenntnis der geschichtlichen Grundlagen. Ausschlaggebend aber ist das moderne Verständnis des Staatskirchenrechts als Religionsverfassungsrecht. Es hat in Deutschland eine richtungweisende Ausgleichsordnung gefunden, mit der Gegenwartsprobleme eines multireligiösen und multikulturellen Gemeinwesens gelöst werden konnten und können. Das Verständnis des deutschen Modells sollte, nicht zuletzt im Blick auch auf den europäischen Wettbewerb, nicht durch die Terminologie erschwert werden“ (S. 40)[5].

Das Religionsverfassungsrecht charakterisiert sich – in Deutschland wie der Schweiz – durch seine ausgesprochen historische Prägung. „Ein Verständnis der aktuellen Rechtsbeziehungen zwischen Staat und Kirche ist nicht möglich ohne ein Minimum historischen Wissens“ (S. 1), lautet programmatisch der erste Satz des Buchs[6], auch hier im Anschluss an die staatskirchenrechtliche Tradition. Entsprechend stellt das Buch nicht nur im 1. Teil die „geschichtlichen Grundlagen“ dar, sondern behandelt den Stoff durchgängig vor seinem geschichtlichen Hintergrund, z.B. das Vertragsstaatskirchenrecht (S. 141 ff.), Staat und Kirche im sozialen Bereich (S. 163 ff.), das Recht der kirchlichen Friedhöfe (S. 185 ff.), die Theologischen Fakultäten an staatlichen Universitäten (S. 219 ff.), das Kirchensteuerrecht (S. 226 ff.), den Schutz des kirchlichen Vermögens (S. 269 ff.), das kirchliche Datenschutzrecht, Personenstands- und Meldewesen (S. 289 ff.) oder den Sonn- und Feiertagsschutz (S. 326 ff.). Wer das Buch aus Interesse an der Kirchengeschichte oder kirchlichen Zeitgeschichte zur Hand nimmt, findet hier einen Erfahrungsschatz, der seinesgleichen sucht.

Beachtung gerade im Vergleich zur Schweiz erheischen die Ausführungen zur Religionsfreiheit, deren Bearbeitung *de Wall* übernommen hat. Dem säkularen Staat ist es aus der Religionsfreiheit verwehrt, Religi-

5 Vgl. auch *meine* Einführung in das Religionsverfassungsrecht der Schweiz, Basel, Genf und Zürich 2005.

6 Besonders schön aus jüngster Zeit *Axel Frhr. von Campenhausen*, Die Reformation als Grundlage der modernen Welt und des neuzeitlichen Christentums, in: ZRG kan. Abt. 92 (2006), S. 536-553.

on über ihren Inhalt zu definieren (Grundsatz der religiösen Neutralität[7]). Für die Schweiz lässt sich deshalb die Lehre gut vertreten, es seien mangels staatlicher Definitionskompetenz der Schutzbereich dieses Grundrechts offen zu lassen, fallweise auf das Selbstverständnis der betroffenen Religion bzw. Religionsgemeinschaft abzustellen und die nötigen Korrekturen auf der Schrankenebene zu ziehen[8] (z.B. mit dem Rechtsmissbrauchsverbot, dem Verbot aufdringlicher Werbung, dem Schutz der öffentlichen Ordnung und des rechtlichen „Ordre public“). Das funktioniert für die Schweiz, weil Art. 36 BV die polizeiliche Einschränkung von Grundrechten aufgrund einfachen Gesetzes erlaubt. In Deutschland hingegen ist die Religionsfreiheit prinzipiell nur auf der Grundlage anderer Verfassungsnormen einschränkbar, was in Doktrin und Praxis zu einer engeren Umschreibung des Schutzbereichs führt (grundrechtsimmanente Schranken, S. 67 ff.)[9]. Trotzdem sind die Ausführungen des Lehrbuchs hiezu mit dem Hinweis auf die Rechtsprechung des Bundesverfassungsgerichts auch für schweizerische Leserinnen und Leser bedenkenswert:

> „Allerdings kann das Selbstverständnis nur in Grenzen zur Definition der Religion herangezogen werden. Wäre es das alleinige Kriterium, stünde die Reichweite der Religionsfreiheit nämlich vollständig im Belieben des Grundrechtsträgers[10] mit den damit verbundenen Problemen für die allgemeine Rechtsordnung. Dem Selbstverständnis sind daher äussere, nicht subjektiv durch den Grundrechtsträger, sondern durch den Staat bestimmte, objektive Grenzen zu ziehen. Insoweit unterscheidet sich die Religionsfreiheit nicht von anderen Grundrechten. Zu Recht weist das Bundesverfassungsgericht daher darauf hin, dass ‚nicht allein die Behauptung und das Selbstverständnis, eine Gemeinschaft bekenne sich zu einer Religion und sei eine Religionsgemeinschaft, für diese und ihre Mitglieder die Berufung auf die Freiheitsgewährleistung des Art. 4 I und II GG rechtfertigen [können]; vielmehr muss es sich auch tatsächlich, nach geistigem Gehalt und äusserem Erscheinungsbild, um eine Religion und eine Religionsgemeinschaft handeln. Dies im Streitfall zu prüfen und zu entscheiden, obliegt – als Anwen-

7 BBl 1997 I, S. 156-157; BGE 123 I 308-309 = Pra 87 (1998), S. 307-308: „Die Glaubens- und Gewissensfreiheit verpflichtet den Staat, konfessionelle und religiöse Neutralität einzuhalten; der Einzelne kann sich diesbezüglich auf ein individuelles Recht berufen […].“

8 So auch *meine* Einführung (Anm. 5), S. 36-37 und 56-59.

9 Wobei die Autoren ihre frühere Meinung aufgaben, Art. 140 GG i.V.m. Art. 136 Abs. 1 WRV könne als Grundlage zur Einschränkung der Religionsfreiheit (Art. 4 GG) dienen: S. 51 Anm. 3. Ebenso *Hartmut Maurer*, Die Schranken der Religionsfreiheit, in: ZevKR 49 (2004), S. 311-332.

10 Was für die Schweiz aufgrund des Gesetzesvorbehalts in Art. 36 BV nicht zutrifft.

> dung einer Regelung der staatlichen Rechtsordnung – den staatlichen Organen, letztlich den Gerichten, die dabei freilich keine freie Bestimmungsmacht ausüben, sondern den von der Verfassung gemeinten oder vorausgesetzten, dem Sinn und Zweck der grundrechtlichen Verbürgung entsprechenden Begriff der Religion zugrunde zu legen haben'[11]. Hierbei ist der besonderen Bedeutung des Selbstverständnisses dadurch Rechnung zu tragen, dass der Freiheitsentfaltung nach eigenem religiösen Selbstverständnis ein möglichst grosser Spielraum bleibt. Es genügt also nicht, dass jemand sein Handeln als glaubensgeleitet oder glaubensverpflichtet darstellt. Die Behauptung muss plausibel sein [...]" (S. 56).

Eine Spezialität des deutschen Religionsverfassungsrechts, die eng mit der historischen Erfahrung im Dritten Reich zusammenhängt, ist das weit ausgreifende Selbstbestimmungsrecht der Religionsgemeinschaften[12] (das z.B. auch ein kircheneigenes Arbeitsrecht ermöglicht). Bei dessen Abgrenzung spielt die Frage des staatlichen Rechtsschutzes im kirchlichen Bereich eine Schlüsselrolle (S. 309 ff.). Lange hat die deutsche Judikatur, v.a. des Bundesgerichtshofs seit den 1960er Jahren, Rechtssuchenden den staatlichen Rechtsweg abgeschnitten, wo die kirchliche Ordnung selbst ein Verfahren anbot und die staatliche Gerichtsbarkeit nicht explizit für zuständig erklärte. Diese u.a. von *Joseph Listl* vertretene Sicht[13] hat sich auf Dauer nicht mit der staatlichen Justizgewährungspflicht und dem auf sie bezogenen Rechtsprechungsmonopol des Staates vereinbaren lassen. Die Autoren des vorliegenden Buchs gehören zu jener überwiegenden Mehrheit der Lehre, die damit seit je nicht einverstanden war[14]. Ihr Werk

11 Was – selbstverständlich – auch für die Schweiz zutrifft.

12 Wobei man sich als Schweizer in die Terminologie des deutschen Rechts da und dort einlesen muss. So wird z.B. unterschieden zwischen „Eigenständigkeit" (Art. 137 Abs. 3 WRV, Selbstbestimmung i.e.S.) und „Autonomie" (Art. 137 Abs. 5 WRV, Ausstattung als Körperschaft öffentlichen Rechts).

13 *Joseph Listl*, Staatliche und kirchliche Gerichtsbarkeit, in: DÖV 42 (1989), S. 409-419 = *ders.*, Kirche im freiheitlichen Staat, Schriften zum Staatskirchenrecht und Kirchenrecht, Berlin, 1996, Bd. 2, S. 788-812.

14 *Axel Frhr. von Campenhausen*, Der Rechtsschutz der kirchlichen Bediensteten, in: Heinz Brunotte/Konrad Müller/Rudolf Smend (Hg.), Festschrift für Erich Ruppel zum 65. Geburtstag am 25. Januar 1968, Berlin, Hamburg und Hannover 1968, S. 262-276; *ders.*, Staatliche Rechtsschutzpflicht und kirchliche Autonomie, in: ZevKR 17 (1972), S. 127-149; *ders.*, Neues zum staatlichen Rechtsschutz im kirchlichen Bereich, in: ZevKR 45 (2000), S. 622-625. Übereinstimmend mit ihm, statt vieler: *Michael Germann*, Staatliche und kirchliche Gerichtsbarkeit, in: Wilhelm Rees (Hg.), Recht in Kirche und Staat, Joseph Listl zum 75. Geburtstag, Berlin 2004, S. 627-656; *ders.*, Staatliche Verwaltungsge-

erscheint rechtzeitig zum Einfahren der Ernte, haben doch die obersten Gerichte Deutschlands eine Wende eingeleitet (S. 311):

> „Die so oft beschworene Koordination von Staat und Kirchen kann nicht so verstanden werden, dass die Kirchen und ihre Bediensteten (im Gegensatz zu den übrigen Kirchengliedern) aus dem staatsbürgerlichen Verband ausscheren und Staat und Kirche sich dyarchisch gegenüberstehen: Wenn die Kirchen auch nicht von der Welt sind, so sind sie doch in der Welt" (S. 313).
>
> „Es ist kein Bereich innerhalb des kirchlichen Selbstbestimmungsrechts anzuerkennen, der prinzipiell einer staatsgerichtlichen Überprüfung entzogen ist. Wohl aber setzt das kirchliche Selbstbestimmungsrecht im Rahmen der Begründetheitsprüfung der staatlichen Kontrolle Grenzen. Hierbei ist im Wege der praktischen Konkordanz das kirchliche Selbstbestimmungsrecht gegenüber der staatlichen Justizgewährungspflicht in besonderem Masse zu berücksichtigen. Dabei müssen kirchliche Vorentscheidungen grundsätzlich hingenommen werden und unterliegen nur einer Willkürprüfung durch die staatlichen Gerichte [...]. Eine Lösung ist nur auf der Grundlage von Güterabwägungen im Einzelfall zu gewinnen" (S. 326).

An solchen Beispielen zeigt sich, wie Doktrin und Praxis das Selbstbestimmungsrecht der Religionsgemeinschaften nicht nur begründen, sondern zugleich begrenzen müssen. Die rechtsstaatlich verfasste Gesellschaft ist ein komplexes Gefüge, das sich durch isoliert nebeneinander stehende Rechtskreise nicht abbilden lässt. Vielmehr überschneiden sich der kirchliche und staatliche Rechtskreis im einzelnen Menschen, so dass der Judikatur die Abwägung aufgetragen bleibt.

Schliesslich behandelt das Werk in konzentrierter Form seine Thematik für die Europäische Union (S. 357 ff.), wiederum aus der Feder *de Walls*[15]. Eine Hauptquelle des Grundrechtsschutzes in der EU ist bekanntlich die auch in der Schweiz anwendbare EMRK. Zur lange umstrittenen Frage, ob deren Art. 9 das Selbstbestimmungsrecht der Religionsgemeinschaften mitumfasse[16], heisst es nunmehr, unter Bezugnahme auf die Rechtsprechung des Europäischen Gerichtshofs für Menschenrechte:

---

richte vor der Aufgabe der Justizgewährung in religionsgemeinschaftlichen Angelegenheiten, in: ZevKR 51 (2006), S. 589-595.

15 Vgl. dazu aus Schweizer Sicht *Dieter Kraus*, Schweizerisches und europäisches Religionsrecht im Dialog, in: SJKR 7 (2002), S. 11-38.

16 Differenzierend mit freilich restriktiver Tendenz *Konrad Sahlfeld*, Aspekte der Religionsfreiheit im Lichte der Rechtsprechung der EMRK-Organe, des UNO-Menschenrechtsausschusses und nationaler Gerichte, Basel, Genf und Zürich 2004, S. 170-180.

> „Das Recht des Gläubigen auf Religionsfreiheit umfasse die Erwartung, dass seine Religionsgemeinschaft in Frieden und frei von staatlichem Einfluss tätig werden darf. Wäre die Freiheit der Organisation der Gemeinschaft nicht von Art. 9 EMRK erfasst, wären – so der Gerichtshof – alle anderen Aspekte der individuellen Religionsfreiheit verwundbar. Die autonome Existenz von Religionsgemeinschaften sei unverzichtbar für den Pluralismus in einer demokratischen Gesellschaft und gehöre deshalb zum Kernbestand des Schutzes, den Art. 9 EMRK vermittelt" (S. 365)[17].

Das gilt m.E. uneingeschränkt auch in der Schweiz.

Besonders anregend für schweizerische Leserinnen und Leser behandelt das Buch „[r]echtspolitische Fragen zur Kirchensteuer" (S. 238 ff.), die in Deutschland wie der Schweiz zu den gemeinsamen Angelegenheiten von Staat und Kirche zählt[18].

Die nützlichen Hinweise zur Schweiz (S. 340 ff.) bedürfen der Ergänzung: um die neue Bundesverfassung vom 18. April 1999 (Glaubens- und Gewissensfreiheit: Art. 15, Kirche und Staat: Art. 72), die neue Verfassung des Kantons Zürich vom 27. Februar 2005 (womit Teile der im Buch erwähnten, 2003 gescheiterten Reform dann doch verwirklicht wurden), die Edition der „Schweizerischen Kirchenrechtsquellen" (bisher drei Bände) und die seit der letzten Auflage des Werks erschienene Literatur. Die letzte Volksabstimmung über eine Trennung von Kirche und Staat in Zürich hat nicht 2003[19], sondern 1995 stattgefunden (wenn man

17 Dazu auch *de Walls* Vorarbeit: Von der individuellen zur korporativen Religionsfreiheit – die Rechtsprechung zu Art. 9 EMRK, in: *Joachim Renzikowski* (Hg.), Die EMRK im Privat-, Straf- und Öffentlichen Recht, Grundlagen einer europäischen Rechtskultur, Baden-Baden, Basel, Genf, Wien und Zürich 2004, S. 237-255.

18 Vgl. *meine* Einführung (Anm. 5), S. 153-156.

19 Wo es nur um die Entflechtung bei fortgesetzter Verbindung und Zusammenarbeit gegangen wäre (mit der Möglichkeit der öffentlichrechtlichen Anerkennung weiterer Religionsgemeinschaften). *Werner Bräm*, Staatskirchenrechtliche Reformschritte im Kanton Zürich, in: SJKR 1 (1996), S. 160-168; *ders.*, Evangelisch-reformierte Landeskirche des Kantons Zürich, in: SJKR 3 (1998), S. 183-186; *ders.*, Zum Stand der Entwicklung im Verhältnis von Kirche und Staat im Kanton Zürich, in: SJKR 4 (1999), S. 177-187; *ders.*, Konkreter Schritt auf dem Weg zur neuen Gestaltung des Verhältnisses zwischen Staat und Kirche im Kanton Zürich, in: SJKR 6 (2001), S. 187-198; *Regierungsrat des Kantons Zürich*, Weisung vom 6. März 2002 betr. Neuregelung des Verhältnis zwischen Kirchen und Staat (Änderung der Kantonsverfassung; neues Kirchengesetz), in: SJKR 7 (2002), S. 243-257; *Martin Röhl*, Neuregelung des Verhältnisses zwischen Kirchen und Staat im Kanton Zürich – Standortbestimmung nach der Volksabstim-

den Trennungsbegriff in seiner ideologischen, politischen Prägung nimmt). Für entsprechende Orientierung sei auf die jüngsten Bände dieses Jahrbuchs verwiesen.

Angenehm unideologisch und mit wohltuendem Praxisbezug fragen sich die Autoren schliesslich, ob es ein „System des Religionsverfassungsrechts" gebe (S. 368 ff.). Ihre Antwort ist skeptisch aufgrund der historischen Erfahrungen und Prägungen in diesem Bereich. Denn (partielle) Trennung geht oft mit (partieller) Verbindung und Zusammenarbeit einher, unterschiedlich je nach Sachgebiet. Indes können aus der Verfassungsentwicklung Prinzipien gewonnen werden, die der analytischen und didaktischen Entfaltung des Stoffes dienen (etwa die Grundsätze der Nichtidentifikation, Neutralität und Parität). Allerdings mahnen die Autoren zur Vorsicht:

> „Erstens verführen Prinzipien dazu, die Welt an ihnen zu messen. Das gilt besonders für den Grundsatz der Neutralität, der wie ein Geist aus der Flasche gewachsen ist und grosse Bedeutung in Rechtsprechung und Literatur gewonnen hat. Diese Bedeutung besteht zu Recht. Massgeblich für die rechtliche Beurteilung ist indessen der Text der Verfassung, aus deren Bestimmungen die Grundsätze gewonnen werden. Die genannten Begriffe gehen der Verfassung jedoch nicht voraus, und sie sind nicht die Elle, an der jene zu messen ist, sondern umgekehrt bestimmt die Verfassung die Rechtsordnung und damit den Umfang der daraus abgeleiteten Prinzipien. Zweitens lässt das Hantieren mit den Grundsätzen, die die religionsverfassungsrechtliche Rechtslage veranschaulichen, das Besondere wieder nicht erkennen. Das trifft insbesondere die institutionelle Regelung des Art. 140 GG mit seiner zugleich historisch ehrwürdigen und im Rahmen des modernen Staates ‚fortschrittlich' anmutenden institutionellen Einordnung der Religionsgemeinschaften in den Rahmen des öffentlichen Rechts und die damit gegebenen rechtlichen Gestaltungsmöglichkeiten" (S. 371).

Das Werk ist ein anregender, lehrreicher, zur Auseinandersetzung mit Fragen unserer Zeit führender Text, Lehr- und Handbuch in einem, auch Nachschlagewerk dank Register und Literaturverzeichnis. Ad multos annos!

*Christoph Winzeler*

---

mung vom 30. November 2003, in: SJKR 8 (2003), S. 241-251; *ders.*, Neugestaltung des Verhältnisses zwischen Kirchen und Staat im Kanton Zürich – Reformpostulate und Reformbedarf, in: SJKR 9 (2004), S. 39-71; *ders.*, Die staatskirchenrechtlichen Bestimmungen der neuen Zürcher Kantonsverfassung, in: SJKR 10 (2005), S. 200-209.

*Claus Dieter Classen*, Religionsrecht. Tübingen: Mohr Siebeck 2006. XV & 273 S.

*Claus Dieter Classens* „Religionsrecht", ungefähr gleichzeitig mit der 4. Auflage des „Campenhausen" erschienen[20], ist das Werk einer neuen Generation. Der Autor (Jg. 1960) lehrt Öffentliches Recht, Europarecht und Völkerrecht in Greifswald. Sein Buch stellt Lehre und Rechtsprechung zum Religionsverfassungsrecht in Deutschland auf schlanke Weise dar, ohne die Geschichte zu vernachlässigen (Rdnr. 4 ff. und stichwortartig bei Einzelthemen wie den Kirchenverträgen, Rdnr. 60 f., oder den Staatsleistungen, Rdnr. 605 ff.). Wie *von Campenhausen* und *de Wall* im Untertitel ihrer 4. Auflage, setzt *Classen* für sein Werk mit dem Begriff „Religionsrecht" auf heutige Terminologie. Eine Akzentverschiebung oder Tendenzwende inhaltlicher Natur ist bei ihm damit nicht verbunden.

Den Problemen der Abgrenzung von Religion als Verfassungsbegriff begegnet *Classen* mit einem kommunitären Ansatz:

> „Will man diese [Probleme] nicht wie in jüngster Zeit häufig versucht erst auf der Schrankenebene lösen […], muss man weitere Kriterien heranziehen, mit deren Hilfe Religionsfreiheit hinreichend klar definiert und sachgerecht gegen die Gewissensfreiheit ebenso wie gegen die allgemeine Handlungsfreiheit abgegrenzt werden kann. Nach der hier für richtig gehaltenen, von der h.M. jedoch abgelehnten Auffassung bietet sich der Gedanke an, dass von einer Religion nur gesprochen werden kann, wenn sie zusätzlich zu den [übrigen] Elementen die Prägung durch eine Gemeinschaft aufweist" (Rdnr. 89, Differenzierung und Diskussion in Rdnr. 90 ff.).

Wohlgemerkt: Die Religionsfreiheit wird so nicht auf ein Selbstbestimmungsrecht der Religionsgemeinschaften beschränkt, aber der Religionsbegriff mit dem Erfordernis des Gemeinschaftsbezugs ergänzt. Glaubensbezeugungen und -betätigungen rein individueller Art sind dadurch auf den Schutz der Gewissensfreiheit verwiesen (Rdnr. 93). Das wäre auch für die Schweiz diskutierbar, wo die Bundesverfassung ausdrücklich das Begriffspaar „Glaubens- und Gewissensfreiheit" verwendet (Art. 15 BV).

Im Übrigen folgt *Classen* weithin der herrschenden Lehre und Rechtsprechung[21], was sich am Beispiel der Religionsneutralität des Staates be-

20 Vorn S. 231 ff.

21 Mit geringfügigen Differenzen, die den Grundtenor des Werks nicht in Frage stellen. So gründet der Autor bspw. die elterliche Befugnis, über die religiöse Erziehung eines Kindes zu entscheiden, nicht gleichzeitig auf die Religionsfreiheit (Art. 4 Abs. 1 GG) und das Elternrecht (Art. 6 Abs. 2 GG), sondern ausschliess-

legen lässt. Diese ist „nicht allein im negativen, ausgrenzenden Sinne" zu verstehen, sondern hat zugleich „positive Konnotationen" und erlaubt dem Staat, „im Bereich der Religion aktiv fördernd tätig zu werden" (Rdnr. 124). So ist bspw. die staatliche Anerkennung von Religionsgemeinschaften zulässig, wenn sie im Rahmen begründbarer Differenzierung erfolgt und nicht zur verbotenen Diskriminierung wird. Mit Recht weist *Classen* hiefür zum Vergleich auf die Begründung staatlicher Kulturpolitik hin (Rdnr. 126). Mit anderen Worten darf Neutralität nicht als Indifferenz verstanden werden (Rdnr. 125), wie es dem kämpferischen Laizismus Frankreichs zur Zeit seines Trennungsgesetzes von 1905 entsprochen hat. Dies alles gilt im Wesentlichen auch für die Schweiz, einschliesslich des Hinweises, dass die Neutralität als solche nicht im Verfassungstext enthalten sei und nichts über diesen hinaus verbürge (Rdnr. 126). Sie ist ein Kind der Lehre und Rechtsprechung, hilfreich zur Darlegung des geltenden Rechts, aber letzten Endes kein selbständiger Anspruch[22].

Das Buch konzentriert sich auf die Rechtslage in Deutschland, abgesehen von einem knappen Exkurs zum Europarecht (Rdnr. 55 ff.) und punktuellen Ausblicken (etwa zum Schächten in Österreich, Rdnr. 418, und Frankreich, Rdnr. 419). Es verzichtet weitgehend auf kultur- und sozialgeschichtliche Ausführungen in den einzelnen Sachkapiteln, wie sie z.B. *von Campenhausens* und *de Walls* Arbeit prägen. Wer jedoch einen direkten, speditiven Zugang zum deutschen Religionsverfassungsrecht sucht, wird bei *Classen* zuverlässig bedient.

*Christoph Winzeler*

lich auf letzteres (Rdnr. 170): eine plausible Lösung, die an der gelebten Praxis kaum etwas ändern dürfte.

22 Etwas missverständlich insoweit der schweizerische Kopftuchentscheid, BGE 123 I 308-309 = Pra 87 (1998), S. 307-308: „Die Glaubens- und Gewissensfreiheit verpflichtet den Staat, konfessionelle und religiöse Neutralität einzuhalten; der Einzelne kann sich diesbezüglich auf ein individuelles Recht berufen [...]."

*Hafner, Felix/Brosi, Urs:* Bischöfliche Personalentscheide und landeskirchliches Recht. Gutachten. Basel: Helbing Lichtenhahn Verlag 2007. XXII & 109 S.

Die Geschehnisse in der Gemeinde Röschenz (Kanton Basel-Landschaft) rund um den im Oktober 2005 vom Bischof der Diözese Basel suspendierten Pfarradministrator *Franz Sabo* beschäftigen eine breite Öffentlichkeit weit über den Wirkungskreis des streitbaren Geistlichen hinaus. Der Landeskirchenrat der Römisch-katholischen Landeskirche des Kantons Basel-Landschaft – seines Zeichens aufsichtsrechtliche Behörde – sah sich vor die besondere Herausforderung gestellt, dass die Kirchgemeinde einen Pfarradministrator weiterbeschäftigt, obwohl ihm vom Bischof die „Missio canonica" entzogen wurde. Aus diesem Grund beauftragte der Landeskirchenrat *Felix Hafner* (Ordinarius für Öffentliches Recht an der Juristischen Fakultät der Universität Basel) und *Urs Brosi* (dipl. theol. et lic. iur. can.), ein Gutachten zu erstellen mit dem Ziel, das Verhältnis der Landeskirche zu den Kirchgemeinden im Falle eines Missioentzugs zu prüfen.

Die Autoren leiten das in fünf Kapitel aufgeteilte Buch mit Begriffserklärungen, Verhältnisbestimmungen der Landeskirchen zu den Kirchgemeinden sowie des Bistums zur Römisch-katholischen Landeskirche ein, um den Leser von Anbeginn in der mitunter schwierigen Definitionswelt zu begleiten. Den grössten Teil der Arbeit nehmen typischerweise die personalrechtlichen Aspekte in einem „Tendenzbetrieb", wie ihn die Römisch-katholische Kirche darstellt, in Anspruch. Die Autoren erklären die Funktion der kirchlichen Sendung und die Unterstellung der Seelsorgenden anhand von genauen Begriffen und legen dabei die einschlägigen Paragrafen der Landeskirchenverfassung genau aus. Sie zeichnen dabei die Unterschiede zwischen weltlichem und kanonischem Recht und deren schwieriges Zusammenspiel nach und weisen auf das Primat der Lehre der römisch-katholischen Kirche und – in innerkirchlichen Belangen – des kanonischen Rechts für kirchliche Organe hin. Die Seelsorgenden sind somit infolge ihres Dienststatus zur Landeskirche im Gegensatz zum kirchlich neutralen staatlichen Arbeitgeber religiös-konfessionell gebunden. Die Autoren erklären die Grenzen der Grundrechtsbetätigung für das Seelsorgepersonal und leiten über zu den Zuständigkeiten, den Arten und der Rechtsnatur von Anstellungsverhältnissen im Kanton Basel-Landschaft, wobei sie sich immer eng an die Kirchenverfassung anlehnen und die jeweils einschlägigen Paragrafen erwähnen und wo nötig stets wiederholen. Bei dem für die aktuelle Fragestellung in Röschenz wohl wichtigsten Punkt, der Entlassung von Seelsorgenden, wird umsichtig auf die verschiedenen Stufen (Entlassung während der Amtsperiode, Nichtwiederwahl) von gewählten und nicht gewählten Seelsorgern eingegangen. Deutlich wird mehrfach darauf hingewiesen, dass eine Person, der vom Bischof die Missio canonica entzogen wurde, nicht mehr angestellt werden darf, wohl aber weiterhin gültig und erlaubt der Eucharistiefeier vorstehen darf. Es besteht die Möglichkeit, Seelsorgende mit entzogener Missio allenfalls im Nichtseelsorgebereich zu beschäftigen. Die Autoren sprechen dabei auch die schwierige Abgrenzung zwischen Seelsorge- und Nichtseelsorgebereich an, stellen aber fest, dass die Dozententätigkeit an einer staatlichen Hochschule keine Seelsorgetätigkeit und eine entzogene Missio diesfalls keinen Entlassungsgrund darstellt.

Im weitern werden die rechtsstaatlichen Verfahren und deren Mängel beleuchtet, die im Falle einer Entlassung von Seelsorgepersonal von Interesse sind und unter Umständen in Konflikt mit innerkirchlichen Bestimmungen geraten können. So wird auch festgehalten, dass die Missio canonica umgekehrt keinen vollständigen Schutz vor Entlassung darstellt.

Die nächsten Kapitel widmen sich streng systematisch der komplexen Thematik der Aufsichtspflichten und -rechte: Sie beschreiben die Lücken in der Landeskirchenverfassung, nehmen Stellung zur Frage der Aufsicht im Falle der Weiterbeschäftigung von Seelsorgenden trotz entzogener Sendung und verweisen auf die Rechtsmittel der Kirchgemeinden gegen aufsichtsrechtliche Massnahmen. Im 4. Kapitel wird kurz die Aufsicht des Kantons über die Landeskirchen behandelt, bevor eine Zusammenfassung und ein Fazit das Werk beendet. Im Anhang des Gutachtens finden sich – zum Teil auszugsweise – die einschlägigen gesetzlichen Bestimmungen, die eine hilfreiche Unterstützung bei der Lektüre bieten.

Das Buch besticht durch seinen klaren Aufbau angesichts des in den Medien mitunter schreierisch vermarkteten Problemkreises und bietet wohltuende Sachlichkeit ohne Be-, Ver- und Vorverurteilungen von Protagonisten. Dennoch verzichtet das Autorenpaar nicht auf eine eigene klare Stellungnahme. Das Gutachten liefert eine wertvolle Übersicht zu dem konkret brisanten, in der Wissenschaft noch wenig bearbeiteten arbeitsrechtlichen Thema im Tendenzbetrieb Kirche und wägt umsichtig vergleichend zwischen den weltlichen und kanonischen Normen ab. Das Literatur- und Quellenverzeichnis gibt die Möglichkeit, sich bei Einzelfragen weiterführend mit dem Thema auseinanderzusetzen. Das Werk wird vom (theologischen) Praktiker und Juristen, aber auch vom interessierten Laien mit Gewinn zur Hand genommen werden.

*Daniel Bucklar*

SJKR/ASDE 12 (2007), S. 243-249

# Bibliografie 2006–2007*

## *I. Bücher (einschliesslich Festschriften und Sammelbände)*

*Altermatt, Urs/Delgado, Mariano/Vergauwen, Guido* (Hg.): Der Islam in Europa. Zwischen Weltpolitik und Alltag, Stuttgart: Verlag W. Kohlhammer 2006. 357 S. (Religionsforum 1).

*Baumann, Martin/Stolz, Jürg* (Hg.): Eine Schweiz – viele Religionen, Risiken und Chancen des Zusammenlebens, Bielefeld: transcript Verlag 2007.

*Erziehungsdepartement des Kantons Basel-Stadt, Ressort Schulen:* Umgang mit religiösen Fragen an der Schule, Handreichung, Basel 2007. 22 S. (im Internet verfügbar: www.edubs.ch/die_schulen/schulen_bs/interkulturelle_paedagogik/handreichung.pdf).

*Grichting, Martin:* Das Verfügungsrecht über das Kirchenvermögen auf den Ebenen von Diözese und Pfarrei, St. Ottilien: EOS Verlag 2007. CV & 691 S. (Münchener Theologische Studien, Kanonistische Abteilung 62).

*Hafner, Felix/Brosi, Urs:* Bischöfliche Personalentscheide und landeskirchliches Recht. Gutachten, Basel: Helbing Lichtenhahn 2007. 22 & 109 S.

*Koch, Kurt:* Die Kirche Gottes, Gemeinschaft im Geheimnis des Glaubens, Augsburg: Sankt Ulrich Verlag 2007.

*Pahud de Mortanges, René/Zufferey, Jean-Baptiste* (Hg.): Bau und Umwandlung religiöser Gebäude/Le patrimoine religieux face à l'immobilier et la construction, Zürich: Schulthess 2007. XI & 199 S. (Freiburger Veröffentlichungen zum Religionsrecht 18).

*Schatz, Werner:* „Kommt zu einem Wort, das uns und euch gemeinsam ist", Ein Beitrag zum christlich-muslimischen Dialog, Neukirchen-Vluyn: Neukirchener Verlag 2007.

* Vgl. zu den Kriterien dieser jährlich erscheinenden Bibliografie die Vorbemerkungen in: SJKR/ASDE 2 (1997), S. 203.

## *II. Aufsätze (in Zeitschriften, Jahrbüchern, Festschriften und Sammelbänden), einschliesslich Kapitel in Lehr- und Handbüchern*

### *A. Bundes- und Völkerrecht*

*von Campenhausen, Axel Frhr./de Wall, Heinrich:* Staatskirchenrecht, Eine systematische Darstellung des Religionsverfassungsrechts in Deutschland und Europa, 4. Aufl. München 2006, S. 340-342 (Schweiz).

*Ehrenzeller, Bernhard:* Glauben, Gewissen und Weltanschauung, in: Detlef Merten/Hans-Jürgen Papier (Hg.), Handbuch der Grundrechte, Bd. 7/2: Grundrechte in der Schweiz und in Liechtenstein, Heidelberg, St. Gallen und Zürich 2007, S. 301-325.

*Famos, Cla Reto:* Religiöse Vielfalt und Recht: Von göttlichen und menschlichen Regeln, in: Baumann/Stolz, Eine Schweiz (vorn I.), S. 301-312.

*Hafner, Felix:* Mehr Freiheit durch Anerkennung? Anmerkungen zur öffentlichen Anerkennung von Religionsgemeinschaften, in: Stephan Breitenmoser/Bernhard Ehrenzeller/Marco Sassòli/Walter Stoffel/ Beatrice Wagner Pfeifer (Hg.), Human Rights, Democracy and the Rule of Law – Menschenrechte, Demokratie und Rechtsstaat – Droits de l'homme, démocratie et Etat de droit, Liber Amicorum Luzius Wildhaber [zum 70. Geburtstag], Baden-Baden, St. Gallen und Zürich 2007, S. 1001-1022.

*Jäger, Christoph:* Kultusbauten im Planungs-, Bau- und Umweltschutzrecht, in: Pahud de Mortanges/Zufferey, Bau und Umwandlung (vorn I.), S. 111-139.

*Kälin, Walter* (Interview mit Elisabeth Ehrensperger): Menschenrechte mit Gehalt anfüllen, in: Bulletin SEK/FEPS Nr. 4 (2006), S. 7-9.

*Kiener, Regina/Kälin, Walter:* Grundrechte, Bern: Stämpfli 2007, S. 263-381 (Glaubens- und Gewissensfreiheit).

*Kraus, Dieter:* Religionsrechtlich bedeutsame Entscheide des Bundesgerichts in den Jahren 2005-2006, in: SJKR/ASDE 11 (2006), S. 97-114.

*Mathwig, Frank:* Der Turm im Recht, Zum Menschenrecht auf Religionsfreiheit, in: Bulletin SEK/FEPS Nr. 4 (2006), S. 10-13.

*Pahud de Mortanges, René:* Aktuelle Rechtsfragen zum Islam in der Schweiz, in: Altermatt/Delgado/Vergauwen, Islam (vorn I.), S. 265-280.

*Pahud de Mortanges, René:* System und Entwicklungstendenzen des Religionsverfassungsrechts der Schweiz und des Fürstentums Liechtenstein, in: ZevKR 52 (2007), S. 493-521.

*Sahlfeld, Konrad:* Religionsfreiheit und Islam in Europa, in: Altermatt/ Delgado/Vergauwen, Islam (vorn I.), S. 233-248.

*Saxer, Urs:* Grundrechtsausübung in globalisierten Verhältnissen, Zum Mohammed-Karikaturen-Streit, in: Roger Zäch/Christine Breining-Kaufmann/Peter Breitschmid/Wolfgang Ernst/Paul Oberhammer/Wolfgang Portmann/Andreas Thier (Hg.), Individuum und Verband, Festgabe zum Schweizerischen Juristentag 2006, Basel, Genf und Zürich 2006, S. 435-452.

*Seidel, Wolf S./Waldmann, Bernhard:* Sakralbauten im Lichte der Grundrechtsbindung du Grundrechtsverwirklichung, in: Pahud de Mortanges/ Zufferey, Bau und Umwandlung (vorn I.), S. 71-110.

*Winzeler, Christoph:* Ordnung oder Freiheit? Die zwei Paradigmen der Judikatur des Schweizerischen Bundesgerichts zur Religionsfreiheit als Individualrecht, in: Altermatt/Delgado/Vergauwen, Islam (vorn I.), S. 281-291.

*Winzeler, Christoph:* Konfessioneller Friede, in: Historisches Lexikon der Schweiz, http://www.snl.ch/dhs/externe/protect/ deutsch.html (Buchveröffentlichung geplant).

## B. Kantonales Recht

*Baumann, Christoph Peter:* Religionen in Basel, Von der reformierten Vergangenheit zur multireligiösen Gegenwart, in: Basler Stadtbuch 126 (2005), Basel 2006, S. 20-25.

*Conzemius, Victor:* Von der Staatskirche zur „Trennung" in Genf, Konfessioneller Wandel hinter dem Volksentscheid vor 100 Jahren, in: Neue Zürcher Zeitung vom 29. Juni 2007, S. 19.

*Cuendet, Claude:* Les effets de la nouvelle Constitution vaudoise de 2003 dans le droit des religions vaudois – cinq projets de lois, in: SJKR/ASDE 11 (2006), S. 157-163.

*Frey, Jakob:* Zwei Motionen zur Kirchensteuer juristischer Personen im Kanton Zug, in: SJKR/ASDE 11 (2006), S. 177-179.

*Gerber, Samuel:* Rahmenvereinbarung über die Ausübung der römisch-katholischen und evangelisch-reformierten Seelsorge in den staatlichen Anstalten des Kantons Freiburg – eine Form der Zusammenarbeit von Kirchen und Staat im Gebiet der Seelsorge, in: SJKR/ASDE 11 (2006), S. 145-147.

*Hafner, Felix:* Die Regelung des Verhältnisses der Kirchen und Religionsgemeinschaften zum Staat in der neuen Verfassung des Kantons Basel-Stadt, in: SJKR/ASDE 11 (2006), S. 131-144.

*Hafner, Felix:* Mehr Freiheit durch Anerkennung? Anmerkungen zur öffentlichen Anerkennung von Religionsgemeinschaften, in: Stephan Breitenmoser/Bernhard Ehrenzeller/Marco Sassòli/Walter Stoffel/ Beatrice Wagner Pfeifer (Hg.), Human Rights, Democracy and the Rule of Law – Menschenrechte, Demokratie und Rechtsstaat – Droits de l'homme, démocratie et Etat de droit, Liber Amicorum Luzius Wildhaber [zum 70. Geburtstag], Baden-Baden, St. Gallen und Zürich 2007, S. 1001-1022.

*Jäger, Christoph:* Kultusbauten im Planungs-, Bau- und Umweltschutzrecht, in: Pahud de Mortanges/Zufferey, Bau und Umwandlung (vorn I.), S. 111-139.

*Karrer, Leo:* Röschenz führt nicht weiter, Separatismus ist keine Lösung, Zentralismus auch nicht, in: SKZ 174 (2006), S. 687-688.

*Koch, Kurt:* „Ich musste die Notbremse ziehen", Kurt Koch, Bischof von Basel, erklärt, inwiefern das Urteil im Fall Röschenz für ihn verhängnisvoll ist und warum er über die Trennung von Kirche und Staat nachdenkt, in: NZZ am Sonntag vom 18. November 2007, S. 16.

*Kropac, Ulrich:* Allgemeinbildung ohne religiöse Bildung? Zur Bedeutung und Gestalt von Religionsunterricht in der öffentlichen Schule, in: SKZ 175 (2007), S. 63-67.

*Loretan, Adrian:* „Das Verhältnis stark strapaziert", Kirchenrechtler Adrian Loretan bedauert, dass der Fall Sabo das Nebeneinander von Kirche und Staat trübt. Von einem Kulturkampf mag er jedoch nicht reden: Aber das Verhältnis der beiden müsse jetzt geklärt werden, in: Berner Zeitung vom 17. November 2007, S. 4.

*Möri, Peter:* Zwischenbericht zur Revision der Verfassung des Kantons Luzern aus der Sicht des Staatskirchenrechts, in: SJKR/ASDE 11 (2006), S. 154-156.

*Pahud de Mortanges, René:* Kantonales Religionsverfassungsrecht mit Stolpersteinen, Das Verhältnis von Kirche und Staat ändert sich schrittweise, in: Reformierte Presse, Heft 40 (2007), S. 6-7.

*Pahud de Mortanges, René:* Spitalseelsorge und Datenschutz, in: Rudolf Albisser/Adrian Loretan (Hg.), Spitalseelsorge im Wandel, Berlin und Zürich 2007, S. 17-22.

*Pahud de Mortanges, René:* System und Entwicklungstendenzen des Religionsverfassungsrechts der Schweiz und des Fürstentums Liechtenstein, in: ZevKR 52 (2007), S. 493-521.

*Schaad, Pierluigi:* Die Neuregelung der Kirchensteuern im Kanton Graubünden, in: SJKR/ASDE 11 (2006), S. 148-153.

*Südbeck-Baur, Wolf:* Die Aleviten in Basel wollen die öffentlich-rechtliche Anerkennung, in: Basler Stadtbuch 127 (2001), S. 207-209.

*Tanner, Erwin:* Öffentlichrechtlicher Körperschaftsstatus für islamische Gemeinschaften? in: SKZ 175 (2007), S. 156-158 und 179-186.

*Zufferey, Jean-Baptiste:* „Mise aux normes" des édifices religieux, in: Pahud de Mortanges/Zufferey, Bau und Umwandlung (vorn I.), S. 141-171.

## C. Kirchenrecht

*Bucklar, Daniel:* Umwandlung und Schliessung von römisch-katholischen Klöstern und Ordengebäuden, Drei Beispiele aus der Schweiz, in: Pahud de Mortanges/Zufferey, Bau und Umwandlung (vorn I.), S. 33-48.

*Famos, Cla Reto:* Die Zürcher Kirchenordnungen von 1905 und 1967 und ihre Bedeutung für die Praktische Theologie, in: SJKR/ASDE 11 (2006), S. 49-69.

*Gerber, Samuel:* Rahmenvereinbarung über die Ausübung der römisch-katholischen und evangelisch-reformierten Seelsorge in den staatlichenAnstalten des Kantons Freiburg – eine Form der Zusammenarbeit von Kirchen und Staat im Gebiet der Seelsorge, in: SJKR/ASDE 11 (2006), S. 145-147.

*Karrer, Leo:* Röschenz führt nicht weiter, Separatismus ist keine Lösung, Zentralismus auch nicht, in: SKZ 174 (2006), S. 687-688.

*Kosch, Daniel:* Wirkungsorientiertes Kirchen-Management in Zeiten des Umbruchs, in: SJKR/ASDE 11 (2006), S. 71-96.

*Kropac, Ulrich:* Allgemeinbildung ohne religiöse Bildung? Zur Bedeutung und Gestalt von Religionsunterricht in der öffentlichen Schule, in: SKZ 175 (2007), S. 63-67.

*Locher, Gottfried W.:* Das ordinierte Amt, Überlegungen in reformierter Perspektive, in: SJKR/ASDE 11 (2006), S. 11-31.

*Müller, Patrik:* Neues Dienst- und Lohnreglement für die ordinierten Dienste der evangelisch-reformierten Landeskirche des Kantons Aargau, in: SJKR/ASDE 11 (2006), S. 119-130.

*Pahud de Mortanges, René:* Sakramente: Der Umgang der Kirchen mit „Nichtmitgliedern", in: universitas, Das Magazin der Universität Freiburg, Schweiz Nr. 2 (2006), S. 12.

*Pahud de Mortanges, René:* Die Normen des katholischen und evangelischen Kirchenrechts für die Umnutzung von Kirchen, in: Pahud de Mortanges/Zufferey, Bau und Umwandlung (vorn I.), S. 183-199.

*Röhl, Martin:* Teilrevision der Zürcher Kirchenordnung, in: SJKR/ASDE 11 (2006), S. 164-176.

*Schaad, Pierluigi:* Die Neuregelung der Kirchensteuern im Kanton Graubünden, in: SJKR/ASDE 11 (2006), S. 148-153.

*Vischer, Georg:* Das kirchliche Amt aus praktischer Sicht, in: SJKR/ASDE 11 (2006), S. 33-48.

*Weibel, Rolf:* Suppe, Seife, Seelenheil [zum 125. Jubiläum der Heilsarmee], in: SKZ 175 (2007), S. 342-344.

## *D. Recht anderer Religionsgemeinschaften*

*Aldeeb Abu-Sahlieh, Sami:* Die Muslime und die Menschenrechte, Herausforderungen und Perspektiven in den islamischen Ländern und im Westen, in: Altermatt/Delgado/Vergauwen, Islam (vorn I.), S. 201-229.

*Bleisch Bouzar, Petra:* Von Wohnungen und Fabrikhallen zu repräsentativen Moscheen – aktuelle Bau vorhaben von Moscheen und Minaretten in der Schweiz, in: Pahud de Mortanges/Zufferey, Bau und Umwandlung (vorn I.), S. 49-69.

*Lathion, Stéphane:* Muslime in der Schweiz – Identität zwischen „Rathaus" und „Moschee", in: Altermatt/Delgado/Vergauwen, Islam (vorn I.), S. 97-105.

*Lathion, Stéphane:* Islam en Suisse, plus que des rituels, une visibilité qui interpelle, in: universitas, Das Magazin der Universität Freiburg, Schweiz Nr. 2 (2006), S. 16-18.

*Schneuwly Purdie, Mallory:* Musulmans de Suisse, entre islamité et Suissitude, in: universitas, Das Magazin der Universität Freiburg, Schweiz Nr. 3 (2007), S. 42-43.

*Stauffer, Beat:* Bleibt die Gemeinschaft aller Muslime ein Traum? In der Schweiz und in Deutschland sucht man nach einer gemeinsamen Repräsentanz, in: Neue Zürcher Zeitung vom 2. Juli 2007, S. 23.

*Tanner, Erwin:* Öffentlichrechtlicher Körperschaftsstatus für islamische Gemeinschaften? in: SKZ 175 (2007), S. 156-158 und 179-186.

## *E. Verschiedenes*

*Baumann, Christoph Peter:* Religionen in Basel, Von der reformierten Vergangenheit zur multireligiösen Gegenwart, in: Basler Stadtbuch 126 (2005), Basel 2006, S. 20-25.

*Dütschler, Markus:* Werkstatt für eine Utopie, 2009 soll das „Haus der Religionen" in Bern bezugsbereit sein, in: SKZ 175 (2007), S. 113-114.

*Fischer, Daniel/Hubschmid, Marcel:* „Religion Fraud", Betrügereien unter dem Deckmantel der Religion, in: SKZ 175 (2007), S. 88-90 und 110-117.

*Kley, Andreas:* Sakralisierung von Staatsrecht und Politik, in: Benoît Bovay/Minh Son Nguyen (Hg.), Mélanges en l'honneur de Pierre Moor, Théorie du droit – Droit administratif – Organisation du territoire, Bern 2005, S. 95-114.

*Rosenberg, Monika:* Buddha, Jesus, Mohammed & Co. Unter einem Dach, Ein Haus der Religionen – von der Vision zum Vorzeigeobjekt, in: Neue Zürcher Zeitung vom 23./24. Dezember 2006, S. 17.

*Wirz, Stephan:* Theologischer Disput um die Reform des Sozialstaates (Teil 1), in: SKZ 175 (2007), S. 339-341 und 364-371.

SJKR/ASDE 12 (2007), S. 251-380

# Textdokumentation

## „Röschenz" – Dokumente zum Streit um den Entzug der missio canonica eines Pfarradministrators*

*Liste der nachfolgend abgedruckten Dokumente:*



* Siehe auch im Berichtsteil, S. 167 ff.

*1. Römisch-katholische Landeskirche des Kantons Basel-Landschaft*

***Beschluss des Landeskirchenrates vom 31. Mai 2006 (Verfügung Kirchgemeinde Röschenz)***

**Der Landeskirchenrat der römisch-katholischen Landeskirche des Kantons Basel-Landschaft hat an seiner Sitzung vom 31. Mai 2006 beschlossen, die Kirchgemeinde Röschenz anzuweisen, das Arbeitsverhältnis mit Herrn Franz Sabo unter Einhaltung der ordentlichen Kündigungsfrist aufzulösen. Diese Verfügung wurde der Kirchgemeinde Röschenz heute Morgen eröffnet.**
**Nach eingehender Prüfung der ihm vorliegenden Unterlagen, Dokumente und Stellungnahmen kam der Landeskirchenrat – beraten durch einen Rechtsausschuss – zum Ergebnis, dass eine Weiterbeschäftigung von Herrn Franz Sabo gegen geltendes Recht verstösst. Als Aufsichtsbehörde darf der Landeskirchenrat von Verfassungs wegen keinen unrechtmässigen Zustand in der Kirchgemeinde Röschenz dulden und muss daher die Auflösung des Arbeitsverhältnisses verlangen.**

Die Landeskirche ist ein staatskirchenrechtliches Organ. Geschaffen wird sie durch die Verfassung des Kantons Basel-Landschaft; sie ist daher in die Rechtsordnung des Kantons Basel-Landschaft und des übergeordneten Bundesrechts eingebunden.
Die Landeskirche hat eine Aufsichtspflicht über die Kirchgemeinden. Aufgrund dieser Aufsichtspflicht muss die Landeskirche von Rechts wegen geeignete Massnahmen treffen, wenn sie feststellt, dass eine Kirchgemeinde die Vorgaben des kantonalen und des eidgenössischen Rechts missachtet.
Die Kirchgemeinde Röschenz beschäftigte Pfarradministrator Franz Sabo trotz Entzugs der missio canonica durch Diözesan-Bischof Dr. Kurt Koch weiter. Die Landeskirche sieht sich daher mit der Frage konfrontiert: Darf die Kirchgemeinde Röschenz einen Pfarradministrator trotz Entzugs der missio canonica weiterbeschäftigen oder verstösst sie damit gegen geltendes Recht?
In einer ersten Phase verstand sich die Landeskirche als Vermittlerin und versuchte, die Parteien mittels Gesprächen zu einer gütlichen Einigung zu bewegen. Dieser Aufgabe nahm sich die Landeskirche in intensiver Form und loyal gegenüber beiden Parteien an.
Der Landeskirchenrat nahm den Konflikt gleichzeitig zum Anlass, das Verhältnis der Landeskirche zu den Kirchgemeinden im Falle des Entzugs der missio genau zu prüfen. Im Auftrag des Landeskirchenrats erarbeitete Prof. Dr. iur. Felix Hafner (Ordinarius für öffentliches Recht an der Juristischen

Fakultät der Universität Basel), unter der Mithilfe von dipl. theol. iur. et lic. iur. can. Urs Brosi (wissenschaftlicher Assistent, Universität Luzern) ein Rechtsgutachten. Dieses Gutachten bildete für den Landeskirchenrat und dessen Rechtsausschuss ein wichtiges Arbeitsinstrument.
Parallel zur rechtlichen Aufarbeitung verfolgte die Landeskirche stets einen möglichen „Weg der Versöhnung“ und unterbreitete den Beteiligten verschiedene Vorschläge, die leider nicht fruchteten.
Ab dem 1. Oktober 2005 beschäftigte die Kirchgemeinde Röschenz Herrn Franz Sabo trotz entzogener missio canonica weiter. Die Sondersynode vom 31. Oktober 2005 sprach dem Landeskirchenrat das Vertrauen aus und beauftragte ihn, auch den „Weg der Versöhnung“ anzustreben.
Der Landeskirchenrat ermittelte in der Folge mit den ihm zur Verfügungen stehenden Mitteln den relevanten Sachverhalt, indem er den Beteiligten einen Fragenkatalog unterbreitete und von ihnen Unterlagen und Dokumente einforderte.
Neben dieser akribischen Aufarbeitung der Geschehnisse unternahm der Landeskirchenrat nochmals intensive Anstrengungen für eine einvernehmliche Lösung des Konflikts. Ende März dieses Jahres musste der Landeskirchenrat erkennen, dass der „Weg der Versöhnung“ als gescheitert anzusehen ist, nicht zuletzt auch deshalb, weil er auf seinen letzten Brief an Herrn Franz Sabo keine Antwort erhielt.
Aus diesem Grund beschloss der Landeskirchenrat Ende März 2006 den „Weg der Versöhnung“ abzubrechen.
Folglich musste sich der Landeskirchenrat der bereits erwähnten Fragestellung zuwenden: Darf die Kirchgemeinde Röschenz einen Pfarradministrator trotz Entzugs der missio canonica weiterbeschäftigen oder verstösst sie damit gegen geltendes Recht?
Die kirchliche Sendung – die missio canonica – bildet eine Anstellungsvoraussetzung für Seelsorgerinnen und Seelsorger. Es handelt sich dabei um eine Voraussetzung des kantonalen, also staatlichen Rechts. Fällt diese Anstellungsvoraussetzung weg, so muss das Anstellungsverhältnis aufgelöst werden – und zwar gestützt auf kantonales Recht.
Diese grundsätzlich zwingende rechtliche Konsequenz – Wegfall der missio canonica führt zur Auflösung des Anstellungsverhältnisses – bildet den Ausgangpunkt für die rechtlichen Erwägungen der Landeskirche.
Die Landeskirche und die Kirchgemeinden sind nun aber vom Kanton Basel-Landschaft geschaffene öffentlich-rechtlichen Institutionen und als solche in die rechtsstaatlichen Grundsätze eingebunden. Und staatliches Handeln darf diesen rechtsstaatlichen Grundsätzen nie zuwiderlaufen – weder direkt noch indirekt.

Damit ist das rechtlich komplexe Verhältnis von einem Akt des kanonischen Rechts – Entzug der missio – zu einem Akt des staatlichen Rechts – Auflösung des Arbeitsverhältnisses – angesprochen. Der Landeskirchenrat musste deshalb die Frage beantworten: Zieht der Entzug der missio in jedem Fall die Auflösung des Arbeitsverhältnisses nach sich oder aber nur dann, wenn beim Entzug die elementarsten rechtsstaatlichen Grundsätzen beachtet wurden.
Für den Landeskirchenrat steht fest: Ob der Entzug der missio gemäss kanonischem Recht korrekt erfolgt ist oder nicht, darf er als staatskirchenrechtliches Organ nicht überprüfen. Der Entzug der missio darf aber staatlichem Handeln nur dann zugrunde gelegt werden, wenn dadurch nicht unzulässig in die Grundrechte der Seelsorgerin oder des Seelsorgers eingegriffen wird.
Der Landeskirchenrat hat sich deshalb intensiv mit der Frage auseinandergesetzt, ob der Entzug der missio in Verletzung des Anspruchs von Herrn Sabo auf rechtliches Gehör erfolgt ist. Aufgrund seiner Sachverhaltsermittlung ist der Landeskirchenrat dabei zu folgendem Schluss gelangt:

– Am 9. Februar 2005 wurde Herrn Sabo der Entzug der missio per Ende September 2005 eröffnet. Der Entzug wurde explizit als unausweichlich bezeichnet. Herrn Sabo wurde vorgängig keine Gelegenheit gegeben, sich zu dieser Massnahme zu äussern. Mit dieser Vorgehensweise wurde der Anspruch von Herrn Sabo auf rechtliches Gehör verletzt.
– Um es in aller Deutlichkeit zu sagen: Das Vorgehen des Bistums im Frühling 2005 mag aus Sicht des kanonischen Rechts korrekt gewesen sein; es verletzte aber verfassungsrechtlich verankerte Verfahrensgrundrechte von Herrn Sabo. Die Kirchgemeinde Röschenz durfte zum damaligen Zeitpunkt das Arbeitsverhältnis mit Herrn Sabo nicht auflösen.
– In der Folge kam es aber zu zwei Unterredungen zwischen Bischof Dr. Kurt Koch und Franz Sabo. Die Abklärungen des Landeskirchenrates haben ergeben, dass diese Gespräche ernsthaft geführt wurden und von Seiten des Bischofs das Resultat keineswegs im Voraus feststand. Leider konnte dabei keine einvernehmliche Lösung gefunden werden. Aber: Herr Sabo durfte seine Sicht der Dinge äussern und seine Argumente wurden vom Bischof effektiv auch zur Kenntnis genommen. Der Entscheid des Bischofs war dann letztlich auch nicht ein Vollzug der im Frühling angekündigten Massnahme. Am 28. September 2005 wurde Herrn Sabo die missio für eine Bedenkzeit von 6 Monaten entzogen und eine Prüfung der Wiedererteilung der missio nach Ablauf dieser Frist in Aussicht gestellt; erst am 6. Oktober 2005 erfolgte der unbefristete Entzug.
– Für den Landeskirchenrat steht damit fest, dass der Bischof Herrn Sabo vor dem Entzug der missio das rechtliche Gehör gewährt hat. Der Ent-

> scheid ist mit dem Hinweis auf das zerrüttete Vertrauensverhältnis – das ja niemand ernsthaft bestreiten kann – ausreichend begründet. Ein ungebührlicher Eingriff in andere Grundrechte von Herrn Sabo liegt nicht vor. Mit anderen Worten: Der Entzug der missio canonica ist aus rechtsstaatlicher Sicht nicht zu beanstanden.

Unter diesen Umständen ist die Kirchgemeinde Röschenz verpflichtet, das Arbeitsverhältnis mit Herrn Franz Sabo wegen Wegfalls einer zwingenden Anstellungsvoraussetzung aufzulösen.

Der Landeskirchenrat hat diese Überlegungen der Kirchgemeinde Röschenz im Sinne des Anspruchs auf rechtliches Gehör zur Stellungnahme unterbreitet. Ein erstes diesbezügliches Schreiben erfolgte bereits anfangs April.

Die Kirchgemeinde Röschenz hat von dieser Möglichkeit Gebrauch gemacht und in einer Eingabe vom 30. Mai 2006 ausführlich ihre Position dargelegt. Neue Aspekte, welche den Sachverhalt in einem anderen Licht hätten erscheinen lassen, liessen sich diesem Schreiben nicht entnehmen.

Unter den gegeben Umständen musste der Landeskirchenrat gemäss der Kirchenverfassung die erwähnte aufsichtsrechtliche Massnahme ergreifen.

Der Landeskirchenrat möchte abschliessend betonen, dass er für seinen Entscheid den Entzug der missio canonica einzig unter rechtsstaatlichen Kriterien überprüfen musste. Andere Aspekte, die breiten Niederschlag in den Medien gefunden haben, waren dabei auszuklammern. Insbesondere musste der Landeskirchenrat keine Schuldzuweisungen für das zerrüttete Vertrauensverhältnis vornehmen. Die Anordnung einer aufsichtsrechtlichen Massnahme stellt auf einen objektiven Tatbestand ab und äussert sich nicht zur Frage, ob sich die Beteiligten in anderer Hinsicht korrekt verhalten haben.

## *2. Kanton Basel-Landschaft*

### ***Urteil des Kantonsgerichts vom 5. September 2007***

**Wie die repressive Aufsicht im Allgemeinen kommen auch administrative Massnahmen gegenüber Kirchgemeinden nur dann zur Anwendung, wenn die Gemeindebehörden in rechtswidriger Weise untätig bleiben. Die missio canonica ist zwingende Anstellungsvoraussetzung; bei deren Verlust hat die dafür zuständige Behörde, vorliegend die Kirchgemeinde, den Pfarradministrator zu entlassen. Weiter ist der Verlust der Wählbarkeitsvoraussetzung ein wichtiger Grund für eine administrative Entlassung. Zwar gilt das Legalitätsprinzip auch im Bereich der Aufsichtstätigkeit, aber weder die Anordnung von Ersatzvornahmen noch die Entlassung eines öffentlich-rechtlich Angestellten aus wichtigem Grund bedarf einer besonderen gesetzlichen Grundlage. Der Landeskir-**

**chenrat kann demnach auch ohne explizite gesetzliche Ermächtigung aufgrund seines in § 24 lit. k KiV grundsätzlich festgeschriebenen Aufsichtsrechts die Kirchgemeinde verbindlich anweisen, bei Vorliegen eines rechtswidrigen Zustandes in Bezug auf die personalrechtliche Situation ihres Pfarradministrators das Arbeitsverhältnis mit diesem administrativ aus wichtigem Grund zu beenden (E. 4/5).**
**Das vorliegend zu beurteilende Arbeitsverhältnis ist als öffentlichrechtlich zu qualifizieren. Bei dessen Auflösung sind sowohl die Kirchgemeinde bzw. die Landeskirche als auch das Bistum beteiligt. Die Regelung des Arbeitsverhältnisses gehört demnach zu den gemischten Angelegenheiten, worüber das Bistum nicht allein bestimmen kann (E. 6/7).**
**Die Anerkennung der inneren Belange der Weltkirche kann nicht dazu führen, dass öffentlich-rechtliche Körperschaften im Rahmen ihrer hoheitlichen Tätigkeiten kirchliche Akte in blinder Befolgungspflicht vollstrecken. Der Entscheid über den Entzug der missio canonica hat unmittelbare Auswirkungen im Regelungsbereich des öffentlichen Rechts und entfaltet normative Wirkung. Er fliesst unmittelbar in die Anordnung der Landeskirche ein, stellt mithin Verfügungsgrundlage dar. Das Bistum ist bei seinem Entscheid über den Entzug der missio canonica folglich an die Verfahrensgrundsätze gebunden, wenn ein solcher Entscheid, wie vorliegend betreffend ein öffentlich-rechtliches Anstellungsverhältnis, direkte und unmittelbare Auswirkungen in öffentlich-rechtlichen Angelegenheiten haben soll. Der Betroffene ist bereits im innerkirchlichen Verfahren vorgängig zum Entzug der missio canonica anzuhören und der betreffende Entscheid ist zu begründen. Insbesondere ist der Entzug der kirchlichen Sendung in einer derartigen Dichte zu begründen, dass das Vorliegen schwerer Grundrechtsverletzungen oder diskriminierender Aspekte ausgeschlossen werden kann, die nicht mehr mit der Treue- und Loyalitätspflicht der Seelsorgenden gerechtfertigt werden können (E. 8).**
**Vorliegend wurden sowohl das Recht auf vorgängige Anhörung als auch das Recht auf Begründung des Entscheids verletzt (E. 9/10).**

*Sachverhalt*

Mit Amtsantritt per 1. Januar 1999 übernahm Franz Sabo die Funktion des Pfarradministrators in der Kirchgemeinde Röschenz (Kirchgemeinde). Anlässlich eines Gesprächs am 9. Februar 2005 wurde Franz Sabo von Bischofsvikar Kurt Grüter (Bischofsvikar) mitgeteilt, dass ihm per Ende September 2005 die „missio canonica“ entzogen werde. Am 17. März 2005 fand ein Treffen zwischen den Mitgliedern des Kirchgemeinderates der Kirchgemeinde Röschenz (Kirchgemeinderat) und der Bistumsleitung des Bistums Basel (Bistum) statt. Dabei wurde durch das Bistum der Entzug der missio canonica angedroht, auf das zerrüttete Vertrauensverhältnis hingewiesen und die Kündigung des Arbeitsverhältnisses gefordert. Mit Schreiben vom 18. März 2005 an Franz Sabo bestätigte das Bistum den Entzug der missio canonica vom 9. Februar 2005 und verwies darauf, dass die Gründe dafür bekannt seien. Nach verschiedenen Gesprächen zwischen den involvierten Parteien hielt am 28. September 2005 Bischof Kurt Koch (Bischof) in seinem Schreiben an Franz Sabo fest, dass er auf die Forderung des Kirchgemeinderates nach einer Auszeit eingehe. Mit Schreiben vom 6. Oktober 2005 brach der Bischof die Bedenkzeit ab, nachdem Franz Sabo am 1. Oktober 2005 in Röschenz die Messe gefeiert hatte. Damit wurde der Entzug der missio canonica definitiv. Am 6. Juni 2006 erliess der Landeskirchenrat der römisch-katholischen Landeskirche (Landeskirchenrat) eine als Verfügung betitelte und mit einer Rechtsmittelbelehrung versehene Weisung. Die Kirchgemeinde Röschenz wurde angewiesen, „das Arbeitsverhältnis mit Herrn Franz Sabo nach Rechtskraft der vorliegenden Verfügung unter Einhaltung der ordentlichen Kündigungsfrist aufzulösen". Zur Begründung wurde im Wesentlichen ausgeführt, dass der Landeskirchenrat nach § 24 lit. k der Verfassung der römisch-katholischen Landeskirche des Kantons Basel-Landschaft (Kirchenverfassung; KiV) vom 10. Februar 1976 die Aufsicht über die Kirchgemeinden ausübe, woraus sich auch das Recht ergebe, verbindliche Weisungen an die Kirchgemeinden zu erlassen. Weiter sei die Landeskirche als öffentlich-rechtlich anerkannte Körperschaft bezüglich der äusseren Angelegenheiten an die Grundrechte gebunden, bezüglich der inneren aber nur, soweit sich diese auf die öffentlich-rechtliche Ausgestaltung der Landeskirche und der Kirchgemeinden auswirken würden. Mit dem Entzug der missio canonica entfalle eine Anstellungsvoraussetzung, was zu einer Auflösung des Arbeitsverhältnisses führen müsse. Dabei seien im Verfahren hinsichtlich des Entzuges der missio canonica die einschlägigen Verfahrensvorschriften, insbesondere der Anspruch auf rechtliches Gehör, einzuhalten, was vorliegend erfüllt worden sei. Es bestehe somit in der Kirchgemeinde ein rechtswidriger Zustand, was ein Eingreifen des Landeskirchenrates nötig mache. Gegen die Verfügung vom 6. Juni 2006 erhob die Kirchgemeinde am 14. Juni 2006 Beschwerde beim Kantonsgericht und beantragte, dass der Entscheid des Landeskirchenrates vom 6. Juni 2006 betreffend Arbeitsverhältnis von Franz Sabo vollumfänglich aufzuheben sei.

*Erwägungen*

1.1 Zunächst ist der Frage nachzugehen, ob die Kirchgemeinde befugt ist, gegen die Weisung des Landeskirchenrates vom 6. Juni 2006 Beschwerde beim Kantonsgericht zu erheben. Es ist vorab zu ermitteln, ob die Beschwerde der Kirchgemeinde als Verfassungsbeschwerde zu behandeln ist. Sollte es sich namentlich um eine Autonomiebeschwerde im Sinne von § 41 des Gesetzes über die Verfassungs- und Verwaltungsprozessordnung (VPO) vom 16. Dezember 1993 handeln, würde dies grundsätzlich eine Behandlung durch das Verfassungsgericht implizieren.
1.2 Die Beschwerdebefugnis umschreibt die Berechtigung eines Rechtssubjekts oder einer Behörde, ein bestimmtes Rechtsmittel ergreifen zu können. Sie stellt eine reine Verfahrensvoraussetzung, keine materiellrechtliche Frage dar (vgl. *René Rhinow/Heinrich Koller/Christina Kiss*, Öffentliches Prozessrecht und Justizverfassungsrecht des Bundes, Basel 1996, Rz. 1010 ff.). Das Gericht hat vor der materiellrechtlichen Beurteilung der Streitsache laut § 16 Abs. 2 VPO von Amtes wegen zu prüfen, ob die Voraussetzungen für das Eintreten auf eine Beschwerde erfüllt sind.
1.3 Gemäss § 41 Abs. 1 VPO können die Gemeinden wegen Verletzung der Gemeindeautonomie Verfügungen und Entscheide letztinstanzlicher Verwaltungsbehörden beim kantonalen Verfassungsgericht anfechten. Zur Beschwerde ist nach § 41 Abs. 2 VPO die vollziehende Behörde der Gemeinde berechtigt. Gemäss Verwaltungsgerichtsentscheid (VGE) vom 14. April 1993 i.S. EWG P. (Basellandschaftliche Verwaltungsgerichtsentscheide [BLVGE] 1993, S. 19 E. 3) sind die Voraussetzungen, welche das Bundesgericht für die Erhebung der Autonomiebeschwerde vorsieht, für das entsprechende kantonale Verfahren ohne weiteres zu übernehmen. Eine Gemeinde ist zur Autonomiebeschwerde legitimiert, wenn sie eine Verletzung der Autonomie behauptet und durch den angefochtenen kantonalen Hoheitsakt in ihrer spezifischen öffentlich-rechtlichen Stellung als Selbstverwaltungskörper und dezentralisierte Hoheitsträgerin betroffen wird (BGE 129 I 412 E. 1.1, 128 I 7 E. 1c, 121 I 220 E. 2a, je mit Hinweisen). Ob der Gemeinde im betreffenden Bereich tatsächlich Autonomie zusteht, ist nicht eine Frage des Eintretens, sondern bildet Gegenstand der materiellen Beurteilung (vgl. BGE 131 I 93 E. 1, 129 I 412 E. 1.1, 121 I 219 f. E. 2a, 120 Ia 96 f. E. 1a, 204 E. 2a; vgl. *Alfred Kuttler*, Zum Schutz der Gemeindeautonomie in der neueren bundesgerichtlichen Rechtsprechung, in: Verfassungsrechtsprechung und Verwaltungsrechtsprechung, Zürich 1992, S. 48 f.; *Ulrich Häfelin/Georg Müller/ Felix Uhlmann*, Allgemeines Verwaltungsrechts, 5. Auflage, Zürich 2006, Rz. 1470). Im Rahmen der Eintretensfrage ist festzuhalten, dass das Bundesgericht von einem weiten Hoheitsbegriff ausgeht. Als hoheitlich gilt alles,

was die Gemeinde nicht im Rahmen des Privatrechts oder als dem Privaten gleichgestelltes Rechtssubjekt unternimmt. Hoheitlich kann auch rein tatsächliches Handeln sein wie zum Beispiel die Kehrichtabfuhr (BGE 100 Ia 282 E. 3). Solange das Bundesgericht die Frage der Autonomie erst unter materiellen Gesichtspunkten prüft, geht es bei der Beschwerdeberechtigung nur um eine negative Abgrenzung. Die Gemeinde hat lediglich nachzuweisen, dass sie sich nicht auf dem Boden des Privatrechts bewegt (*Markus Dill*, Die staatsrechtliche Beschwerde wegen Verletzung der Gemeindeautonomie, Bern 1996, S. 153).

1.4 Eine Gemeinde ist in einem Sachbereich autonom, wenn das kantonale Recht diesen nicht abschliessend ordnet, sondern ihn ganz oder teilweise der Gemeinde zur Regelung überlässt und ihr dabei eine relativ erhebliche Entscheidungsfreiheit einräumt. Ist dies der Fall, kann sich die Gemeinde insbesondere dagegen zur Wehr setzen, dass eine kantonale Behörde im Rechtsmittel- oder Genehmigungsverfahren ihre Prüfungsbefugnis überschritten oder die den betreffenden Sachbereich ordnenden kommunalen, kantonalen oder bundesrechtlichen Normen falsch angewandt hat (Entscheid des Bundesgerichts, in: Schweizerisches Zentralblatt für Staats- und Verwaltungsrecht [ZBl] 2004, S. 158 E. 2.2; BGE 129 I 294 E. 2.1, 128 I 7 f. E. 2a, 140 E. 2.1, 124 I 226 f. E. 2b; siehe auch *Häfelin/Müller/Uhlmann*, a.a.O., Rz. 1392). Im vorliegenden Beschwerdeverfahren ist weitgehend unbestritten geblieben, dass die Kirchgemeinden gemäss § 139 Abs. 2 der Verfassung des Kantons Basel-Landschaft (KV) vom 17. Mai 1984 öffentlich-rechtliche Körperschaften mit eigener Rechtspersönlichkeit darstellen und ihnen somit ein eigener Autonomiebereich zukommt. Auch gemäss bundesgerichtlicher Rechtsprechung kommt den Kirchgemeinden Autonomie zu, weshalb sie auch zur Autonomiebeschwerde zugelassen sind (BGE 108 Ia 84 f. E. 1, 268 E. 4b; *Hansjörg Seiler*, Gemeinden im schweizerischen Staatsrecht, in: Thürer/Aubert/Müller, Verfassungsrecht der Schweiz, Zürich 2001, § 31, Rz. 41; *Walter Kälin*, Das Verfahren der staatsrechtlichen Beschwerde, 2. Auflage, Bern 1994, S. 272). Weiter sind gemäss § 3 i.V.m. § 37 KiV die Kirchgemeinden für ihr Personal zuständig und können insoweit auch ihr Personalwesen – ausgenommen die Besoldungsordnung (vgl. § 37 i.V.m. § 48 KiV) sowie weitere spezifische Anstellungsbedingungen (vgl. insb. §§ 46 ff. KiV) – grundsätzlich autonom regeln. Gemäss § 29 lit. d der Kirchgemeindeordnung der römisch-katholischen Kirchgemeinde Röschenz (Kirchgemeindeordnung) vom 1. Januar 2002 beschliesst der Kirchgemeinderat selbstständig über die Anstellung von Mitarbeitenden im Dienste der Kirchgemeinde aufgrund der von der Kirchgemeindeversammlung beschlossenen Stellen. Die Kirchgemeinde ist damit zuständig, den Bereich des Personalwesens selbst zu organisieren, weshalb ihr diesbezüglich grundsätzlich Autonomie zukommt (vgl. auch *Felix Hafner/Urs Brosi*, Bischöfliche Personalentscheide und landeskirchliches Recht. Gutachten betreffend das Verhältnis der römisch-katholischen Landeskirche des Kantons Basel-Landschaft zu ihren Kirchgemeinden, wenn Seelsorgenden die missio canonica entzogen wird, Basel 2007, S. 18 f.). Ist der Hoheitsakt der kantonalen kirchlichen Oberbehörde somit grundsätzlich anfechtbar und wird die Kirchgemeinde dadurch in ihrer Eigenschaft als Trägerin öffentlicher Gewalt berührt, so muss die Legitimation zur Autonomiebeschwerde bejaht werden, da die Kirchgemeinde sonst schutzlos dem Übergriff einer kirchlichen Oberbehörde ausgeliefert wäre. Diese Voraussetzungen treffen hier zu, weshalb die Kirchgemeinde zur Beschwerdeführung berechtigt ist. Die Kirchgemeinde kann folglich rügen, sie sei in ihrer Autonomie verletzt worden, weil der Landeskirchenrat sie angewiesen habe, das Arbeitsverhältnis mit Franz Sabo unter Einhaltung der ordentlichen Kündigungsfrist aufzulösen. Weiter hat sich die Kirchgemeinde ausdrücklich auf die Gemeindeautonomie berufen. Auf die Beschwerde hinsichtlich der Verletzung der Gemeindeautonomie kann somit eingetreten werden.

2. Die allgemeineren Charakter aufweisende Autonomiebeschwerde wird verdrängt durch das spezielle Institut der Verwaltungsgerichtsbeschwerde gemäss den §§ 43 VPO (VGE vom 29. März 2000, 2000/15; Entscheid des Kantonsgerichts, Abteilung Verfassungs- und Verwaltungsrecht [KGE VV], vom 26. Juni 2003, 2001/394; vom 21./28. April 2004, 2003/135, E. 1 f; vom 18. April 2007, 2006/303, E. 2.4.1). Demnach ist im Weiteren zu prüfen, ob die Beschwerde der Kirchgemeinde als Verwaltungsgerichtsbeschwerde entgegengenommen werden kann. Zur Beschwerde ist gemäss § 47 VPO befugt, wer durch die angefochtene Verfügung oder den angefochtenen Entscheid berührt ist und ein schutzwürdiges Interesse an der Änderung oder Aufhebung hat (lit. a), jede andere Person, Organisation oder Behörde, die durch besondere Vorschrift zur Beschwerde ermächtigt ist (lit. b) und die vollziehende Behörde der Gemeinde bei Verfügungen und Entscheiden letztinstanzlicher Verwaltungsbehörden des Kantons (lit. c).

2.1 Zur Verwaltungsgerichtsbeschwerde gemäss § 47 Abs. 1 lit. a VPO ist befugt, wer durch die angefochtene Verfügung oder den angefochtenen Entscheid berührt ist und ein schutzwürdiges Interesse an dessen Aufhebung oder Änderung hat. Dieses Interesse kann rechtlicher oder auch bloss tatsächlicher Natur sein (*Häfelin/Müller/Uhlmann*, a.a.O., Rz. 1771). Verlangt wird, dass die Beschwerdeführerin durch den angefochtenen Entscheid stärker als jedermann betroffen ist und in einer besonderen, beachtenswerten, nahen Beziehung zur Streitsache steht (vgl. BLVGE 1993, S. 17 ff.; BGE 128 II 36

E. 1b, 127 II 38 E. 2d/e, jeweils mit weiteren Hinweisen). Dieses allgemeine Beschwerderecht ist grundsätzlich auf Privatpersonen zugeschnitten. Nach der Rechtsprechung ist jedoch auch ein Gemeinwesen nach Art. 47 Abs. 1 lit. a VPO zur verwaltungsgerichtlichen Beschwerde legitimiert, soweit es gleich oder ähnlich wie ein Privater betroffen ist (BGE 123 II 371, 425, 122 II 33 mit Hinweisen). Die Rechtsprechung des Bundesgerichts lässt demnach zu, dass das Gemeinwesen gestützt auf die allgemeinen Legitimationsbestimmungen Beschwerde erheben kann, wenn es in seinen hoheitlichen Befugnissen betroffen ist und ein schutzwürdiges Interesse an der Aufhebung oder Änderung des angefochtenen Entscheids hat (vgl. BGE 128 I 7 E. 2, 124 I 226 E. 1b, 120 Ia 204 E. 2a, je mit Hinweisen; im Weiteren *Häfelin/ Müller/Uhlmann*, a.a.O., Rz. 1785a; *Alfred Kölz/Isabelle Häner*, Verwaltungsverfahren und Verwaltungsrechtspflege des Bundes, 2. Auflage, Zürich 1998, Rz. 570; *Kälin*, a.a.O., S. 272). Das gilt insbesondere dann, wenn es als materieller Verfügungsadressat in seinen vermögensrechtlichen Interessen betroffen ist (BGE 122 II 33, 118 Ib 614). Ferner wird die Legitimation des Gemeinwesens auch dann bejaht, wenn spezifische öffentlich-rechtliche Anliegen zur Diskussion stehen, so etwa der Schutz seiner Einwohner vor Fluglärm, der Schutz des Grundwassers oder bei Fragen betreffend zentrale Elemente des kommunalen Ortsbildes (vgl. Entscheid des Bundesgerichts vom 28. April 2000, 1A.59/1995, E. 1c). Ein bloss allgemeines Interesse der Gemeinde an der richtigen Rechtsanwendung genügt zur Begründung einer mit einer Privatperson vergleichbaren Betroffenheit nicht. Insbesondere ist die in einem Rechtsmittelverfahren unterlegene Vorinstanz nicht per se legitimiert. Zur Legitimation genügt also nicht, dass ein Gemeinwesen in einem Bereich, in welchem es zur Rechtsanwendung zuständig ist, eine bestimmte Rechtsauffassung vertritt, die in Widerspruch steht zu derjenigen einer anderen zuständigen bzw. übergeordneten Behörde oder Instanz; denn das Beschwerdeverfahren dient nicht dazu, Streitigkeiten zwischen verfügender und überprüfender Behörde auszutragen, zumal dabei Private benachteiligt werden können (vgl. *Rhinow/Koller/Kiss*, a.a.O., Rz. 1281 f.; BGE 123 II 371). Weiter genügt es nicht, wenn lediglich allgemeine öffentliche Interessen wie etwa Ruhe, Ordnung oder Sicherheit geltend gemacht werden und kein weiterer Bezug zum Streitgegenstand besteht (*Fritz Gygi*, Bundesverwaltungsrechtspflege, 2. Auflage, Bern 1983, S. 164; *Häfelin/Müller/Uhlmann*, a.a.O., Rz. 1785; offen gelassen *Rhinow/Koller/Kiss*, a.a.O., Rz. 1025).

2.2 Die Regelung gemäss § 47 Abs. 1 lit. b VPO knüpft bezüglich der Beschwerdebefugnis an das Bestehen einer spezialgesetzlichen Legitimationsnorm an und ermöglicht dadurch eine Erweiterung der Beschwerdebefugnis durch Spezialgesetze (vgl. *Rhinow/Koller/Kiss*, a.a.O., Rz. 1024 ff.). Die in

§ 47 Abs. 1 lit. b VPO statuierte Behördenbeschwerde dient dem Zweck, die öffentlichen Interessen, insbesondere das Anliegen an der richtigen und rechtsgleichen Anwendung des Rechts zu wahren. Im Gegensatz zu einer gestützt auf § 47 Abs. 1 lit. a VPO erhobenen Beschwerde darf sich der Streit hier lediglich um die richtige Rechtsauffassung oder die Durchsetzung des Gesetzes drehen. Die Beschwerdelegitimation gemäss § 47 Abs. 1 lit. b VPO ist den entsprechenden bundesrechtlichen Bestimmungen, insbesondere Art. 48 Abs. 2 des Bundesgesetzes über das Verwaltungsverfahren (VwVG) vom 20. Dezember 1968 nachgebildet und ermöglicht eine Erweiterung der allgemeinen Beschwerdebefugnis durch Spezialgesetze. Zu erwähnen ist, dass es bei diesem besonderen Beschwerderecht nicht um den Schutz individueller Rechtspositionen geht, sondern um die Gewährleistung des objektiv rechtmässigen Staatshandelns. Dementsprechend ist der Nachweis eines schutzwürdigen Interesses nicht vorausgesetzt (KGE VV vom 18. Dezember 2002, 2002/188, E. 1 a/bb).

2.3 § 47 Abs. 1 lit. c VPO umschreibt eine besondere Legitimation der Gemeinden. Wie das Kantonsgericht in zahlreichen Urteilen erwogen hat, richtet sich die Beschwerdebefugnis in § 47 Abs. 1 lit. c VPO einzig gegen aufsichtsrechtliche Massnahmen letzter kantonaler Instanzen. Nach ständiger Rechtsprechung des Kantonsgerichts kann sich demnach eine Gemeinde auf diese besondere Ermächtigung zur verwaltungsgerichtlichen Beschwerde nur im Zusammenhang mit aufsichtsrechtlichen Massnahmen des Kantons berufen, nicht jedoch, wenn die Behörde des Kantons als Rechtsmittelinstanz entschieden hat (KGE VV vom 18. April 2007, 2006/303, E. 2.4.2, vom 6. September 2006, 2006/65, E. 1f/bb; vgl. auch BLVGE 1996 S. 33, 1998/1999 S. 194; VGE vom 13. Juni 2001, 99/344, vom 18. Dezember 2002, 2002/188).

2.4 Zu prüfen ist erstens, ob die Beschwerdeführerin gemäss § 47 Abs. 1 lit. a VPO beschwerdelegitimiert ist. Offensichtlich ist, dass sie durch den angefochtenen Entscheid nicht gleich oder ähnlich wie ein Privater, z.B. als gebührenpflichtige Eigentümerin, betroffen ist. Vielmehr hat die Beschwerdeführerin den Pfarradministrator als Inhaberin der öffentlichen Gewalt angestellt und ist folglich durch den angefochtenen Entscheid, der die Auflösung des Arbeitsverhältnisses verlangt, in ihrer Stellung als Trägerin öffentlicher Aufgaben betroffen. Spezifische öffentliche Interessen, die in solchen Fällen allenfalls gemäss der Rechtsprechung die Bejahung der Rechtsmittelbefugnis rechtfertigen lassen, liegen vorliegend keine vor. Dass die strittige Auflösung des Arbeitsverhältnisses Auswirkungen auf den Autonomiebereich der Kirchgemeinde hat, ändert an der Legitimation zur verwaltungsgerichtlichen Beschwerde nichts. Allerdings lässt es die Rechtsprechung des

Bundesgerichts – wie oben in Erwägung 2.1 ausgeführt – neuerdings zu, dass das Gemeinwesen gestützt auf die allgemeinen Legitimationsbestimmungen Beschwerde erheben kann, wenn es in seinen hoheitlichen Befugnissen betroffen ist und ein schutzwürdiges Interesse an der Aufhebung oder Änderung des angefochtenen Entscheids hat. Diesbezüglich könnte man sich fragen, ob betreffend Auflösung eines Arbeitsverhältnisses die Kirchgemeinde nicht zur Beschwerde gemäss § 47 Abs. 1 lit. a VPO befugt wäre. Diese Frage kann vorliegend offen gelassen werden, wie nachfolgend zu zeigen sein wird.

2.5 Das besondere Beschwerderecht gemäss § 47 Abs. 1 lit. b VPO kommt vorliegend als mögliche Legitimationsgrundlage zum Tragen, besteht doch im hier in Frage stehenden Bereich eine spezialgesetzliche Beschwerdeermächtigung der Gemeinde. Gemäss § 131 Abs. 3 KV können Erlasse und letztinstanzliche Entscheide der Landeskirchen durch Kirchenglieder und Kirchgemeinden beim Kantonsgericht angefochten werden. § 131 Abs. 3 KV räumt den Kirchgemeinden demnach das Recht ein, Erlasse und Entscheide der Landeskirche mit Beschwerde beim Kantonsgericht anzufechten. Es handelt sich insofern um ein abstraktes Beschwerderecht, als die Kirchgemeinde nicht nachzuweisen hat, ob sie wie ein Privater berührt bzw. in hoheitlichen Interessen betroffen ist. Immerhin muss die Durchsetzung des öffentlichen Interesses im konkreten Fall gefährdet sein und es wird als unzulässig erachtet, gestützt auf eine besondere Beschwerdebefugnis lediglich private Interessen zu vertreten (*Kölz/Häner*, a.a.O., Rz. 577). Vorliegend macht die Kirchgemeinde die Verletzung öffentlicher Interessen, deren Wahrung ihr anvertraut wurde, und somit nicht ausschliesslich private Interessen, geltend. Sie ist damit gestützt auf § 47 Abs. 1 lit. b VPO zur Beschwerdeerhebung legitimiert.

2.6 Im vorliegenden Fall lässt sich die Beschwerdebefugnis der Kirchgemeinde ferner auch aus § 47 Abs. 1 lit. c VPO herleiten, da der angefochtene Entscheid, den die Landeskirche als verfügende Instanz gefällt hat, ein Anfechtungsobjekt im Sinne dieser Bestimmung ist. Die Landeskirche hat in ihrer Funktion als Aufsichtsbehörde gemäss § 24 lit. k KiV mit Hilfe des entsprechenden aufsichtsrechtlichen Mittels, einer verbindlichen Weisung, die besagte Anordnung getroffen. Sie ist damit als Aufsichtsbehörde gegenüber der Kirchgemeinde tätig geworden. Entsprechend kann sich die Kirchgemeinde gestützt auf § 47 Abs. 1 lit. c VPO dagegen zur Wehr setzen.

2.7 Die Beschwerde der Kirchgemeinde ist dementsprechend als verwaltungsgerichtliche Beschwerde gemäss § 47 Abs. 1 lit. b sowie lit. c VPO entgegenzunehmen und zu behandeln. Anfechtungsobjekt bildet die Weisung des Landeskirchenrates vom 6. Juni 2006. Gemäss § 22 KiV ist der Landeskirchenrat das oberste Vollzugs- und Verwaltungsorgan der Landeskirche. Nach § 55 KiV können letztinstanzliche Beschlüsse der Behörden der Landeskirche nach den kantonalen Bestimmungen über die Verwaltungs- und Verfassungsgerichtsbarkeit beim Kantonsgericht angefochten werden (vgl. auch § 141 Abs. 3 KV). Im Weiteren wurde die vorliegend zu beurteilende Beschwerde beim sachlich zuständigen Gericht form- und fristgerecht eingereicht. Somit kann auf die Beschwerde der Kirchgemeinde eingetreten werden.

2.8 Gemäss § 6 Abs. 2 VPO können die Parteien neue tatsächliche Behauptungen und Beweismittel bis zur gerichtlichen Beurteilung vorbringen, sofern ihnen dies unverschuldet nicht früher möglich war. Verspätete Vorbringen werden aus dem Recht gewiesen. Vorliegendenfalls haben die Beschwerdeführerin sowie der Beigeladene Franz Sabo erst anlässlich der Parteiverhandlung verschiedene Dokumente vorgelegt. Die betreffenden Parteien hätten indes genügend Möglichkeiten gehabt, ihren Beweisantrag bereits früher – in der Vernehmlassung – zu stellen, zumal sie nicht geltend machen, dass ihnen dies aus Gründen, für welche sie nicht einzustehen haben, früher nicht möglich gewesen wäre. Das Gericht kommt deshalb zum Schluss, dass die Vorbringen verspätet sind und aus dem Recht gewiesen werden. Weiter bestätigt das Gericht die Verfügung des Instruktionsrichters vom 4. Juni 2007, in welcher die Beweisanträge der Beschwerdeführerin bezüglich Einvernahme von Auskunftspersonen – vorbehältlich eines gegenteiligen Beschlusses des Kantonsgerichts – abgewiesen wurden. Das Gericht geht mit dem Instruktionsrichter einig, dass die entscheidrelevanten Sachverhaltselemente bereits hinreichend erstellt sind und die umstrittenen Inhalte der Gespräche zwischen den Parteien auch durch die beantragte Einvernahme von Auskunftspersonen nicht in justiziabler Beweisdichte ermittelt werden können.

3. Gemäss § 45 Abs. 1 lit. a-c VPO können mit der verwaltungsrechtlichen Beschwerde Rechtsverletzungen einschliesslich Überschreitung oder Missbrauch des Ermessens (lit. a) und die unrichtige oder unvollständige Feststellung des Sachverhalts (lit. b) gerügt werden. Demgegenüber ist die Angemessenheitsüberprüfung gemäss § 45 Abs. 1 lit. c VPO von hier nicht weiter interessierenden Ausnahmen abgesehen ausgeschlossen. Das Kantonsgericht beschränkt sich demnach im vorliegenden Fall auf eine Rechtskontrolle des Beschlusses der Landeskirche vom 6. Juni 2006.

4. Vorliegend ist erstens die Frage der Aufsicht der Landeskirche über die Kirchgemeinden zu beantworten. Dass dem Landeskirchenrat grundsätzlich ein Aufsichtsrecht gegenüber den Kirchgemeinden zukommt, ist unbestritten. Allerdings ist zwischen den Parteien strittig, in welchem Umfang und mit welchen Mitteln diese Aufsicht ausgeübt werden darf. Dabei ist vorerst zu

beurteilen, ob die Kirchgemeinde überhaupt in rechtswidriger Art und Weise untätig geblieben ist. Nur in diesem Fall wären Aufsichtsorgane befugt und verpflichtet, zur Durchsetzung der rechtlich vorgesehenen Ordnung mit repressiven Mitteln aufsichtsrechtlich einzugreifen. Wenn folglich der Entzug der missio canonica grundsätzlich zu einer Auflösung des Arbeitsverhältnisses führen muss, wäre die weitere Anstellung des Pfarradministrators rechtswidrig und es dürften aufsichtsrechtliche Massnahmen ergriffen werden. Weiter macht in diesem Zusammenhang der Rechtsvertreter des Bistums geltend, dass der Pfarradministrator vorerst hätte den innerkirchlichen Rechtsweg ergreifen und die Landeskirche bis zum Entscheid darüber ihr Verfahren hätte sistieren müssen.

4.1 Der Begriff der „missio canonica“ wird im Codex Iuris Canonici (CIC) von 1983 nicht explizit verwendet. Dort werden Begriffe wie Anerkennung, Autorisation oder Beauftragung gebraucht. Gemeint ist die von den kirchlichen Hoheitsträgern ausgehende Ermächtigung, im Namen der Kirche am kirchlichen Sendungsauftrag mitzuwirken. In der Kirchenverfassung ist der Begriff der missio canonica ebenfalls nicht zu finden. In § 46 (in Bezug auf Seelsorger) und in § 49 (in Bezug auf Pfarrer) KiV findet sich allerdings der Begriff der „kirchlichen Sendung“, der als Synonym zum Begriff der „missio canonica“ gebraucht wird (*Hafner/Brosi*, a.a.O., S. 13 f.). Gemäss can. 157 CIC ist es Sache des Diözesanbischofs, durch freie Amtsübertragung die Kirchenämter in der eigenen Teilkirche zu besetzen. Um ein kirchliches Amt anzutreten, wird die Erlaubnis des lokalen Bischofs benötigt. Der Entzug der missio canonica ist in der Regel von derselben Stelle vorzunehmen, die sie erteilt hat (can. 193 § 3 CIC) und hat in der Form des Dekretes schriftlich zu ergehen (can. 192 CIC und can. 193 § 4 CIC).

4.2 Gegen Verwaltungsakte im Einzelfall steht dem Betroffenen innerkirchlich das Rechtsmittel der Beschwerde nach can. 1732 ff. CIC offen. Als erstes ist beim verfügenden Bischof ein remonstratives Einspracheverfahren zu führen, anlässlich dessen vom Bischof die Aufhebung oder Abänderung des Dekretes zu verlangen ist. Wird das Dekret anschliessend abgeändert oder der Antrag abgewiesen, so kann die Beschwerde wiederum bei der verfügenden Stelle eingereicht werden. Diese hat den Antrag an die ihr vorgesetzte Stelle zu überweisen. Letztinstanzlich gelangt die Beschwerde an die Zweite Sektion der Apostolischen Signatur in Rom. Dieser kommt die Funktion eines kirchlichen Verwaltungsgerichtes zu (vgl. *Felix Hafner*, Kirchen im Kontext der Grund- und Menschenrechte [Kirchen], Freiburg 1992, S. 234 ff.). Dieses Verfahren vermag jedoch den rechtsstaatlichen Anforderungen nicht zu genügen. Als Beispiele seien genannt: Auf eine Rechtsmittelbelehrung kann beim Rekursentscheid des Bischofs verzichtet werden; Entscheide der

Zweiten Sektion der Apostolischen Signatur sind auch ohne Begründung rechtskräftig; es besteht keine Gewaltentrennung (keine Trennung des Gerichts von der päpstlichen Höchstgewalt) und keine weltlich-gerichtliche Überprüfung (keine EMRK, keine internationale Haager Gerichtsbarkeit, vgl. can 333 § 3 CIC: „Gegen ein Urteil oder ein Dekret des Papstes gibt es weder Berufung noch Beschwerde"); für das Verfahren vor der Zweiten Sektion der Apostolischen Signatur besteht Anwaltszwang und die Parteien haben in der Vatikanstadt oder in Rom Wohnsitz zu nehmen (zum Ganzen *Hafner*, Kirchen, S. 237 f.; *Felix Hafner*, Grund- und Menschenrechte in der Kirche [Grundrechte], AJP 1995, S. 705). Das innerkirchliche Verfahren bietet somit für den Betroffenen im Vergleich zur staatlichen Gerichtsbarkeit keinen genügenden Rechtsschutz. Überdies obliegt es letztendlich den staatlichen Instanzen, festzulegen, welche Bereiche durch den dem Kantonsgericht gemäss § 141 Abs. 3 KV erteilten Rechtsschutzauftrag erfasst werden bzw. wie die diesbezügliche Abgrenzung zu ziehen ist. Der vom Entzug der missio canonica betroffene Pfarradministrator hätte also nicht zuerst den innerkirchlichen Rechtsweg beschreiten müssen.

4.3 Der Landeskirchenrat verweist in seiner Verfügung vom 6. Juni 2006 auf § 2 Abs. 2 sowie auf die §§ 46 und 47 KiV und bezeichnet die missio canonica als eine im kantonalen Recht gründende Anstellungsvoraussetzung, nach deren Wegfall das Arbeitsverhältnis zwingend aufgelöst werden müsse. Die Beschwerdeführerin widerspricht in ihrer Beschwerdebegründung vom 14. September 2006 nicht explizit dieser Auffassung, sondern bezeichnet den Entzug der missio canonica und die Entlassung als „zwei voneinander unabhängige Rechtsakte, die sich gegenseitig weder bedingen noch einander automatisch nachfolgen". Der Begriff der Anstellungsvoraussetzung wird insbesondere im öffentlichen Dienstrecht verwendet. Man findet ihn beispielsweise in § 33 des Gesetzes über die Organisation der Gerichte und der Strafverfolgungsbehörden (Gerichtsorganisationsgesetz, GOG) vom 22. Februar 2001 (juristische Ausbildung als Wahl- und Anstellungsvoraussetzung für Richter und Gerichtsschreiber), in § 73 Bildungsgesetz (BG) vom 6. Juni 2002 (Fähigkeitsausweis für Lehrer) oder in § 12 Polizeigesetz (PolG) vom 28. November 1996 (Schweizer Bürgerrecht bei Polizeibeamten, aber nicht zwingend). Dabei müssen die Anstellungsvoraussetzungen nicht nur im Zeitpunkt der Begründung des öffentlich-rechtlichen Anstellungsverhältnisses erfüllt sein; vielmehr müssen sie während dessen ganzer Dauer bestehen bleiben und können jederzeit erneut überprüft werden (*Tobias Jaag*, Das öffentlichrechtliche Dienstverhältnis im Bund und im Kanton Zürich – ausgewählte Fragen [Dienstverhältnis], ZBl 1994, S. 443). Die missio canonica erweist sich nach dem Gesagten als klassische Anstellungsvoraussetzung.

4.4 Bei den Anstellungsvoraussetzungen ist zwischen zwingenden und nicht zwingenden Voraussetzungen zu unterscheiden. Gemäss § 5 Satz 2 des Kirchengesetzes (KG) vom 3. April 1950 und § 49 Abs. 1 Satz 2 KiV kann in Notzeiten bzw. Ausnahmefällen auf einzelne Voraussetzungen verzichtet werden. Dies gilt aber nur für die Pfarrwahlen und nicht auch für den Pfarradministrator. Zur Zeit besteht in unserem Kanton indes keine solche Notzeit oder Ausnahmesituation. Es wäre zudem Sache des Landeskirchenrates, eine solche Ausnahme zu genehmigen, was er vorliegend nicht getan hat. Damit ist aber noch nicht entschieden, ob die missio canonica als zwingende oder nicht zwingende Anstellungsvoraussetzung zu betrachten ist. § 46 KiV und gleichlautend auch § 35 Kirchgemeindeordnung haben folgenden Wortlaut: „Die Seelsorge wird in den Kirchgemeinden und in der Landeskirche durch Seelsorgende mit kirchlicher Sendung ausgeübt.“ Die Funktion des Pfarradministrators ist zur Seelsorge zu zählen. Dies wird denn auch von keiner Partei bestritten. Die grammatikalische Auslegung der Wendung „wird durch Seelsorgende mit kirchlicher Sendung ausgeübt“ führt zum Schluss, dass für die Seelsorge eine kirchliche Sendung vorausgesetzt ist und somit nur Personen, welche die kirchliche Sendung, bzw. die missio canonica, besitzen als Seelsorger angestellt werden können (*Hafner/Brosi*, a.a.O., S. 29 f.). Es fragt sich deshalb, ob ein Seelsorger ohne die kirchliche Sendung sein Amt überhaupt ausüben kann. Diese Frage ist hier zu verneinen. Der Seelsorger kann nur mit einer missio canonica angestellt werden, da er diese für seine Arbeit, nämlich eine kirchenrechtlich korrekte und gültige Seelsorge, zwingend benötigt. Wird die missio canonica später entzogen, darf der Seelsorger kirchenrechtlich keine Seelsorge mehr anbieten (Eucharistie auch ohne missio erlaubt [can. 900 CIC]; Taufe [can. 862 CIC], Krankensalbung [can. 1003 § 2 CIC] und Predigt [can. 764 CIC] sind nur mit Erlaubnis des zuständigen Pfarrers erlaubt, aber trotzdem gültig; verboten und ungültig sind Assistierung bei der Eheschliessung [can. 1108 CIC] und Absolution in der Beichte [can. 967 § 2 CIC]). Ausserdem ist innerkirchlich der Verbleib im Amt nach erfolgter Amtsenthebung strafbar (can. 1381 § 2 CIC).
4.5 Die dargelegte Meinung wird bestätigt in einem Bericht des Regierungsrates an den Landrat über die Amtsführung im Jahr 1959. Hierbei wird auf einen Fall der Kirchgemeinde Münchenstein hingewiesen. Der damalige Pfarrer von Münchenstein wurde mit Dekret vom 10. Dezember 1957 vom Bischof seines Amtes enthoben. Er wurde jedoch am 14./15. Dezember 1957 von der Kirchgemeinde wiedergewählt. Die Amtsenthebung wurde mit Dekret vom 28. Februar 1958 bestätigt. Nach einem erfolglosen Rekurs an die „Sacra Congregatio Concilii“ in Rom entzog ihm daraufhin der Bischof mit Dekret vom 17. August 1959 die „kanonische Sendung“. 36 Kirchgemein-

demitglieder gelangten an die basellandschaftliche Kirchendirektion und verlangten eine Rechtsauskunft, die folgendermassen erteilt wurde: „Nur wer die kanonische Sendung hat, ist wählbar, und er ist es und kann als Pfarrer, wie man logischerweise folgern muss, nur solange amten, als er diese kanonische Sendung hat. Wenn sie ihm [...] aber entzogen wird, so fehlt eine Basis der pfarrerlichen Tätigkeit in einer Gemeinde, und dieses Manko kann ebenso wenig durch die Tatsache der Wahl [...] ersetzt werden, wie die kanonische Sendung ihrerseits die ebenfalls vorgeschriebene Wahl durch die Kirchgemeinde überflüssig machen könnte." Im Berichtsfall war die Kirchendirektion also ebenfalls der Auffassung, dass die missio canonica grundsätzlich eine zwingende Anstellungsvoraussetzung für Seelsorger ist (gl.M. auch *Hafner*, Kirchen, S. 343; *Hafner/Brosi*, a.a.O, S. 29).
4.6 Weiter ist vorliegend der Verlust der Wählbarkeitsvoraussetzungen ein wichtiger Grund für eine administrative Entlassung (vgl. etwa auch *Tomas Poledna*, Disziplinarische und administrative Entlassung von Beamten – vom Sinn und Unsinn einer Unterscheidung [Entlassung], ZBl 1995, S. 57 ff., S. 52). Die Beschwerdeführerin könnte Franz Sabo zwar weiterhin beschäftigen, jedoch nicht in seiner Funktion als Seelsorger. Dies macht in der Tat eine Kündigung des jetzigen Vertrages nötig. Gemäss § 53 Abs. 1 KiV werden diejenigen Seelsorgenden, die nicht als Pfarrer gewählt werden („übrige Seelsorger"), durch den Landeskirchenrat bzw. den Kirchgemeinderat angestellt. Bei der Wahl des Pfarradministrators, der – weil nicht wie ein Pfarrer im Sinne der §§ 49 ff. KiV gewählt – zu den übrigen Seelsorgenden nach § 53 KiV zählt, hat die Kirchgemeinde also grundsätzlich weitreichende Autonomie. Ist aber erstellt, dass die kirchliche Sendung (missio canonica) eine Anstellungsvoraussetzung darstellt, können die Kirchgemeinden nicht autonom über dieses Kriterium entscheiden oder über dessen Fehlen hinwegsehen. Die Kirchgemeinden haben in Bezug auf die Weiterbeschäftigung eines Seelsorgenden ohne missio canonica nurmehr eine beschränkte Autonomie, weshalb sie der Landeskirchenart unter diesem Aspekt grundsätzlich anweisen kann, einen Seelsorgenden mit entzogener missio canonica administrativ unter Einhaltung der ordentlichen Kündigungsfrist zu entlassen. Damit ist die Auslegung von § 46 KiV durch den Landeskirchenrat nicht zu beanstanden, wonach ein Entzug der missio canonica grundsätzlich – von hier nicht vorliegenden Ausnahmen wie etwa Notzeiten abgesehen – zu einer Auflösung des Arbeitsverhältnisses führen muss. Die Weigerung der Kirchgemeinde, den betreffenden Pfarradministrator zu entlassen, erweist sich somit als grundsätzlich rechtswidrig. Entsprechend sind die Voraussetzungen gegeben, damit der Landeskirchenrat repressive Massnahmen in Form einer aufsichtsrechtlichen Weisung erlassen kann. Mit der Wendung „grundsätzlich" wird

bereits hier angedeutet, dass der Entzug der missio canonica nicht in jedem Fall, letztlich zwingend, zu einer Auflösung des Arbeitsverhältnisses führen muss. Wie nachstehend noch zu zeigen sein wird (vgl. Erwägung 8), unterliegt der Entzug der missio canonica gewissen Voraussetzungen, deren Einhaltung zu prüfen ist, bevor die Entlassung angeordnet werden darf.

5.1 Die Beschwerdeführerin stellt zunächst die Kompetenz der Vorinstanz zum Erlass einer aufsichtsrechtlichen Massnahme in Form einer verbindlichen Weisung in Abrede. Aufsichtsrechtliche Massnahmen bedürften einer klaren gesetzlichen Grundlage, die im vorliegenden Bereich fehle. Auch ein Gutachten des Bundesamtes für Justiz gehe davon aus, dass ohne entsprechende gesetzliche Grundlage nur ein „minimales Aufsichtsrecht" in Form nicht verbindlicher Anweisungen und Empfehlungen gegeben sei. Auch könne keine Lücke angenommen werden, da der Kirchenverfassungsgeber bewusst auf eine solche Regelung verzichtet habe. Dies ergebe sich daraus, dass die Synode sich beim Erlass der Kirchenverfassung vom Gesetz über die Organisation und Verwaltung der Gemeinden (Gemeindegesetz) vom 28. Mai 1970 habe inspirieren lassen, welches Aufsichtsmittel explizit aufzähle. Die Synode habe demnach bewusst darauf verzichtet, die besagte aufsichtsrechtliche Massnahme explizit aufzuführen. Es sei auch nicht aussergewöhnlich, auf eine Aufzählung von aufsichtsrechtlichen Mitteln zu verzichten. Im Ergebnis führe dies dazu, dass lediglich ein minimales Aufsichtsrecht bestehe.

5.2 Die Vorinstanz macht ihrerseits geltend, § 24 lit. k KiV statuiere eine grundsätzliche Aufsicht des Landeskirchenrates. Es würden lediglich Angaben über Verfahren oder Mittel fehlen. Dies sei eine planwidrige Unvollständigkeit und als rechtsanwendende Behörde sei sie verpflichtet, solche Lücken zu schliessen. Das Legalitätsprinzip stehe einem solchen Vorgehen nicht entgegen, da nur Fragen der Verwaltungsorganisation offen stehen würden und Private nicht direkt betroffen seien. Solche Lücken seien so zu schliessen, wie es auch der Gesetzgeber tun würde, wobei Regelungen von verwandten Fällen beizuziehen seien. § 35 KiV verweise bezüglich der Organe der Kirchgemeinden auf das Gemeindegesetz. Dieser Verweis sei so zu verstehen, dass Lücken im Staatskirchenrecht durch kantonales Recht, insbesondere Gemeinderecht, zu schliessen seien. Die Materialien zur Kirchenverfassung würden nicht dagegen sprechen. § 166 Gemeindegesetz ermögliche im Autonomiebereich der Gemeinden bei festgestellten Rechtswidrigkeiten den Erlass von verbindlichen Weisungen. Ein direkter Eingriff in Verhältnisse mit Dritten sei im Autonomiebereich dagegen nicht zulässig. Die getroffene Massnahme sei ferner auch als verhältnismässig zu beurteilen.

5.3 § 24 lit. k der KiV lautet: „Der Landeskirchenrat hat insbesondere folgende Rechte und Pflichten: Aufsicht über die Kirchgemeinden, insbesondere über die Verwendung des Vermögens und der Einkünfte." Art. 24 lit. l KiV bestimmt weiter, dass der Landeskirchenrat die Voranschläge, Rechnungen, Anleihen, Veräusserung und Verpfändung von Vermögen der Kirchgemeinden zu genehmigen hat. Dies gilt auch gegenüber der Kirchgemeindeordnung und der Reglemente der Kirchgemeinden (Art. 24 lit. m KiV). Weitere Bestimmungen über das anzuwendende Verfahren, den Umfang der Aufsicht oder die zulässigen aufsichtsrechtlichen Mittel finden sich in der Kirchenverfassung nicht. Zur Beantwortung dieser Frage können Lehre und Rechtsprechung betreffend die Aufsicht des Kantons über die Gemeinden bzw. des Bundes über die Kantone analog herangezogen werden, zumal die Kirchenverfassung sich offensichtlich an dieses Institut anlehnt. Die Gemeindeaufsicht ist das notwendige Gegenstück zur Gemeindeautonomie. Die Gemeindeautonomie schützt die Gemeinde einerseits vor ungerechtfertigten Aufsichtsakten des Kantons (vgl. *Thomas Pfisterer*, Neuere Entwicklung der Gemeindeautonomie im Kanton Aargau, ZBJV 1989, S. 9). Andererseits hat der Kanton auch zu prüfen, ob die Gemeindetätigkeit mit dem Bundesrecht sowie dem kantonalen und kommunalen Recht im Einklang steht und die Gemeinden im übertragenen Wirkungsbereich richtig wirken. Er hat für den richtigen Vollzug und die Koordination unter den Gemeinden zu sorgen (*Häfelin/Müller/Uhlmann*, a.a.O., Rz. 1428 f.). Die Aufsicht reicht naturgemäss weniger weit, je mehr Ermessensspielraum oder Autonomie der Gemeinde in einer bestimmten Sachfrage zukommt. Die Gemeindeaufsicht ist aber nicht nur ein Recht, sondern auch eine Pflicht. Das Aufsichtsverfahren ist ein Offizialverfahren. Die Aufsichtsorgane haben ihre Aufsichtspflicht von Amtes wegen wahrzunehmen (*Ivo Corvini*, Kommunale Rechtsetzung, Liestal 1999, S. 148).

5.4 Umstritten ist, ob das Legalitätsprinzip auch im Bereich der Aufsichtstätigkeit gilt. Gemäss Art. 5 Abs. 1 der Bundesverfassung der Schweizerischen Eidgenossenschaft (BV) vom 18. April 1999 bedarf jedes staatliche Handeln einer genügend bestimmten gesetzlichen Grundlage (vgl. *Häfelin/Müller/Uhlmann*, a.a.O., Rz. 368 ff.; *Pierre Tschannen/Ulrich Zimmerli*, Allgemeines Verwaltungsrecht, 2. Auflage, Bern 2005, S. 120 ff.). Seit jeher ist dieses Erfordernis im Bereich der sog. Eingriffsverwaltung anerkannt (*Häfelin/Müller/Uhlmann*, a.a.O., Rz. 414). Seit BGE 103 Ia 369 ff. gilt das Legalitätsprinzip auch in Bereichen der Leistungsverwaltung. Das Gesetzmässigkeitsprinzip gilt somit gemäss neuerer Auffassung für die gesamte Verwaltungstätigkeit. Allerdings lassen sich gewisse Tätigkeiten wie die Informationstätigkeit der Regierung, die auswärtigen Angelegenheiten oder die Bedarfsverwaltung kaum gesetzlich normieren, so dass die Anforderungen an die gesetzliche Grundlage ganz wegfallen oder herabgesetzt werden (zu den übrigen Ausnahmen *Häfelin/Müller/Uhlmann*, a.a.O., Rz. 421 ff.). Die Funktionen des Legalitätsprinzips und damit das Schutzbedürfnis sind überdies nicht immer dieselben. In der Eingriffsverwaltung soll der Einzelne vor übermässigen Eingriffen, in der Leistungsverwaltung hingegen die Allgemeinheit vor der übermässigen Privilegierung eines Einzelnen geschützt werden (*Tschannen/Zimmerli*, a.a.O., S. 126). Ferner dient die durch das Legalitätsprinzip erzeugte Bindung der Verwaltungsbehörden an das Gesetz auch der Rechtssicherheit und gewährleistet, dass die Verwaltungsbehörden in ähnlich gelagerten Fällen gleich entscheiden (*Häfelin/Müller/Uhlmann*, a.a.O., Rz. 372 ff.). Vorliegend erfüllt das Legalitätsprinzip vor allem zwei Funktionen. Die demokratische Funktion will sicher stellen, dass die Grundlage für Verwaltungshandeln in einem offenen politischen Meinungsbildungs- und Entscheidungsprozess zustande kommt. Die rechtsstaatliche Funktion befriedigt das Bedürfnis des Bürgers nach Rechtssicherheit und -gleichheit.

5.5 Das Institut der Aufsicht ist im Gefüge der heute anerkannten Staatsfunktionen schlecht fassbar und passt nicht in das klassische Gewaltenteilungsschema der 3 Staatsfunktionen Rechtsetzung, Rechtsanwendung, Rechtsprechung, sondern erscheint als Querschnittproblem, ähnlich wie die Aussenpolitik (vgl. *Hansjörg Seiler*, Gewaltenteilung, Bern 1994, S. 102 ff.). Dies liegt hauptsächlich darin begründet, dass Aufsicht nicht nur Sache des Parlaments ist: Aufsicht innerhalb der Verwaltungs- und Gerichtshierarchie, Kontrolle der Verwaltung durch Verwaltungsgerichte sowie zahlreiche verwaltungs- und parlamentsunabhängige Kontrollinstanzen dokumentieren die Vielschichtigkeit der Aufsichtsfunktion. Aus diesen Gründen ist es auch kaum möglich, die Aufsichtsfunktion im Gefüge der staatlichen Funktionen adäquat zu erfassen und entsprechend gesetzlich zu normieren (*Seiler*, a.a.O., S. 104). Ferner können die Aufsichtstätigkeit bzw. deren Mittel angesichts der Vielgestaltigkeit der Materie lückenhaft gesetzlich normiert werden, so dass man sich grundsätzlich fragen kann, ob das Legalitätsprinzip auch unbesehen für staatliche Aufsichtsmassnahmen gilt.

5.6 In der älteren Staatsrechtslehre wurde die Ansicht vertreten, dass mit der Statuierung einer allgemeinen Aufsichtskompetenz den Aufsichtsbehörden auch alle nötigen Aufsichtsmittel zur Verfügung stehen würden (vgl. insb. *Zaccaria Giacometti*, Das Staatsrecht der schweizerischen Kantone [Staatsrecht], Zürich 1941, S. 89; *ders.*, Schweizerisches Bundesstaatsrecht [Bundesstaatsrecht], Zürich 1949, S. 131). Die Aufsichtsorgane sind nach dieser Lehrmeinung in der Wahl der Mittel frei, sofern diese den Zwecken, die sie erreichen sollten, angepasst sind und die Aufsichtsbehörden nicht in den gesetzlich angeführten Sonderfällen auf die vorgeschriebenen Mittel verwiesen werden (vgl. auch *Jürg Vogel*, Die Aufsicht über die Gemeinden im Kanton Aargau, Zürich 1957, S. 117). Mit der Einrichtung des Instituts der Aufsicht werden danach den Aufsichtsorganen alle Aufsichtsmittel zur Verfügung gestellt, die zur Ausübung der Aufsicht geeignet und verhältnismässig sind (*Claude Schnüriger*, Die Stellung der Gemeinde Riehen im Kanton Basel-Stadt, BJM 1976, S. 223). *Fraefel* führt dazu aus, dass zwar der Grundsatz der Gesetzmässigkeit der Verwaltung auch im Bereich der Aufsicht Geltung habe, zu den Mitteln der Aufsicht im Gesetz trotzdem meist nur eine Generalklausel zu finden sei. Dagegen sei grundsätzlich nichts einzuwenden, da in Anbetracht der Vielfalt und Verschiedenheit kommunaler Tätigkeit eine abschliessende Normierung nur schwer durchführbar wäre (*Willy Fraefel*, Die Aufsicht des Kantons über die Gemeinden nach basellandschaftlichem Recht, Basel 1977, S. 123; vgl. auch *Andreas Linn*, Baselstädtisches Gemeinderecht, in: Handbuch des Staats- und Verwaltungsrechts des Kantons Basel-Stadt, Basel 1984, S. 352). *Thalmann* betrachtet in seinem Kommentar zum Zürcher Gemeindegesetz diese Lehrmeinung auch heute noch als die herrschende (*Hansrudolf Thalmann*, Vorbemerkungen zu §§ 141-150, in: Kommentar zum Zürcher Gemeindegesetz, 3. Aufl., Wädenswil 2000, Rz. 6).

5.7 In der neueren Lehre wird die Frage einer gesetzlichen Grundlage betreffend aufsichtsrechtlichen Massnahmen meist nur am Rande behandelt. Mehrheitlich wird die oben dargelegte Rechtsauffassung übernommen (vgl. *Alexander Ruch*, Art. 186 BV, in: Ehrenzeller/Mastronardi/Schweizer/Vallender, Die schweizerische Bundesverfassung, Zürich 2002, Rz. 19; *Pierre Tschannen*, Staatsrecht der Schweizerischen Eidgenossenschaft, Bern 2004, S.352; *Giovanni Biaggini*, Theorie und Praxis des Verwaltungsrechts im Bundesstaat, Basel 1996, S. 161; zusammenfassend Gutachten des *Bundesamtes für Justiz* vom 31. August 2004, Bundesaufsicht im Strassenverkehr [Bundesaufsicht], in: VPB 69.1 [2005], S. 29 f.). Rechtsgrundlage bildet die allgemeine gesetzlich statuierte Aufsichtspflicht in Form einer Generalklausel, die als direkt anwendbar betrachtet wird (vgl. *Ruch*, a.a.O., Rz. 19; *Kurt Eichenberger*, Art. 102 aBV, in: Aubert/Eichenberger/Müller/Rhinow/Schindler, Kommentar zur Bundesverfassung der Schweizerischen Eidgenossenschaft, Basel 1996, Rz. 50). Danach müssen die Aufsichtsmittel nicht explizit und abschliessend im Gesetz festgelegt werden. Es genügt, dass die Aufsicht als solche – vergleichbar zu § 24 lit. k KiV – im Gesetz festgelegt wird. Die Aufsichtsmittel haben sich über Jahrzehnte hinweg in der Praxis herausgebildet und sind historisch gewachsen (vgl. *Ruch*, a.a.O., Rz. 19). Sie stützen sich weitgehend auf Gewohnheitsrecht. Eine gesetzliche Grundlage wird nur für zwei Aufsichtsmittel gefordert: für die Genehmigung von kantonalen Erlassen und für die Behördenbeschwerde (vgl. *Tschannen*, a.a.O., S. 352). Allerdings kann sich je nach Vollzugsverhältnis bzw. gewaltenüberschreitender Aufsicht eine rechtssatzmässige Regelung als erforderlich erweisen, um Rechtsgleichheit und Rechtssicherheit sicherzustellen (*Biaggini*, a.a.O., S. 162). Die Aufsichtstätigkeit kann mit dem Gewaltenteilungsprinzip oder dem Grundsatz der Gemeindeautonomie in Konflikt geraten und aus diesem Grund eine gesetzliche Grundlage benötigen. Soweit es beispielsweise um die parlamentarische Aufsicht über die Exekutive oder sogar über die Judikative geht (vgl. Fextal-Entscheid, mittels welchem der Bundesrat ein kantonales Verwaltungsgerichtsurteil kassierte, in: ZBl 1974, S. 529 ff.), ist schon aufgrund der damit verbundenen Eingriffswirkung in das Gewaltenteilungsprinzip eher die Forderung nach einer expliziten gesetzlichen Grundlage zu stellen. Der Erlass allgemeiner oder konkreter Weisungen, selbst wenn keine besondere gesetzliche Grundlage besteht, ist überdies zulässig in Bereichen, in welchen den zu beaufsichtigenden Behörden oder Organen keine Autonomie zukommt, wo sie also nach Massgabe des übergeordneten Rechts handeln oder entscheiden müssen (*Tobias Jaag*, Die Gemeindeaufsicht im Kanton Zürich [Gemeindeaufsicht], ZBl 1993, S. 534). Gemäss *Corvini* ist eine gesetzliche Grundlage für die kantonale Aufsicht über die Gemeinden für Akte zu fordern, welche die Gemeinde zu einem Tun, Dulden oder Unterlassen zwingen (*Corvini*, a.a.O., S. 150 f.). Weiter ist nach der verfassungsrechtlichen Stellung der Aufsichtsbehörde sowie des zu beaufsichtigenden Organs zu differenzieren. Das *Bundesamt für Justiz* erachtet betreffend Aufsicht gegenüber parastaatlichen Organisationen eine besondere gesetzliche Grundlage als erforderlich. Aus der allgemeinen Aufsichtspflicht ergebe sich lediglich ein minimales Aufsichtsrecht über die Aufgabenerfüllung (Gutachten des *Bundesamtes für Justiz* vom 10. November 1989, Kontrolle und Aufsicht des Bundesrates über die halbstaatlichen Unternehmungen [Kontrolle und Aufsicht], in: VPB 54 III [1990], S. 238). Dieses umfasse zumindest die laufende Beobachtung der Aufgabenerfüllung und den Erlass nicht verpflichtender Weisungen (*Bundesamt für Justiz*, Kontrolle und Aufsicht, S. 238). Weitergehende Weisungsrechte wie der Erlass verpflichtender Weisungen könnten nach Meinung des *Bundesamtes für Justiz* aus der allgemeinen Oberaufsicht gegenüber parastaatlichen Organisationen nicht abgeleitet werden. Sie seien zwar nicht generell ausgeschlossen, doch sei dafür eine ausdrückliche gesetzliche Grundlage zu fordern, ansonsten die Aufsicht unbegrenzt ausgeübt werden könne (*Bundesamt für Justiz*, Kontrolle und Aufsicht, S. 242).

5.8 Weiter ist nach der Intensität der Aufsichtsmittel zu unterscheiden. Die Lehre unterscheidet zwischen der präventiven und der repressiven Aufsicht, wobei unter letzterer insbesondere „Weisungen und Befehle zur Herstellung des rechtmässigen Zustands" und „Massnahmen gegenüber Behördemitgliedern und Beamten" subsumiert werden (vgl. *Jaag*, Gemeindeaufsicht, S. 531). Die repressive Aufsicht dient der Behebung und Ahndung eingetretener Fehler und Missstände, während die präventive Aufsicht unabhängig von konkreten Ereignisse oder rechtswidrigen Zuständen erfolgt; ihr Ziel ist gerade die Verhinderung von Fehlern oder Missständen. Bei den vorliegendenfalls interessierenden repressiven Aufsichtsmassnahmen im personalrechtlichen Bereich zur Sicherstellung der Aufgabenerfüllung wird weiter zwischen disziplinarischen und administrativen Massnahmen unterschieden (*Jaag*, Dienstverhältnis, S. 456). Danach haben administrative Massnahmen primär organisatorischen Charakter. Sie bezwecken den geordneten Gang der Verwaltungstätigkeit und können daher aus Gründen angeordnet werden, die nicht in der Person des betroffenen Amtsträgers liegen und verschuldensunabhängig sind. Sie sind insbesondere dann angebracht, wenn der Gemeinde die Zusammenarbeit mit dem betreffenden Behördemitglied in der bisherigen Form aus objektiver Sicht nicht (mehr) zugemutet werden kann (*Jaag*, Gemeindeaufsicht, S. 543). Dies trifft namentlich auch für die administrative Entlassung eines Amtsträgers aus wichtigen Gründen zu (*Jaag*, Dienstverhältnis, S. 464; *Poledna*, Entlassung, S. 62). Zu diesen Handhaben tritt das Disziplinarrecht hinzu, das – wiederum im Interesse eines geordneten Verwaltungsbetriebes – spezifische Sanktionen für schuldhafte Dienstpflichtverletzungen vorsieht. Disziplinarische Massnahmen sollen – sofern nicht qualifizierte Verfehlungen zu disziplinarischer Entlassung führen – den fehlbaren Amtsträger an seine Dienstpflicht mahnen und setzen deshalb ein Verschulden des Betroffenen voraus. Die herrschende Lehre geht davon aus, dass die Gemeinde auch ohne besondere gesetzliche Grundlage aus wichtigem Grund einen Angestellten administrativ entlassen kann (*Felix Hafner*, Öffentlicher Dienst im Wandel [öffentlicher Dienst], ZBl 1992, S. 501 f.; Verwaltungsgericht des Kantons Zürich vom 25. November 1977, in: ZBl 1978, S. 155; Verwaltungsgericht des Kantons Zürich vom 25. Juli 2002, in: ZBl 2003, S. 211; *René Rhinow/Beat Krähenmann*, Schweizerische Verwaltungsrechtsprechung, Ergänzungsband, Basel 1990, Nr. 150 B II a, S. 483). Daraus kann gefolgert werden, dass die Aufsichtsinstanz bei rechtswidriger Passivität der Gemeinde auf der Grundlage der allgemeinen Aufsichtskompetenz direkt eingreifen und gegen den betreffenden Beamten bzw. öffentlichrechtlich Angestellten administrative Massnahmen wie die Entlassung aus wichtigem Grund ergreifen kann, selbst wenn hierfür keine besondere gesetzliche Grundlage besteht (*Jaag*, Gemeindeaufsicht, S. 543). Dies muss umso mehr gelten, wenn – wie vorliegend – die Aufsichtsinstanz die Kirchgemeinde lediglich anweist, eine solche Massnahme zu verhängen.

5.9 Wenn die Aufsichtsbehörden administrative Massnahmen gegenüber Mitgliedern von Gemeindebehörden oder öffentlich-rechtlich Angestellten ausüben, handelt es sich auf den ersten Blick um Dienstaufsicht, die primär den betreffenden Behörden, vorliegend dem Kirchgemeinderat, obliegt. Wie die repressive Aufsicht im Allgemeinen kommen daher auch administrative Massnahmen nur dann zum Zug, wenn die Gemeindebehörden in rechtswidriger Weise untätig bleiben. Nur in diesem Fall sind die Aufsichtsorgane befugt und auch verpflichtet, aufsichtsrechtlich einzugreifen. Die Ausübung aufsichtsrechtlicher administrativer Massnahmen gegenüber öffentlich-rechtlich Angestellten ist deshalb als Ersatzvornahme im Sinne der Verbandsaufsicht zu qualifizieren, die nur subsidiär zum Zuge kommt, wenn die betreffenden Behörden in rechtswidriger Weise untätig bleiben (zum Ganzen *Jaag*, Gemeindeaufsicht, S. 541 f.). Die anlässlich einer Analyse des zürcherischen Gemeindegesetzes von *Jaag* angestellten Überlegungen beziehen sich zwar primär auf die aus dem Beamtenrecht stammende Unterscheidung zwischen disziplinarischer und administrativer Entlassung. Sie lassen sich aber auf das heute bestehende öffentlich-rechtliche Angestelltenverhältnis übertragen. Die Figur der administrativen Entlassung des Amtsdauersystems lässt sich mit der ordentlichen Kündigung aus wesentlichen Gründen vergleichen, wozu freilich auch der Wegfall einer unabdingbaren Anstellungsvoraussetzung zählen würde (vgl. zum Ganzen *Matthias Michel*, Beamtenstatus im Wandel, Zürich 1998, S. 304 ff.; *Poledna*, Entlassung, S. 50). Vorliegend nimmt die Landeskirche demnach eine Art indirekte Ersatzvornahme in Form einer aufsichtsrechtlichen Weisung vor. Gemäss Lehre ist eine Ersatzvornahme auch ohne ausdrückliche gesetzliche Grundlage zulässig, da mit der Ersatzvornahme keine neue Pflicht geschaffen, sondern nur eine sachgesetzlich bereits bestehende Pflicht umgesetzt wird (*Tschannen*, a.a.O., S. 359; *Ulrich Häfelin/Walter Haller*, Schweizerisches Bundesstaatsrecht, 6. Auflage, Zürich 2005, Rz. 1236; *Bundesamt für Justiz*, Bundesaufsicht, S. 36). Selbst die deutsche Lehre, welche betreffend die rechtssatzmässige Bindung der Aufsichtsbehörden wesentlich strenger als die schweizerische ist und eine ausdrückliche gesetzliche Grundlage für alle Aufsichtsmittel im Sinn des Enumerationsprinzips fordert, betrachtet das Auskunftsverlangen, die Beanstandung, die Anordnung sowie die Ersatzvornahme als gewohnheitsrechtlich anerkannte Staatsaufsichtsmittel (vgl. *Wolfgang Kahl*, Die Staatsaufsicht, Tübingen 2001, S. 505).

5.10 Vorliegendenfalls ist demnach einmal festzuhalten, dass weder die Durchführung von Ersatzvornahmen noch die Entlassung eines öffentlich-rechtlich Angestellten aus wichtigem Grund gemäss herrschender Lehre und Praxis einer besonderen gesetzlichen Grundlage bedarf. Weiter haben die vorliegenden Ausführungen betreffend Aufsichtspflicht grundsätzlich auch im Verhältnis zwischen Landeskirche und Kirchgemeinde Gültigkeit. Kirchgemeinden stellen öffentlich-rechtliche Körperschaften mit eigener Rechtspersönlichkeit dar. Ihnen kommt Autonomie im Sinne von § 41 Abs. 1 VPO zu, weshalb sie auch zur Autonomiebeschwerde zugelassen sind und demnach ähnlich wie die Gemeinden behandelt werden (vgl. insb. BGE 108 Ia 84 f. E. 1, 268 E. 4b). Dies gilt ebenso gegenüber der Landeskirche, und zwar in analoger Weise, wie die staatlichen Gemeinden gegenüber dem Kanton grundsätzlich Autonomie beanspruchen (vgl. auch *Hafner/Brosi*, a.a.O., S. 5 f.). Bei den Kirchgemeinden handelt es sich um innerhalb des staatlichen Rechts stehende Selbstverwaltungskörper (vgl. auch § 139 Abs. 2 KV; BGE 41 I 167 E. 1), denen die Besorgung bestimmter, öffentlicher Aufgaben obliegt (Verwaltung der äusseren örtlichen Angelegenheiten der Konfessionen, insbesondere der örtlichen Kirchengüter, Steuererhebung zu jenem Zwecke, Wahl der Ortspfarrer), und nicht um Einrichtungen der Konfessionen als neben dem Staat bestehender körperschaftlich organisierter Glaubensgemeinschaften, auch wenn ihnen im Vergleich zu anderen öffentlich-rechtlichen Körperschaften einen besonders weitgehenden Schutz zukommt (BGE 55 I 120 f. E. 1). Selbst wenn die Kirchgemeinden konfessionell nicht neutral sind, ihre Aufgaben im Sinne ihres rechtstheologischen Verständnisses erfüllen und obwohl sie nicht eigentlicher Teil der staatlichen Behördenorganisation im engeren Sinn darstellen, sind sie doch weitgehend auf eine Stufe mit der Einwohner- oder Bürgergemeinde zu stellen. Ihre Organstruktur weist bedeutsame Ähnlichkeiten mit derjenigen der politischen Gemeinden auf. Weiter sind sie nur innerhalb der ihnen vom staatlichen Willen gezogenen Grenzen zu selbstständigem Handeln befugt. Ihre staatsrechtliche Stellung kann demnach mit derjenigen einer Spezialgemeinde verglichen werden (Übersicht *Dieter Kraus*, Schweizerisches Staatskirchenrecht, Tübingen 1993, S. 370 f., mit weiteren Hinweisen). Dies gilt umso mehr, als die Kirchgemeinden betreffend Auflösung eines Arbeitsverhältnisses eine ähnliche Stellung wie die Gemeinden einnehmen und somit betreffend diesen Sachbereich durchaus mit einer politischen Gemeinde verglichen werden können (vgl. auch *Ueli Friederich*, Kirchen und Glaubensgemeinschaften im pluralistischen Staat, Bern 1993, S. 417 f. und S. 457 ff., welcher eine differenzierte Betrachtungsweise fordert und je nach Selbstverständnis der Glaubensgemeinschaft und nach Sachbereich unterscheidet). Demnach sind die

Kirchgemeinden, was die Autonomie und die Kehrseite der Autonomie, die Aufsicht, betrifft, gleich zu behandeln wie die staatlichen Gemeinden.
5.11 Nach dem Gesagten liegt in Bezug auf die hier einzig interessierende Frage, ob der qua Kirchenverfassung grundsätzlich zur Aufsicht berufene Landeskirchenrat im Grundsatz die Kirchgemeinde verbindlich anweisen darf, ihren Pfarradministrator administrativ zu entlassen, keine Lücke in der Kirchenverfassung vor, die der Richter zwingend zu schliessen hätte. Für den Durchgriff bzw. die Ersatzvornahme gegen renitente Gemeinden im Zusammenhang mit einer administrativen Entlassung bedarf es auch nach heutiger Lehre keiner spezifischen gesetzlichen Grundlage, wenn die Aufsichtskompetenz in Form einer Generalermächtigung im Gesetz statuiert ist. Zusammenfassend gelangt das Gericht zum Schluss, dass der Landeskirchenrat auch ohne explizite gesetzliche Ermächtigung aufgrund seines in § 24 lit. k KiV grundsätzlich festgeschriebenen Aufsichtsrechts die Kirchgemeinde verbindlich anweisen kann, bei Vorliegen eines rechtswidrigen Zustandes in Bezug auf die personalrechtliche Situation ihres Pfarradministrators das Arbeitsverhältnis mit diesem administrativ zu beenden.
5.12 Schliesslich ist noch auf die Argumentation des Landeskirchenrats einzugehen, welcher sein Recht, verbindliche Anweisungen zu erlassen, wie folgt begründet: In § 35 KiV sei eine Verweisungsnorm zu erblicken, welche nicht nur auf den organisatorischen Teil des Gemeindegesetzes verweise, sondern als dynamischer Verweis auf das gesamte Gemeindegesetz zu interpretieren sei. Die Kirchenverfassung ist in sieben Teile geteilt: Allgemeines, Landeskirche, Kirchgemeinden, Seelsorger, Rechtsmittel, Revision, Schlussbestimmungen. § 35 KiV lautet: „Soweit Verfassung und Verordnung der Landeskirche nichts anderes bestimmen, gelten für die Organe der Kirchgemeinden sinngemäss die Bestimmungen des kantonalen Gemeindegesetzes." Der Verweis befindet sich im dritten Teil (Die Kirchgemeinden) unter B. Organisation, 1. Allgemeines. § 35 KiV verweist in der Tat auf das Gemeindegesetz, aber nicht dynamisch auf das gesamte Gesetz sondern nur auf die Bestimmungen über die Organe der Gemeinden, mithin auf § 6 ff. Gemeindegesetz (Allgemeine Bestimmungen über die weiteren Organe der Gemeinde; im zweiten Abschnitt des Gemeindegesetzes) und auf § 47 ff. Gemeindegesetz (Die Organisation der Einwohnergemeinde, im dritten Abschnitt des Gemeindegesetzes). Die Aufsicht des Kantons (§ 166 ff. Gemeindegesetz) findet sich hingegen erst im sechsten Abschnitt des Gemeindegesetzes und präsentiert sich unter systematischen Aspekten als klarerweise nicht zu den Verweisregelungsgegenständen gehörig. In systematischer Auslegung des § 35 KiV kann demnach nicht ein Verweis auf das gesamte Gemeindegesetz erblickt werden, sondern nur für den betreffenden Regelungsgegenstand (hier

die Organe der Kirchgemeinden). Dementsprechend wird sachgerecht auf den ebenso einschlägigen Teil des anderen Gesetzes, des Gemeindegesetzes, verwiesen. Auch eine teleologischen Auslegung führt in Bezug auf den Regelungszweck der Verweisungsnorm, nämlich die Organisation der Organe der Kirchgemeinden und nicht etwa das Zusammenwirken von Landeskirchenrat und Kirchgemeinden, nicht zum Schluss, dass nach der Absicht des Verfassungsgebers der spezifische Verweis auf das Gemeindegesetz auch noch für die Regelung der Aufsicht gelten sollte. Der an und für sich zutreffende Hinweis im Gutachten *Hafner/Brosi*, wonach den Materialien bezüglich Tragweite der Verweisungsnorm keine Anhaltspunkte entnommen werden können (*Hafner/Brosi*, a.a.O., S. 47), vermag eine derartige Generalisierung gerade nicht zu rechtfertigen. Hätte der Kirchenverfassungsgeber einen solch allgemeinen Verweis auf das Gemeindegesetz tatsächlich gewollt, so hätte er diesen aufgrund dessen Tragweite zweifellos in Anlehnung an das seinerzeit offenbar als Vorbild dienende Gemeindegesetz bei den entsprechenden Bestimmungen angesiedelt.

6. In einem nächsten Schritt ist zu prüfen, ob der Entzug der missio canonica gültig ist, damit sie als Grundlage für eine das öffentlich-rechtliche Anstellungsverhältnis auflösende bzw. diese Auflösung befehlende Verfügung dienen kann. Dabei ist zunächst die Rechtsnatur des Arbeitsverhältnisses zwischen Franz Sabo und der Kirchgemeinde zu qualifizieren. Die Beschwerdeführerin und die Vorinstanz gehen übereinstimmend davon aus, dass es sich beim Anstellungsverhältnis von Pfarradministratoren um ein öffentlichrechtliches handelt. Das Bistum ist der Ansicht, dass vorliegend ein privatrechtliches Anstellungsverhältnis im Streit steht.

6.1 § 10 KiV enthält eine allgemeine Definition der Angestellten der Landeskirche und der Kirchgemeinden und hält fest, dass diese aufgrund eines privatrechtlichen Arbeitsvertrages tätig sind. § 1 Abs. 2 der Anstellungs- und Besoldungsordnung der Landeskirche des Kantons Basel-Landschaft (ABO) vom 23. September 1999 bestimmt, dass Mitarbeiterinnen und Mitarbeiter, die dieser ABO unterstellt sind, in einem privatrechtlichen Arbeitsverhältnis stehen, soweit sie nicht auf Amtsdauer gemäss § 10 Abs. 1 KiV (alte Fassung) gewählt sind. § 10 KiV wurde zwischenzeitlich geändert und enthält nur noch die bereits zitierte Regelung. Immerhin ergibt sich aus § 1 Abs. 2 ABO e contrario, dass alle auf eine Amtsdauer gewählten Mitarbeitenden in einem öffentlich-rechtlichen Arbeitsverhältnis zur Landeskirche stehen. Im Arbeitsvertrag selbst wird keine Qualifikation des Arbeitsverhältnisses vorgenommen.

6.2 Entscheidend für die rechtliche Qualifikation des Arbeitsverhältnisses ist nicht etwa die Bezeichnung des Arbeitsverhältnisses als privat-rechtlich oder öffentlich-rechtlich, sondern dessen Funktion. Dazu werden im Grundsatz die üblichen Kriterien zur Abgrenzung des Privatrechts zum öffentlichen Recht herangezogen (vgl. *Felix Hafner*, Rechtsnatur der öffentlichen Dienstverhältnisse [Rechtsnatur], in: Helbling/Poledna (Hg.), Personalrecht des öffentlichen Dienstes, Bern 1999, S. 181 f.; insbesondere S. 201 f.). Massgeblich sind vor allem die Subordinationstheorie, die Interessentheorie, die Funktionstheorie und die modale Theorie, wobei letztere aber in den Hintergrund tritt (vgl. *Tschannen/Zimmerli*, a.a.O., S. 110 f.; *Häfelin/Müller/Uhlmann*, Rz. 253 ff.). Diese Theorien unterscheiden danach, ob anwendbare Rechtssätze private Interessen wahrnehmen oder öffentliche Interessen verfolgen (Interessentheorie), unmittelbar die Erfüllung öffentlicher Aufgaben betreffen (Funktionstheorie), das Verhältnis zwischen Staat und Bürger oder zwischen Bürgern unter sich regeln bzw. zwischen Staat und Bürger eine Unterordnung oder Gleichordnung zum Gegenstand haben (Subordinationstheorie) oder eine zivil- oder öffentlich-rechtliche Sanktion nach sich ziehen (modale Theorie). Die genannten Kriterien müssen miteinander im Sinne eines Methodenpluralismus kombiniert und auf den Einzelfall angewendet werden, um eine sachgerechte Abwägung zu gewährleisten (vgl. insb. *Häfelin/Müller/Uhlmann*, a.a.O., Rz. 264). Das Bundesgericht hat es bis jetzt abgelehnt, einer bestimmten Abgrenzungsmethode den Vorrang zu geben. Es stützt sich für die Abgrenzung des öffentlichen vom privaten Recht auf verschiedene Theorien (vgl. BGE 109 Ib 149 E. 1b, 120 II 414 E. 1; Entscheid des Bundesgerichts, in: ZBl 1997, S. 410 f., E. 1a) und prüft in jedem Einzelfall, welches Abgrenzungskriterium den konkreten Gegebenheiten am besten gerecht wird (vgl. BGE 96 I 407 ff. E. 2). Damit wird dem Umstand Rechnung getragen, dass der Unterscheidung zwischen privatem und öffentlichem Recht ganz verschiedene Funktionen zukommen, je nach den Regelungsbedürfnissen und insbesondere den Rechtsfolgen, die im Einzelfall in Frage stehen; sie lassen sich nicht mit einem einzigen theoretischen Unterscheidungsmerkmal erfassen (BGE 109 Ib 149 E. 1b).

6.3 Um vorliegend die Frage nach der Rechtsnatur des Arbeitsverhältnisses zu beantworten, muss demnach geprüft werden, ob aufgrund der verschiedenen Theorien zur Unterscheidung von öffentlich-rechtlichen und privatrechtlichen Regelungen das privatrechtliche Rechtsverhältnis gerechtfertigt ist. Die Subordinationstheorie legt nahe, Dienstfunktionen dem öffentlichen Recht zuzuweisen, die mit verstärkter Befehlsgewalt und Disziplinarbefugnis des staatlichen Arbeitgebers und entsprechend erhöhter Gehorsams- und Treuepflicht des Staatspersonals verbunden sind. Gestützt auf die Funktionstheorie wird das Bestehen eines öffentlichen Dienstverhältnisses bejaht, wenn in staatlichen Arbeitsstellen öffentliche Aufgaben wahrgenommen werden (*Jaag*, Dienstverhältnis, S. 439 ff.). So hat das Bundesgericht die öffentlich-rechtliche Anstellung von Primarlehrern und -lehrerinnen, von Universitätsprofessoren und -professorinnen und von Klinikdirektoren und -direktorinnen bejaht (BGE 120 Ia 95 ff., 105 Ia 122 ff., 113 Ia 99 ff.). Die Interessentheorie besagt, dass ein Dienstverhältnis auch dem öffentlichen Interesse entsprechen kann, wenn die zur Diskussion stehende Funktion nicht unmittelbar mit der Wahrnehmung einer öffentlichen Aufgabe verbunden ist. Dies trifft etwa auf Stellen zu, die anderen Funktionen, welche öffentliche Aufgaben wahrnehmen, administrativ zudienen. Im Übrigen deuten auch folgende Sachverhalte auf ein öffentlich-rechtliches Dienstverhältnis hin: Besoldung der Angestellten nach den generell-abstrakten Regeln des öffentlichen Dienstes, Zuteilung zur staatlichen Pensionskasse, Anstellung durch Wahl auf eine feste Amtsdauer (vgl. *Hafner*, Rechtsnatur, S. 203, mit weiteren Hinweisen). In der Literatur wird grösstenteils die Meinung vertreten, dass die angemessene Form für öffentliche Anstellungen generell das öffentlich-rechtliche Arbeitsverhältnis und nicht das privatrechtliche ist (*Yvo Hangartner*, Öffentlich-rechtliche und privatrechtliche Anstellung von öffentlichem Personal, in: Mitteilungen des Instituts für Schweizerisches Arbeitsrecht, Bern 1993, S. 44; *Hafner*, Rechtsnatur, S 184 f.; *René A. Rhinow*, Privatrechtliche Arbeitsverhältnisse in der öffentlichen Verwaltung, in: Böckli/Eichenberger/Hinderling/Tschudi [Hg.], Festschrift für Frank Vischer zum 60. Geburtstag, Zürich 1983, S. 429; *Michel*, a.a.O., S.194 ff.; zum Ganzen auch KGE VV vom 19. Januar 2000, 1999/38, E. 3a).

6.4 Arbeitsverhältnisse zwischen Staat und Privaten, bei welchen der Staat den Privaten übergeordnet ist bzw. diesem als Träger von Hoheitsrechten gegenübertritt (Subordinationstheorie), welche direkt der Verwirklichung des öffentlichen Interesses dienen (Interessentheorie) oder die Erfüllung einer öffentlichen Aufgabe zum Inhalt haben (Funktionstheorie), werden demnach grundsätzlich dem öffentlichen Recht zugeordnet (*Michel*, a.a.O., S. 203). Kann folglich die zur Diskussion stehende Funktion der Seelsorgetätigkeit bzw. des Pfarradministrators aufgrund der Theorien, mit denen in Lehre und Praxis das Privatrecht vom öffentlichen Recht unterschieden wird, nicht dem Geltungsbereich des Privatrechts zugeschrieben werden, ist diese Funktion trotz des Verweises auf das Privatrecht nicht privatrechtlicher, sondern öffentlich-rechtlicher Natur (vgl. auch *Hafner/Brosi*, a.a.O., S. 20 f.). Die öffentlich-rechtliche Anerkennung von Kirchen basiert auf der Erkenntnis, dass diese öffentliche Interessen wahrnehmen und gegenüber ihren Angestellten hoheitlich auftreten. Der Pfarradministrator übt zwar selbst keine hoheitliche Tätigkeit aus, versieht aber zweifellos öffentliche Aufgaben und Interessen der Landeskirche bzw. der Kirchgemeinden. Er erfüllt eine Aufgabe im öffentlichen Interesse und wird nach öffentlich-rechtlichen Regeln entlöhnt. Aufgrund dieser Überlegungen und gestützt auf die obgenannten bundesgerichtlichen Entscheide muss der Schluss gezogen werden, dass Franz Sabo öffentlich-rechtlich angestellt ist. Dass dieser Schluss nahe liegt, zeigen auch sowohl die Rechtsmittelbelehrungen der Landeskirche, die diejenigen Rechtsmittelinstanzen aufführen, die für öffentlich-rechtliche Streitigkeiten zuständig sind, als auch das Kantonsgericht, welches seine Zuständigkeit vorliegend bejaht hat. Im Übrigen verweist der Arbeitsvertrag zumindest subsidiär ebenfalls auf das öffentliche Personalrecht des Kantons. Nach dem Gesagten sind auch nicht gewählte Seelsorgende trotz des in § 1 Abs. 1 ABO enthaltenen Verweises als öffentlich-rechtlich angestellt zu betrachten. Auch *Hafner/Brosi* gehen davon aus, dass zwar die Synode mit dem in § 1 Abs. 2 ABO erwähnten „privatrechtlichen Arbeitsverhältnis" die Anwendung der arbeitsvertraglichen Bestimmungen des Bundesgesetzes betreffend die Ergänzung des Schweizerischen Zivilgesetzbuches (Fünfter Teil: Obligationenrechts; OR) vom 30. März 1911 gemeint hat, diese Bestimmung jedoch im Sinne der oben genannten Kriterien als kantonales öffentliches Recht anzuwenden ist, weil das Arbeitsverhältnis als öffentlich-rechtliches zu qualifizieren ist (*Hafner/Brosi*, a.a.O., S. 21; vgl. auch *Tomas Poledna*, Annäherung ans Obligationenrecht [Annäherungen], in: Helbling/Poledna, Personalrecht des öffentlichen Dienstes, Bern 1999, S. 213 f.).

6.5 Nach herrschender Lehre und Rechtsprechung unterscheidet sich überdies das öffentliche Personalrecht insofern von den Bestimmungen des OR, als das Gemeinwesen, selbst wenn dessen Reglemente auf das OR verweisen, bei seinem Handeln an die verfassungsrechtlichen Schranken gebunden ist und die verfassungsrechtlichen Grundsätze zu beachten hat (*Poledna*, Annäherungen, S. 220 ff.; *Martin Bertschi*, Auf der Suche nach dem einschlägigen Recht im öffentlichen Personalrecht, ZBl 2004, S. 631 ff.). Materielle Vorgaben für das öffentliche Personalrecht lassen sich im Wesentlichen aus den Grundsätzen der Rechtsgleichheit, des Willkürverbots, der Verhältnismässigkeit sowie des Handelns nach Treu und Glauben ableiten. Unter den Verfahrensgarantien kommt dem Anspruch auf rechtliches Gehör besondere Bedeutung zu (vgl. *Bertschi*, a.a.O., S. 632). Welche rechtsstaatlichen Grundsätze in welcher Ausgestaltung zum Tragen kommen und inwiefern die Bestimmungen des OR analog angewendet werden können, hängt ferner weitgehend von den Eigenheiten des primär anwendbaren Erlasses sowie der zu entscheidenden Rechtsfrage ab. Hinsichtlich der Beendigung des Dienstverhältnisses, sofern der entsprechende Erlass keine Spezialnormen kennt, liegt der entscheidende Unterschied zum Arbeitsvertragsrecht nach OR darin begründet, dass eine Kündigung nur bei Vorliegen sachlicher Gründe ausgesprochen werden darf und der Betroffene vorgängig anzuhören ist (*Hafner/ Brosi*, a.a.O., S. 21). Ausserdem richten sich Form und Verfahren der Kündigung allein nach dem öffentlichen Recht. Auch besteht in der öffentlichrechtlichen Praxis eine Tendenz, die Lohnzahlungspflicht weniger restriktiv als im Privatrecht zu handhaben (zum Ganzen *Bertschi*, a.a.O., S. 636 ff.; *Poledna*, Annäherungen, S. 227 ff.).

6.6 Die Qualifikation des Arbeitsverhältnisses als öffentlich-rechtlich hat zur Konsequenz, dass einerseits der öffentlich-rechtliche Rechtsmittelweg als massgeblich zu betrachten ist und andererseits bei Auflösung die Grundsätze des Verwaltungshandelns, insbesondere die rechtsstaatlichen Verfahrensgarantien, zu beachten sind. Dies ergibt sich auch aus der Tatsache, dass Landeskirche und Kirchgemeinden öffentlich-rechtliche Arbeitgeber sind, die an die Grundrechte, namentlich die Verfahrensrechte, gebunden sind, selbst wenn deren Reglemente auf die Bestimmungen des OR verweisen. Durch die Kündigung des Arbeitsverhältnisses darf damit grundsätzlich nicht in Grundrechte eingegriffen oder das Willkürverbot verletzt werden. Eine solche Kündigung würde sich öffentlich-rechtlich als nichtig oder zumindest als anfechtbar erweisen und könnte einen Weiterbeschäftigungsanspruch auslösen.

7.1 Die Beschwerdeführerin bringt weiter vor, sie sei als öffentlich-rechtliche Arbeitgeberin an die Grundrechte ihrer Mitarbeiter gebunden und es sei ihr dementsprechend nicht möglich, ein öffentlich-rechtliches Arbeitsverhältnis ohne sachliche Gründe zu beenden. Die Kündigungsverfügung müsse demnach auch begründet sein. Eine Kündigung sei ihr nicht möglich, da sie keine sachlichen Gründe kenne, welche eine Auflösung des Arbeitsverhältnisses von Franz Sabo begründen würden. Der Hinweis auf das „zerrüttete Vertrauensverhältnis" sei lediglich eine Leerformel und würde den Anforderungen an die Begründungspflicht nicht genügen. Eine so ausgesprochene Kündigung sei unzulässig. Die Beschwerdeführerin führt weiter an, dass die von der Vorinstanz angerufene Analogie zum Exequaturverfahren fehl am Platz sei. Internationales Privatrecht sei auf den vorliegenden Fall nicht anwendbar; vielmehr habe das universalkirchliche Selbstbestimmungsrecht im landeskirchlichen Bereich den grundrechtlichen Mindeststandards zu weichen. Doch selbst wenn man das Exequaturverfahren anwenden würde, müsse man zum Schluss kommen, dass der Bischof die Verfahrensrechte des Pfarradministrators, insbesondere sein Recht auf vorgängige Anhörung und auf eine Begründung des Entscheides, verletzt habe.

7.2 Die Vorinstanz geht ebenfalls davon aus, dass rechtsstaatliche Grundsätze zu beachten seien, soweit sich innerkirchliche Belange auf die öffentlichrechtliche Tätigkeit der Landeskirche und der Kirchgemeinden auswirken würden. Es sei im Konflikt zwischen dem kanonischen und dem staatlichen

Recht „praktische Konkordanz" anzustreben und den Entscheid des Bischofs gleich einem Exequaturverfahren gewissermassen zu „vollstrecken". Die Vorinstanz kommt dabei zum Schluss, dass der bischöfliche Entscheid nicht zu beanstanden sei, da der betroffene Franz Sabo vorgängig angehört und ihm der Entscheid auch begründet worden sei. Das Bistum geht in seiner Vernehmlassung ebenfalls davon aus, dass jeder auch nur halbwegs interessierte Zeitungsleser und Fernsehzuschauer in der Deutschschweiz die Gründe für den Entzug der missio canonica kenne. Es erweise sich darum geradezu als rechtsmissbräuchlich, Nichtwissen vorzutragen. Franz Sabo sei das rechtliche Gehör mehrfach gewährt worden; er habe dabei Gelegenheit gehabt, sich zur Sache zu äussern und habe auch eine Begründung erhalten.

7.3 Gemäss Art. 72 Abs. 1 BV sind die Kantone für die Regelung des Verhältnisses zwischen Kirche und Staat zuständig. Der achte Abschnitt der KV ordnet „Staat und Kirchen" (§§ 136-142 KV). Der Kanton Basel-Landschaft anerkennt nach § 136 KV die evangelisch-reformierte, die römisch-katholische und die christkatholische Kirche „als Landeskirchen". Sie sind gemäss § 136 Abs. 2 KV öffentlich-rechtliche Körperschaften mit eigener Rechtspersönlichkeit. Gemäss § 140 Abs. 1 KV erheben die Kirchgemeinden von den Angehörigen ihrer Konfession für die Erfüllung ihrer Aufgaben Kirchensteuern und nach § 140 Abs. 4 KV leistet der Kanton Beiträge an die Landeskirchen nach Massgabe des Gesetzes (Übersicht *Kraus*, a.a.O., S. 233 ff.). Grundsätzlich verfügt damit die katholische Kirche im Kanton Basel-Landschaft über zwei parallele Organisationen: Es handelt sich einerseits um die römisch-katholische Universalkirche und andererseits um die kantonale Landeskirche. Der Staat stellt damit der eigentlichen Kirche im Sinne der römisch-katholischen Universalkirche die Landeskirchen als Hilfsinstrument zur Seite, um die baulichen und finanziellen Voraussetzungen für die Seelsorge zu schaffen (*Urs Josef Cavelti*, Art. 72 BV, in: Ehrenzeller/Mastronardi/Schweizer/Vallender, Die schweizerische Bundesverfassung, Zürich/Lachen 2002, Rz. 8). Der Begriff der Landeskirche ist insofern missverständlich, als die Landeskirche gerade keine Kirche darstellt und in Herkunft und Substanz als ein staatliches Gebilde zum Zwecke der finanziellen und baulichen Unterstützung der im Gebiet des Kantons wirkenden Kirchen umschrieben werden kann (vgl. auch *Felix Hafner*, Trennung von Kirche und Staat: Anspruch und Wirklichkeit [Trennung] , Basler Juristische Mitteilungen [BJM] 1996, S. 226 ff.; *Giusep Nay*, Schweizerischer Rechtsstaat und Religionsgemeinschaften: Hilfen und Grenzen, in: Adrian Loretan-Saladin/Toni Bernet [Hg.], Das Kreuz der Kirche mit der Demokratie, Zürich 2006, S. 35 f.).

7.4 Die Landeskirche ist demnach nicht Element der römisch-katholischen Universalkirche, sondern steht neben dieser. Öffentlich-rechtlich anerkannt wurde die katholische Universalkirche nur mittelbar über die Parallelorganisation der neu geschaffenen katholischen Landeskirche, welche ihrerseits die Kirchgemeinden als Dachorganisation zusammenfasst. Der Landeskirche kommt lediglich parakirchlicher Charakter zu; sie ist aufgrund ihrer Ausrichtung als römisch-katholisch geprägte, mithin als öffentlich-rechtliche Organisationseinheit mit religiöser Tendenz zu betrachten. Der Staat lässt somit den Kirchen im Rahmen der öffentlich-rechtlichen Anerkennung der Landeskirche ein Teil seiner Hoheitsgewalt zukommen (*Hafner*, Grundrechte, S. 707). Die Kirche kann sich folglich über das „Institut" der Landeskirche in einem gewissen Ausmass des weltlichen Rechts bedienen. Mit anderen Worten übernimmt die Landeskirche für die Universalkirche gewisse weltliche Aufgaben wie etwa das Bauwesen, die Errichtung und Ordnung der Kirchgemeinden oder die Finanzordnung. Insofern besteht auch eine Wechselwirkung zwischen Universal- und Landeskirche, als letztere für die weltlichen Dinge der Universalkirche zuständig ist, diese primär die inneren Angelegenheiten regelt.

7.5 Gemäss § 137 Abs. 1 KV ordnen die Landeskirchen „ihre Angelegenheiten im Rahmen von Verfassung und Gesetz selbständig". Diese Bestimmung bringt das Selbstorganisationsrecht und die Autonomie der Landeskirchen gegenüber dem Kanton zum Ausdruck. In Abs. 2 werden jedoch Vorgaben im Hinblick auf die demokratische Organisation und die Rechtskonformität gemacht. So bedürfen Erlass und Änderungen der Kirchenverfassungen der Zustimmung der Mehrheit der Kirchenglieder und der Genehmigung des Regierungsrates. Diese wird erteilt, wenn nicht Bundesrecht oder kantonales Recht entgegensteht. Im Kirchengesetz wird diese Bestimmung wiederholt (§ 2 KG), im letzten Satz von § 2 KG aber zusätzlich ein Vorbehalt für die inneren Angelegenheiten der Kirchen angebracht. Gemäss § 2 Satz 4 KG unterstehen der Genehmigungspflicht nicht die inneren Angelegenheiten der Kirchen wie die Lehre, die Verkündigung und die Seelsorge. Diese Bestimmung hat keine ausdrückliche Grundlage in der Kantonsverfassung, knüpft aber im Hinblick auf die Betonung der Autonomie der Kirche in Glaubensfragen an die überkommene Unterscheidung von inneren (interna) und äusseren (externa) Angelegenheiten an, wobei alles, was nicht die gesetzlich umschriebenen interna betrifft, als äussere Angelegenheit zu betrachten ist (vgl. *Johannes Georg Fuchs*, Aus der Praxis eines Kirchenjuristen, Zürich 1979, S. 122; *Peter Saladin/Liz Fischli-Giesser*, Kirchen und Religionsgemeinschaften, in: Kälin/Bolz, Handbuch des bernischen Verfassungsrechts, Bern 1995, S. 217 f.; *Gregor A. Rutz*, Zürcher Staatskirchenrecht im Lichte der

Verfassungsreform, Freiburg 2001, S. 58 ff.). Zu den inneren Angelegenheiten der Landeskirchen zählen gemeinhin Lehre, Verkündigung, Kultus, Seelsorge, kirchlicher Unterricht, Mission und karitative Tätigkeit, zu den äusseren Angelegenheiten dagegen Organisation, Mitgliedschaft, Stimm- und Wahlrecht und Finanzordnung (vgl. *Ulrich Häfelin*, Art. 49 aBV, in: Aubert/Eichenberger/Müller/Rhinow/Schindler, Kommentar zur Bundesverfassung der Schweizerischen Eidgenossenschaft, Basel 1996, Rz. 23; *Friederich*, a.a.O., S. 374 ff.; *Peter Karlen*, Das Grundrecht der Religionsfreiheit in der Schweiz, Diss. Zürich, 1988, S. 138 f.; BGE 120 Ia 201 E. 2c). So erscheint jeder die Glaubenskirche auch betreffender Belang, der nicht unter Kirchenlehre, deren Mitteilung und Ausübung sowie Seelsorge zu subsumieren ist, wie etwa Organisation, Organbildung, kirchliche Mitgliedschaft, Stimm- und Wahlrecht, Errichtung und Ordnung der Kirchgemeinden oder die Finanzordnung als äussere Angelegenheit und ist grundsätzlich rechtsgebunden. Wie die Lehre wohl zu Recht ausführt, erweist sich diese Unterscheidung als fragwürdig, weil das staatliche bzw. landeskirchliche Recht auch in die Bereiche der inneren Angelegenheiten hineinwirkt (*Hafner/Brosi*, a.a.O., S. 4 f., mit weiteren Hinweisen; vgl. auch BGE 129 I 97 f. E. 4.2; *Saladin/Fischli-Giesser*, a.a.O., S. 217 f.; *Nay*, a.a.O., S. 41 f.). Die mangelnde Genehmigungspflicht für die inneren Angelegenheiten kann denn auch nicht bedeuten, dass das staatliche bzw. landeskirchliche Recht in diesen Bereichen keine Geltung hätte. Sie kann auch nicht zur Folge haben, dass eine innere Angelegenheit (z.B. die Ausübung der Seelsorge) eine äussere Angelegenheit (z.B. das Anstellungsverhältnis der Seelsorgenden) vollumfänglich in den inneren Bereich abdrängt. Die äussere Angelegenheit bleibt auch in diesem Fall ein externum, das der Regelungszuständigkeit der Landeskirche unterliegt (*Hafner*, Grundrechte, S. 707 f.; *ders.*, Kirchen, S. 330 ff.). Zwischen den inneren und äusseren Angelegenheiten stehen die sog. res mixtae oder gemischten Belange (*Rutz*, a.a.O., S. 58). Zu diesen gehören im Wesentlichen Angelegenheiten, die zwar an und für sich in den Kompetenzbereich der Kirche gehören und insofern den inneren Bereich betreffen, an deren Regelung sich aber trotzdem beide, d.h. sowohl Landeskirche oder Kirchgemeinde und Universalkirche, beteiligen, weil etwa historische Gegebenheiten oder die Natur der Sache die Mitwirkung beider Seiten nahe legt (*Friederich*, a.a.O., S. 376).

7.6 Während demnach die römisch-katholische Universalkirche in der Ordnung der inneren Angelegenheiten gemäss § 137 Abs. 1 KV Autonomie geniesst und daher grundsätzlich nicht an die Prinzipien der Bundes- und Kantonsverfassung gebunden ist, besteht eine solche Bindung für die äusseren Angelegenheiten (vgl. auch *Karlen*, a.a.O., S. 283; *Hafner*, Kirchen, S. 333).

Gerade die öffentlich-rechtliche Anerkennung der Landeskirchen bedeutet, dass sie sich nebst den Vorgaben des kantonalen Rechts hinsichtlich ihrer demokratischen Organisation ganz allgemein an den Grundsätzen, die für das staatliche Recht gelten, orientieren müssen. Die gilt freilich a fortiori für die im nationalen und internationalen Recht garantierten Grundrechte, zu denen auch Verfahrensrechte wie etwa das rechtliche Gehör zu zählen sind. Landeskirchen stellen indes nicht gewöhnliche öffentlich-rechtliche Körperschaften mit staatlicher Funktion dar. Die Landeskirchen sind – selbst wenn sie gewisse öffentliche Funktionen wahrnehmen und im staatlichen Recht organisiert sind – konfessionell nicht neutral. Gerade die oben genannten Bindungen in innerkirchlichen Belangen bewirken, dass die Landeskirchen – wie übrigens auch die Kirchgemeinden – keine rein staatlichen Gebilde darstellen; sie sind aus staatlicher Sicht nicht als konfessionsneutrale, sondern aufgrund ihrer Ausrichtung als römisch-katholisch geprägte, mithin als öffentlich-rechtliche Organisationseinheiten mit religiöser Tendenz zu betrachten. Sie haben sich, insbesondere was die innerkirchlichen Angelegenheiten angeht, an der Lehre der römisch-katholischen Kirche zu orientieren und die Geltung des kanonischen Rechts für diese Bereiche zu akzeptieren (zum Ganzen *Hafner/Brosi*, a.a.O., S. 5 und S. 9). Durch den besagten Verweis in § 2 Abs. 2 KiV wird mit anderen Worten die korporative Freiheit in religiösen Belangen der römisch-katholischen Kirche, zu deren Gunsten die Landeskirche eingerichtet wurde, zum Ausdruck gebracht und sichergestellt. Diese Bindung geht nicht derart weit, dass eine innere Angelegenheit, zu deren Regelung die Landeskirche aufgerufen ist – und die damit zu einer äusseren Angelegenheit wird – diese gleichsam integral in den inneren Bereich abdrängt. Der in § 2 Abs. 2 KiV enthaltene Vorbehalt zugunsten der römisch-katholischen Lehre und Rechtsordnung in innerkirchlichen Belangen hat also nicht absoluten Vorrang gegenüber staatlichem bzw. landeskirchlichem Recht wie auch dieses, wenn es eine innerkirchliche Angelegenheit regelt, die Grundsätze des kanonischen Rechts sowie den innerkirchlichen Charakter der Angelegenheit soweit wie möglich zu berücksichtigen hat. Die korporative Freiheit der römisch-katholischen Kirche ist mit anderen Worten in praktische Konkordanz mit dem staatlichen bzw. landeskirchlichen Recht zu bringen, wenn eine grundsätzlich innere Angelegenheit (Entzug der missio canonica durch den Bischof) Aussenwirkung (Auflösung des Arbeitsverhältnisses durch die Kirchgemeinde) erhalten soll (*Hafner*, Trennung, S. 235 f.). Insbesondere ist eine Güterabwägung zwischen dem Selbstbestimmungszweck der Kirche und staatlichem Rechtsgüterschutz, der die Sicherung von verfassungsrechtlich gewährten Rechten Dritter einschliesst, geboten. Das bedeutet, dass bei Kollisionslagen zwischen Kirchenfreiheit und Individualrechtsschutz eine verhältnismässige Zuordnung der beteiligten Rechtsgüter zu erfolgen hat. Im Wege der praktischen Konkordanz ist eine möglichst optimale Entfaltung aller in der betreffenden Angelegenheit relevanter Rechtspositionen zu gewährleisten. Die genannten Grundsätze gelten selbstverständlich ebenso für die Kirchgemeinden als öffentlich-rechtliche Körperschaften, welche diesbezüglich analog wie die Landeskirchen zu behandeln sind.

7.7 Gemäss § 139 Abs. 1 KV gliedern sich die Landeskirchen nach den Bestimmungen der Kirchenverfassung in Kirchgemeinden. § 139 Abs. 2 KV verleiht den Kirchgemeinden ebenfalls die Qualität öffentlich-rechtlicher Körperschaften mit eigener Rechtspersönlichkeit. Gemäss § 139 Abs. 3 KV bestimmen die Kirchenverfassungen die Stellung und Organisation der Kirchgemeinden (vgl. § 28 ff. KiV). Diese ordnen nach § 3 KG ihre Angelegenheiten im Rahmen dieser Verfassung und der landeskirchlichen Verordnung selbstständig. Im Zuge der Revision der Kirchenverfassung vom 10. Oktober 1952 wurde den Kirchgemeinden in § 33 KiV ausserdem das Recht eingeräumt, sich selbst eine Kirchgemeindeordnung zu geben, womit ihre Autonomie hervorgehoben werden sollte (vgl. Kommissionsbericht zuhanden der Synode der römisch-katholischen Landeskirche vom 19. August 1975, S. 14). Aufgrund dieser Umstände und den schon bei der Beurteilung der Eintretensfrage gemachten Überlegungen kommt den Kirchgemeinden grundsätzlich Autonomie zu.

8. Steht fest, dass im Rahmen der Auflösung des Arbeitsverhältnisses mit einem Pfarradministrator sowohl die Kirchgemeinde als auch die Universalkirche beteiligt sind und die Regelung des Arbeitsverhältnisses demnach zu den gemischten Angelegenheiten zu zählen ist, worüber die Kirche nicht allein bestimmen kann, stellt sich in casu die Frage, inwieweit die Anstellungsbehörde bzw. vorliegendenfalls der aufsichtsrechtlich gleichsam für sie handelnde Landeskirchenrat das Verfahren auf Entzug der missio canonica überprüfen kann, der allein dem Auflösungsimperativ zugrunde liegen soll.

8.1 Sowohl die Beschwerdeführerin als auch die Vorinstanz gehen davon aus, dass auch der Bischof an die Grundrechte gebunden ist, soweit sich sein Handeln auf öffentlich-rechtliche Verhältnisse auswirkt. Eine andere Sichtweise sei mit dem im kantonalen Verfassungsrecht gründenden Staatskirchenrecht nicht vereinbar und würde mit dem Gebot der demokratischen Organisationsform von Landeskirche und Kirchgemeinden in einen unlösbaren Konflikt geraten. Die Vorinstanz führt dabei aus, der öffentlich-rechtliche Arbeitgeber müsse den Entzug der missio canonica einer partiellen Überprüfung unterziehen und es sei namentlich zu untersuchen, ob der Entzug kanonischrechtlich korrekt erfolgt und keine elementaren rechtsstaatlichen Grundsätze verletzt worden seien. Die Beschwerdegegner sind der Auffassung, dass damit ein Eingriff in das von der Rechtsordnung garantierte Selbstbestimmungsrecht der Weltkirche in innerkirchlichen Belangen verbunden wäre, was unzulässig sei. In diesem Zusammenhang ist zunächst ein Blick auf die Rechtsprechung des Kantonsgerichts zu werfen, in der im weitesten Sinn vergleichbare Konstellationen von Auswirkungen herkömmlich rechtsungebundenen oder faktischen Handelns auf rechtsgebundene Verfügungen behandelt worden sind.

8.2 Im Entscheid vom 9. März 2005 hatte das Kantonsgericht die Frage zu beurteilen, ob die verwaltungsexterne „Interkantonale Fachkommission zur Beurteilung der Gemeingefährlichkeit von Straftätern der Kantone Solothurn, Basel-Landschaft und Basel-Stadt“ (Fachkommission) rechtsstaatliche Minimalstandards einzuhalten habe (KGE VV vom 9. März 2005, 2004/333, E. 11). Das Gericht hat dabei ausgeführt, dass die Fachkommission geschaffen worden sei, um die Praxis bei der Erkennung, Beurteilung, Behandlung und Unterbringung von gemeingefährlichen Straftäterinnen und Straftätern zu vereinheitlichen. Sie werde tätig, wenn die Frage der Gemeingefährlichkeit von Straftäterinnen und Straftätern im Rahmen konkreter Vollzugsentscheidungen zu klären sei, wobei die Fachkommission gegenüber den sie anrufenden Einweisungs- oder Vollzugsbehörden lediglich beratende Funktion habe und nur unverbindliche Empfehlungen abgeben könne. Allerdings würden Fachkommissionen nicht im rechtsfreien Raum entscheiden, weil sich die entsprechende Vollzugsbehörde wohl nur in den seltensten Fällen einer Empfehlung widersetzen werde. Diesen Empfehlungen, obwohl unverbindlicher Natur, komme zumindest Entscheidungscharakter zu, weil sie selbst unmittelbar in die Entscheidung der betreffenden Behörde einfliessen würden (KGE VV vom 9. März 2005, 2004/333, E. 11d). Demzufolge würden die Empfehlungen normative Wirkung entfalten, was wiederum zur Folge habe, dass selbst von der Fachkommission ein Minimalstandard rechtsstaatlicher Grundsätze zu beachten sei, wie sie von allen Handlungsträgern, welche letztlich eine staatliche Funktion oder Aufgabe übernehmen würden, berücksichtigt werden müssten. Demnach dürften die rechtsanwendenden Behörden im Rechtsstaat nicht Handlungskompetenz an andere Organe verleihen, ohne dass sichergestellt sei, dass diese Organe – sei es in Form von Sachverständigen, sei es in Form von Kommissionen oder dergleichen – zumindest gewisse zentrale rechtsstaatliche Grundsätze einhalten würden (KGE VV vom 9. März 2005, 2004/333, E. 11f).

8.3 Im Urteil vom 11. September 2002 hatte das Kantonsgericht die Rechtslage der damaligen Paritätischen Personalkommission (PaK) zu beurteilen, welche Empfehlungen zu Handen des Regierungsrates im Zusammenhang mit Lohnbeschwerden bei der Überführung vom alten ins neue Lohnsystem des Kantons abgab (KGE VV vom 11. September 2002, 2002/137, E. 7). Die PaK stelle dem Regierungsrat Antrag, die Beschwerde ganz oder teilweise gutzuheissen oder sie abzulehnen. Es sei ferner Aufgabe der PaK, den Sachverhalt umfassend abzuklären und zu beurteilen, ob die fragliche Funktion entsprechend den Anforderungen und Belastungen richtig eingereiht worden sei. Zu diesem Zweck könne die Kommission Sachverständige beiziehen. Obwohl das Verfahren vor der PaK nicht zu einer Entscheidung, sondern lediglich zu einem Antrag zu Handen des Regierungsrats führe, stelle die PaK eine Art Untersuchungskommission dar, welche unter Berücksichtigung der massgebenden Interessen die Beschwerde möglichst ausgewogen und fair beurteilen solle. Bei der Tätigkeit der PaK liege demnach hoheitliches Handeln vor, was grundsätzlich die Anwendung rechtsstaatlicher Verfahrensregeln rechtfertige, selbst wenn die PaK nur über ein Antragsrecht verfüge (KGE VV vom 11. September 2002, 2002/137, E. 10, betreffend Begründungspflicht).

8.4 Weiter hat das Kantonsgericht in einem Urteil vom 22. Oktober 2003 entschieden, dass die politische Willensbildung bzw. die Volksrechte verletzt werden könnten, wenn die von den Stimmberechtigten eingesetzten Behörden, im Berichtsfall die Rechnungs- und Geschäftsprüfungskommission (RGPK) nur noch beschränkt handlungsfähig seien oder überhaupt ihre Aufgaben im Gefüge der Staatsfunktionen nur noch beschränkt wahrnehmen könnten (KGE VV vom 22. Oktober 2003, 2002/250, E. 3g). Dies ergebe sich hauptsächlich daraus, dass die Gemeindeversammlung unter anderem aufgrund der von der RGPK erstellten Berichte entscheide. Wenn diese Unterlagen nun aufgrund der beschränkten Handlungsfähigkeit der RGPK unvollständig, mit Fehlern oder Ungenauigkeiten behaftet seien, so wirke sich dies wiederum mittelbar auf die politische Willensbildung an der Gemeindeversammlung aus (KGE VV vom 22. Oktober 2003, 2002/250, E. 3g/cc). Die Volksrechte würden gewährleisten, dass die Berichte und Unterlagen der RGPK vollständig seien und den Willen der RGPK unverfälscht zum Ausdruck bringen würden (KGE VV vom 22. Oktober 2003, 2002/250, E. 3g/cc).

8.5 Im Zusammenhang mit extraterritorialen Wirkungen ausländischen Rechts wird in der völkerrechtlichen Literatur der Begriff der sog. Aussenwirkung verwendet. Gemäss dem Auswirkungsprinzip als eine spezielle Ausprägung des Territorialitätsprinzips findet unter Umständen auch ohne eine diesbezügliche Norm das schweizerische Recht auf Sachverhalte Anwendung, die sich zwar im Ausland zutragen, aber in einem ausreichenden Mass auf dem Territorium der Schweiz auswirken (vgl. Urteil des Bundesgerichts vom 14. Juni 2007, 6A.106/2006, E. 6.1; *Pierre Moor*, Droit administratif, vol. I, Les fondements généraux, 2ème édition, 1994, S. 158 f.; *Thomas Merkli*, Das Territorialitätsprinzip und seine Ausnahmen, in: XIII. Treffen der obersten Verwaltungsgerichtshöfe Österreichs, Deutschlands, des Fürstentums Liechtenstein und der Schweiz, Vaduz 2002, Landesbericht der Schweiz, S. 20, mit Hinweisen). Im Kartellrecht ist anerkannt, dass das Recht desjenigen Staats zur Anwendung gelangt, auf dessen Territorium sich die Beschränkung tatsächlich auswirken werden, falls diese unmittelbar, vorhersehbar und wesentlich ist (hier nur *Rolf Bär*, Extraterritoriale Wirkung von Gesetzen, in: Die schweizerische Rechtsordnung in ihren internationalen Bezügen, Festgabe zum Schweizerischen Juristentag 1988, Bern 1988, S. 17). In solchen Fällen geht das Auswirkungsprinzip dem Territorialitätsprinzip vor. Weiter werden im Bereich des internationalen Privatrechts extraterritoriale Wirkungen ausländischen Rechts angenommen. Ausländische Urteile werden vollstreckt, sofern verfahrensrechtliche Mindestgarantien eingehalten wurden und das Ergebnis nicht als massiv ungerecht erscheint.

8.6 Die Erteilung wie auch der Entzug der missio canonica sind innerkirchliche Vorgänge. Sie entziehen sich im Grundsatz einer staatlichen Kontrolle oder Aufsicht. Fest steht weiter, dass die Landeskirche durch die Anerkennung der Lehre und Rechtsordnung der römisch-katholischen Kirche (§ 2 Abs. 2 KiV) wie auch durch die Tatsache, dass für die Wahl und Anstellung der Seelsorgenden die Bestimmungen des kirchlichen Rechts vorbehalten sind (§ 47 Abs. 1 KiV) und diese einer kirchlichen Sendung bedürfen (§ 46 sowie § 49 Abs. 1 KiV), an die römisch-katholische Kirche gebunden ist. Die Landeskirche wie im Übrigen auch die Kirchgemeinde sind ferner aufgrund ihrer Ausrichtung als römisch-katholisch geprägte, öffentlich-rechtliche Organisationseinheiten mit religiöser Tendenz zu betrachten und stellen keine rein staatlichen Gebilde dar. Weiter steht fest, dass die Landeskirche für die Universalkirche in äusseren Angelegenheiten gewisse weltliche Aufgaben wie etwa das Bauwesen, die Errichtung und Ordnung der Kirchgemeinden oder die Finanzordnung übernimmt. Dies bedeutet für die Landeskirche, dass sie in Erfüllung einer hoheitlichen und „weltlichen" Aufgabe an die in Art. 5 und Art. 35 BV statuierten Schranken gebunden ist. Der Kraft dieser Bestimmungen an das Recht gebundene Staat kann den Religionsgemeinschaften nicht hoheitliche Befugnisse einräumen, ohne deren Rechtsgebundenheit sicherzustellen (*Nay*, a.a.O., S. 36; *Hafner*, Kirchen, S. 330 ff.). Mit der öffentlich-rechtlichen Anerkennung und der Übertragung hoheitlicher Befugnisse ist somit zwingend ein Rechtsstaatvorbehalt verbunden (*Hafner/Brosi*, a.a.O., S. 4 f.). Was den Entzug der missio canonica betrifft, stellt dieser unbestritten einen innerkirchlichen Vorgang dar, der sich der Beurteilung durch

das Kantonsgericht entzieht. Aus der Rechtslage ergibt sich indes, dass mit dem Entzug der missio canonica, will dieser eine Aussenwirkung erlangen, grundsätzlich die Kündigung des Arbeitsverhältnisses durch die Kirchgemeinde einhergehen muss. Auch die Landeskirche räumt in der angefochtenen Verfügung vom 6. Juni 2006 ein, dass die Weiterbeschäftigung eines Pfarradministrators trotz entzogener missio canonica gegen geltendes Recht verstossen würde und der Landeskirchenrat, im Falle der Weigerung der Kirchgemeinde, das Arbeitsverhältnis zu kündigen, verpflichtet sei, mittels aufsichtsrechtlicher Massnahme für die Wiederherstellung des rechtmässigen Zustandes besorgt zu sein. Insgesamt betrachtet handelt es sich demnach bei der Auflösung eines Arbeitsverhältnisses um eine sog. res mixta, die zwar an und für sich in den Kompetenzbereich der Kirche gehört und insofern den inneren Bereich betrifft, an deren Regelung aber gemäss KiV sowohl Landeskirche (oder Kirchgemeinde) und Universalkirche beteiligt sind. Bereits aus diesem Grund könnte man sich fragen, ob das Bistum bei Angelegenheiten, die der Mitwirkung von Kirchgemeinde oder Landeskirche bedürfen, nicht an die Grundrechte, insbesondere den aus Art. 29 BV fliessenden Verfahrensgarantien, gebunden ist (vgl. *Hafner/Brosi*, a.a.O., S. 35 f.).
8.7 Die korporative Religionsfreiheit und die garantierte Unabhängigkeit der katholischen Weltkirche in der Schweiz lassen sich in Bezug auf die innerkirchlichen Belange im Extremfall mit der Souveränität eines Staates vergleichen, die durch das Territorialitätsprinzip zum Ausdruck kommt. Doch selbst ein souveräner Staat muss – wie oben erwähnt – zuweilen (kontrollierte) extraterritoriale Auswirkungen andersstaatlichen Rechts gewärtigen. Der Versuch der Vorinstanz, gestützt auf das Gutachten *Hafner/Brosi* der korporativen Religionsfreiheit der katholischen Weltkirche dadurch Rechnung zu tragen, dass sie bei einer vorfrageweisen Überprüfung des missio-Entzuges ihre Kognition nach den Massstäben der innerstaatlichen Vollstreckungsbehörde im Exequaturverfahren einschränkt, ist nach dem oben Ausgeführten nicht per se abwegig. Dagegen wendet die Beschwerdeführerin indes zu Recht ein, dass das internationalprivatrechtliche Exequaturverfahren nicht – auch nicht per analogiam – Grundlage für eine öffentlichrechtliche Verfügung sein könne. Die zweifellos bestehende Grundrechtsbindung der Landeskirche und der Kirchgemeinde fusst direkt auf der Bundes- sowie der Kantonsverfassung und stammt damit im Vergleich zu dem in § 2 Abs. 2 KiV statuierten Vorbehalt innerkirchlicher Belange aus höherrangigem Recht. Entscheidend erscheint dabei die Tatsache, dass der Verweis in § 2 Abs. 2 KiV nicht so verstanden werden darf, dass dadurch die rechtsstaatlichen Vorgaben für die öffentlich-rechtliche Körperschaft, vorliegend Kirchgemeinde und Landeskirche, völlig derogiert werden. Die korporative Freiheit der römisch-

katholischen Kirche findet somit im innerkirchlichen Bereich ihre Grenzen beim staatlichen bzw. landeskirchlichen Recht. Das Selbstbestimmungsrecht der öffentlich-rechtlich anerkannten Glaubensgemeinschaften muss mit anderen Worten dort seine Grenzen finden, wo Kirchgemeinde oder Landeskirche (grundrechtsgebundenes) öffentliches Recht anwenden (*Hafner*, Trennung, S. 236; *ders.*, Kirchen, S. 303 und S. 336 ff.). Daraus ergibt sich, dass bei einer Kollision zwischen innerkirchlichem Recht und der Anwendung öffentlichem Recht durch die Kirchgemeinde oder die Landeskirche auf dem Wege der praktischen Konkordanz, da weder die KiV noch das KG Kollisionsregeln enthalten, eine verhältnismässige Zuordnung der beteiligten Rechtsgüter zu erfolgen hat. Dies trifft namentlich dann zu, wenn durch den Entzug der missio canonica Grundrechte der Seelsorgenden verletzt werden (vgl. nachstehend E. 13).

8.8 Ob man der normativen Wirkung des missio-Entzuges bis hinein in das öffentlich-rechtliche Personalrecht durch Anwendung des Auswirkungsprinzips gerecht zu werden vermag oder einen Vergleich zum internationalprivatrechtlichen Exequaturverfahren anstellt, kann letztlich offen bleiben. Entscheidend ist, dass im Sinne der oben referierten Urteile des Kantonsgerichts (vgl. Erwägungen 8.2-8.4) dem missio-Entzug, obwohl innerkirchlicher Natur, zumindest Entscheidungscharakter zukommt, indem er unmittelbar in die Anordnungen der betreffenden Behörde, vorliegend der Landeskirche, eingeflossen ist, mithin sogar Verfügungsgrundlage darstellt (vgl. zur besagten Argumentation KGE VV vom 9. März 2005, 2004/333, E. 11d). Weiter ist entscheidend, dass die Landeskirche unter anderem nur aufgrund der vom Bistum erstellten Unterlagen den betreffenden Entscheid, den Entzug der missio canonica, fällen kann. Versäumnisse des Bistums beim Entzug der missio canonica wirken sich somit unmittelbar auf die Verfügung der Landeskirche aus (KGE VV vom 22. Oktober 2003, 2002/250, E. 3g). Es muss demnach sichergestellt sein, dass die Landeskirche ihren Entscheid auf der Basis eines möglichst umfassenden, vollständigen und wahrheitsgetreuen Prozesses der Meinungsbildung treffen kann. Dies setzt wiederum voraus, dass das Bistum beim Entzug der missio canonica die Verfahrensrechte zu gewährleisten hat, ansonsten die Sachlage nicht optimal aufgeklärt und die Entscheidungsgrundlage nicht umfassend und wahrheitsgetreu erstellt werden kann (vgl. auch KGE VV vom 22. Oktober 2003, 2002/250, E. 3g/cc). Mit anderen Worten infiziert gleichsam ein formell inkorrektes Verfahren das Ergebnis dieses Verfahrens, vorliegend die verbindliche Anweisung der Landeskirche an die Kirchgemeinde, das Angestelltenverhältnis mit dem Pfarradministrator aufzulösen, zumal sich der Entzug der missio canonica unmittelbar und wesentlich auf die Verfügung des Landeskirchenrates vom

6. Juni 2006 ausgewirkt hat. Wenn demnach dem Bistum faktisch Entscheidungskompetenz zukommt und seine Entscheide unmittelbar in die Verfügungen der betreffenden (staatlichen oder staatlich anerkannten) Behörde einfliessen, bekommt der Entzug der missio canonica normative Wirkung. Dies hat zur Folge, dass selbst im innerkirchlichen Verfahren ein Minimalstandard rechtsstaatlicher Grundsätze zu beachten ist, wie sie von allen Handlungsträgern, deren Entscheide in Verfügungen der Behörden unmittelbar einfliessen, berücksichtigt werden müssen. Zu diesem Minimalstandard gehört insbesondere das rechtliche Gehör. Demnach dürfen auch öffentlichrechtlich anerkannte Körperschaften, sei dies nun die Landeskirche oder die Kirchgemeinde, im Rechtsstaat nicht Handlungskompetenz an andere Institutionen delegieren, ohne dass sichergestellt ist, dass zumindest die rechtsstaatlichen Anforderungen an ein faires Verfahren gewährleistet sind (KGE VV vom 9. März 2005, 2004/333, E. 11f). Dies gilt umso mehr, als man sich diesbezüglich fragen kann, ob betreffend Einhaltung der Verfahrensrechte überhaupt ein Konflikt zwischen Selbstbestimmungsrecht der römisch-katholischen Kirche sowie Grundrechten Dritter, die zu beachten die Verfassung vorschreibt, vorliegt.

8.9 Der Vorbehalt innerkirchlicher Angelegenheiten bezieht sich auf die Freiheit, eine bestimmte Glaubensrichtung zu haben und die Möglichkeit, diese zu praktizieren. Die Landeskirchenverfassung will mit anderen Worten durch § 2 Abs. 2 KiV die korporative Freiheit der römisch-katholischen Kirche, zu deren Gunsten sie eingerichtet wurde, zur Geltung bringen und sicherstellen (siehe auch *Hafner/Brosi*, a.a.O., S. 10). Der korporative Aspekt der Religionsfreiheit im Sinne des Selbstbestimmungsrechts der römisch-katholischen Kirche ist indes kaum tangiert, wenn auch vom Bistum die Einhaltung zentraler Verfahrensrechte gefordert wird, wenn sich deren Entscheide unmittelbar und wesentlich auf Verfügungen der Landeskirche oder der Kirchgemeinde auswirken. Die Einhaltung der besagten Verfahrensrechte betreffen keine Glaubensfragen und tangieren die weltanschauliche Überzeugung der römisch-katholischen Kirche nicht. Kollektive religiöse Handlungen wie Gottesdienste oder Prozessionen wie auch individuell ausgeübte Kultushandlungen wie Beichte, Messen oder Meditation stehen auch weiterhin unter vollem Schutz durch Gesetz und Verfassung. Die aus Art. 29 BV fliessenden Grundrechtsbindungen sind somit stärker zu gewichten als die in der Landeskirchenverfassung enthaltenen Verweise auf Lehre und Rechtsordnung der römisch-katholischen Kirche und gehen grundsätzlich innerkirchlichem Recht vor (so auch *Hafner/Brosi*, a.a.O., S. 35). Demnach ergibt sich bei der Anwendung der Verfahrensrechte auf innerkirchliche Vorgänge in Angelegenheiten, die der Mitwirkung von Landeskirche oder Kirchgemeinde bedürfen, kein oder eine nur sehr geringes Kollisionspotential zwischen dem Selbstbestimmungsrecht der römisch-katholischen Kirche als Ausfluss der korporativen Dimension der Religionsfreiheit sowie Grundrechten Dritter. Soweit sich folglich innerkirchliche Belange auf die öffentlichrechtliche Ausgestaltung der Landeskirche und der Kirchgemeinde unmittelbar auswirken, sind somit gleichwohl bereits im innerkirchlichen Verfahren die rechtsstaatlichen Verfahrensgrundsätze zu beachten.

8.10 Zusammenfassend kommt das Gericht zum Schluss, dass die Anerkennung der inneren Belange der Weltkirche nicht dazu führen kann, dass öffentlich-rechtliche Körperschaften im Rahmen ihrer hoheitlichen Tätigkeiten kirchliche Akte in blinder Befolgungspflicht vollstrecken, denen zumindest schwere Verfahrensverletzungen zu Grunde liegen, weil damit auch Grundrechtsverletzungen perpetuiert werden. Der Bischof ist bei seinem Entscheid über den Entzug der missio canonica an die Verfahrensgrundsätze gebunden, wenn ein solcher Entscheid, wie vorliegend betreffend ein öffentlichrechtliches Anstellungsverhältnis, direkte und unmittelbare Auswirkungen in öffentlich-rechtlichen Angelegenheiten haben soll. Der Entscheid über den Entzug der missio canonica hat nach dem Gesagten unmittelbare Auswirkungen im Regelungsbereich des öffentlichen Rechts und entfaltet normative Wirkung. Der Betroffene ist demnach bereits im innerkirchlichen Verfahren vorgängig zum Entzug der missio canonica anzuhören und der betreffende Entscheid ist zu begründen. Insbesondere ist der Entzug der kirchlichen Sendung in einer derartigen Dichte zu begründen, dass das Vorliegen schwerer Grundrechtsverletzungen oder diskriminierender Aspekte ausgeschlossen werden kann, die nicht mehr mit der Treue- und Loyalitätspflicht der Seelsorgenden gerechtfertigt werden können (so auch *Hafner/Brosi*, a.a.O., S. 37 f.). In diesem Zusammenhang kann auch auf die Entwicklung im Zusammenhang mit Einbürgerungen verwiesen werden. Das Kantonsgericht hat hierbei festgestellt, dass Bürgergemeindeversammlungen mit dem Entscheid über die Verleihung des Gemeindebürgerrechts eine grundrechtsgebundene hoheitliche Tätigkeit ausüben, weshalb sie ihren Entscheid begründen müssen, um diesen auf Grundrechtsverletzungen, vor allem unzulässige Diskriminierungen (Art. 8 Abs. 2 BV), überprüfen zu können (KGE VV vom 29. März 2000, 98/324, E. 4 und 5; vgl. auch BGE 129 I 217 ff., 129 I 232 ff., 130 I 140 ff., 131 I 18 ff.).

8.11 Im Weiteren ist noch darauf hinzuweisen, dass auch die Landeskirche diese Ansicht vertritt. Mit Schreiben vom 30. November 2005 bat der Landeskirchenrat Bischof Koch seine Fragen zur Sachverhaltsabklärung zu beantworten und diese Antworten mittels Dokumenten auch zu belegen. Das Schreiben endete mit dem Satz: „Mit der Dokumentation und der Beantwortung dieser Fragen ermöglichen Sie uns, unserer Aufsichtspflicht nachzukommen und die Prüfung der Rechtmässigkeit eines derartigen Verfahrens vorzunehmen.“ Auf die Frage nach den Gründen für den missio-Entzug antwortete der Bischof dem Landeskirchenrat in einem Schreiben vom 21. Dezember 2005: „Vor allem mit Frage 9 [Gründe für den missio-Entzug] wird freilich insinuiert, dass Sie auch die Rechtmässigkeit der inhaltlichen Gründe, die zum missio-Entzug und zur Suspension geführt haben, überprüfen wollen. Einem solchen Vorhaben muss ich meine Zustimmung verweigern.“ Mit Schreiben vom 24. Januar 2006 insistierte der Landeskirchenrat erneut und schrieb: „Wenn es aber Ihre Erwartung ist, dass diese Rechtshandlung eine Auswirkung auf das durch das öffentliche Recht geregelte Anstellungsverhältnis von Seelsorgenden hat, so muss diese (kanonische) Rechtshandlung auch im Lichte des öffentlichen Rechts beurteilt werden.“ Weiter: „Zu den von uns zu prüfenden Grundlagen gehören, dass der Entzug der missio canonica, bzw. die Amtsenthebung kanonisch gültig vorgenommen wurde, die Amtsenthebung so begründet ist, dass sie eine Entlassung rechtfertigt, die Begründung keine ungerechtfertigte Grundrechtsverletzung darstellt und der betroffenen Person das rechtliche Gehör gewährt wurde.“ Der Landeskirchenrat bat zudem nochmals um die Überlassung von Beweismitteln: „Selbstverständlich vertrauen wir Ihren Aussagen, aber diese Aktenstücke sind unabdingbar, um den Sachverhalt entsprechend den üblichen Verfahrensregeln des staatlichen Rechtes zu beweisen und damit eine allfällige Massnahme rechtskonform zu belegen.“ Der Landeskirchenrat legte seinem Schreiben auch noch ein fiktives Kündigungsschreiben bei, worin bereits zwei mögliche Entzugsgründe angedeutet waren, die noch durch weitere Gründe ergänzt und mit Dokumenten belegt werden sollten. Abschliessend wies der Landeskirchenrat den Bischof mit Nachdruck darauf hin, dass es ihm nur mit den verlangten Dokumenten möglich sei, eine rechtliche Beurteilung abzugeben: „[…] ohne entsprechend belegte Informationen über die wesentlichen Sachverhalte in der Angelegenheit Franz Sabo müssten wir wohl das Ermittlungsverfahren gegen die Kirchgemeinde Röschenz einstellen.“ Mit Schreiben vom 9. Februar 2006 verweigerte Bischof Koch erneut die vom Landeskirchenrat verlangte Angabe von Gründen für den Entzug der missio canonica und schrieb dazu insbesondere: „Ich frage mich allen Ernstes, mit welchem Recht sich ein staatskirchenrechtliches Gremium anmasst, die kanonische Gültigkeit des Handelns des Bischofs überprüfen zu wollen. Ein solches Ansinnen muss ich aus Gründen der libertas ecclesiae und des katholischen Kirchenverständnisses von mir weisen.“ Weiter führte der Bischof aus, es sei nichts dagegen einzuwenden, wenn der Landeskirchenrat dem zu Entlassenden das rechtliche Gehör gewähre. Kündigungsgründe nach weltlichem Recht lägen genügend vor. Franz Sabo habe seine Treuepflicht erheblich und mehrfach verletzt und habe die Verunglimpfungen der Kirche und ihrer Repräsentanten geradezu zelebriert. Ein solches Verhalten rechtfertige grundsätzlich gar eine fristlose Kündigung. Die Vorinstanz hat in der Folge vom Bischof die gewünschten Entscheidgründe und Dokumente nicht erhalten und begnügte sich schliesslich damit, in der angefochtenen Verfügung vom 6. Juni 2006 die Auflösung des Arbeitsverhältnisses mit dem Hinweis auf das zerrüttete Vertrauensverhältnis zwischen Bischof und Pfarradministrator zu begründen.

9. Aus oben genannten Gründen ist vorliegend zu prüfen, ob der Bischof die Verfahrensrechte, insbesondere das Recht auf vorgängige Anhörung und Begründung des Entscheids, eingehalten hat.

9.1 Der Anspruch auf rechtliches Gehör garantiert dem Einzelnen, in allen Verfahren staatlicher Einzelfallentscheidungen mitzuwirken, soweit der in Frage stehende Hoheitsakt ihn belasten könnte (BGE 127 I 56 E. 2b, 127 I 215 f. E. 3a; *Jörg Paul Müller*, Grundrechte in der Schweiz, Bern 1999, S. 509 f.). Die Garantie des rechtlichen Gehörs hat für das rechtsstaatliche Verfahren eine zentrale Bedeutung und wird von Art. 29 Abs. 2 BV gewährleistet (siehe dazu auch *René Rhinow*, Grundzüge des Schweizerischen Verfassungsrechts, Basel 2003, Rz. 2737 ff.; *Michel Hottelier*, Les garanties de procédure, in: Thürer/Aubert/Müller, Verfassungsrecht der Schweiz, Zürich 2001, § 51, Rz. 10 ff.). Zum gefestigten Bestand des rechtlichen Gehörs zählen in Rechtsprechung und Lehre (Überblick *Müller J.P.*, a.a.O., S. 509 ff.; *Georg Müller*, Art. 4 aBV, in: Kommentar zur Bundesverfassung, Basel/Bern/Zürich 1987, Rz. 98 ff.; *Michele Albertini*, Der verfassungsmässige Anspruch auf rechtliches Gehör im Verwaltungsverfahren des modernen Staates, Bern 2000, S. 202 ff.): die Ansprüche auf vorgängige Äusserung und Anhörung, der Anspruch auf Berücksichtigung der Vorbringen, der Anspruch auf Teilnahme am Beweisverfahren unter Einschluss des Rechts, Beweisanträge zu stellen, das Recht auf Akteneinsicht und das Recht auf einen begründeten Entscheid. Der Anspruch auf rechtliches Gehör besteht unbestritten auch im öffentlichen Personalrecht und ist insbesondere im Vorfeld der Auflösung sowie bei der Auflösung des Arbeitsverhältnisses mit einem öffentlich-rechtlichen Angestellten in all seinen Teilgehalten zu beachten (JAAG, Dienstverhältnis, S. 461 ff.). Auch bei einer administrativen Entlassung aus wichtigen Gründen ist demnach der Betroffene vorgängig anzuhören und der Entscheid ist zu begründen (vgl. dazu etwa *Poledna*, Entlassung, S. 59; Verwaltungsgericht des Kantons Zürich vom 25. November 1977, in: ZBl 1978 S. 155 ff.; Verwaltungsgericht des Kantons Zürich vom 13. Juni 1975, in: ZBl 1975 S. 481). Im vorliegenden Fall sind insbesondere die Ansprüche auf vorgängige Anhörung und auf eine Begründung des Entscheides relevant. Die Ausführungen beschränken sich deshalb auf diese zwei Teilaspekte des rechtlichen Gehörs.

9.2 Zum rechtlichen Gehör gehört insbesondere das Recht des Betroffenen, sich vor Erlass eines in seine Rechtsstellung eingreifenden Entscheids zur Sache zu äussern und an der Erhebung wesentlicher Beweise entweder mitzuwirken oder sich zumindest zum Beweisergebnis zu äussern, wenn dieses geeignet ist, den Entscheid zu beeinflussen (BGE 131 II 494 E. 3.2, 132 V 368 E. 3.1, 127 I 56 E. 2b, 126 I 21 E. 2a, 124 I 241 E. 2, 123 I 66 E. 2a, 123 II 183 f. E. 6c, 122 I 55 E. 4a, 112 E. 2a, 122 II 469 E. 4a, 122 V 158 E. 1a, 121 V 152 E. 4a, 120 Ib 383 E. 3b, 120 V 360 E. 1a). Das Recht auf vorgängige Äusserung und Anhörung („Anspruch auf rechtliches Gehör i.e.S."; siehe *Müller J.P.*, a.a.O., S. 520) weist einen engen Bezug zur Menschenwürde auf (*Lorenz Kneubühler*, Gehörsverletzung und Heilung, ZBl 1998, S. 99). Der Mensch ist nicht nur als Objekt, sondern auch als Subjekt staatlicher Verfahren ernst zu nehmen; es soll nicht über ihn „verfügt" werden, sondern er ist in den ihn betreffenden Entscheidprozess einzubeziehen mit der Möglichkeit, seine Sicht, Argumente und Widersprüche frühzeitig äussern zu können (*Müller J.P.*, a.a.O., S. 510; *Rhinow/Koller/Kiss*, a.a.O., Rz. 288). Der Anspruch auf vorgängige Äusserung und Anhörung verkörpert somit in seinen Ausprägungen die Vorstellung des mündigen Menschen, der den Behörden als ein ebenbürtiger und geachteter Gesprächspartner gegenübertritt (*Thomas Cottier*, Der Anspruch auf rechtliches Gehör, recht 1984, S. 2). Die beteiligte Privatperson soll im Hinblick auf ihre persönliche Eigenwürde nicht ohne vorherige Anhörung rechtlich belastet werden (statt vieler BGE 117 Ia 262 E. 4b). Es geht mithin um ein persönlichkeitsbezogenes Mitwirkungsrecht des Verfahrensbeteiligten. Das Recht auf vorgängige Äusserung dient im Weiteren als Mittel zur Sachverhaltsaufklärung. Der Bürger soll vor Erlass einer Verfügung oder eines Urteils angehört werden, damit die Sachlage möglichst optimal aufgeklärt, das heisst die Entscheidgrundlage möglichst umfassend bereit gestellt werden kann (*Kölz/Häner*, a.a.O., Rz. 325). Indem das rechtliche Gehör sowohl ein Mittel zur Sachverhaltsaufklärung als auch ein Instrument zur Mitwirkung am Prozess der Entscheidfindung darstellt, verwirklicht es zwei verschiedene, aber miteinander verbundene Funktionen (vgl. *Albertini*, a.a.O., S. 123 ff. und S. 261 f.).

9.3 Der Anspruch auf vorgängige Anhörung ist formeller Natur (BGE 127 I 132 f. E. 4c). Dies bedeutet, dass seine Missachtung die Aufhebung des angefochtenen Entscheides zur Folge hat, ungeachtet der Erfolgsaussichten der Beschwerde in der Sache selbst (BGE 126 V 132 f. E. 2b, 122 II 469 E. 4a, 121 I 232 E. 2a, 121 III 334 E. 3c, 121 V 155 f. E. 6, 120 Ib 383 E. 3b, 120

V 362 E. 2a, 115 Ia 10 E. 2a). Es kommt demnach nicht darauf an, ob irgendwelche Aussichten bestehen, dass die Behörde nach richtiger Anhörung des Beschwerdeführers zu einer Änderung ihres Entscheides gelangen könnte (BGE 126 V 132 E. 2b, 125 I 118 E. 3, 124 V 389 E. 1, 183 E. 4a mit Hinweisen; *Rhinow/Koller/Kiss*, a.a.O., Rz. 325). Wird der Anspruch auf vorgängige Anhörung und Äusserung verletzt, anerkennen sowohl die bundesgerichtliche Rechtsprechung (BGE 122 II 286 E. 6b, 112 Ia 5 E. 2c, 104 Ia 69) als auch ein Teil der Lehre (*Müller G.*, a.a.O., Rz. 107; *Cottier*, a.a.O., S. 11 f.), dass die Anhörung unter gewissen Voraussetzungen nachgeholt werden darf (sog. Heilung). Dieser Ansicht steht allerdings entgegen, dass die Behörde den Betroffenen durch die Gehörsverweigerung zum Verfahrensobjekt macht und nicht als Partner behandelt, was im Grundsatz nicht „geheilt" werden kann, sondern sanktioniert werden muss (*Häfelin/Müller/Uhlmann*, Rz. 1711). Davon unberührt bleibt die Möglichkeit des Betroffenen, auf die Anhörung aus verfahrensökonomischen Gründen zu verzichten und sie erst in einem Einspracheverfahren (als Rechtsmittelverfahren) geltend zu machen, falls das im Interesse eines rationellen Verwaltungsganges wie etwa bei Massenverfügungen (Renten- oder Stipendienentscheide) angezeigt ist bzw. auch dem Interesse des Betroffenen entspricht (*Müller G.*, a.a.O., Rz. 107, *Cottier*, a.a.O., S. 12). Das Verwaltungsverfahrensrecht des Bundes lässt zum Beispiel eine nachträgliche Anhörung zu, wenn eine Verfügung durch Einsprache anfechtbar ist (Art. 30 Abs. 2 lit. b VwVG).

9.4 Nach der Praxis des Bundesgerichts kann die Verletzung der vorgängigen Anhörung unter der Voraussetzung geheilt werden, wenn der in erster Instanz nicht angehörte Beschwerdeführer Gelegenheit hat, sich vor einer Rechtsmittelinstanz zu äussern, die zur freien Prüfung aller Fragen befugt ist, welche der unteren Instanz hätten unterbreitet werden können (BGE 114 Ia 312). Dabei darf dem Beschwerdeführer durch die Heilung kein Nachteil erwachsen (BGE 126 I 72 E. 2, 125 I 219 f. E. 9, 107 Ia 2 E. 1; zusammenfassend zur Praxis *Rhinow/Koller/Kiss*, a.a.O., Rz. 330). Dies führt dazu, dass eine Rückweisung an die Vorinstanz erfolgen muss, wenn Ermessensgesichtspunkte zur Diskussion stehen und im Beschwerdeverfahren der angefochtene Entscheid nicht frei auf seine Angemessenheit überprüft werden kann. Die praktisch automatische Heilung des rechtlichen Gehörs unter den soeben genannten Voraussetzungen wird in der Lehre stark kritisiert (*Albertini*, a.a.O., S. 463 ff.; *Müller J.P.*, a.a.O., S. 517 ff.; *Kneubühler*, a.a.O., S. 107 ff.; *Müller G.*, a.a.O., Rz. 103; *Kölz/Häner*, a.a.O., Rz. 131; *Rhinow/Koller/Kiss*, a.a.O., Rz. 332). Das Eidgenössische Versicherungsgericht (EVG) lässt eine Heilung nur unter der Voraussetzung zu, dass eine nicht besonders schwerwiegende (BGE 126 V 132 E. 2b mit Hinweisen) oder nicht regelmässige (BGE 124 V 183 E. 4a; 116 Ia 187 E. 3c) Verletzung des rechtlichen Gehörs vorliegt. Aus der Sicht der Lehre und der Rechtsprechung des EVG ist somit zusammenfassend eine Heilung des rechtlichen Gehörs zumindest in folgenden Fällen nicht gerechtfertigt (siehe auch *Kneubühler*, a.a.O., S. 112 ff.):

- Wenn die Vorinstanzen in schwerwiegender Art und Weise gegen den Anspruch auf rechtliches Gehör verstossen haben;
- falls Gehörsverletzungen in Verfahren erfolgen, die schwere Eingriffe in die Rechtspositionen des Betroffenen zur Folge haben;
- sofern die Verletzung des rechtlichen Gehörs regelmässig oder bezüglich gewisser Aspekte systematisch erfolgt ist.

9.5 Das Kantonsgericht hat zu dieser Frage eine strenge Praxis entwickelt und sich in den Urteilen vom 11. September 2002 (2002/137) und vom 9. März 2005 (2004/333) an die erwähnte Rechtsprechung des EVG angelehnt, es aber schliesslich offen gelassen, ob ihr in allen Punkten zu folgen sei. Das Kantonsgericht begründet seine Praxis wie folgt: Der Anspruch auf vorgängige Anhörung stehe in einem engen Zusammenhang mit dem Grundrecht der Menschenwürde. Durch die Gehörsverweigerung werde der Rechtssuchende sozusagen zum Verfahrensobjekt degradiert. Ein solches Vorgehen könne nicht leichthin geheilt werden; im Grunde genommen müsse der Entscheid der Vorinstanz sanktioniert bzw. aufgehoben werden. Die Verletzung elementarer Verfahrensrechte könne ferner für den Betroffenen einschneidende Konsequenzen zur Folge haben. Die Heilung eines allfälligen Mangels solle daher die Ausnahme bleiben, wie es auch das EVG in seiner Rechtssprechung betone. Dem Betroffenen sei es aber unbenommen, auf die Rückweisung der Sache zur Gewährung des rechtlichen Gehörs zu verzichten und sich mit der Nachholung im Rechtsmittelverfahren zu begnügen, wenn ihm mehr an einer raschen Erledigung als an der Ausschöpfung seiner Verfahrensrechte liege. Vorliegend hat der Entzug der missio canonica einen empfindlichen Eingriff in die Rechtsposition des Betroffenen zur Folge. Eine Heilung liegt auch nicht im Interesse der in ihrem Gehörsanspruch verletzten Person. Weiter kann man sich grundsätzlich fragen, ob verfahrensrechtliche Mängel im innerkirchlichen Verfahren überhaupt heilbar sind, bezieht sich doch das Institut der Heilung nur auf staatliche Rechtsmittelverfahren, welches sich wesentlich vom innerkirchlichen Rechtsmittelweg betreffend den Entzug der missio canonica unterscheidet (vgl. auch *Hafner/Brosi*, a.a.O., S. 39). Ferner, wollte man dennoch ausnahmsweise von der Heilbarkeit des rechtlichen Gehörs ausgehen, müsste wegen der Verschiedenheit der beiden Rechtssysteme die zuständige kirchliche Stelle auf jeden Fall mitwirken (*Hafner/Brosi*, a.a.O., S. 39). Damit ist grundsätzlich einmal davon auszugehen, dass das rechtliche Gehör in der vorliegenden Konstellation nicht geheilt werden kann. Folglich fragt sich, ob der Bischof das rechtliche Gehör im innerkirchlichen Verfahren in rechtsgenüglicher Art und Weise gewährt hat.

9.6 Es ist zwischen den Parteien unbestritten, dass Franz Sabo der Entzug der missio canonica erstmals in einem Gespräch am 9. Februar 2005 bekannt gegeben und als unausweichlich bezeichnet wurde. Mit Schreiben vom 18. März 2005 eröffneten der Generalvikar und der Bischofsvikar Franz Sabo den missio-Entzug per 30. September 2005 förmlich. Eine vorgängige Anhörung fand nicht statt, weshalb die Vorinstanz zu Recht diesen Entscheid als öffentlich-rechtlich unbeachtlich und als untaugliche Grundlage für die öffentlich-rechtliche Entlassung qualifiziert hat. Am 5. Juli 2005 fand ein Gespräch zwischen Bischof Koch und Franz Sabo statt. Der genaue Inhalt dieses Gespräches ist zwischen den Parteien umstritten. Die Beschwerdeführerin geht in Übereinstimmung mit Franz Sabo davon aus, dass bei diesem Gespräch eine Vertrauensbasis im Hinblick auf den gesamten Verlauf des Konfliktes geschaffen werden sollte. Die Vorinstanz und das Bistum sind hingegen der Ansicht, dass Franz Sabo in diesem Gespräch zum Entzug der missio canonica angehört und ihm auch eine Begründung geliefert worden sei. Diese Behauptung deutet darauf hin, dass am grundsätzlichen Entscheid vom 9. Februar 2005, dem Entzug der missio canonica, nichts geändert werden sollte. Auch die Ankündigung des Bischofs in seinem Schreiben vom 23. Juni 2005 an Franz Sabo („[…] weil mir sehr viel daran liegt, Ihnen noch einmal darzulegen, was unser Bistum und ich als Bischof von Ihnen erwarten“) deutet nicht darauf hin, dass der Entzug der missio canonica tatsächlich neu zur Diskussion stand. Folglich stellt sich die Frage, ob im Rahmen des Gesprächs zwischen Bischof Koch und Franz Sabo vom 12. September 2005 die Ausgangslage betreffend Entzug der missio canonica derart strukturiert war, dass es als vorgängige Anhörung qualifiziert werden könnte.

9.7 In seinem Schreiben vom 14. Juli 2005 an den Kirchgemeinderat erwähnt der Bischof, dass das Grundsatzvotum für den Aufbau neuen Vertrauens nicht erst ab der vom Kirchgemeinderat geforderten „Bewährungszeit“ gelten könnte, sondern bereits jetzt in der Gegenwart gelten müsse. Im Schreiben vom 29. August 2005 an den Kirchgemeinderat bezeichnet es Bischof Koch als „infame Lüge“, „wenn Herr Cueni behauptet, ich [Bischof Koch] hätte an der Besprechung vom vergangenen Samstag die definitive Entscheidung gefällt, dass es beim missio-Entzug am 30. September bleibt“. Er habe zugesagt, nochmals ein Gespräch mit dem Pfarradministrator zu führen und ihn dabei zu einem notwendig gewordenen Schritt zu bewegen. Nach dem Gespräch vom 12. September 2005 schreibt der Bischof erneut an Franz Sabo, dass er sich mit dem Bischofsvikar und dem Bischofsrat beraten habe und dass „die beiden folgenden Bedingungen erfüllt sein müssten, damit ich auf ein Moratorium im Hinblick auf den missio-Entzug zurückkommen könnte". Mit der Wendung „auf etwas zurückkommen" wird gleichsam eine Wiedererwägung in Betracht gezogen. Thema des Gesprächs vom 12. September 2005 können deshalb auch nur die Voraussetzungen der Wiedererwägung des für den Bischof gültigen Entzuges vom 18. März 2005 gewesen sein. Ausgangslage des Gesprächs war für den Bischof nach seinen eigenen Ausführungen im Schreiben vom 17. September 2005 der erfolgte Entzug der missio canonica vom 18. März 2005 bzw. allenfalls die Prüfung der Voraussetzungen einer Wiedererwägung im Sinne eines Moratoriums, was nur als zeitlicher Aufschub des per 30. September 2005 ausgesprochenen Entzuges verstanden werden kann. Moratorium (lat. mora, der „Verzug") bezeichnet allgemein die Übereinkunft, eine bestimmte Sache aufzuschieben oder vorläufig zu unterlassen. Mit Schreiben vom 25. September 2005 wehrt sich Franz Sabo bei Bischof Koch gegen die Forderung nach Zugeständnissen und weigert sich, allen Bedingungen des Bischofs zu entsprechen. Mit Schreiben vom 28. September 2005 eröffnet der Bischof Franz Sabo, dass er auf die Forderung des Kirchgemeinderates nach einer „Auszeit" eingehe. Da er aber während der Auszeit keinen kirchlichen Auftrag habe, werde die missio canonica gleichwohl per 30. September 2005 entzogen.

9.8 Legt man die Schreiben des Bischofs unter dem Aspekt von Treu und Glauben aus, stand bereits nach dem 9. Februar 2005 der grundsätzliche Entscheid fest, Franz Sabo die missio canonica zu entziehen. Diese Auffassung wird weitgehend bestätigt durch das Gespräch vom 5. Juli 2005. Im Rahmen des Gespräches vom 12. September 2005 ging es nach den Ausführungen des Bischofs in seinem Schreiben vom 17. September 2005 offenbar vor allem um die Bedingungen für ein „Moratorium", mithin einen Aufschub des Entzuges. Dass Franz Sabo die missio canonica entzogen werden sollte, war offenbar für das Bistum immer klar. Umstritten war allein, wie aus den besagten Akten hervorgeht, unter welchen Bedingungen der Bischof auf ein Moratorium betreffend missio-Entzug zurückkommen könnte. Die retrospektive Interpretation der Vorinstanz unterstellt dem Bischof das Bewusstsein und die Akzeptanz, das Schreiben vom 18. März 2005, in welchem der missio-Entzug per 30. September 2005 angeordnet wurde, als unbeachtlich zu beurteilen. Gerade dies indes verneint das Bistum klarerweise. Geht der Bischof selbst aber von der Gültigkeit des missio-Entzuges vom 18. März 2005 aus und erwog er allenfalls lediglich, auf ein Moratorium zurückzukommen, so stellen die im Vorfeld des Wiedererwägungsentscheides stattgefundenen Gespräche offensichtlich keine entscheidoffene Anhörung des Betroffenen in Bezug auf den Entzug der missio canonica dar, zumal der Entscheid darüber offensichtlich bereits am 18. März 2005 definitiv gefällt worden war. Demzufolge ist davon auszugehen, dass keine ordentliche Anhörung stattgefunden hat und das rechtliche Gehör verletzt worden ist.

10. Weiter ist die Frage zu prüfen, ob auch die Pflicht, Entscheide zu begründen, verletzt worden ist.

10.1 Das Recht auf Begründung von Verfügungen und Entscheiden ergibt sich ebenfalls aus dem in Art. 29 Abs. 2 BV statuierten Anspruch auf rechtliches Gehör (BGE 129 I 236 E. 3.2, 126 I 102 E. 2b) und wird auch ausdrücklich in § 9 Abs. 3 KV und auf Gesetzesstufe in § 18 Abs. 1 des Verwaltungsverfahrensgesetzes Basel-Landschaft (VwVG BL) vom 13. Juni 1988 festgeschrieben (vgl. auch KGE VV vom 15. Mai 2002, 2001/185, E. 3). Der Grundsatz des rechtlichen Gehörs als persönlichkeitsbezogenes Mitwirkungsrecht verlangt, dass die Behörde die Vorbringen des vom Entscheid in seiner Rechtsstellung Betroffenen tatsächlich hört, sorgfältig und ernsthaft prüft und in der Entscheidfindung berücksichtigt. Daraus folgt die grundsätzliche Pflicht der Behörden, ihren Entscheid zu begründen (BGE 129 I 232 E. 3.2). Aus der Begründung soll insbesondere erhellen, ob die vorgängige Anhörung des Betroffenen nur pro forma erfolgt ist, oder ob seine Anliegen tatsächlich – angemessen – geprüft, auf seine Vorbringen eingegangen und dazu im Sinne eines entscheidungsoffenen Prozesses Stellung genommen worden ist (*Mark Villiger*, Die Pflicht zur Begründung von Verfügungen, ZBl 1989 S. 160). Durch eine angemessene Begründung soll weiter dem Betroffenen und auch der Rechtsmittelinstanz die Möglichkeit gegeben werden, sich über die Tragweite des Entscheides Rechenschaft zu geben und allenfalls in Kenntnis der Gründe ein Rechtsmittel zu ergreifen bzw. dieses zu beurteilen (vgl. *Rhinow/Krähenmann*, a.a.O., Nr. 85 B II a). Die Behörde ist zwar nicht verpflichtet, sich zu allen Rechtsvorbringen der Partei zu äussern, doch muss ersichtlich sein, von welchen Überlegungen sie sich leiten liess (BGE 126 I 102 f. E. 2b, mit Hinweisen; *Häfelin/Müller/Uhlmann*, a.a.O., Rz. 1705). Dabei sind an die Begründungspflicht höhere Anforderungen zu stellen, je weiter der den Behörden durch die anwendbaren Normen eröffnete Entscheidungsspielraum und je komplexer die Sach- und Rechtslage ist (*Häfelin/Müller/Uhlmann*, a.a.O., Rz. 1707 mit Hinweis auf BGE 129 I 241 ff. [Zürcher Einbürgerungsinitiative]; vgl. zum Ganzen auch *Müller J.P.*, a.a.O., S. 535 ff., mit zahlreichen weiteren Hinweisen). Weiter ist die verfassungsmässige Begründungsdichte auch abhängig von der Eingriffsintensität des Entscheids (BGE 112 Ia 110 E. 2b). Die Begründung hat nach dem Gesagten in aller Regel schriftlich zu erfolgen, insbesondere wenn auch das Dispositiv an das Erfordernis der Schriftlichkeit gebunden ist (*Villiger*, a.a.O., S. 148; für den Kanton Basel-Landschaft: § 19 Abs. 1 VwVG BL). Allerdings hat es das Bundesgericht abgelehnt, gestützt auf Art. 29 Abs. 2 BV einen Anspruch der Parteien auf eine schriftliche Begründung (vgl. BGE 111 Ia E. 4a, 96 I 723; 93 I 120 E. 2) oder gar auf eine Begründung im gleichen Dokument, das den Entscheid oder die Verfügung enthält (BGE 108 Ia 269 E. 7), abzuleiten. Letztlich obliegt der Behörde indes der Nachweis, dass der Betroffene von den Gründen bereits anderweitig Kenntnis erhalten hat (*Villiger*, a.a.O., S. 149).

10.2 Die vorgenannten Grundsätze der „Heilung" des Anspruchs auf rechtliches Gehör gelten insbesondere betreffend die Verletzung prozessualer Kommunikationsrechte. Zwar ist auch ein mangelhaft begründeter Entscheid auf Beschwerde hin grundsätzlich aufzuheben und es genügt in der Regel nicht, wenn die Behörde die verfassungsrechtlich geforderte Begründung erst im Rechtsmittelverfahren nachschiebt (vgl. *Müller J.P.*, a.a.O., S. 541), doch lässt die Praxis eine so genannte Nachlieferung der Begründung weitgehend zu (Übersicht *Albertini*, a.a.O., S. 424 ff. und insb. S. 428 ff.). Ob es sich hierbei um eine Grundrechtsbeschränkung oder eine Heilung einer bereits erfolgten Grundrechtsverletzung handelt, kann vorliegend offen gelassen werden (vgl. *Albertini*, a.a.O., S. 428 ff.). Die Nachlieferung der Begründung wird auf alle Fälle nur unter der Voraussetzung geduldet, dass der Betroffene sonstwie Kenntnis von den Gründen erhält und den Entscheid mit Hilfe dieser Gründe auch sachgerecht anfechten kann (*Albertini*, a.a.O., S. 429). Vorausgesetzt wird weiter, dass die nachgelieferten Gründe durch die Behörde angeführt werden, die den ungenügend begründeten Entscheid ausgesprochen hat. Wenn beispielsweise die Rechtsauffassung der verfügenden bzw. entscheidenden Behörde mit einem Schreiben bekannt gegeben wird und der Beschwerdeführer damit über die Erwägungen, welche der angefochtenen Verfügung zugrunde lagen, im Bilde ist, führt dies gemäss Bundesgericht nicht zu einer Verletzung des rechtlichen Gehörs, weil der Beschwerdeführer dadurch nicht daran gehindert wird, seine Beschwerde sachgerecht zu begründen. Das Fehlen einer Begründung in der Verfügung selbst bedeutete deshalb für den Beschwerdeführer nicht unbedingt eine Verletzung seines Anspruchs auf rechtliches Gehör (BGE 108 Ia 269 E. 7, 98 Ia 464 f. E. 5a, 96 I 723 f. E. 5). Entscheidend ist letztlich, ob gewährleistet ist, dass der Betroffene mit Hilfe der nachgelieferten Dokumente die Verfügung oder den Entscheid sachgerecht anfechten kann (*Albertini*, a.a.O., S. 429).

10.3 Die Frage einer Verletzung der Begründungspflicht bzw. ihrer Heilung hängt eng mit dem Umfang der Begründungspflicht zusammen. Wenn beispielsweise der zu entscheidende Sachverhalt überdurchschnittlich schwierig ist, was sich unter anderem aus der langen Dauer des Verfahrens, der Länge des angefochtenen Entscheids und dem Umfang der Eingabe des Beschwerdeführers ergeben kann, und hierzu lediglich eine einzige, kurze Stellungnahme der verfügenden Behörde vorliegt, so müssen diese Äusserungen in Bezug auf den zu beurteilenden (komplexen) Fall als knapp und lückenhaft bezeichnet werden (vgl. BGE 111 Ia 4 E. 4a). Eine Begründung im eigentlichen Sinne vermögen sie demnach nicht zu ersetzen. Namentlich gestatten kurze Äusserungen dem Betroffenen in einem komplexen Fall nicht, sich mit der gebotenen Sorgfalt mit den Argumenten der Behörde auseinanderzusetzen und seine Beschwerdeschrift dementsprechend abzufassen (BGE 111 Ia 4 E. 4a). Ferner genügt das blosse Nachschieben von Motiven im Beschwerdeverfahren oder der Verweis auf betreffende Dokumente und Schriftstücke unter Umständen nicht, die Gehörsverletzung zu heilen, weil damit die Zwecke der Begründungs- wie auch der Prüfungspflicht nicht erfüllt werden. Ähnlich wie bei der Heilung der vorgängigen Anhörung ist eine Interessenabwägung vorzunehmen und je nach Komplexität des Sachverhalts und der sich stellenden Rechtsfragen, je nach Schwere des Eingriffs sowie der Möglichkeit einer sachgerechten Anfechtung ist eine Heilung zu bejahen bzw. zu verneinen.

10.4 Zu prüfen ist also, ob der Bischof den Entzug der missio canonica gegenüber Franz Sabo hinreichend begründet hat. Weil der am 9. Februar 2005 mündlich und am 18. März 2005 schriftlich bestätigte Entzug der missio per 30. September 2005 nach den aus den Akten gewinnbaren Erkenntnissen nie aufgehoben wurde, müsste sich eine Begründung auf Sachverhalte vor dem 9. Februar 2005 stützen. Eine Verfügung kann nicht mit Vorgängen begründet werden, die sich nach deren Erlass zugetragen haben. Eine Begründung hätte sodann grundsätzlich spätestens beim Erlass der vorliegend angefochtenen Verfügung abgegeben werden müssen. Aufgrund von § 2 Abs. 2 KiV ist vorliegend vor allem die Dichte einer allfälligen Begründung zu untersuchen. Dabei sind die Inhalte der diversen Gespräche zwischen den Parteien umstritten und können mangels Protokollen, Memoranden oder Ähnlichem nicht mehr in der erforderlichen Präzision nachvollzogen werden. Die Wahrnehmung des Akteneinsichts- und Beweisführungsrechts durch den von einer Verfügung Betroffenen setzt indes eine Aktenführungspflicht der Verwaltung voraus. Die Behörden haben alles in den Akten festzuhalten, was zur Sache gehört und entscheidwesentlich sein kann (BGE 130 II 477 E. 4.1). Dieser ursprünglich für das Strafverfahren entwickelte Grundsatz muss als Gehalt von Art. 29 Abs. 2 BV für alle Verfahrensarten gelten. Das Gericht ist darum vorliegend auf Hinweise im Schriftverkehr zwischen den Parteien angewiesen. Daraus ergibt sich im Wesentlichen Folgendes.

10.5 Zwischen den Parteien unbestritten ist die Tatsache, dass der Bischofsvikar Franz Sabo anlässlich des Gesprächs vom 9. Februar 2005 das „zerrüttete Vertrauensverhältnis“ als Grund für den Entzug der missio canonica genannt hat. Im Bestätigungsschreiben vom 18. März 2005 wird dagegen lapidar festgehalten: „Die Gründe für diesen bedauerlichen Entscheid sind Ihnen wohl bekannt.“ In seinem Schreiben vom 14. Juli 2005 an Franz Sabo nimmt der Bischof Bezug auf das Gespräch vom 5. Juni 2005 (recte 5. Juli 2005) und schreibt: „[...] haben Sie meine Aussage energisch bestritten, dass Sie bereits im August 2003 in der Kirche mich öffentlich angegriffen hätten, und Sie haben behauptet, dass Sie dies erst am Palmsonntag 2005 getan hätten.“ Ein direkter Bezug zum Entzug der missio canonica wird jedoch nicht hergestellt. Im Schreiben vom 28. September 2005 an Franz Sabo führt der Bischof aus: „Für mich im Vordergrund steht vielmehr Ihre problematische Einstellung zu unserer Kirche, wie Sie sie vielfach in der Öffentlichkeit bekundet haben. Für mich stellt sich beispielsweise die Frage, wie ein Priester im Namen und Auftrag einer Kirche handeln kann, die er selbst in aller Öffentlichkeit als Diktatur inkriminiert.“ Letzterer Passus nimmt Bezug auf die Rede Franz Sabos am 1. August 2005 in Sissach und kann darum zumindest nicht als Begründung für den mit Schreiben vom 18. März 2005 verhängten Entzug der missio herangezogen werden. Es wird bei der Lektüre des Schreibens nicht klar, ob die „problematische Einstellung zur Kirche“ als Begründung für den missio-Entzug vom 18. März 2005 herangezogen wird. Weitere Kontakte zwischen Bischof Koch und Franz Sabo vor Erlass der vorliegend angefochtenen Verfügung ergeben sich aus den Akten keine. Es zeigt sich, dass die aktenkundige, von der Beschwerdeführerin zugestandene und von der Vorinstanz in der angefochtenen Verfügung ausschliesslich angeführte Begründung für den Entzug der missio auf „zerrüttetes Vertrauensverhältnis“ lautete.

10.6 In seinem Schreiben vom 9. Februar 2006 an die Vorinstanz stellt der Bischof mit Nachdruck klar, dass eine Überprüfung seines kanonischen Handelns durch die Landeskirche nicht in Frage komme und dass der Entzug der missio canonica als rein innerkirchlicher Akt den öffentlichrechtlichen Vorschriften gerade nicht unterstehe. Er weigert sich damit auch, dem Landeskirchenrat die verlangte Begründung für den Entzug der missio abzugeben. Immerhin macht er aber geltend, dass nach weltlichem Recht genügend Kündigungsgründe vorliegen würden. Franz Sabo habe seine Treuepflicht erheblich und mehrfach verletzt, indem er Verunglimpfungen der Kirche und ihrer Repräsentanten in aller Öffentlichkeit geradezu zelebriert habe. Damit weigert sich der Bischof aber weiterhin, dem Landeskirchenrat die Gründe für den missio-Entzug im Hinblick auf die Begründung der aufsichtsrechtlichen Kündigungsanweisung an die Kirchgemeinde zu nennen. Es bleibt damit bei

der von den Parteien zugestandenen Begründung des zerrütteten Vertrauensverhältnisses.
10.7 Diese Begründung vermag aber den oben genannten Anforderungen an die Begründungsdichte nicht zu genügen. Unter öffentlich-rechtlichen Aspekten erscheint die alleinige Berufung auf ein zerrüttetes Vertrauensverhältnis als Leerformel. Es kann anhand dieser Begründung nicht überprüft und auch nicht ausgeschlossen werden, ob durch den bzw. beim Entzug der missio canonica ungerechtfertigte Grundrechtsverletzungen erfolgt sind oder diskriminierende Aspekte entscheidrelevant waren. Auch die Vorinstanz hat in ihrem Schreiben vom 24. Januar 2006 an den Bischof ausdrücklich festgehalten, dass zu den von ihr zu prüfenden Grundlagen gehöre, dass die Begründung des missio-Entzuges keine ungerechtfertigte Grundrechtsverletzung darstelle. Eine solche Prüfung sei mit dieser Begründung ganz offensichtlich nicht möglich. Die lapidare Begründung des Vertrauensverlustes würde im Übrigen auch für die Kündigung des Angestelltenverhältnisses nicht ausreichen. Soll ein zerrüttetes Vertrauensverhältnis zur Begründung der Kündigung eines öffentlichrechtlichen Dienstverhältnisses herangezogen werden, so müssen die Gründe dafür auch für Dritte objektiv nachvollziehbar sein (Verwaltungsgericht des Kantons Luzern vom 1. Oktober 2003, V 02 84, in: LGVE 2003 II Nr. 2). Dies wiederum bedingt selbstredend, dass diese Gründe auch tatsächlich detailliert vorgebracht werden, was das Bistum in Bestreitung der Überprüfungskompetenz des Landeskirchenrates bewusst unterliess. Aus dem Gesagten folgt, dass der Entzug der missio canonica gegenüber Franz Sabo nicht in ausreichender Dichte begründet wurde. Die der Vernehmlassung des Bistums beigelegten Zeitungsartikel sind insofern unbeachtlich, als sie sich mehrheitlich auf Sachverhaltsaspekte beziehen, welche sich nach dem 9. Februar 2005 bzw. nach dem 18. März 2005 ereignet haben. Weiter vermögen Zeitungsartikel eine Begründung nicht zu ersetzen, wurden sie doch nicht von der dafür zuständigen Behörde, vorliegend dem Bistum, verfasst. Es handelt sich weitgehend um Berichte der Medien, die für sich keine grundsätzliche Wahrheitsvermutung in Anspruch nehmen können. Aus formellen Gründen sind die entsprechenden Beiträge, Leserbriefe, Artikel und dergleichen unbeachtlich und vermögen die Verletzung der Begründungspflicht nicht zu heilen.
11. Das hat zur Folge, dass der Entzug der missio canonica gestützt auf die dem Gericht vorliegenden Akten und die Aussagen der Parteien als Verletzung des Gehörsanspruches des betroffenen Pfarradministrators qualifiziert werden muss. Deshalb ist der nach kanonischem Recht allenfalls gültige und rechtskräftige missio-Entzug für die grundrechtsgebundenen Organe der Landeskirche als unbeachtlich zu qualifizieren. Es besteht aufgrund der Un-

beachtlichkeit des innerkirchlichen missio-Entzuges auch keine Verpflichtung zur Auflösung des Arbeitsverhältnisses zwischen der Kirchgemeinde und ihrem Pfarradministrator. Die Vorinstanz hat damit aufgrund der konkreten Ausgangslage die Beschwerdeführerin zu Unrecht angewiesen, das Arbeitsverhältnis mit ihrem Pfarradministrator aufzulösen, was zu einer Gutheissung der Beschwerde führen muss.

12.1 Die Vorinstanz stellte in der angefochtenen Verfügung vom 6. Juni 2006 unter Ziff. 2.1 fest, dass sich die Landeskirche aufgrund ihrer öffentlich-rechtlichen Anerkennung – abgesehen von den Vorgaben des kantonalen Rechts hinsichtlich ihrer demokratischen Organisation – ganz allgemein an den Grundsätzen, die für das staatliche Recht gelten würden, orientieren müsse. Im Vordergrund stehe dabei die Bindung an die im nationalen und internationalen Recht garantierten Grundrechte, worunter auch Verfahrensrechte und dabei insbesondere der Anspruch auf rechtliches Gehör zu zählen seien. Im angefochtenen Entscheid wird wörtlich betont: „Als öffentlich-rechtliche Körperschaft müssen Landeskirchen und Kirchgemeinden die Grundrechte ihrer Angestellten wahren (Art. 35 Abs. 2 BV)." Es entspricht der herrschenden Lehre, dass die öffentlich-rechtlich anerkannten Landeskirchen im Bereich der ihnen verliehenen staatlichen Hoheitsgewalt an das Recht und somit insbesondere die Grundrechte gebunden sind (*Nay*, a.a.O., S. 41; *Hafner*, Grundrechte, S. 707; *ders*., Kirchen, S. 331 f.; *Cavelti*, a.a.O., Rz. 10).

12.2 Die Vorinstanz hat in ihrem Verfahren zum Erlass einer aufsichtsrechtlichen Verfügung vorerst der Kirchgemeinde Parteistellung eingeräumt. Der betroffene Pfarradministrator wurde im Zuge der Sachverhaltsermittlung der Vorinstanz schriftlich zu den Umständen rund um den missio-Entzug befragt. In der Folge teilte die Vorinstanz der Kirchgemeinde mit Schreiben vom 10. Mai 2006 in mustergültiger Art und Weise mit, welche Verfügung sie zu erlassen gedenke und von welchen Überlegungen sie sich dabei leiten lassen wolle. Der beigezogene Rechtsvertreter der Beschwerdeführerin nahm mit Schreiben vom 30. Mai 2006 sodann einlässlich Stellung und wahrte damit den Gehörsanspruch der Kirchgemeinde. Soweit aus den Akten ersichtlich, wurde jedoch dem betroffenen Pfarradministrator weder ein vergleichbares Schreiben zugestellt noch ihm Gelegenheit geboten, sich zum Vorhaben des Landeskirchenrates und zu dessen Sachverhaltsannahmen vor Erlass der Verfügung zu äussern.

12.3 Unter dem Schutz der verfahrensrechtlichen Kommunikationssicherung steht im Allgemeinen, wer von einem Verfahren betroffen ist, dessen Ausgang sich auf schutzwürdige – auch bloss faktische – Interessen benachteiligend auswirkt; eine formelle Berechtigung zur Teilnahme am Verfahren muss dem Betroffenen nicht zukommen (vgl. *Müller J.P.*, a.a.O., S. 512). Der Anspruch auf Anhörung steht demnach jener Person zu, die von einem Urteil oder einer Verfügung betroffen ist. Massgebend ist die materielle Betroffenheit, nicht etwa die rein formelle Verfahrensbeteiligung. Der Umstand, dass eine Person in einem Verfahren nicht Parteistellung hat, schliesst ihr Betroffensein und damit den Gehörsanspruch nicht aus (*Rhinow/Koller/Kiss*, a.a.O., Rz. 289). Das Bundesgericht hat in BGE 129 V 73 ff. zur Frage der personellen Ausdehnung über ein konkretes Verwaltungsverfahren hinaus im Falle einer Reflexwirkung des Verfahrens auch auf nicht direkt beteiligte Dritte Stellung genommen. Es stellte dabei zunächst fest, dass es einem unbestrittenen rechtstaatlichen Minimalstandard der Bundesverfassung entspreche, dass ein Rechtssubjekt eine von einer Behörde verfügte Rechtsfolge nur dann gegen sich gelten zu lassen brauche, wenn es vorgängig dazu angehört worden sei (BGE 129 V 74 E. 4.1). Im konkreten Fall war die Frage zu klären, ob es mit dieser rechtsstaatlichen Minimalanforderung eines fairen Verfahrens vereinbar ist, dass eine Vorsorgeeinrichtung die von der IV-Stelle vorgenommene Festlegung des Invaliditätsgrades und des Eintritts der invalidisierenden Arbeitsunfähigkeit im Bereich der obligatorischen beruflichen Vorsorge kraft Verbindlichkeitswirkung gemäss Rechtsprechung grundsätzlich gegen sich gelten lassen müsse, ohne im Verfahren vor der IV-Stelle einbezogen worden zu sein. Das Bundesgericht kam zum Schluss, dass selbst der Umstand, dass ein Entscheid der IV-Stelle bei offensichtlicher Unhaltbarkeit für die Vorsorgeeinrichtung nicht verbindlich wäre, nichts daran ändere, dass der Nichteinbezug der reflexartig betroffenen Vorsorgeeinrichtung beim IV-Verfahren eine Verletzung des rechtlichen Gehörs und eine Missachtung der daraus fliessenden Mitwirkungsrechte darstelle (BGE 129 V 74 E. 4.1).

12.4 Hätte der Landeskirchenrat die Entlassung von Franz Sabo qua Ersatzvornahme direkt im Sinne eines Durchgriffs vorgenommen, so bestünden keine Zweifel daran, dass er dem betroffenen Pfarradministrator das rechtliche Gehör hätte gewähren müssen. Der Landeskirchenrat hat aber aufgrund der von ihm angenommenen Restriktionen betreffend die Verbandsaufsicht lediglich die Kirchgemeinde verbindlich angewiesen, die Entlassung auszusprechen. Der Landeskirchenrat hat dabei zumindest versucht, mit vorbildlicher Sorgfalt den Sachverhalt zu ermitteln. Dabei hat er auch die Antwort des betroffenen Pfarradministrators zum versendeten Fragebogen mitberücksichtigt. In der Folge hat er dann aber lediglich der Kirchgemeinde in ebenso vorbildlicher Weise in einem siebenseitigen Schreiben vom 10. Mai 2006 den beabsichtigten Inhalt seiner Verfügung dargelegt und ihr Gelegenheit eingeräumt, sich einlässlich zu den dort gemachten Feststellungen zu äussern. Der letztlich von der verbindlichen Weisung betroffene Pfarradministrator hatte indessen keine entsprechende Gelegenheit, sich zur Verfügung zu äussern, obwohl diese Verfügung sämtliche relevanten Entscheidpunkte enthielt und in eine unabänderliche aufsichtsrechtliche Weisung zur Vornahme der Entlassung mündete. Hinzu kommt, dass der Landeskirchenrat der aufsichtsrechtlich verbindlich angewiesenen Kirchgemeinde betreffend die Entlassung des bei ihr angestellten Pfarradministrators keinerlei Spielraum mehr lässt. Aufgrund des nunmehr geringen Ermessens und – Rechtmässigkeit der aufsichtsrechtlichen Weisung vorausgesetzt – der Unumstösslichkeit des Entscheides hätte demnach der von diesem Entscheid zweifellos ganz erheblich betroffene Pfarradministrator ebenso Gelegenheit zur Stellungnahme erhalten müssen wie die Kirchgemeinde selbst. Obschon dem Landeskirchenrat zu attestieren ist, dass er sich ernsthaft um eine Sachverhaltsaufklärung bemüht hat, ist von diesem Entscheid letztlich der Pfarradministrator betroffen. Mangels Einbezug in das ihn betreffende Verfahren wurde er zum reinen Verfahrensobjekt degradiert, was mit den rechtstaatlichen Verfahrensgarantien gerade vermieden werden soll. Eine Heilung dieser Verletzung des rechtlichen Gehörs fällt schon deshalb ausser Betracht, weil die verbindliche Anweisung zur Auflösung des Arbeitsverhältnisses einen schweren Eingriff in die Rechtsstellung des Pfarradministrators darstellt. Ferner besteht ein Kognitionsgefälle zwischen Kantonsgericht und Landeskirchenrat (vgl. § 45 VPO), so dass das rechtliche Gehör auch aus diesem Grund nicht geheilt werden kann.

12.5 Die Beschwerdeführerin macht weiter geltend, die angefochtene Verfügung vom 6. Juni 2006 enthalte keine rechtsgenügliche Begründung, weil sie lediglich auf die Leerformel des „zerrütteten Vertrauensverhältnisses" verweise. Auch aufsichtsrechtliche Verfügungen sind zu begründen. Da mit der angefochtenen aufsichtsrechtlichen Verfügung die Kirchgemeinde verbindlich, unter Vorwegnahme der Verhältnismässigkeitsprüfung unwiderruflich und ohne Ermessensspielraum verpflichtet wird, das Arbeitsverhältnis mit dem Pfarradministrator zu kündigen, muss die Verfügung auch derart begründet sein, als ob der Landeskirchenrat qua Ersatzvornahme selbst direkt durchgegriffen und die Kündigung ausgesprochen hätte. Wie bereits oben in Erwägung 10.7 ausgeführt wurde, ist die Auflösung eines öffentlichrechtlichen Arbeitsverhältnisses nur zulässig, wenn hierfür hinreichende Gründe vorliegen. Die vorliegende Begründung („zerrüttetes Vertrauensverhältnis") stellt eine Leerformel dar. Es kann anhand dieser Begründung nicht überprüft und auch nicht ausgeschlossen werden, ob durch den bzw. beim Entzug der missio canonica ungerechtfertigte Grundrechtsverletzungen erfolgt sind oder diskriminierende Aspekte entscheidrelevant waren. Soll ein zerrüttetes Vertrauensverhältnis zur Begründung der Kündigung eines öffentlichrechtlichen Dienstverhältnisses herangezogen werden, so müssen die Gründe dafür auch für Dritte objektiv nachvollziehbar sein (Verwaltungsgericht des Kantons Luzern vom 1. Oktober 2003, V 02 84, in: LGVE 2003 II Nr. 2). Dabei stellt zwar der Wegfall einer zwingenden Anstellungsvoraussetzung (kirchliche Lehrbefugnis) grundsätzlich einen sachlichen Grund für die Entlassung des betroffenen Angestellten dar. Wie selbst die Vorinstanz zumindest anfänglich zu Recht festgestellt hat, ist im Vorfeld des Erlasses einer Kündigungsverfügung nicht nur zu prüfen, ob der Entzug einer eine Anstellungsvoraussetzung bildenden Befähigung unter Wahrung der Verfahrensrechte des Betroffenen erfolgt ist, sondern es ist zumindest auch zu prüfen, ob dieser Entzug nicht diskriminierend motiviert oder sonst wie unter Verletzung von individuellen Grundrechtspositionen zustande gekommen ist. Dies gilt umso mehr, weil der Wegfall einer zwingenden Anstellungsvoraussetzung der einzige Grund für die Entlassung darstellt. Dementsprechend muss möglichst detailliert begründet werden, wieso diese Anstellungsvoraussetzung weggefallen ist. Somit hat nicht nur das Bistum, sondern auch der Landeskirchenrat das Recht auf vorgängige Anhörung sowie auf Begründung eines Entscheids verletzt, ohne dass eine Heilung möglich wäre.

13. Im Hinblick auf den Erlass einer Verfügung betreffend Kündigung des Arbeitsverhältnisses mit einem Pfarradministrator ist – wie die Vorinstanz dies zunächst richtig festgestellt hat – vorfrageweise der Entscheid über den Entzug der missio canonica materiell auf Grundrechtsverletzungen zu prüfen, soll er allein als Kündigungsgrund angeführt werden. Bei dieser Prüfung sind allerdings mit Rücksicht auf § 2 Abs. 2 KiV in jedem Einzelfall die korporative Religionsfreiheit und die Grundrechte des Betroffenen abzuwägen (*Nay*, a.a.O., S. 41; *Hafner/Brosi*, a.a.O., S. 40). Soweit die als öffentlich-rechtliche Körperschaft anerkannte Landeskirche geliehene Hoheitsgewalt ausübt, ist sie gemäss Art. 35 Abs. 2 BV an die Grundrechte gebunden und verpflichtet, zu deren Verwirklichung beizutragen. Die Verfassung verpflichtet allerdings die Landeskirche bei ihrem Entscheid betreffend Auflösung eines Arbeitsverhältnisses nicht nur dazu, die Grundrechte anderer zu beachten, sondern gewährt Kirche bzw. Kirchgemeinden und Landeskirche zugleich das Grundrecht der Religionsfreiheit, auf welches sie sich gemäss Lehre und Praxis berufen können (BGE 108 Ia 85 E. 1b; *Müller J.P.*, a.a.O., S. 87). Dies führt zu einer potentiellen Kollision zwischen der aus dem Selbstbestimmungsrecht der Religionsgemeinschaften abgeleiteten korporativen Dimension der Religionsfreiheit sowie den den Seelsorgenden zustehenden Grundrechten wie etwa ihre Glaubens- und Gewissensfreiheit, Meinungsäusserungsfreiheit oder persönliche Freiheit (*Nay*, a.a.O., S. 41). Die kollidierenden Rechte sind mit-

tels Interessenabwägung in Anwendung des Verhältnismässigkeitsprinzips je nach Einzelfall und sich gegenüberstehenden Grundrechten aufzulösen. Dies bedeutet, dass bei allen Kollisionslagen zwischen dem Selbstbestimmungsrecht der Religionsgemeinschaften und den verfassungsrechtlich gewährleisteten Rechten Dritter auf dem Wege der praktischen Konkordanz eine verhältnismässige Zuordnung der beteiligten Rechtsgüter zu erfolgen hat, wobei eine möglichst optimale Entfaltung aller Rechtspositionen zu gewährleisten ist. Die völlige Negation des einen oder anderen Verfassungswertes soll dabei möglichst vermieden werden. Im Rahmen dieser Interessenabwägung ist weiter zu beachten, dass die Treue- und Loyalitätspflicht öffentlich-rechtlich Angestellter die Ausübung verfassungsmässiger Rechte beschränkt (*Hafner/ Brosi*, a.a.O., S. 15 ff. und S. 26 f.). Ferner ist dem Selbstbestimmungsrecht der Kirche stärker Rechnung zu tragen, je weniger der rein innerkirchliche Bereich überschritten wird. Dasselbe gilt für den in seinen Grundrechten betroffenen öffentlich-rechtlich Angestellten: Je schwerer der Eingriff in seine individuelle Grundrechtsposition, desto weniger kann diese Einschränkung mit Treue- oder Loyalitätspflichtverletzungen oder dem Vorbehalt innerkirchlicher Belange (§ 2 Abs. 2 KiV) gerechtfertigt werden. Es ist somit je nach Einzelfall und je nach der konkreten Sachlage eine Interessenabwägung im Sinne einer verhältnismässigen Zuordnung der beteiligten Rechtsgüter vorzunehmen. Damit diese materielle Prüfung überhaupt stattfinden kann, müssen die Gründe für den Entzug der missio canonica dem Betroffenen im Vorfeld des Verfügungserlasses bekannt gegeben und sodann in der Begründung der Kündigungsverfügung genannt werden. Auch aus diesem Grund ist es unabdingbar, dass der Bischof dem Landeskirchenrat die wesentlichen Gründe für den Entzug der missio canonica nennt. Nach der Weigerung des Bischofs, die Gründe für den Entzug der missio canonica offenzulegen, hat sich der Landeskirchenrat darauf beschränkt, als Begründung die Leerformel des zerrütteten Vertrauensverhältnis anzugeben, ohne indes auch für Dritte nachvollziehbare Gründe für den geltend gemachten Vertrauensverlust zu nennen. Es muss in casu deshalb mangels Begründung offen gelassen werden, ob der Entzug der missio canonica materiell frei von ungerechtfertigten Grundrechtsverletzungen ist und dergestalt einen hinreichenden Grund für die Auflösung des Arbeitsverhältnisses mit Franz Sabo darzustellen vermag. Nach dem Gesagten erscheint die Verfügung des Landeskirchenrates vom 6. Juni 2006 gemessen an den aus dem Anspruch auf rechtliches Gehör fliessenden Massstäben in Bezug auf den Wegfall der Anstellungsvoraussetzung als nicht in ausreichender Dichte begründet. Die Verfügung ist auch aus diesem Grunde aufzuheben.

KGE VV vom 5. September 2007 i.S. Röm.-kath. Kirchgemeinde Röschenz (810 06 199) / WIR

### *3. Römisch-katholische Landeskirche des Kantons Basel-Landschaft*

## ***Analyse des Landeskirchenrates vom 7. November 2007 betreffend Urteil des Kantonsgerichts Basel-Landschaft vom 5. September 2007 in Sachen Kirchgemeinde Röschenz***

*Einleitung*

**Der Landeskirchenrat hat das Urteil des Kantonsgerichts in der Beschwerdesache Kirchgemeinde Röschenz analysiert und verzichtet trotz Vorbehalten auf einen Weiterzug ans Bundesgericht.**

Der Landeskirchenrat sieht sich durch das Urteil des Kantonsgerichts in wesentlichen Punkten bestätigt: Das Kantonsgericht bestätigt die Aufsichtsfunktion des Landeskirchenrats, es qualifiziert die missio canonica für seelsorgerisch tätige Personen als zwingende Anstellungsvoraussetzung, deren Wegfall grundsätzlich zur Auflösung des Anstellungsverhältnisses führen muss, und es sucht wie der Landeskirchenrat die Lösung von Kollisionen zwischen kirchlichem und staatlichem Recht in der Herstellung praktischer Konkordanz dieser beiden Rechtsbereiche.

Hingegen bestätigt das schriftliche Urteil den bereits während der mündlichen Urteilsberatungen gewonnenen Eindruck, dass das Kantonsgericht seiner Pflicht zur sorgfältigen Sachverhaltsermittlung nicht ganz nachgekommen ist. Die Schlussfolgerung des Kantonsgerichts, die Gespräche mit Franz Sabo seien seitens von Bischof Kurt Koch nicht entscheidungsoffen geführt worden, beruht auf aktenwidrigen Überlegungen und selektiver Beurteilung von Fakten.

Der Landeskirchenrat erachtet es allerdings nicht als seine Aufgabe, die seiner Meinung nach unzutreffende Sachverhaltsermittlung durch das Kantonsgericht beim Bundesgericht anzufechten.

Auch in rechtlicher Hinsicht erweist sich das Urteil in diversen Aspekten als nicht gerade überzeugend und enthält verschiedentlich Aussagen, welche von wenig Verständnis für das staatskirchenrechtliche System zeugen. Für den Landeskirchenrat hat sich daher die Frage gestellt, ob er das Urteil zur Abwendung präjudizieller Folgen in diesen Aspekten anfechten muss. Der Landeskirchenrat kam zum Schluss, dass es andere Wege als eine Anfechtung des Urteils gibt, um auf diese Aspekte aufmerksam zu machen und will vor dem Hintergrund der verfahrenen Situation in der Kirchgemeinde Röschenz nicht eine rechtsdogmatische Diskussion führen.

### *Bemerkungen zum Urteil*

Das Urteil stützt den Landeskirchenrat in drei wesentlichen Punkten.
Auch wenn das Kantonsgericht die Beschwerde gutheisst und die Verfügung des Landeskirchenrats aufhebt, stützt es doch in wesentlichen Aspekten die Rechtsauffassung des Landeskirchenrats.

#### *1. Aufsicht des Landeskirchenrats über die Kirchgemeinden*

Die Kirchgemeinde Röschenz hatte bestritten, dass der Landeskirchenrat dazu kompetent sei, ihr aufsichtsrechtlich verbindliche Weisungen zu erteilen. Diese Argumentation wurde vom Kantonsgericht klar zurückgewiesen. Das Kantonsgericht geht sogar noch einen Schritt weiter als der Landeskirchenrat und nimmt den Standpunkt ein, der Landeskirchenrat hätte nicht bloss eine Weisung erteilen dürfen, sondern hätte direkt zur Ersatzvornahme schreiten müssen. Im Ergebnis hätte der Landeskirchenrat nach Auffassung des Kantonsgerichts also an Stelle der Kirchgemeinde das Arbeitsverhältnis kündigen müssen. Diese Auffassung hat Auswirkungen auf das rechtliche Gehör, auf die im Folgenden zurückzukommen ist. Der Landeskirchenrat nimmt einerseits zur Kenntnis, dass das Kantonsgericht grundsätzlich das Aufsichtsrecht des Landeskirchenrats über Kirchgemeinden und die Ergreifung der entsprechenden Aufsichtsmittel bejaht. Zum anderen nimmt er zur Kenntnis, dass er in Konflikten wie dem vorliegenden – nach Meinung des Kantonsgerichts – nicht das mildere Mittel der Weisung wählen darf, sondern dazu verpflichtet ist, eine Ersatzvornahme zu treffen.

#### *2. Die missio canonica als zwingende Anstellungsvoraussetzung für Seelsorger*

Der Landeskirchenrat nimmt den Standpunkt ein, dass gemäss seiner Verfassung die missio canonica eine zwingende Anstellungsvoraussetzung für seelsorgerisch tätige Personen bildet. Wird die missio canonica während der Anstellung entzogen, so muss das Arbeitsverhältnis wegen des Wegfalls einer zwingenden Anstellungsvoraussetzung grundsätzlich aufgelöst werden.
Die Kirchgemeinde Röschenz hat demgegenüber in ihrer Beschwerde behauptet, die missio canonica und die Entlassung seien zwei voneinander unabhängige Rechtsakte, die sich gegenseitig weder bedingen noch einander automatisch nachfolgen.

Auch in dieser wichtigen Frage stützt das Kantonsgericht den Landeskirchenrat und verwirft die Argumentation der Kirchgemeinde Röschenz. Das Kantonsgericht hält ausdrücklich fest, ein Seelsorger könne „nur mit einer missio canonica angestellt werden, weil er diese für seine Arbeit, nämlich eine kirchenrechtlich korrekte und gültige Seelsorge, zwingend benötigt" (Urteil, Ziffer 4.4.). Die Auslegung des Landeskirchenrats, wonach ein Entzug der missio canonica grundsätzlich zu einer Auflösung des Arbeitsverhältnisses führen muss, sei „nicht zu beanstanden" (Urteil, Ziffer 4.6.).

*3. Herstellung praktischer Konkordanz zwischen kirchlichem und staatlichem Recht*

Der dritte wesentliche Aspekt, bei dem das Kantonsgericht die Auffassung des Landeskirchenrats stützt, ist die Forderung, dass für die Bewältigung einer Kollision von kirchlichem und staatlichem Recht praktische Konkordanz anzustreben ist, bei der eine verhältnismässige Zuordnung der beteiligten Rechtsgüter zu erfolgen hat (Urteil, Ziffer 8.7). Zumindest dem Grundsatz nach teilt das Kantonsgericht somit die Meinung des Landeskirchenrats, dass innerkirchliche Entscheidungen mit Aussenwirkungen minimalen rechtsstaatlichen Grundsätzen genügen müssen, wobei aber im Einzelnen der korporativen Religionsfreiheit und der garantierten Unabhängigkeit der römisch-katholischen Weltkirche Rechnung zu tragen ist. Die Methode, mit welcher das Kantonsgericht die erwähnte praktische Konkordanz im vorliegenden Fall herstellen will, vermag nicht zu überzeugen.

***Unzutreffende Sachverhaltsermittlung des Kantonsgerichts***

Das Kantonsgericht beschäftigt sich in seinem 53-seitigen Urteil zwar einlässlich mit diversen (allerdings nicht mit allen relevanten) Rechtsfragen. Die Sachverhaltsermittlung erweist sich indes als oberflächlich und beruht teilweise auf fragwürdigen Folgerungen und Unterstellungen.

*1. Der Entzug der missio canonica erfolgte erst am 28. September 2005*

Das kantonsgerichtliche Urteil basiert auf der Annahme, dass Franz Sabo der Entzug der missio canonica am 18. März 2005 per 30. September 2005 „förmlich" eröffnet worden sei (Urteil, Ziffer 9.6.). Demgegenüber geht der Landeskirchenrat davon aus, dass der Diözesanbischof die missio canonica am 28. September 2005 für eine Bedenkzeit von sechs Monaten und am 6. Oktober 2005 endgültig entzogen hat. Der Zeitpunkt des missio-Entzugs ist fraglos von entscheidender Tragweite für die Frage des rechtlichen Gehörs. Unter diesen Umständen überrascht es, dass das Kantonsgericht das Schreiben vom 18. März 2005 ohne jede Begründung als förmliche Eröffnung des Entzugs der missio canonica qualifiziert. Die unterzeichneten Personen (Generalvikar Trauffer und Bischofsvikar Grüter) können nach Meinung des Landeskirchenrats kanonisch-rechtlich den missio-Entzug nämlich gar nicht gültig anordnen; diese Kompetenz steht grundsätzlich allein dem Diözesanbischof zu. Im Rahmen des partiellen Überprüfungsrechts hätte das Kantonsgericht das Schreiben vom 18. März 2005 nicht ohne weiteres als massgebliches Dekret qualifizieren dürfen, sondern hätte dessen kanonischrechtliche Gültigkeit in formeller Hinsicht (Zuständigkeit) überprüfen müssen. Das Kantonsgericht hätte in diesem Fall festgestellt, dass das Schreiben vom 18. März 2005 gar nicht als massgebliches Dekret in Betracht kommt. Das Vorgehen des Kantonsgerichts erstaunt umso mehr, als der Landeskirchenrat wie erwähnt die Dekrete vom 28. September und vom 6. Oktober 2005 als massgeblich bezeichnet hat. Das Kantonsgericht darf nur gestützt auf eine sorgfältige formellrechtliche Analyse und mit entsprechend vertiefter Begründung von dieser Einschätzung der Vorinstanz abweichen.

*2. Das rechtliche Gehör wurde Franz Sabo im Sommer 2005 gewährt*

Das Kantonsgericht ist im Unterschied zum Landeskirchenrat der Überzeugung, dass die im Verlauf des Sommers 2005 stattgefundenen Gespräche zwischen dem Bischof und Franz Sabo nicht entscheidungsoffen geführt worden sind (Urteil Ziffer 9.6. bis 9.8). In dieser für den Ausgang des Verfahrens bedeutenden Frage überzeugt das Urteil den Landeskirchenrat nicht.

- Der Landeskirchenrat hat darauf hingewiesen, dass die Besprechungen unter den Beteiligten im Sommer 2005 in eine andere Massnahme ausmündeten, als sie am 18. März 2005 angekündigt war: Der missio-Entzug vom 28. September 2005 war als „Auszeit" ausgestaltet. Nach Meinung des Landeskirchenrats belegt dies hinlänglich, dass die vorgängig geführten Gespräche den Inhalt des Dekrets des Bischofs beeinflussten. Dies wird durch das Kantonsgericht aber ignoriert.
- Der definitive Entzug der missio canonica vom 6. Oktober 2005 – begründet mit der Widerhandlung gegen das Dekret vom 28. September 2005 – wird im Urteil nicht einmal erwähnt.
- Das Kantonsgericht ergründet die Entscheidungsoffenheit von Bischof Kurt Koch anlässlich seiner Gespräche mit Franz Sabo anhand der Schreiben von Bischof Kurt Koch. Auf die nahe liegende Möglichkeit der (beantragten) Befragung von Auskunftspersonen verzichtet das Kantonsgericht mit dem Argument, „dass die relevanten Sachverhaltselemente bereits hinreichend erstellt sind und die umstrittenen Inhalte der Gespräche zwischen den Parteien auch durch die beantragte Einvernahme von Auskunftspersonen nicht in justiziabler Beweisdichte ermittelt wer-

den können“ (Urteil, Ziffer 2.8). Diese antizipierte Beweiswürdigung in einer relevanten Verfahrensfrage erstaunt.

- Das Kantonsgericht zitiert Bischof Kurt Koch, der die Behauptung, er „hätte an der Besprechung vom vergangenen Samstag die definitive Entscheidung gefällt, dass es beim missio-Entzug am 30. September bleibt“, als „infame Lüge“ bezeichnet hatte (Urteil, Ziffer 9.7). Dieses Zitat belegt, dass Bischof Kurt Koch am 29. August 2005 noch keinen definitiven Entscheid betreffend missio-Entzug gefällt hatte. Folglich ist der Entscheid des Kantonsgerichts, die Gespräche mit Franz Sabo seien nicht entscheidungsoffen geführt worden, zumindest nicht nahe liegend.
- Wäre für das Bistum tatsächlich das Schreiben vom 18. März 2005 die massgebliche Anordnung des missio-Entzugs gewesen, hätte Bischof Kurt Koch Franz Sabo kaum am 28. September 2005 den Entzug der missio canonica eröffnet.
- Aus Sicht des Landeskirchenrats ist es richtig, wenn im Rahmen eines staatskirchenrechtlichen Systems rechtsstaatliche Minimalgarantien eingehalten werden.

### *3. Zerstörtes Vertrauensverhältnis von Franz Sabo ausdrücklich bestätigt*

In einem Schreiben von Franz Sabo an Bischof Kurt Koch wird bestätigt, dass zwischen ihm und Bischof Kurt Koch kein Vertrauensverhältnis mehr besteht. Für den Landeskirchenrat ist nicht nachvollziehbar, dass das Kantonsgericht im Zusammenhang mit dem Vertrauensverhältnis von einer „Leerformel“ spricht, dass dieses erklärende Schreiben jedoch, das dem Gericht vorlag, im Urteil nirgends erwähnt und diesem somit nicht Rechnung getragen wird.

### *4. Keine Anfechtung der Sachverhaltsermittlung beim Bundesgericht*

Im Ergebnis bestätigt das schriftliche Urteil den bereits während der mündlichen Urteilsberatungen gewonnen Eindruck, dass das Kantonsgericht die vorliegenden Dokumente nicht voll-umfänglich gewürdigt hat und somit seiner Pflicht zur sorgfältigen Sachverhaltsermittlung nicht ganz nachgekommen ist. Die Schlussfolgerung des Kantonsgerichts, die Gespräche mit Franz Sabo seien seitens von Bischof Kurt Koch nicht entscheidungsoffen geführt worden, beruht auf aktenwidrigen Überlegungen und selektiver Beurteilung von Fakten. Der Landeskirchenrat erachtet es allerdings nicht als seine Aufgabe, die seiner Meinung nach unzutreffende Sachverhaltsermittlung durch das Kantonsgericht beim Bundesgericht anzufechten.

***Zu den Rechtserörterungen des Kantonsgerichts***

Wie einleitend festgehalten, stützt das Kantonsgericht die Auffassung des Landeskirchenrats in drei wesentlichen Aspekten. In verschiedenen weiteren Punkten vermögen die Rechtserörterungen des Kantonsgerichts jedoch nicht zu überzeugen.

*1. Zur Pflicht, sich im innerkirchlichen Verfahren gegen die Verletzung von Verfahrensrechten zur Wehr zu setzen*

Der Landeskirchenrat hat – in Anlehnung an das sogenannte Exequatur-Verfahren – darauf aufmerksam gemacht, dass Art. 27 IPRG (Bundesgesetz über das Internationale Privatrecht) verlangt, dass eine beklagte Partei im Erstprozess selbst dann, wenn Rechtsmittel zur Beseitigung aussichtslos sind, nicht einfach untätig sein darf und den Mangel im ausländischen Verfahren zumindest rügen muss[1].

Die Passivität von Franz Sabo im innerkirchlichen Verfahren ist für das Kantonsgericht ohne jede Bedeutung, weil das innerkirchliche Verfahren seines Erachtens den rechtsstaatlichen Anforderungen nicht zu genügen vermag (Urteil, Ziffer 4.2). Diese Argumentation greift zu kurz:

- Beim sogenannten Exequatur-Verfahren muss auch bei unzureichenden Rechtsmittelmöglichkeiten im Erstverfahren die Verletzung von Verfahrensrechten (z.B. rechtliches Gehör) zumindest in irgendeiner Form gerügt werden. Der Landeskirchenrat hat explizit darauf hingewiesen, dass dieses Minimalerfordernis auch im vorliegenden Verfahren gelten muss. Das Kantonsgericht setzt sich mit diesem Argument in keiner Weise auseinander.
- Mit Ausnahme der Beurteilung durch ein unabhängiges Gericht (welche im Übrigen selbst von der Europäischen Menschenrechtskonvention nicht ausnahmslos für alle Kategorien des Staatspersonals gefordert wird) könnte der kanonisch-rechtliche missio-Entzug die Anforderungen an ein rechtsstaatliches Verfahren erfüllen. Die undifferenzierte Disqualifizierung des innerkirchlichen Verfahrensrechts durch das Kantonsge-

1 Vgl. in diesem Zusammenhang etwa *Martin Bernet/Nathalie Voser*, Praktische Fragen im Zusammenhang mit Anerkennung und Vollstreckung ausländischer Urteile nach IPRG, in: SZIER 2000, S. 437-473, S. 452 ff. m.w.H. Diese beiden Autoren betrachten es als „genügend (aber auch erforderlich), dass die beklagte Partei im Erstprozess eine Erklärung abgibt, dass sie sich einem bestimmten Vorgehen anlässlich des nachfolgenden Anerkennungsprozesses widersetzen werde".

richt erfolgt daher vorschnell. Franz Sabo hätte die Möglichkeit gehabt, allfällige Mängel zu rügen.

- Das Urteil setzt aus der Sicht des Landeskirchenrats letztlich ein falsches Zeichen. Es „belohnt" das Verhalten dessen, der – anstatt sich gegen Anordnungen von Vorgesetzten zur Wehr zu setzen – sich darum schlicht foutiert.
- Mit anderen Worten: Dem Minimalerfordernis einer Rüge des Verfahrensmangels im Erstverfahren ist Franz Sabo nicht nachgekommen, so dass ihm – wenn man Kongruenz mit den in Art. 27 IPRG eingeflossenen Wertungen des schweizerischen Gesetzgebers an-strebt – im vorliegenden Verfahren die Einrede der Verletzung von Verfahrensrechten an sich verwehrt gewesen wäre. Diesen Aspekt hätte das Kantonsgericht in seinem 53-seitigen Urteil zumindest thematisieren müssen, nachdem der Landeskirchenrat explizit darauf hingewiesen hatte.

## 2. *Zu den Rechtsfolgen eines rechtswidrigen missio-Entzugs*

Schliesslich setzt sich das Kantonsgericht auch nicht mit den Rechtsfolgen eines Verfahrensmangels im innerkirchlichen Verfahren auseinander. Der Landeskirchenrat hat darauf hingewiesen, dass das Arbeitsverhältnis selbst dann aufzulösen wäre, wenn der missio-Entzug unter Verletzung von Verfahrensrechten von Franz Sabo erfolgt ist[2]. Wiederum ignoriert das Kantonsgericht die entsprechenden Überlegungen gänzlich. In diesem Zusammenhang ist auf Folgendes hinzuweisen:

- Erweist sich eine Kündigung als rechtswidrig, hat dies nicht zwingend ihre Aufhebung und den Anspruch der betroffenen Person auf Weiterbeschäftigung zur Folge. So gewähren in privatrechtlichen Arbeitsverhältnissen selbst missbräuchliche Kündigungen keinen Anspruch auf Weiterbeschäftigung (Art. 336 ff. OR).
- Der Landeskirchenrat hat auf die Praxis des Kantonsgerichts hingewiesen, dass im öffentlichen Personalrecht eine Weiterbeschäftigung am selben Arbeitsplatz in aller Regel nicht in Betracht kommt, wenn wie hier ein solcher Anspruch nicht explizit gesetzlich verankert ist. Das Kantonsgericht bringt seine eigene Praxis vorliegend nicht zur Anwendung. Im Urteil findet sich dazu keine Begründung.
- Die fehlende Auseinandersetzung mit den Rechtsfolgen eines im Lichte des staatlichen Rechts rechtswidrigen Entzugs der missio canonica ist mit Blick auf die Herstellung praktischer Konkordanz überaus problema-

2 Dies gilt zumindest solange, als der missio-Entzug – wie hier – nicht als nichtig zu qualifizieren ist.

tisch. Das Kantonsgericht zementiert mit seinem Entscheid einen rechtswidrigen Zustand, indem im Widerspruch zu den gesetzlichen Vorgaben in der Kirchgemeinde Röschenz ein Seelsorger ohne missio canonica tätig ist. Weil der Entzug der missio canonica von Franz Sabo kanonischrechtlich bindend ist – was nota bene von allen Beteiligten anerkannt wird –, ist ein nochmaliger Entzug unter Einhaltung der Vorgaben des Kantonsgerichts nicht möglich[3]. Die Wiederherstellung eines gesetzeskonformen Zustands ist daher nur möglich, wenn Bischof Kurt Koch Franz Sabo die missio canonica wieder erteilt. Die Erteilung der missio canonica ist nun aber unbestrittenermassen der staatlichen Einflussnahme entzogen. Das Kantonsgericht führt aus, dass kollektive religiöse Handlungen wie Gottesdienste oder Prozessionen wie auch individuell ausgeübte Kultushandlungen wie Beichte, Messen oder Meditation auch weiterhin unter vollem Schutz durch Gesetz und Verfassung stehen (Urteil, Ziffer 8.9). Es berücksichtigt aber nicht, dass sein Urteil dazu führt, dass ein Priester als Seelsorger tätig ist, aber genau solche durch die Religionsfreiheit geschützten Handlungen ohne missio canonica nicht gültig oder erlaubt vollziehen kann. Der Entscheid greift hier in unzulässiger Weise in die Religionsfreiheit ein, wenn er der römisch-katholischen Kirche vorschreibt, in ihrem Namen Kultushandlungen einer Person zu dulden, zu welchen diese gemäss dem Recht der römisch-katholischen Kirche gar nicht berechtigt ist. In diesem Sinne stellt das Kantonsgericht eben keine praktische Konkordanz her, sondern nimmt unter Berufung auf Verfahrensrechte Verletzungen der Religionsfreiheit in Kauf.

- Praktische Konkordanz hätte aus Sicht des Landeskirchenrats bedeutet, dass das Kantonsgericht gegebenenfalls die Rechtswidrigkeit des missio-Entzugs feststellt, Franz Sabo aber keinen Anspruch auf Weiterbeschäftigung einräumt, sondern ihm (allenfalls in einem weiteren Verfahren) eine Entschädigung wegen missbräuchlicher Kündigung im Sinne der Art. 336 ff. OR zuspricht. Es ist zuzugeben, dass dadurch die Position des betroffenen Arbeitnehmers etwas geschwächt wird. Diese Lösung ist jedoch nicht nur im Privatrecht vorgesehen, sondern auch im öffentlichen Personalrecht gang und gäbe und letztlich die einzige, welche den Rechten des Betroffenen und der Religionsfreiheit gleichermassen Rechnung trägt und auf diese Weise dem Ziel praktischer Konkordanz am nächsten kommt.

3 Etwas, das bereits entzogen ist, kann nicht nochmals entzogen werden.

### 3. *Zur Verletzung des rechtlichen Gehörs von Franz Sabo durch den Landeskirchenrat*

Das Kantonsgericht hat Franz Sabo und das Bistum beigeladen und dadurch beiden formell Parteistellung eingeräumt. Der Landeskirchenrat entschied sich im Sinne des Verhältnismässigkeitsprinzips dazu, der Kirchgemeinde eine Weisung zu erteilen. Das Kantonsgericht führt demgegenüber aus, der Landeskirchenrat hätte vorliegend zum weitaus schärferen Mittel der Ersatzvornahme greifen und gleich anstelle der Kirchgemeinde Röschenz die Entlassung aussprechen müssen[4].

Die Konsequenz dieser Pflicht zur Ersatzvornahme war es, dass das Kantonsgericht dem Landeskirchenrat eine Verletzung des rechtlichen Gehörs von Franz Sabo vorwerfen konnte, weil dieser nicht ins Verfahren einbezogen worden war.

Der Landeskirchenrat anerkennt selbstverständlich, dass er Franz Sabo vollumfänglich das rechtliche Gehör hätte gewähren müssen, wenn er anstelle der Kirchgemeinde Röschenz die Kündigung ausgesprochen hätte.

Nicht nachvollziehbar ist für den Landeskirchenrat indessen, weshalb das Kantonsgericht nicht das getan hat, was aufgrund der formellen Natur des rechtlichen Gehörs angezeigt gewesen wäre. Das Kantonsgericht hätte den vorliegenden Fall inhaltlich gar nicht behandeln dürfen, sondern hätte die Verfügung des Landeskirchenrats wegen Verletzung des rechtlichen Gehörs von Franz Sabo (und des Bistums, dazu unten) aufheben und das Verfahren an den Landeskirchenrat zurückweisen müssen[5]. Der Landeskirchenrat hätte dann Franz Sabo das rechtliche Gehör gewähren und anschliessend darüber entscheiden müssen, ob er im Rahmen einer Ersatzvornahme an Stelle der Kirchgemeinde Röschenz die Kündigung ausspricht oder nicht.

Das Kantonsgericht hat jedoch in der Sache entschieden und am Ende noch festgestellt, der Landeskirchenrat habe ohnehin das rechtliche Gehör von Franz Sabo verletzt. Das Verhältnis zwischen der inhaltlichen Beurteilung der Verfügung und der festgestellten Verletzung des rechtlichen Gehörs von Franz Sabo durch den Landeskirchenrat bleibt gänzlich ungeklärt.

So wie das Urteil formuliert ist, hätte das Kantonsgericht die Beschwerde selbst dann gutgeheissen, wenn es den missio-Entzug mit dem Landeskirchenrat als rechtsstaatlich bindend qualifiziert hätte, was zu einer interessan-

4 Man kann sich fragen, ob das Kantonsgericht damit nicht unzulässigerweise in den Ermessensspielraum der Aufsichtsbehörde eingreift.

5 Vgl. dazu etwa *Michele Albertini*, Der verfassungsmässige Anspruch auf rechtliches Gehör im Verwaltungsverfahren des modernen Staates, Diss. Bern 2000, S. 452 ff.

ten Situation geführt hätte: Das Kantonsgericht bezieht von sich aus eine Person mittels Beiladung ins Verfahren ein, um anschliessend die Beschwerde ausschliesslich wegen Verletzung des rechtlichen Gehörs dieser Person gutzuheissen.
Weshalb aber hat das Kantonsgericht trotz dieser formellen Ausgangslage in der Sache entschieden? Mehr noch: Weshalb wurde die Frage, ob vorliegend eine materielle Beurteilung erforderlich ist, wenn die Beschwerde aus formellen Gründen ohnehin gutzuheissen ist, in den 53 Seiten nicht einmal diskutiert?
Die materielle Beurteilung trotz der festgestellten Verletzung des rechtlichen Gehörs ist auch mit Blick auf das Bistum Basel inkonsequent: Wenn dem Bistum im vorliegenden Verfahren Parteistellung zukommt, hätte der Landeskirchenrat diesem zwingend in gleichem Masse wie Franz Sabo rechtliches Gehör gewähren müssen: Der Landeskirchenrat hätte das Bistum mit dem Beweisergebnis konfrontieren und ihm die beabsichtigte Massnahme vorgängig bekannt geben müssen[6].
Nach der Lesart des Kantonsgerichts hat der Landeskirchenrat das rechtliche Gehör des Bistums in gleichem Masse verletzt wie jenes von Franz Sabo[7]. Darauf aber ist das Gericht gar nicht eingegangen, so dass sich die Frage aufdrängt, ob hier mit zwei Ellen gemessen wurde. Das Kantonsgericht hätte demnach das Verfahren konsequenterweise wegen Verletzung des rechtlichen Gehörs von Franz Sabo und des Bistums an den Landeskirchenrat zurückweisen müssen.
Das Resultat dieser Vorgehensweise des Kantonsgerichts ist für den Landeskirchenrat unbefriedigend: Aus seiner Sicht weist die inhaltliche Beurteilung der Angelegenheit durch das Kantonsgericht gewichtige Mängel auf. Bei einer Anfechtung würde der Landeskirchenrat indessen Gefahr laufen, dass sich das Bundesgericht gar nicht zu den angeführten Mängeln äussert, sondern den Entscheid wegen der Verletzung des rechtlichen Gehörs von Franz Sabo im aufsichtsrechtlichen Verfahren stützt.
Eine Zurückweisung aus formellen Gründen hätte die medial hochgeschraubten Erwartungen auf einen materiellen Entscheid sicher enttäuscht. Aber die

6 Denn der Landeskirchenrat hat keineswegs vollumfänglich im Sinne des Bistums verfügt: Die unterschiedlichen Rechtsauffassungen von Landeskirchenrat und Bistum sind aktenkundig. Denkbar ist auch, dass das Bistum weitere Kündigungsgründe genannt hätte, insbesondere die Suspension. Und möglicherweise hätte das Bistum weitergehend eine fristlose Entlassung oder eine sofortige Freistellung gefordert.

7 Eine Verletzung des rechtlichen Gehörs wurde weder von Franz Sabo noch vom Bistum gerügt.

Aufgabe des Kantonsgerichts besteht ja nicht darin, Erwartungen der Öffentlichkeit zu erfüllen, sondern Recht zu sprechen.

### *Kein Weiterzug des Urteils*

Der Landeskirchenrat sieht (auch) aus dem genannten formellen Grund davon ab, den Entscheid beim Bundesgericht anzufechten. Das Bundesgericht ist zudem weitgehend an die Feststellungen des Kantonsgerichts gebunden, weshalb eine Anfechtung in diesem Punkt wenig Sinn macht.
Für den Landeskirchenrat stellte sich die Frage, ob er das Urteil allenfalls zur Abwendung präjudizieller Folgen anfechten muss.
Der Landeskirchenrat kam zum Schluss, dass es andere Wege als eine Anfechtung des Urteils gibt, um auf diese Aspekte aufmerksam zu machen und will vor dem Hintergrund der verfahrenen Situation in der Kirchgemeinde Röschenz nicht eine rechtsdogmatische Diskussion führen, welche am Ende den Konflikt ohne zu erwartende Lösungsansätze verlängert und die Fronten weiterhin verhärtet. Zudem würde ein solches Verfahren erneut viel Zeit und Geld beanspruchen.

Verabschiedet vom Landeskirchenrat anlässlich seiner ordentlichen Sitzung vom 6. November 2007.

Gez.: *Ivo Corvini*, Präsident
Liestal, 7. November 2007

## *4. Bistum Basel*

### *Stellungnahme des Bischofs von Basel vom 12. November 2007*

– *Vorbemerkung des Generalvikars zur Stellungnahme des Bischofs von Basel zum Urteil des Kantonsgerichts Basel-Landschaft*

Die Stellungnahme des Bischofs von Basel zum Urteil des Kantonsgerichts Basel-Landschaft kann nur verstanden werden, wenn berücksichtigt wird, dass sie sich allein auf den Sachverhalt des Entzugs der missio canonica an einen als Pfarradministrator (nicht als Pfarrer!) eingesetzten Priester bezieht. Diese Präzisierung ist insofern bedeutsam, als bei einem missio-Entzug bzw. Amtsenthebung eines Pfarrers (nicht nur weil er gewählt ist, sondern auch aus kanonistischen Gründen) ein aufwändigeres Verfahren durchgeführt werden muss, bevor das entsprechende Dekret erlassen werden kann.

Der Begriff missio canonica (lateinisch für kanonische Sendung) wird in der Kirchenrechtswissenschaft und in der kirchlichen Verwaltung für verschiedene Formen von Ermächtigungen von Personen zur Tätigkeit in der Kirche gebraucht. Bischöfe und andere Leitungsverantwortliche ermächtigen damit Kleriker und Laien, im Namen der Kirche am Sendungsauftrag der Kirche mitzuwirken. Bei uns wird der Begriff missio canonica gebraucht, um die Verleihung eines Amtes im kanonischen Sinn auszudrücken. Ein Priester erhält also mittels der missio canonica das Amt als Pfarrer, Pfarradministrator, Vikar oder Mitarbeitender Priester verliehen. Umgekehrt bedeutet der Entzug der missio canonica, dass dem Priester das vormals verliehene Amt entzogen wird. Da das kanonische Recht für diesen Vorgang aber unterschiedliche Formen und Verfahrensweisen kennt, ist der Entzug der missio canonica rechtlich differenziert anzugehen.
Wenn die Landeskirchenverfassung von „kirchlicher Sendung" spricht, greift sie damit den Begriff missio canonica auf. Die Verfassung bindet durch die Verwendung dieses Begriffs das Landeskirchenrecht – zumindest teilweise – an das kanonische Recht. Konkret geschieht dies, indem die Verfassung die „kirchliche Sendung" zur Anstellungsvoraussetzung für alle Seelsorgenden macht (vgl. § 46, 47, 49 Abs. 1 und 53 Abs. 2 Landeskirchenverfassung Basel-Landschaft). Folglich kann die Landeskirche oder eine Kirchgemeinde niemanden als Seelsorgenden anstellen, ohne dass der Bischof vorher durch die Erteilung der missio canonica seine Zustimmung erteilt hat. In gleicher Weise gilt: der Landeskirchenrat oder eine Kirchgemeinde kann niemand weiter beschäftigen, dem der Bischof die missio canonica entzogen hat.
Solothurn, 12. November 2007

– *Stellungnahme des Bischofs von Basel zum Urteil des Kantonsgerichts Basel-Landschaft*

Nachdem ich die schriftliche Begründung des Urteils des Kantonsgerichts Basel-Landschaft vom 5. September 2007 über das Arbeitsverhältnis von Herrn Franz Sabo in der Kirchgemeinde Röschenz zur Kenntnis nehmen konnte und nachdem sich der Landeskirchenrat Basel-Landschaft dazu mit einer sehr kritischen Urteilsanalyse öffentlich geäussert hat, gebe ich zuhanden der Öffentlichkeit die folgende Stellungnahme ab.

1. Positiv am Gerichtsurteil ist die Tatsache zu werten, dass das Kantonsgericht unmissverständlich festhält und bestätigt, dass ein Seelsorger in der römisch-katholischen Kirche „nur mit einer missio canonica angestellt werden" kann, „da er diese für seine Arbeit, nämlich eine kirchenrecht-

lich korrekte und gültige Seelsorge, zwingend benötigt" (4.4)[8]. Ebenso wird klar festgehalten, dass die Erteilung wie auch der Entzug der missio canonica „innerkirchliche Vorgänge" sind, die sich „im Grundsatz einer staatlichen Kontrolle und Aufsicht entziehen" (8.6).

2. Von dieser wichtigen grundsätzlichen Tatsachenfeststellung wurde freilich im Gerichtsverfahren und in der schriftlichen Begründung des Gerichtsurteils durchgehend kein Gebrauch gemacht. Im Gegenteil verwickelt sich das Kantonsgericht in einen fundamentalen Selbstwiderspruch zu seiner grundsätzlichen Tatsachenfeststellung. Denn das ganze Gerichtsverfahren beinhaltet genau die „staatliche Kontrolle und Aufsicht". Mit der Behauptung, dass überall dort, wo das kirchliche Handeln des Bischofs Auswirkungen auf das staatliche Recht habe, das kirchliche Recht dem staatlichen Recht unterstellt werden müsse, sieht sich das Gericht als kompetent und legitimiert, „zu prüfen, ob der Entzug der missio canonica gültig ist, damit sie als Grundlage für eine das öffentlichrechtliche Anstellungsverhältnis auflösende bzw. diese Auflösung befehlende Verfügung dienen kann". Nicht nur wird behauptet, dass die korporative Freiheit der römisch-katholischen Kirche – auch und sogar – „im innerkirchlichen Bereich ihre Grenzen beim staatlichen bzw. landeskirchlichen Recht" finde (8.7), sondern es wird auch in Anspruch genommen, dass „die aus Art. 29 BV fliessenden Grundrechtsbedingungen" stärker zu gewichten seien „als die in der Landeskirchenverfassung enthaltenen Verweise auf Lehre und Rechtsordnung der römisch-katholischen Kirche" und deshalb „grundsätzlich innerkirchlichem Recht" vorgehen (8.9). Daraus wird geschlossen, dass bei einer „Güterabwägung zwischen dem Selbstbestimmungszweck der Kirche und staatlichem Rechtsgüterschutz" dem letzteren der absolute Vorrang gegeben werden müsse (7.6). Solche Behauptungen kommen einer Unterordnung des kirchlichen unter das staatliche Recht gleich und machen die unter Punkt 1. genannte grundsätzliche Tatsachenfeststellung zu Makulatur.

3. Um diesen fundamentalen Selbstwiderspruch zwischen der Grundsatzerklärung, dass es sich bei der Erteilung und beim Entzug der missio canonica um eine rein kirchliche Angelegenheit handelt, und dem dazu konträren Handeln des Gerichts zu verschleiern, hat das Gericht folgendes Vorgehen gewählt: Es hat auf eine inhaltliche Auseinandersetzung mit der ganzen Sachproblematik verzichtet und sich auf eine rein formale,

8 Die Zahlen in Klammern beziehen sich auf die Nummerierung der schriftlichen Begründung des Urteils des Kantonsgerichts Basel-Landschaft vom 5. September 2007.

beziehungsweise formalistische Argumentation zurückgezogen, und zwar dahingehend, dass sowohl beim bischöflichen Entzug der missio canonica als auch bei der Verfügung des Landeskirchenrates an die Kirchgemeinde Röschenz, der suspendierte Priester Sabo sei zu entlassen, Formfehler geschehen seien, die „nicht geheilt" werden könnten (9.6), und dass folglich der missio-Entzug nicht gültig sei. Doch diese formalistische Argumentation des Gerichts kann nicht darüber hinwegtäuschen, dass das Gericht damit gerade eine inhaltliche Entscheidung gefällt hat. Denn dieses Urteil impliziert eine faktische Nichtigkeitserklärung des bischöflichen missio-Entzuges durch das staatliche Gericht. Dieses Urteil kann ich auf keinen Fall akzeptieren, sondern weise es vor allem aus zwei Gründen kategorisch zurück: Erstens bliebe mir als Bischof, um meine Verantwortung nach dem Gerichtsurteil überhaupt noch wahrnehmen zu können, nur noch die Möglichkeit, Herrn Sabo die missio zurückzugeben, den vom Gericht beanstandeten Formfehler zu korrigieren und dann Herrn Sabo die missio canonica wieder zu entziehen. Ein solches absurdes Vorgehen, das in der Öffentlichkeit zweifellos als solches wahrgenommen würde, darf niemand, am wenigsten ein sich rechtsstaatlich verstehendes Gericht, einem Bischof zumuten. Zweitens würde dieses Vorgehen de facto eine Anerkennung meinerseits bedeuten, dass ein staatliches Gericht das Recht hat, sich in derart gravierender Weise in kirchliche Angelegenheiten einzumischen. Dies wäre ein fataler Präzedenzfall, den ich auf jeden Fall vermeiden muss. Dies bin ich der ganzen Kirche in der Schweiz einfach schuldig. Aus diesen beiden Gründen muss ich diesen Gerichtsentscheid als für mich und meine kirchliche Verantwortung irrelevant und mich in keiner Weise bindend zurückweisen. Die Erteilung und der Entzug der missio canonica ist und bleibt eine kirchliche Angelegenheit, über die der Staat nicht zu verfügen hat.

4. Dazu weiss ich mich ferner verpflichtet, weil die inhaltliche Begründung des Gerichtsentscheids auf äusserst schwachen Füssen steht. Es ist zwar auch in kirchlicher Sicht unbestritten, dass ein missio-Entzug begründet und dem betroffenen Seelsorger rechtliches Gehör gewährt werden muss. Problematisch ist aber die Beurteilung dieser Sachverhalte durch das Kantonsgericht, wie bereits der Landeskirchenrat unmissverständlich festgestellt hat.
   a) Das Gericht hat erstens geurteilt, der Entzug der missio canonica sei „nicht in ausreichender Dichte begründet" worden (10.7). Die Hauptbegründung eines zerrütteten Vertrauensverhältnisses zwischen Herrn Sabo und mir als Bischof wird nicht anerkannt, sondern

als „Leerformel“ disqualifiziert. Dieses Urteil ist unhaltbar und bezeugt keine objektive Beurteilung durch das Kantonsgericht. Denn erstens ist das völlig zerrüttete Vertrauensverhältnis genügend dokumentiert, hat es doch Herr Sabo mit seinen Attacken gegen die Kirche in aller Öffentlichkeit selbst demonstriert und zudem in einer Buchpublikation festgeschrieben. Zweitens hat Herr Sabo selbst in seinem Schreiben (bei den Gerichtsakten) an mich vom 25. September 2005, den Tatbestand eines zerrütteten Vertrauensverhältnisses seinerseits bestätigt. Drittens ist es schlicht unvorstellbar, dass man bei einem kantonalen Angestellten, der den Regierungsrat und den Staat dauernd öffentlich beschimpfen und verunglimpfen würde, ein zerrüttetes Vertrauensverhältnis nicht selbstverständlich anerkennen würde und dass es niemandem in den Sinn käme, diesbezüglich von einer „Leerformel“ zu sprechen. Unwillkürlich fragt man sich, aus welchen Gründen sich dies bei der römisch-katholischen Kirche anders verhalten soll.

b) Das Gericht hat zweitens geurteilt, sowohl ich als auch der Landeskirchenrat hätten Herrn Sabo das rechtliche Gehör nicht gewährt. Diese unverständliche und unhaltbare Behauptung kann das Gericht nur deshalb aufstellen, weil es in einer absolut formalistischen Fixierung nur die Fakten vor dem 9. Februar 2005 anerkennt, als Bischofsvikar Kurt Grüter Herrn Sabo mündlich mitteilen musste, dass der Entzug der missio canonica unausweichlich geworden sei, und alle anderen Fakten und Ereignisse nach dem 9. Februar 2005 als irrelevant, weil „nachgeschoben“, erklärt. Dabei hatten nach dem 9. Februar 2005 nochmals je zwei Gespräche zwischen Herrn Sabo und mir und dem Kirchgemeinderat Röschenz und mir stattgefunden, in denen nicht nur die Gründe für den missio-Entzug besprochen, sondern nach Auswegen in der verfahrenen Situation gesucht wurde. Ich bin sogar soweit gegangen, dass ich Herrn Sabo eine Auszeit von einem halben Jahr angeboten habe, während dem das Erzbistum Bamberg und das Bistum Basel für seinen Lebensunterhalt aufkommen werden, was Herr Sabo postwendend abgelehnt hat. Obwohl ich also sehr viel mehr unternommen habe, um die eingetretene problematische Sachlage zu klären und eine Lösung zu finden, als staatliches Recht vorschreibt, und obwohl auch der Landeskirchenrat zur Überzeugung gekommen ist, dass mit den verschiedenen Gesprächen nach dem 9. Februar 2005 die staatliche Anforderung des rechtlichen Gehörs gewährleistet worden sei, wischt das Kantonsgericht dies alles vom Tisch und erklärt es für irrelevant. Es ist offensichtlich, dass das Kantonsgericht die Fiktion vorgenommen hat, die missio canonica sei Herrn Sabo am 9. Februar 2005 entzogen worden (tatsächlich erfolgte der missio-Entzug aber am 30. September 2005), und zwar mit dem Zweck, alle nachfolgenden Verfehlungen von Herrn Sabo als nicht Gegenstand des Entzugs der missio canonica zu erklären. Hier dürfte auch der Grund liegen, dass das Kantonsgericht in einer rein formalistischen Argumentation auf den Sachverhalt fixiert bleibt, das rechtliche Gehör sei Herrn Sabo nicht so gewährt worden, wie es der Gerichtspraxis des Kantonsgerichts Basel-Landschaft entspreche. Dieser auf Willkür beruhende Formalismus des Urteils bildet eine für unsere demokratische Rechtskultur verhängnisvolle Erscheinung.

c) Das Gericht gesteht zwar ein, dass der Inhalt der Gespräche zwischen Herrn Sabo und mir „zwischen den Parteien umstritten sei": „Die Beschwerdeführerin geht in Übereinstimmung mit Franz Sabo davon aus, dass bei diesem Gespräch eine Vertrauensbasis im Hinblick auf den gesamten Verlauf des Konfliktes geschaffen werden sollte. Die Vorinstanz und das Bistum sind hingegen der Ansicht, dass Franz Sabo in diesem Gespräch zum Entzug der missio canonica angehört und ihm auch eine Begründung geliefert worden sei" (9.6). Wiewohl das Gericht diese Situation als „umstritten" beurteilt und wiewohl es anerkennt, dass von kirchlicher Seite sehr viel grössere Anstrengungen unternommen worden sind, um die verfahrene Situation zu lösen, als die alleinige Form des rechtlichen Gehörs, macht es sich anschliessend in einer äusserst parteilichen Weise die Sicht von Herrn Sabo und des Kirchgemeinderates Röschenz zu eigen, ohne dies zu begründen.

5. Leider werfen auch einige vorprozessuale Handlungen des Herrn Gerichtspräsidenten Fragen auf. Um nur das gravierendste Beispiel zu nennen, beschränke ich mich auf das sogenannte Angebot des Gerichtspräsidenten zu Einigungsverhandlungen. Seltsam und den Gepflogenheiten nicht entsprechend war bereits die Tatsache, dass diese Einladung zu Einigungsverhandlungen zunächst den Medien bekannt gegeben wurde, bevor die Parteien mit Schreiben vom 1. Februar 2007 informiert worden sind. Noch verworrener freilich ist der Inhalt dieses Schreibens:
Der Gerichtspräsident schreibt, dass bei einem solchen Einigungsgespräch „das kanonische Recht und die innerkirchlichen Belange berücksichtigt werden müssen". Deshalb würde er die „Vergleichsverhandlung" im Beisein eines früheren Landeskirchenratspräsidenten führen, welcher in staatskirchenrechtlichen und innerkirchlichen Angelegenheiten über

eine langjährige Erfahrung und über ein spezielles Fachwissen verfüge. Weiter vermerkt der Gerichtspräsident, dass im Fall einer gerichtlichen Beurteilung die genannte Person dem Spruchkörper nicht angehören werde, „um auch nach aussen jeden Anschein der Befangenheit des Gerichts zu vermeiden".

Schliesslich gab der Gerichtspräsident die unabdingbaren Voraussetzungen für Einigungsverhandlungen bekannt: „Im Weiteren dürfen keine Vorbedingungen gestellt werden und alle Teilnehmenden verpflichten sich, während der Einigungsgespräche andere Beteiligte provozierende Handlungen zu unterlassen." Tatsache aber ist, dass sowohl der Anwalt des Kirchgemeinderates Röschenz als auch derjenige von Herrn Sabo – aus mir wohl einsehbaren Gründen – dem Gerichtspräsidenten mitgeteilt haben, dass sie die von ihm vorgeschlagene Person für die Durchführung der Einigungsverhandlungen ablehnen. Zudem liess der Anwalt von Herrn Sabo den Gerichtspräsidenten wissen, dass Herr Sabo nur zu Einigungsverhandlungen erscheine, wenn der Bischof „persönlich eingeladen und anwesend sei". Wiewohl damit der Kirchgemeinderat Röschenz und Herr Sabo klare „Vorbedingungen" gestellt haben, die der Gerichtspräsident in seinem Schreiben vom 1. Februar 2007 unmissverständlich ausgeschlossen hatte, und wiewohl damit der Kirchgemeinderat Röschenz und Herr Sabo ihrerseits Einigungsverhandlungen verunmöglicht haben, hat der Gerichtspräsident nach aussen kommuniziert, alle Parteien mit Ausnahme des Bischofs wären für Einigungsverhandlungen bereit gewesen. Dieses Verhalten war wahrlich keine gute Voraussetzung, um auf eine ausgewogene Beurteilung hoffen zu dürfen.

6. Alle diese Fakten lassen für mich keinen anderen Schluss zu als den, dass es sich beim Kantonsgericht nicht um eine entscheidungsoffene Urteilsberatung gehandelt haben kann, dass vielmehr von vorneherein feststand, wie das Urteil zu lauten hatte und dass dazu eine für die Öffentlichkeit nachvollziehbare Begründung gefunden werden musste.
7. Damit dürfte hinlänglich deutlich sein, dass es nach dem Urteil des Kantonsgerichts nicht mehr allein um den Fall Röschenz gehen kann, dass vielmehr schwerwiegende Fragen grundsätzlicher Art aufgeworfen sind und noch kaum in ihrer ganzen Tragweite absehbare Konsequenzen bedacht werden müssen, und zwar genauerhin in vierfacher Hinsicht:
   a) Das Gerichtsurteil provoziert in erster Linie Fragen an die in den Bistumskantonen herrschenden *staatskirchenrechtlichen Systeme* selbst. Dass die rein kirchliche Angelegenheit der Erteilung oder des Entzugs der missio canonica überhaupt von einem staatlichen Gericht beurteilt wird, hat seinen entscheidenden Grund in diesen

staatskirchenrechtlichen Systemen. Der Fall Röschenz zeigt zudem einmal mehr, dass das Leben der Kirche mit dieser staatskirchenrechtlichen Struktur nur funktioniert, wenn beide Seiten demselben Ziel verpflichtet sind und einvernehmlich handeln wollen. Im Konfliktfall aber versagt diese Zusammenarbeit völlig, weil dann das Staatskirchenrecht stets Vorrang vor dem Kirchenrecht beansprucht und ihn auch durchsetzen kann und sich die Kirche vor dem Staatskirchenrecht und, wie das Gerichtsurteil zeigt, sogar vor staatlichem Recht zu beugen hätte. Wiewohl die staatskirchenrechtlichen Systeme Auxiliargefässe sind, die den Zweck haben, das kirchliche Leben administrativ und finanziell zu unterstützen, dienen sie im Konflikt gerade nicht der Kirche, sondern stellen ihre Freiheit radikal in Frage. Sollte das Vorhaben, die staatskirchenrechtlichen Systeme gegen die Kirche zu missbrauchen, wie dies bei Röschenz in eklatanter Weise der Fall ist, Schule machen – die Kirchgemeinde Kleinlützel ist ein weiteres Beispiel dafür –, würde die Kirche keine andere Möglichkeit mehr haben als die, für eine völlige Trennung von Kirche und Staat einzutreten. Hier ist ein Umdenken unbedingt angesagt. Dieses muss mit einer kritischen Zurückweisung des Gutachtens von Felix Hafner und Urs Brosi „Bischöfliche Personalentscheide und landeskirchliches Recht“ beginnen, das der Landeskirchenrat Basel-Landschaft in Auftrag gegeben hat und auf das sich das Kantonsgericht in seinen Entscheidungen stützt. In diesem Gutachten wird eine problematische Sicht der staatskirchenrechtlichen Systeme und ihres Verhältnisses zur Kirche vertreten. Dieses Gutachten berücksichtigt vor allem nicht, dass der Bischof kein staatliches Organ ist und auch das Arbeitsverhältnis eines Priesters nicht mit dem Bistum abgeschlossen wird.

b) Das Gerichtsurteil wirft auch Schatten auf das *Verhältnis von Staat und Kirche*. Wenn der Staat für sich in Anspruch nimmt, eine Oberaufsicht über die Kirche auszuüben und ihr eigenes Recht zu überprüfen, dann handelt es sich nicht mehr um eine kritisch-loyale Partnerschaft von Kirche und Staat, sondern um eine dem neuzeitlichen Verständnis des Verhältnisses von Kirche und Staat widersprechende Unterordnung der Kirche unter den Staat. In meiner Loyalitätserklärung, die ich als neu ernannter Bischof von Basel gegenüber den Regierungsvertretern aus den zehn Diözesankantonen am 23. Februar 1996 abgegeben habe, habe ich keineswegs eine Subordination der Kirche unter den Staat anerkannt, sondern zugesichert, mich für eine kritisch-loyale Partnerschaft zwischen Kirche und Staat einzusetzen, und habe deshalb gesagt: „So dienen beide, Kirche und Staat, letztlich demselben Ziel, dem Frieden und der Gerechtigkeit unter den Menschen. Dies kann aber nur gelingen, wenn Kirche und Staat sich zueinander kritisch-loyal verhalten.“ Von einer kritisch-loyalen Partnerschaft von Staat und Kirche ist freilich beim Urteil des Kantonsgerichts kaum etwas zu spüren. Es erinnert mich vielmehr in unseliger Weise an das Jahr 1873, als der Basler Bischof Eugène Lachat den Pfarrer von Starrkirch-Dulliken suspendieren musste, die Solothurner Regierung diese Entscheidung aber nicht akzeptierte und in konzertierter Aktion mit den anderen Bistumskantonen den Bischof von Basel absetzte: Am 16. April 1873 erschien der Polizeidirektor im Bischofshaus in Solothurn und forderte den Bischof zum Verlassen des Hauses auf. Auch wenn es den Diözesankantonen heute kaum mehr möglich ist, den Diözesanbischof wegen einer Suspendierung eines Priesters abzusetzen, so ist die Mentalität, die hinter der schriftlichen Begründung des Urteils des Kantonsgerichts Basel-Landschaft verborgen ist, von diesem unseligen Geist des 19. Jahrhunderts nicht frei.

c) Das Urteil des Kantonsgerichts berührt auch das *völkerrechtliche Konkordat*, das die Diözesankantone des Bistums Basel mit dem Apostolischen Stuhl im Jahr 1828 geschlossen haben und dem sich der Kanton Basel-Landschaft mit einer Zusatzvereinbarung im Jahre 1978 angeschlossen hat. Denn auf den Einwand meines Anwaltes während der Gerichtsverhandlung, dass Herr Sabo es unterlassen habe, zunächst das kirchliche Rechtsmittel der Beschwerde zu ergreifen, hat das Gericht lapidar und ohne jede Begründung geantwortet, Herr Sabo hätte den innerkirchlichen Rechtsweg deshalb nicht beschreiten müssen, weil das kirchliche Verfahren „den rechtsstaatlichen Anforderungen nicht zu genügen“ vermöge. Dieser Affront gegen die Rechtsordnung der Römisch-katholischen Kirche wird allein damit „begründet“, die kirchlichen Gerichte würden die EMRK verletzen und es sei „keine weltliche Überprüfung“ möglich (4.2). Dieser selbstherrliche Anspruch auf staatliche Überprüfung des kirchlichen Rechts und die damit einhergehende ungeheuerliche Infragestellung der ganzen Rechtsordnung der Römisch-katholischen Kirche, mit der der Kanton Basel-Landschaft mit einem völkerrechtlichen Konkordat verbunden ist, darf in keiner Weise hingenommen, sondern muss entschieden zurückgewiesen werden. Kein souveräner Staat würde es sich gefallen lassen, dass sich ein anderer Staat, mit dem diplomatische Beziehungen bestehen, derart abfällig über dessen Rechtsordnung äussert, wie dies das Kantonsgericht über die Rechtsordnung der Römisch-katholischen Kirche getan hat. Zudem wäre zu verifizieren, ob die Schweiz nicht mit mehr Ländern, die die EMRK nicht unterzeichnet haben, diplomatische und handelsrechtliche Beziehungen zu unterhalten pflegt, als mit solchen, die der EMRK unterstehen; die Handelsbilanz mit China und Indien dürfte jedenfalls für sich sprechen. Angesichts dieses totalen Affronts des Kantonsgerichts Basel-Landschaft habe ich mich verpflichtet gefühlt, den Apostolischen Stuhl in Rom über diese öffentliche Disqualifizierung seiner Rechtsordnung und über diese gravierende Missachtung des Konkordates durch das Kantonsgericht Basel-Landschaft umgehend zu informieren.

d) Das Urteil des Kantonsgerichts stellt schliesslich in *ökumenischer Sicht* eine gravierende Benachteiligung der Römisch-katholischen Kirche im Verhältnis zu den Evangelisch-reformierten Kirchen in der Schweiz dar. Denn es dürfte selbstverständlich sein, dass eine Verfügung eines evangelisch-reformierten Kantonalkirchenratspräsidenten gegenüber einer Kirchgemeinde von einem staatlichen Gericht nicht derart in Zweifel gezogen würde, wie dies bei der Römisch-katholischen Kirche offensichtlich möglich ist, wiewohl die kirchliche und die staatskirchenrechtliche Seite zu demselben Ergebnis gekommen sind. Hier ist offensichtlich die Rechtsgleichheit zwischen den christlichen Konfessionen verletzt worden.

8. Das Urteil des Kantonsgerichts anzuerkennen, käme einer Kapitulation der Kirche vor dem Staat gleich. Ein solcher Kniefall vor dem Staat darf einem Bischof aber nicht zugemutet werden. Deshalb weiss ich mich in meinem Gewissen verpflichtet, das Urteil des Kantonsgerichts zurückzuweisen. Aus denselben Gründen ist es für mich unmöglich, den Entscheid des Kantonsgerichts an das Bundesgericht weiterzuziehen. Denn erstens habe ich stets betont, dass eine derart kirchliche Angelegenheit wie die Erteilung oder der Entzug der missio canonica nicht vor ein staatliches Gericht gehört, wie bereits Paulus in seinem ersten Brief an die Korinther (6,6) einschärfen musste. Ein Weiterziehen an das Bundesgericht käme zweitens einer Anerkennung der Zuständigkeit des Kantonsgerichts Basel-Landschaft bei kirchlichen Angelegenheiten gleich, was ich, wie gesagt, nicht verantworten kann. Ich bin deshalb dankbar, dass auch der Landeskirchenrat nicht an das Bundesgericht appelliert.

9. Die aufgeworfenen Fragen im Verhältnis von Staat und Kirche sind sehr differenziert und komplex. Sie müssen vordringlich angegangen und aufgearbeitet werden. Sie können deshalb unmöglich mit einem occasio-

nellen Entscheid eines kantonalen Gerichts als bereits beantwortet gelten. Dazu ist das Urteil des Kantonsgerichts mit zu vielen Unwägsamkeiten, ungeprüften Vorentscheidungen und Falschbeurteilungen belastet.

10. Was die konkrete Situation in der Kirchgemeinde Röschenz betrifft, liegt es nun in der Verantwortung des Landeskirchenrates, den in kirchlicher und staatskirchenrechtlicher Sicht nach wie vor bestehenden Unrechtszustand zu beseitigen und wieder geordnete Rechtsverhältnisse herzustellen. Die rechtliche Kompetenz dazu ist dem Landeskirchenrat jedenfalls – erfreulicherweise – vom Kantonsgericht Basel-Landschaft anerkannt worden.

†Kurt Koch
Bischof von Basel
Solothurn, 12. November 2007

# Vereinbarung zwischen dem Bischof von Basel, der Universität Luzern und dem Kanton Luzern betreffend die Theologische Fakultät der Universität Luzern vom 8. November 2005*

*Der Bischof von Basel, Magnus cancellarius der Theologischen Fakultät Luzern,*

in der Absicht,

- die Qualität der theologischen Ausbildung der im Bistum Basel pastoral Tätigen nach den Anforderungen des allgemeinen und des partikularen Kirchenrechtes sicher zu stellen,
- die Praxisrelevanz theologischer Forschung zu fördern,
- den Dialog zwischen Kirchenleitung und Theologie im Bistum Basel zum Nutzen der Kirche und der einzelnen Gläubigen zu vertiefen,

*die Universität Luzern,*

in der Absicht,

- die kirchliche Anerkennung der Theologischen Fakultät und ihrer Ausbildungsgänge zu sichern,
- die Freiheit von Forschung und Lehre zu garantieren, die wissenschaftliche Qualität aller Aktivitäten in ihrem Haus zu schützen und die Attraktivität als Partnerin im wissenschaftlichen Diskurs zu wahren,
- ihre Arbeit im produktiven Austausch mit den relevanten gesellschaftlichen Gruppierungen zu gestalten,

sowie

*der Kanton Luzern, vertreten durch den Regierungsrat,*

im Hinblick auf § 10 Abs. 1 des Gesetzes über die universitäre Hochschulbildung vom 17. Januar 2000,

wollen gemeinsam

* Siehe auch im Berichtsteil dieses Bandes S. 190 f.

- Luzern als angesehenen Standort für theologische Forschung und kirchliche Ausbildung festigen,
- im Interesse aller Bevölkerungsgruppen für das kulturelle und das religiöse Leben günstige Bedingungen schaffen,
- in der Gesellschaft Verantwortungsbewusstsein und kritische Reflexion unterstützen

und schliessen zu diesem Zweck die folgende

## *Vereinbarung*

**1.** Der Bischof von Basel (nachfolgend Bischof) anerkennt Studiengänge und Abschlüsse der Theologischen Fakultät (nachfolgend Fakultät) als kirchliche Studiengänge und Abschlüsse. Die Universität ist frei, an der Fakultät Studiengänge ohne kirchliche Anerkennung anzubieten, wenn sie dies ausdrücklich deklariert.

**2.** Die Universität akzeptiert die Auflage, dass Professorinnen und Professoren der Fakultät der Bestätigung der kirchlichen Unbedenklichkeit („nihil obstat") bedürfen.

**3.** Die Universität besetzt Professorenstellen der Fakultät nach ihren Regeln. Die Fakultät evaluiert Kandidierende bezüglich wissenschaftlicher und persönlicher Eignung und nach den kirchenrechtlichen Vorgaben. Anschliessend ersucht sie den Bischof um die Erteilung des „nihil obstat". Liegt das „nihil obstat" vor, stellt die Fakultät der Universität den Berufungsantrag.
Der Bischof erteilt dem oder der Erstplatzierten der Kandidierenden das „nihil obstat", ausser wenn die kandidierende Person nachweislich mindestens ein wesentliches Erfordernis des allgemeinen oder des partikularen kirchlichen Rechts nicht erfüllt.

**4.** Besteht seitens des Bischofs die begründete Vermutung, dass eine bereits im Amt stehende Professorin oder ein bereits im Amt stehender Professor ein wesentliches Erfordernis des allgemeinen oder des partikularen kirchlichen Rechts verletzt, führt der Bischof mit ihr oder ihm ein persönliches Gespräch. Der Bischof kann das „nihil obstat" nach Durchführung eines Beanstandungsverfahrens widerrufen.
Nach dem Entzug der kirchlichen Amtsbefugnis verliert die betroffene Person die Zugehörigkeit zur Fakultät. Falls dies im Erachten der Universität in ihrem Interesse liegt, errichtet die Universität für sie oder ihn ad hoc, ad personam und extra facultatem eine eigene Professur. Die Universität unterbreitet der Fakultätsversammlung die Frage des Interesses an einer solchen Professur in Bezug auf Forschung, Dienstleistung und Lehre zur Stellungnahme.

Die Rektorin oder der Rektor regelt die mit dieser Professur verbundenen Rechte und Pflichten in einem Leistungsauftrag. Die bisherige Professur in der Fakultät soll nach Möglichkeit bereits während des Bestehens der Professur extra facultatem wieder besetzt werden. Mindestens muss die Lehre im betreffenden Bereich uneingeschränkt fortgeführt werden. Der Bischof trägt während fünf Jahren die Hälfte der daraus allenfalls erwachsenden zusätzlichen Kosten. Der Kanton und die Universität sprechen sich über die Tragung der übrigen Kosten ab.
Der Fakultät ist es untersagt, bei einer solchen Professorin oder einem solchen Professor erbrachte Studien- und Prüfungsleistungen für kirchliche Bachelor-, Master- oder Doktoratsstudiengänge anzuerkennen.

**5.** Beabsichtigt der Bischof, das „nihil obstat" nicht zu erteilen oder zu widerrufen, gewährt er der oder dem Betroffenen sowie der Fakultät vorgängig das rechtliche Gehör. Entscheide werden schriftlich und begründet eröffnet. Auf Gesuch der oder des Betroffenen oder der Fakultät zieht der Bischof seinen Entscheid in Wiedererwägung. Kandidierende, Professorinnen und Professoren sowie die Fakultät haben ein vollumfängliches Recht auf Akteneinsicht. Sie können sich im Verfahren vertreten lassen.

**6.** Für die Einholung des „nihil obstat" ist gemäss Punkt 3 der vorliegenden Vereinbarung grundsätzlich die antragstellende Fakultät zuständig. Dabei gehen Universität und Regierungsrat davon aus, dass der Bischof sich darum bemüht, dass seine entsprechende Stellungnahme spätestens sechs Monate nach Eingang der Anfrage der Dekanin oder dem Dekan der Fakultät vorliegt.

**7.** Dem Bischof werden folgende weitere Rechte eingeräumt:
- der Bischof genehmigt den Erlass und die Änderungen von Studien- und Prüfungsordnungen,
- der Bischof erhält Gelegenheit zur Vernehmlassung bei der Schaffung und Aufhebung von Instituten oder Professorenstellen der Fakultät,
- der Bischof und die Kantone des Basler Bistumskonkordats können kirchliche Expertinnen und Experten ernennen, die an den mündlichen Prüfungen der Fakultät Einsitz nehmen,
- der Bischof wird über Promotionen zum Dr. theol. und zum Dr. theol. habil. durch die Fakultät nachgängig orientiert,
- über Habilitationen mit venia legendi und Ehrenpromotionen durch die Fakultät ist der Bischof vorgängig zu orientieren.

**8.** Die Fakultät immatrikuliert auf Empfehlung des Bischofs Studierende mit kirchlichem Abschlussziel für das Studium der Theologie. Studium und Studienabschluss richten sich in diesem Fall nach den Vorschriften des Bischofs und der Fakultät. Der erfolgreiche Studienabschluss wird in einem kirchlichen Abschlusszeugnis durch den Bischof und die Fakultät bestätigt.

**9.** Bei Streitigkeiten im Zusammenhang mit der Interpretation dieser Vereinbarung entscheidet ein aus drei Personen bestehendes Schiedsgericht. Es wird eingesetzt, indem eine Partei (oder mehrere Parteien) eine Schiedsrichterin oder einen Schiedsrichter bezeichnet und die andere Partei oder die anderen Parteien auffordert, ihrerseits in einer bestimmten Frist von nicht mehr als 30 Tagen eine Schiedsrichterin oder einen Schiedsrichter zu benennen. Die beiden Schiedsleute wählen eine Drittperson als Obmann oder Obfrau. Ernennen die Gegenpartei oder die Gegenparteien innerhalb der gesetzten Frist keinen Schiedsrichter und keine Schiedsrichterin, oder können sich die Parteischiedsrichter oder -schiedsrichterinnen nicht innerhalb von 30 Tagen auf die Person des Obmanns oder der Obfrau einigen, so wird die Person vom Präsidenten des Obergerichts des Kantons Luzern bestimmt. Das Schiedsgericht gibt sich die Verfahrensordnung selbst. Im Übrigen richtet sich das Verfahren nach dem Konkordat der schweizerischen Kantone über die Schiedsgerichtsbarkeit vom 27. März 1969 oder einer allfälligen Nachfolgeregelung in einer eidgenössischen Zivilprozessordnung.
Die Parteien verzichten für die Vollstreckung darauf, eine allfällige Immunität von der schweizerischen Schiedsgerichtsbarkeit geltend zu machen.
Gegen Entscheide über die Nichterteilung oder den Widerruf des „nihil obstat“ und für die Entscheidung von weiteren Rechtsfragen, die nach kanonischem Recht zu beurteilen sind, kann das Schiedsgericht nicht angerufen werden.

**10.** Folgende Vereinbarungen werden aufgehoben:
- Vereinbarung zwischen dem Bischof von Basel und dem Regierungsrat des Kantons Luzern betreffend die Theologische Fakultät Luzern vom 14. Mai 1971,
- Vereinbarung zwischen dem Bischof von Basel und dem Regierungsrat des Kantons Luzern über das Philosophische Institut an der Theologischen Fakultät Luzern vom 7. November 1983,
- Vereinbarung zwischen dem Bischof von Basel und dem Regierungsrat des Kantons Luzern über den Lehrstuhl für allgemeine und schweizerische Geschichte am Philosophischen Institut der Theologischen Fakultät Luzern vom 30. Januar 1989.

**11.** Die vorliegende Vereinbarung tritt rückwirkend auf 1. Oktober 2005 in Kraft. Sie wird dreifach ausgefertigt.

# Verfassung des Kantons Luzern vom 17. Juni 2007 (Auszug)*

Die Luzernerinnen und Luzerner,

in Verantwortung vor Gott, gegenüber den Mitmenschen und der Natur und im Bestreben, Luzern als starken Kanton weiterzuentwickeln,

geben sich folgende Verfassung: [...]

## *II. Grundrechte*

**§ 10. Gewährleistung der Grundrechte.** (1) Die Würde des Menschen ist zu achten und zu schützen.
(2) Die Grundrechte sind nach Massgabe der Bundesverfassung gewährleistet.

## *VIII. Religionsgemeinschaften***

**§ 79. Öffentlich-rechtliche Anerkennung.** (1) Die römisch-katholische, die evangelisch-reformierte und die christkatholische Landeskirche sind anerkannte Körperschaften des öffentlichen Rechts.
(2) Der Kantonsrat kann weitere Religionsgemeinschaften als öffentlich-rechtliche Körperschaften anerkennen. Das Gesetz regelt die Voraussetzungen und das Verfahren.

**§ 80. Organisation und Finanzierung.** (1) Die öffentlich-rechtlichen Körperschaften sind autonom. Sie regeln das Stimm- und Wahlrecht ihrer Mit-

* Vom Grossen Rat beschlossen am 30.1.2007, von den Stimmberechtigten angenommen am 14.6.2007. Inkrafttreten am 1.1.2008.

** Auszug aus der Weisung des Regierungsrates an die Stimmberechtigten: Teil VIII: Religionsgemeinschaften (§§ 79 und 80) Die Anerkennung der heutigen römisch-katholischen, evangelisch-reformierten und christkatholischen Körperschaften des kantonalen Rechts ist gewährleistet. In Fortführung der heute geltenden, aber etwas unklar formulierten Verfassungslage wird die Anerkennungsmöglichkeit für weitere Religionsgemeinschaften offengehalten. Nötig ist aber eine gesetzliche Regelung der Voraussetzungen und des Verfahrens (§ 79). In einer weiteren Verfassungsbestimmung werden die Organisation und die Finanzierung der Körperschaften, namentlich die Erhebung von Steuern und die Verwendung der Erträge aus der Besteuerung, geregelt (§ 80).

glieder und die Grundzüge ihrer Organisation in einem Erlass, der ihren Stimmberechtigten zur Abstimmung vorzulegen ist.
(2) Der Erlass kann eine Gliederung in öffentlich-rechtliche Gebietskörperschaften vorsehen.
(3) Die Körperschaften sind berechtigt, bei ihren Mitgliedern und bei juristischen Personen Steuern zu erheben.
(4) Die Erträge der Besteuerung juristischer Personen sind für soziale und kulturelle Tätigkeiten einzusetzen.
(5) Das Gesetz regelt das Nähere.

# Kirchenordnung der Evangelisch-Reformierten Landeskirche Uri vom 7. Mai 2007

*Inhaltsverzeichnis*



## *I. Grundsätze*

**Art. 1. Auftrag und Rahmen.** (1) Die Evangelisch-Reformierte Landeskirche des Kantons Uri verkündet die Wirklichkeit des Gottesreiches in der realen Lebenswelt der Menschen. Sie erhält diesen Auftrag aus dem Glauben an Gott, den Vater, den Sohn und den Heiligen Geist, wie er durch die Schriften des Alten und Neuen Testaments und durch die Bekenntnisse der christlichen Kirche zu allen Zeiten in die Welt gekommen ist. Der Glaube, der aus dem Hören auf diese Botschaft kommt, verleiht die Kraft und die Ermächtigung, den Dienst der Verkündigung in Wort und Tat auf dem gesamten Gebiet des Kantons und darüber hinaus zu leisten, im Vertrauen auf die kontinuierliche Präsenz des lebendigen Gottes in allen Bereichen der Gesellschaft.
(2) In dieser Weise hat die Evangelisch-Reformierte Landeskirche des Kantons Uri teil am Auftrag der Kirchen in der ganzen Welt. Sie nimmt ihn wahr in der Gewissheit, dass das Gotteswort die Welt verändern und verwandeln kann. Sie erfüllt ihren Dienst im Zusammenspiel mit den Kirchgemeinden im

Kanton, mit den anderen Landeskirchen der Schweiz, mit den kirchlichen Werken und der Mission, mit dem Schweizerischen Evangelischen Kirchenbund, dem Reformierten Weltbund und dem Ökumenischen Rat der Kirchen und im Rahmen der Gemeinschaft Evangelischer Kirchen in Europa.

**Art. 2. Umsetzung.** (1) Die Evangelisch-Reformierte Landeskirche Uri verkündet, in Zusammenarbeit mit den Kirchgemeinden und den kirchlichen Dienststellen, das Evangelium Jesu Christi, fördert die Gemeinschaft ihrer Mitglieder, nimmt teil am öffentlichen Leben im Kanton und darüber hinaus und pflegt die ökumenische Zusammenarbeit.
(2) Das Evangelium wird im Gottesdienst (Predigt, Taufe, Abendmahl sowie Trauung und Trauerfeier), in der Unterweisung der Jugend und der Erwachsenen, in der Seelsorge, aber auch bei jeder anderen angemessenen Gelegenheit auf geeignete Weise konkretisiert und durch tätige Nächstenliebe und christliche Gemeinschaft in Freud und Leid bekräftigt.

## *II. Organisation und Verwaltung der Evangelisch-Reformierten Landeskirche des Kantons Uri*

**Art. 3. Organisation auf Kantonsebene.** (1) Die Evangelisch-Reformierte Landeskirche Uri ist eine öffentlich-rechtliche Körperschaft und umfasst das Kantonsgebiet. Ihr Sitz ist Erstfeld.
(2) Die Kantonalversammlung ist die Legislative, der Kirchenrat die Exekutive, die Kantonale Rechnungsprüfungskommission prüft die Kirchenrechnung.

**Art. 4. Organisation auf Gemeindeebene.** (1) Die Evangelisch-Reformierte Landeskirche Uri besteht aus drei Kirchgemeinden:

- Kirchgemeinde Altdorf und Umgebung, umfassend die Einwohnergemeinden Altdorf, Bürglen, Spiringen, Unterschächen, Schattdorf, Attinghausen, Seedorf, Isenthal, Bauen, Seelisberg, Sisikon und Flüelen;
- Kirchgemeinde Erstfeld und Urner Oberland, umfassend die Einwohnergemeinden Erstfeld, Silenen-Amsteg-Bristen, Gurtnellen und Wassen;
- Kirchgemeinde Ursern, umfassend die Einwohnergemeinden Andermatt, Göschenen, Hospental und Realp.

(2) Den Kirchgemeinden steht eine Kirchenpflege vor. Die Rechnungsprüfungskommission prüft die Kirchgemeinderechnung.
(3) Das Organisationsstatut der Evangelisch-Reformierten Landeskirche Uri vom 22. April 1986/19. November 2001 legt die Organisation, die Aufgaben und Zuständigkeiten im Einzelnen fest.

## *III. Mitgliedschaft*

**Art. 5. Begründung und Aufhebung der Mitgliedschaft.** (1) Mitglieder der Evangelisch-Reformierten Landeskirche Uri sind alle Personen evangelischen Glaubens, welche im Kanton wohnen oder sich aufhalten, nicht ausdrücklich ausgetreten sind oder ihre Nichtzugehörigkeit erklärt haben und als natürliche Personen einer vollständigen oder beschränkten Steuerpflicht nach Massgabe des Steuergesetzes des Kantons Uri unterstehen.
(2) Mitglieder können auf Ende eines Kalenderjahres schriftlich bei der zuständigen Kirchenpflege den Austritt erklären.
(3) Die zuständige Kirchenpflege entscheidet über schriftliche Gesuche auf Eintritt, Wiedereintritt oder Übertritt aus einer anderen Konfession oder Religionsgemeinschaft.

## *IV. Auftrag der Kirche in der Gesellschaft*

**Art. 6. Leitlinie.** Als öffentlich-rechtliche Körperschaft ist die Evangelisch-Reformierte Landeskirche Uri Teil des öffentlichen Lebens im Kanton. Es obliegt ihr und ihren Kirchgemeinden, die Kontakte mit den politischen, sozialen und kulturellen Instanzen, Gremien und Kräften sowie der Wirtschaft des Kantons Uri zu pflegen und ihre Stimme vernehmen zu lassen. Ihr Status gewährleistet ihnen, dass sie Gehör finden. Im Besonderen engagieren sich die Kirchgemeinden im Bereich der Mission, der Ökumene und der Präsenz in den Medien.

**Art. 7. Mission und Hilfswerke.** Die Kirchgemeinden sind Teil von Gottes Mission und erkennen deshalb die Mission als ihren eigenen Auftrag. Sie arbeiten mit den der Landeskirche verbundenen Missionsgesellschaften zusammen und wissen sich den aus deren Arbeit herausgewachsenen Kirchen verpflichtet. Sie unterstützen die entsprechenden Anstrengungen der Landeskirche und der von ihr eingesetzten Institutionen. Ebenso unterstützen sie die Arbeit der kirchlichen Hilfswerke und bekunden so ihre Solidarität mit Menschen in Not.

**Art. 8. Ökumene.** Die Kirchgemeinden und deren Mitglieder fördern nach Möglichkeit die Zusammenarbeit mit anderen Kirchen und christlichen Gemeinschaften, insbesondere mit der Römisch-Katholischen Kirche. Stellung und Eigenart der Evangelisch-Reformierten Landeskirche bleiben dabei gewahrt.

**Art. 9. Interreligiöser Diskurs.** Die Landeskirche und die Kirchgemeinden nehmen teil am interreligiösen Diskurs. Sie fördern damit aktiv das konstruktive Zusammenleben unterschiedlicher Ethnien mit verschiedenen religiösen Orientierungen. Sie greifen dieses Thema im Rahmen ihrer Aktivitäten auf und unterstützen dadurch das Bewusstsein für die interreligiös gewordene Gesellschaft in Kanton und Land.

**Art. 10. Medien.** Kirchliche und übrige Medien werden sowohl von der Landeskirche wie von den Kirchgemeinden genutzt, um die Gemeindemitglieder und die übrige Bevölkerung über das Leben und die Tätigkeiten in der Evangelisch-Reformierten Landeskirche und ihren Kirchgemeinden zu informieren.

## *V. Auftrag der Kirche in den Gemeinden*

### *A. Leitbild*

**Art. 11. Leitlinie.** Den Kirchgemeinden obliegt es, Auftrag und Grundsätze der Evangelisch-Reformierten Landeskirche umzusetzen und zu konkretisieren. Die vorgenannten Artikel dieser Kirchenordnung bilden dazu den verbindlichen Rahmen, innerhalb dessen ihre Autonomie gewahrt bleibt. Aktivitäten, die aus bestimmten Anlässen über diesen Rahmen hinausgehen, bedürfen der Kenntnisnahme oder Zustimmung durch die Organe der Landeskirche.

**Art. 12. Förderung der Gemeinschaft.** Die Kirchgemeinden ermöglichen mit ihren nachstehend umschriebenen Tätigkeiten die Gemeinschaft der Gemeindemitglieder und fördern diese mit allen Mitteln. In der ständigen Pflege dieser Gemeinschaft gründet die Ausstrahlung der Kirchgemeinde über ihren Kreis hinaus. Dadurch verkündigt sie das Evangelium im täglichen Leben.

### *B. Diakonie*

**Art. 13. Personenbezogene Diakonie.** Die Landeskirche und ihre Kirchgemeinden verpflichten sich, Gemeindemitgliedern und weiteren Bedürftigen diakonische Hilfe zukommen zu lassen. Sie sorgen dafür, dass die notwendige Zahl von ausgebildeten Personen für diesen Dienst zur Verfügung steht. Die benötigten Mittel werden in Budget und Rechnung ausgewiesen.

**Art. 14. Gesellschaftsbezogene Diakonie.** Die Landeskirche und ihre Kirchgemeinden sind bereit, im gesellschaftlichen, strukturellen Bereich diakonische Kompetenz zur Verfügung zu stellen. Sie unterstützen dadurch sowohl staatliche wie private Initiativen und Projekte, die dem Gemeinwohl dienen.

## *C. Gottesdienste*

**Art. 15. Bedeutung.** Die Gottesdienste sind das Zentrum des Gemeindelebens. Im Gottesdienst sammelt sich die Gemeinde um das Wort Gottes und wird durch es erbaut und aufgerichtet, ausgerichtet und ermahnt.

**Art. 16. Sonntags- und Feiertagsgottesdienste.** (1) In den Kirchgemeinden Altdorf und Erstfeld werden an Sonntagen, kirchlichen Feiertagen und am Jahreswechsel grundsätzlich Gottesdienste abgehalten. In der Kirchgemeinde Ursern finden Gottesdienste gemäss einem speziellen Plan statt, der in Absprache mit der Kirchenpflege festgelegt wird.
(2) Die Durchführung einzelner regionaler Gottesdienste ist in Absprache mit den Kirchenpflegen möglich.
(3) Kirchliche Feiertage sind Weihnachten, Karfreitag, Ostern, Auffahrt, Pfingsten, der Eidgenössische Dank-, Buss- und Bettag sowie der Reformationssonntag.

**Art. 17. Predigt.** (1) Die Predigt wird durch ordinierte Theologinnen und Theologen, in der Regel durch die Gemeindepfarrerin oder den Gemeindepfarrer, gehalten.
(2) Der Kirchenrat kann in Ausnahmefällen Personen mit besonderem Bezug zum evangelischen Glauben und zur evangelischen Kirche eine Predigterlaubnis erteilen.

**Art. 18. Kirchenmusik.** (1) Die Kirchenmusik ist ein wichtiger Teil des evangelisch-reformierten Gottesdienstes.
(2) Externe Musikerinnen und Musiker, die im Gottesdienst, an Trauungen, Trauerfeiern oder anderen Anlässen in kirchlichen Gebäuden teilnehmen, legen die Musik nach Rücksprache mit der Pfarrerin oder dem Pfarrer fest. Bei Uneinigkeiten entscheidet die Kirchenpflege.

**Art. 19. Kollekte.** (1) In den Gottesdiensten wird in der Regel eine zweckgebundene Kollekte gesammelt.
(2) Der Kollektenplan wird von der Pfarrerin oder dem Pfarrer grundsätzlich nach Rücksprache mit der Kirchenpflege festgelegt.
(3) Der Kirchenrat kann den Kirchgemeinden einzelne Kollekten empfehlen.

**Art. 20. Bild- und Tonaufnahmen.** (1) Während des Gottesdienstes sind Bild- und Tonaufnahmen in der Regel nicht erlaubt.
(2) Die Pfarrerin oder der Pfarrer kann ausnahmsweise einer Person das Fotografieren gestatten. Für Tonaufnahmen bedarf es ausserdem der Zustimmung der anwesenden Kirchenmusikerin oder des Kirchenmusikers.

## *D. Taufe und Abendmahl*

**Art. 21. Taufe.** (1) Die Taufe ist das Zeichen der dem Menschen geschenkten Liebe Gottes und der Zugehörigkeit zur Kirche. Getauft wird mit Wasser auf den Namen des Vaters, des Sohnes und des Heiligen Geistes. Die in einer anderen christlichen Gemeinschaft empfangene Taufe wird anerkannt. Kann der urkundliche Nachweis nicht beigebracht werden, klärt die Kirchenpflege die näheren Umstände ab.
(2) Getauft werden Kinder oder Erwachsene im sonntäglichen Gemeindegottesdienst. Aus seelsorglichen Gründen kann die Pfarrerin oder der Pfarrer eine andere Form wählen.

**Art. 22. Kindertaufe.** (1) Die Pfarrerin oder der Pfarrer führt mit den Eltern ein Taufgespräch durch.
(2) Bei der Kindertaufe sind in der Regel die Eltern sowie eine Patin und ein Pate anwesend. Patin und Pate kann sein, wer das 16. Altersjahr zurückgelegt hat. Mindestens ein Elternteil, die Patin oder der Pate muss einer evangelischen Kirche angehören.
(3) Die Eltern, die Patin und der Pate versprechen, das Kind im christlichen Glauben zu erziehen.

**Art. 23. Erwachsenentaufe.** (1) Religiös mündige Menschen können sich nach dem 16. Altersjahr im Anschluss an eine angemessene Einführung in den christlichen Glauben taufen lassen.
(2) Für Patin und Pate gelten die gleichen Bedingungen wie bei der Kindertaufe.

**Art. 24. Taufregister und Taufmeldung.** (1) Am Ort der Taufe wird die Taufe in das Taufregister eingetragen und der Taufschein ausgestellt.
(2) Erfolgt die Taufe nicht in der eigenen Kirchgemeinde, wird die zuständige Kirchgemeinde über die Taufe informiert.

**Art. 25. Darbringung.** Eltern, welche ihre Kinder segnen lassen möchten, können sie zur Darbringung im Rahmen des Fürbitteteils eines Gottesdienstes anmelden.

**Art. 26. Abendmahl.** (1) Das Abendmahl wird nach dem Zeugnis des Neuen Testamentes als Zeichen des Bundes begangen, den Gott in Jesus Christus mit seiner Gemeinde geschlossen hat. Es verkündet Tod und Auferstehung Jesu Christi und das Kommen seines Reiches.
(2) Zur Teilnahme am Abendmahl sind alle eingeladen, welche die Gemeinschaft mit Jesus Christus suchen.
(3) Das Abendmahl wird an Weihnachten, Karfreitag, Ostern, Pfingsten, am Bettag und am Reformationstag gefeiert. Weitere Abendmahlsfeiern können

in Absprache zwischen der Pfarrerin oder dem Pfarrer und der Kirchenpflege angesetzt werden.
(4) Das Abendmahl wird mit Brot und Wein gefeiert. Weitere Fragen entscheidet die Kirchenpflege, welche auch für die Bereithaltung der Kelche, des Weines oder Traubensaftes und des Brotes verantwortlich ist.
(5) Die Form der Abendmahlsfeier ist der Pfarrerin oder dem Pfarrer in Absprache mit der Kirchenpflege freigestellt. Mit Kranken, Betagten und Gebrechlichen kann das Abendmahl auf deren Wunsch bei ihnen zu Hause, im Spital oder im Heim gefeiert werden.

### *E. Kasualien (kirchliche Handlungen)*

**Art. 27. Die kirchliche Trauung.** (1) Im Gottesdienst erbitten die Vermählten Gottes Segen und versprechen, ihre Ehe im Geist des Evangeliums zu führen.
(2) Vor jeder Trauung führt die Pfarrerin oder der Pfarrer mit dem Brautpaar ein Gespräch.
(3) Einer der Ehegatten muss einer evangelischen Kirche angehören. Eine ökumenische Trauung ist möglich.
(4) Die kirchliche Trauung setzt die zivilrechtliche voraus.
(5) Die Pfarrerin oder der Pfarrer ist nicht verpflichtet, auswärtige Ehepaare zu trauen. Wird die Trauung durch eine auswärtige Pfarrerin oder einen auswärtigen Pfarrer gewünscht, setzen sich diese mit der Gemeindepfarrerin oder dem Gemeindepfarrer vorher in Verbindung.

**Art. 28. Segnungshandlungen.** (1) Die Pfarrerin oder der Pfarrer können weitere Segnungshandlungen vornehmen.
(2) Sie orientieren sich an liturgischen Beispielen für die einzelnen Handlungen.
(3) Die Kirchenpflege ist über eine bevorstehende besondere Segnungshandlung zu informieren.

**Art. 29. Trauerfeier.** (1) Die Trauerfeier ist ein Gottesdienst, der Leidtragenden und der Trauergemeinde den Zuspruch Gottes gibt. Im Mittelpunkt steht die Verkündigung des Evangeliums.
(2) Ist die verstorbene Person nicht Mitglied der Evangelisch-Reformierten Landeskirche Uri, so kann auf deren letzten Wunsch oder aus seelsorglichen Gründen gegenüber den Angehörigen eine kirchliche Trauerfeier gleichwohl durchgeführt werden.

**Art. 30. Gestaltung der Trauerfeier.** (1) Die Trauerfeier wird in der Regel von der Gemeindepfarrerin oder dem Gemeindepfarrer gehalten, zu dessen Kirchgemeinde die verstorbene Person gehört.
(2) Übernimmt eine auswärtige Pfarrerin oder ein auswärtiger Pfarrer die Trauerfeier, ist vorgängig mit der Gemeindepfarrerin oder dem Gemeindepfarrer Rücksprache zu nehmen.
(3) Die Trauerfeier beginnt nach evangelischem Brauch in der Regel mit der Beisetzung am Grab. Danach findet in der Kirche der Trauergottesdienst statt.
(4) Die Gestaltung der Trauerfeier sowie der Einbezug weiterer mitwirkender Personen obliegen der Pfarrerin und dem Pfarrer. Bei allfälligen Differenzen entscheidet die Präsidentin oder der Präsident der Kirchenpflege.

**Art. 31. Nutzung der kirchlichen Gebäude für andere Trauerfeiern.** Die kirchlichen Gebäude können Angehörigen von Verstorbenen, die keiner oder anderen christlichen Kirchen, Konfessionen und Glaubensgemeinschaften angehören, für Trauerfeiern überlassen werden. Der Entscheid obliegt der Kirchenpflege. Die Kosten richten sich nach Richtlinien des Kirchenrates.[1]

**Art. 32. Kostenpflicht von Kasualien für Nichtmitglieder.** Die kirchlichen Gebäude sowie die Beanspruchung kirchlicher Mitarbeitender für Kasualien durch Nichtmitglieder der Evangelisch-Reformierten Landeskirche Uri sind entsprechend den Richtlinien des Kirchenrates gebührenpflichtig.

## *F. Kinder- und Jugendgottesdienst*

**Art. 33. Kindergottesdienst.** (1) Zur Förderung der religiösen Erziehung von Kindern und Jugendlichen bieten die Kirchgemeinden nach Möglichkeit einen Kindergottesdienst (Sonntagsschule) an. Er wird in einer altersgerechten Form gefeiert.
(2) Die Kirchenpflegen sowie die Pfarrerin oder der Pfarrer ziehen, wenn möglich, geeignete Leiterinnen und Leiter bei und unterstützen sie in der Vorbereitung und Weiterbildung.
(3) Die Leiterinnen und Leiter werden vom Kirchenrat angemessen entschädigt.

**Art. 34. Jugendgottesdienst.** Die Kirchgemeinden bieten nach Gelegenheit spezifische Gottesdienste für Jugendliche an. Für ihre Gestaltung kann die

1 Richtlinien des Kirchenrates der Evangelisch-Reformierten Landeskirche Uri betr. Gebühren für Nichtmitglieder der Evang.-Ref. Landeskirche Uri bei Trauungen, Taufe und Beerdigung vom 23.1.2006.

Pfarrerin oder der Pfarrer im Einvernehmen mit der Kirchenpflege weitere Personen beiziehen.

## *G. Konfessioneller Religionsunterricht und Konfirmation*

**Art. 35. Grundsatz.** (1) Im konfessionellen Religionsunterricht erfahren die jungen Menschen, was es heisst, als Christin oder als Christ für diese Welt Verantwortung zu übernehmen und den eigenen Glauben zu leben. Kinder und Jugendliche werden in angemessener Weise mit den Schriften des Alten und des Neuen Testamentes vertraut gemacht.
(2) Kinder und Jugendliche, die konfirmiert werden wollen, haben den konfessionellen Religionsunterricht gemäss den Richtlinien der zuständigen Kirchenpflege zu besuchen.
(3) Die Kinder und Jugendlichen werden in der zuständigen Kirchgemeinde ihres Wohnortes unterrichtet. Aus zureichenden Gründen können nach Rücksprache mit der Pfarrerin oder dem Pfarrer Kinder aus anderen Kirchgemeinden unterrichtet werden.
(4) Die Kirchenpflegen stellen das notwendige Lehr- und Anschauungsmaterial zur Verfügung.
(5) Bei unentschuldigtem Fernbleiben werden die Eltern und die Jugendlichen von der Kirchenpflege schriftlich gemahnt, dass bei weiterem Fernbleiben ein Ausschluss vom Unterricht erfolgen kann.

**Art. 36. Kirchliche Lehrkräfte.** (1) Die Pfarrerin oder der Pfarrer bzw. die Katechetin oder der Katechet erteilen den konfessionellen Religionsunterricht.
(2) Der Kirchenrat stellt auf Antrag der Kirchenpflegen Katechetinnen und Katecheten ein, die eine für diesen Dienst geeignete Ausbildung absolviert haben.
(3) Die Kirchenpflege sorgt für die Bereitstellung der geeigneten Räume.

**Art. 37. Konfirmandenunterricht.** (1) Am Konfirmandenunterricht nehmen Jugendliche im 9. Schuljahr oder ab dem 15. Altersjahr teil. Die Kirchenpflege kann Ausnahmen bewilligen.
(2) Der Konfirmandenunterricht wird von der Pfarrerin oder dem Pfarrer während eines ganzen Schuljahres erteilt. In Absprache mit der Kirchenpflege kann er teilweise als Blockunterricht erfolgen.
(3) Die Pfarrerin oder der Pfarrer nimmt rechtzeitig mit den Eltern und Erziehungs-verantwortlichen Kontakt auf und lädt sie zum Mittragen des Unterrichtes ein.

(4) Für Unterricht und Lager erlässt die Pfarrerin oder der Pfarrer eine verbindliche Disziplinarordnung. Nichtbefolgung kann Sanktionen oder den Ausschluss vom Unterricht zur Folge haben.
(5) Die Teilnahme an den Veranstaltungen des Konfirmandenunterrichts ist verbindlich. Über Dispensationsgesuche entscheidet die Kirchenpflege.
(6) Bei unentschuldigtem Fernbleiben werden Eltern und die Jugendlichen von der Kirchenpflege schriftlich gemahnt, dass bei weiterem Fernbleiben die Konfirmation verweigert werden kann.

**Art. 38. Konfirmation.** (1) Im Konfirmationsgottesdienst wird den Konfirmandinnen und Konfirmanden zugesichert, dass sie zur Gemeinde der Erwachsenen gehören und zur aktiven Mitarbeit in der Kirchgemeinde aufgerufen sind.
(2) Zur Konfirmation wird zugelassen, wer getauft ist, den konfessionellen Religionsunterricht und den Konfirmandenunterricht besucht hat sowie die geforderte Anzahl von Gottesdienstbesuchen erfüllt hat.
(3) Im Einverständnis mit der Pfarrerin oder dem Pfarrer kann aus seelsorglichen Gründen von der Regel abgewichen werden.
(4) Die Kirchenpflege sorgt dafür, dass auch behinderte Kinder und Jugendliche einen konfessionellen Unterricht erhalten, den sie mit der Konfirmation abschliessen können.
(5) Die Pfarrerin oder der Pfarrer legt den Termin des Konfirmationsgottesdienstes fest. Die Konfirmation wird in der zuständigen Kirchgemeinde ins Kirchenregister eingetragen und in der Konfirmationsurkunde bestätigt.

## *VI. Mitarbeitende der Landeskirche*

**Art. 39. Kirchliches Personalrecht.** (1) Die Pfarrerinnen und Pfarrer werden durch die Kantonalversammlung gewählt. Sie unterstehen der Aufsicht des Kirchenrates.
(2) Die Kirchgemeindeversammlungen wählen die Kirchenmusikerinnen und Kirchenmusiker sowie die Sigristinnen und Sigristen. Weitere Mitarbeitende unterstehen der Personalhoheit des Kirchenrates.
(3) Die Anstellungsbedingungen der kirchlichen Mitarbeitenden richten sich nach der Personalverordnung des Kantons Uri.
(4) Der Kirchenrat erlässt darüber hinaus ethische Richtlinien für alle Mitarbeitenden der Evangelisch-Reformierten Landeskirche Uri zum Schutz vor Ausnützung von Abhängigkeitsverhältnissen.
(5) Das für Personalfragen zuständige Mitglied des Kirchenrates führt zusammen mit der Kirchenpflegepräsidentin oder dem Kirchenpflegepräsident

oder einer anderen zuständigen Person der Kirchenpflege mindestens einmal jährlich Gespräche mit den Mitarbeitenden durch. Das Gespräch dient der Standortbestimmung, der Wertschätzung der geleisteten Arbeit, der Erörterung der gegenseitigen Zusammenarbeit sowie der Vereinbarung allfälliger zweckmässiger Massnahmen zur Unterstützung und Förderung der Mitarbeitenden.

**Art. 40. Freiwillige Mitarbeitende.** (1) Die Kirchgemeinden sind für ihre vielfältigen Tätigkeiten auf den Einsatz von freiwilligen Mitarbeitenden angewiesen. Für ihre Einführung in den vorgesehenen Dienst ist die Kirchenpflege verantwortlich.
(2) Über allfällige Entschädigungen entscheidet der Kirchenrat. Der Kirchenrat sorgt auch für eine angemessene Versicherung der freiwilligen Mitarbeitenden.
(3) Die Kirchenpflegepräsidentin oder der Kirchenpflegepräsident führt mindestens einmal jährlich ein Einzel- oder Gruppengespräch mit den freiwilligen Mitarbeitenden durch. Das Gespräch kann alleine, in Zusammenarbeit mit einem Kirchenpflegemitglied oder der Pfarrerin bzw. dem Pfarrer durchgeführt oder an dieselben delegiert werden. Im Gespräch soll insbesondere der Dank und die Wertschätzung für die geleistete Arbeit einfliessen und geklärt werden, ob die freiwilligen Mitarbeitenden zur Erfüllung ihrer Aufgaben Unterstützungen benötigen bzw. ob und wie die Zusammenarbeit gegebenenfalls zweckmässiger ausgestaltet werden kann.

## *VII. Vision*

**Art. 41. Perspektiven der kirchlichen Arbeit für die Zukunft.** (1) Weil Gott ein Gott des Friedens, der Gerechtigkeit, der Freiheit und der Hoffnung ist, vertraut die Evangelisch-Reformierte Landeskirche Uri auf die Verwandlung der Welt in seinem Namen.
(2) Weil Gott seine Schöpfung liebt, engagiert sich die Evangelisch-Reformierte Landeskirche Uri für die Bewahrung der Schöpfung, für den Schutz der natürlichen Ressourcen und Rohstoffe der Erde, für den uneingeschränkten Zugang aller Menschen zu den lebensnotwendigen Gütern, für die Sicherstellung der Existenzgrundlagen an allen Orten dieser Erde.
(3) Weil Gott das Recht auf ein erfülltes Leben für alle Menschen auf dieser Erde will, setzt sich die Evangelisch-Reformierte Landeskirche Uri in besonderer Weise ein für die Hilfe an Notleidende, an Unterdrückte, an Verfolgte und an Arme, unterstützt Bewegungen zur Ermächtigung von Menschengruppen, Völkern und Nationen für ein selbstverantwortliches Zusammenle-

ben, widersetzt sich allen Versuchen, bestimmten Menschen und Gruppen eine Lebenshaltung aufzuzwingen, die nicht die ihre ist, tritt sie ein für die Befreiung von Gefangenen, die ohne Urteil eingesperrt sind, von Kindern, die Kriegsdienste leisten müssen, von Frauen, deren Gleichberechtigung nicht anerkannt ist, von alten Menschen, deren Leben in Würde bedroht ist.

(4) Weil das verheissene und erwartete Gottesreich alle Bereiche des Lebens und der Gesellschaft umfasst, beteiligt sich die Evangelisch-Reformierte Landeskirche Uri im Rahmen ihrer Möglichkeiten an laufenden politischen Debatten zu den Grundwerten der Schweiz, zu einem Schuldenausgleich mit den Armutsgebieten dieser Welt, zur Durchsetzung der allgemeinen Menschenrechte der UNO-Charta in allen Ländern, zu Versöhnung und Heilung und zu einem ethisch verantwortlichen Wirtschaften.

(5) Die Evangelisch-Reformierte Landeskirche Uri fördert Studien- und Forschungsprojekte zu wichtigen Sachthemen, veröffentlicht Stellungnahmen zur Orientierung der Bevölkerung in diesen Fragen, sie sucht den kritischen Dialog mit politischen Instanzen und mit der Wirtschaft, sie schafft Bildungsmöglichkeiten für ihre Mitglieder und weitere Interessierte, damit das Hoffnungspotenzial der biblischen Botschaft für alle Lebensbereiche konkret werden kann.

Genehmigt durch die Kantonalversammlung der Evangelisch-Reformierten Landeskirche Uri am 7. Mai 2007.

# Loi sur les relations entre l'Etat et les Eglises reconnues de droit public (LREEDP) du 9 janvier 2007[1]

Le Grand conseil du Canton de Vaud,

vu les articles 169, 170 et 172 de la Constitution du Canton de Vaud,
vu le projet de loi présenté par le Conseil d'Etat,

décrète:

*Chapitre I: Dispositions générales*

**Art. 1. Champ d'application.** La présente loi régit les relations entre l'Etat et les Eglises reconnues comme institutions de droit public par la Constitution cantonale (ci-après: Cst-VD), soit l'Eglise évangélique réformée du Canton de Vaud (ci-après: EERV) et l'Eglise catholique romaine, par la Fédération ecclésiastique catholique romaine du Canton de Vaud (ci-après: FEDEC-VD).

**Art. 2. Eglises reconnues.** L'EERV et la FEDEC-VD sont reconnues dans leur constitution et leur organisation propres.

**Art. 3. Personnalité juridique.** L'EERV et la FEDEC-VD sont des institutions de droit public dotées de la personnalité morale (art. 170, al. 1 Cst-VD).

*Chapitre II: Autonomie et organisation*

**Art. 4. Principe de l'autonomie.** Dans les limites fixées par la loi, les Eglises s'organisent et gèrent leurs ressources et leurs biens librement.

**Art. 5. Loi particulière,** Chaque Eglise est régie par une loi qui lui est propre (art. 172, al. 1 Cst-VD).

**Art. 6. Ratification constitutive du règlement d'organisation.** (1) Chaque Eglise se dote d'un règlement général d'organisation qui fixe notamment les règles de composition et de fonctionnement des organes, ainsi que leurs compétences.

1 Recueil systématique de la législation vaudoise (RSV) 180.05.

(2) Ce règlement et ses modifications ne peuvent entrer en vigueur qu'après contrôle par le Conseil d'Etat qui en vérifie la légalité.

*Chapitre III: Mission au service de tous*

**Art. 7. Principe.** (1) Les Eglises exercent leur mission au service de tous au sens de l'article 170, alinéa 2 Cst-VD.
(2) Dans le cadre de leurs compétences, elles exercent cette mission dans les domaines suivants:
- vie communautaire et cultuelle;
- santé et solidarités;
- communication et dialogue;
- formation et accompagnement.

(3) Les Eglises participent au dialogue interreligieux.

**Art. 8. Modalités.** Dans chacun des domaines énumérés à l'article 7, la mission au service de tous se décline en missions exercées par chaque Eglise séparément et en missions exercées en commun par les Eglises, cas échéant avec le concours de communautés reconnues.

*Chapitre IV: Prérogatives*

**Art. 9. Consultation.** L'Etat et les communes consultent les Eglises sur tout projet qui les concerne.

**Art. 10. Contrôle des habitants.** (1) Le contrôle des habitants de chaque commune communique tant aux paroisses de l'EERV qu'à celles de la FEDEC-VD concernées l'arrivée ou le départ de toute personne ayant déclaré appartenir à la confession réformée ou catholique romaine et autorisant la communication de ces données.
(2) Cette transmission est limitée aux informations suivantes:
- nom, prénom, date de naissance, état civil et adresse des adultes, filiation;
- nationalité et origine;
- confession;
- nom, prénom, sexe, date de naissance des enfants et confession.

(3) Ces données sont destinées uniquement aux fichiers des Eglises et ne sauraient être utilisées à d'autres fins. La loi sur le contrôle des habitants est réservée.
(4) La législation sur les fichiers informatiques et la protection des données personnelles est réservée.

**Art. 11. Fichiers informatiques.** Les Eglises peuvent exploiter des fichiers informatiques. La législation sur les fichiers informatiques et la protection des données personnelles est applicable par analogie.

**Art. 12. Exonération fiscale.** L'exonération fiscale des Eglises est régie par les législations fiscales cantonale et fédérale. Bénéficient des mêmes exemptions les paroisses et les personnes juridiques à but non lucratif qui, à des fins désintéressées, aident les Eglises dans l'accomplissement de leurs tâches.

*Chapitre V: Régime financier*

***Section I. Prestations financières de l'Etat***

**Art. 13. Financement.** (1) L'Etat assure aux Eglises les moyens nécessaires à l'accomplissement de leur mission au service de tous dans le canton (art. 170, al. 2 Cst-VD).
(2) Ces moyens sont accordés sous la forme d'une subvention versée dans le cadre d'une convention signée entre l'Etat et chacune des Eglises.

**Art. 14. Convention de subventionnement.** *a) Elaboration.* Les Eglises fournissent tout renseignement nécessaire à l'établissement de la convention de subventionnement.

**Art. 15.** *b) Contenu.* (1) La convention contient notamment les éléments suivants:

a. la description et les modalités d'exercice de la mission au service de tous définies aux articles 7 et 8;
b. la description des moyens nécessaires à l'exercice de cette mission, ainsi que les bases de la subvention octroyée à chaque Eglise et aux missions exercées en commun;
c. les éléments permettant de suivre l'évolution des missions;
d. le montant de la subvention;
e. les modalités de versement de la subvention;
f. une éventuelle clause d'adaptation au renchérissement.

(2) La convention peut en outre prévoir qu'une partie de la subvention versée sera réattribuée par les Eglises à des personnes juridiques à but non lucratif qui, à des fins désintéressées, les aident à l'accomplissement de leurs missions.

**Art. 16.** *c) Durée.* La convention de subventionnement est conclue pour une durée de cinq ans, renouvelable.

**Art. 17.** *d) Défaut de convention.* A défaut de convention de subventionnement, l'Etat fixe le montant, les modalités d'utilisation et la répartition de la subvention.

**Art. 18 .Convention d'exécution.** (1) Les Eglises concluent une convention d'exécution pour la subvention concernant les missions exercées en commun.
(2) Le Conseil d'Etat ratifie la convention signée par les deux Eglises.
(3) A défaut de convention d'exécution entre les Eglises, l'article 29 de la présente loi est applicable.

## *Section II. Autres types de prestations*

### *Sous-section I. Par l'Etat*

**Art. 19. Cures.** (1) L'Etat met les cures dont il est propriétaire prioritairement à disposition de l'EERV. Elles peuvent subsidiairement être mises à disposition de la FEDEC-VD.
(2) Un règlement fixe les conditions d'utilisation des cures.
(3) La renonciation à la mise à disposition de cures n'entraîne aucune contrepartie financière de la part de l'Etat.

**Art. 20. Lieux de culte.** (1) L'Etat met les lieux de culte dont il est propriétaire à disposition de l'EERV.
(2) Il met également les lieux de culte dont il est propriétaire à disposition de la FEDEC-VD dans les communes citées à l'article 179, chiffre 8 Cst-VD.
(3) Des règlements fixent les conditions d'utilisation de ces lieux de culte.

### *Sous-section II. Par les communes*

**Art. 21. Convention communes-paroisses.** (1) Les prestations des communes pour chacune des Eglises sont fixées, en principe, par convention conclue entre la paroisse et les communes qui la composent.
(2) A défaut de convention, les articles 22 à 24 de la présente loi s'appliquent.

**Art. 22. Mise à disposition des lieux de culte.** (1) Les communes mettent les lieux de culte dont elles sont propriétaires à disposition de l'EERV.
(2) Toute réunion ou utilisation autre que celles organisées par le conseil paroissial dans un lieu affecté à l'exercice du culte est soumise à l'autorisation de ce conseil ou de l'autorité ecclésiastique compétente, et à celle de l'autorité municipale.
(3) Les communes citées à l'article 179, chiffre 8 Cst-VD mettent également les lieux de culte dont elles sont propriétaires à disposition de la FEDEC-VD.

(4) Les communes peuvent, après consultation de l'EERV, et, cas échéant, de la FEDEC-VD, attribuer ces lieux de culte à d'autres usagers, dans la mesure où ils ne leur sont plus nécessaires.

**Art. 23. Entretien des lieux de cultes.** (1) Les communes pourvoient aux frais nécessaires d'exploitation et d'entretien courants des lieux de culte utilisés par l'EERV et la FEDEC-VD.
(2) Elles prennent en charge l'entretien lourd nécessaire des lieux de culte mentionnés à l'alinéa premier après concertation avec les paroisses concernées.
(3) Elles pourvoient à la fourniture et à l'entretien du mobilier et du matériel nécessaires au culte.

**Art. 24. Autres prestations en faveur des Eglises.** (1) Les communes entretiennent les locaux destinés au catéchisme et pourvoient à leurs ameublement et chauffage.
(2) Si nécessaire, elles les mettent à disposition des Eglises.
(3) Elles rétribuent les musiciens d'église et les concierges.

*Chapitre VI: Suivi et contrôle*

**Art. 25. Autorité compétente.** Le département en charge des affaires religieuses (ci-après: le département) s'assure du suivi et du contrôle de l'application de la convention de subventionnement.

**Art. 26. Comptes et rapport.** (1) Dans les six mois qui suivent la fin de l'année civile, les Eglises remettent au département:
a. leurs comptes;
b. un rapport sur l'exécution de leur mission au service de tous.
(2) Le département peut, en tout temps, demander toute autre pièce utile.

**Art. 27. Réduction de la subvention.** (1) L'Etat peut réduire la subvention ou en exiger la restitution lorsque:
a. le bénéficiaire n'utilise pas la subvention de manière conforme à l'affectation prévue;
b. le bénéficiaire n'accomplit pas la tâche subventionnée;
c. les conditions ou charges auxquelles la subvention est subordonnée ne sont pas respectées;
d. la subvention a été accordée indûment, que ce soit sur la base de déclarations inexactes ou incomplètes ou en violation du droit.

(2) Les modifications de la loi sur les subventions en matière de réduction de la subvention au sens de son article 29 ne s'appliquent pas pour la durée de la convention en vigueur.

**Art. 28. Statistiques.** Les communes transmettent annuellement au département les statistiques concernant la confession déclarée par les personnes résidant sur leur territoire.

*Chapitre VII: Voies de droit*

**Art. 29. Arbitrage.** Un tribunal arbitral désigné par les Eglises tranche les litiges pouvant survenir entre elles quant à l'application de la convention d'exécution.

*Chapitre VIII: Dispositions transitoires et finales*

**Art. 30.** En dérogation à l'article 16, la première convention de subventionnement est conclue pour une durée de 2 ans.

**Art. 31. Entrée en vigueur.** La présente loi entre en vigueur le 1er janvier 2007.

**Art. 32. Exécution.** Le Conseil d'Etat est chargé de l'exécution de la présente loi. Il en publiera le texte conformément à l'article 84, alinéa 1, lettre a) de la Constitution cantonale et la mettra en vigueur, par voie d'arrêté, conformément à l'article 31 ci-dessus.

# Loi sur l'Eglise évangélique réformée du Canton de Vaud (LEERV) du 9 janvier 2007[2]

Le Grand conseil du Canton de Vaud,

vu les articles 169, 170 et 172 de la Constitution du Canton de Vaud,
vu le projet de loi présenté par le Conseil d'Etat,

décrète:

*Chapitre I: Principes*

**Art. 1. Champ d'application.** La présente loi fixe les principales règles d'organisation et d'administration de l'Eglise évangélique réformée du Canton de Vaud (ci-après: EERV).

**Art. 2. Identité et membres.** L'identité de l'EERV et la qualité de membre sont définies par des «Principes constitutif» qui font partie intégrante de son règlement général d'organisation.

**Art. 3. Statut.** L'EERV est une institution de droit public dotée de la personnalité morale (art. 170, al. 1 Cst-VD).

*Chapitre II: Organisation*

***Section I: Fonctionnement***

**Art. 4. Principes.** (1) Sous réserve des dispositions du présent chapitre, l'EERV s'organise librement dans le respect de l'ordre juridique et de la paix confessionnelle.
(2) L'EERV conforme son organisation et ses modes de fonctionnement à l'usage presbytéro-synodal des Eglises réformées.
(3) Les paroisses ont la personnalité morale.

**Art. 5. Organes.** Sur le plan cantonal, les organes de l'EERV sont:
a. le Synode (organe délibérant);
b. le Conseil synodal élu par le Synode (organe exécutif);
c. l'organe de contrôle financier nommé par le Synode.

2 Recueil systématique de la législation vaudoise (RSV) 180.11.

### *Section II: Relations avec l'Etat*

**Art. 6. Faculté de théologie.** Lors de l'engagement d'un professeur ordinaire ou associé en section de théologie de la Faculté de théologie et de sciences des religions de l'Université de Lausanne, la commission de présentation ou d'appel comprend un membre du Conseil synodal.

**Art. 7. Synode et Commission de consécration.** (1) L'Etat est représenté au sein du Synode et de la Commission de consécration.
(2) Le Conseil d'Etat nomme ses délégués qui ont qualité de membres à part entière. Leur nombre est de trois pour le Synode et de quatre au plus pour la Commission de consécration.

**Art. 8. Consécration et agrégation.** Une délégation du Conseil d'Etat participe à la consécration et à l'agrégation des ministres. Avec le président du Synode, elle reçoit la prestation de serment des candidats.

**Art. 9. Domicile des ministres et usage des cures.** (1) Les ministres paroissiaux doivent prendre domicile dans la paroisse où ils sont titulaires d'un poste. Le Conseil synodal peut accorder une dérogation.
(2) Dans les paroisses qui disposent d'une ou plusieurs cures, le Conseil synodal décide dans quels cas un ministre est tenu d'y résider. Pour les cures propriété de l'Etat, celui-ci est consulté.

## *Chapitre III: Dispositions transitoires*

**Art. 10.** (1) A l'entrée en vigueur de la présente loi, l'EERV reprend les contrats de travail de toutes les personnes engagées par l'Etat de Vaud pour travailler au sein de l'Eglise évangélique réformée.
(2) Les personnes concernées à l'alinéa premier ne subissent aucun préjudice, en particulier salarial, du fait de la reprise de leurs contrats de travail par l'EERV.
(3) Durant une période transitoire de deux ans suivant l'entrée en vigueur de la présente loi, la loi sur le personnel de l'Etat de Vaud s'applique par analogie, à l'exception des articles 17, 18, 20, 28, 29, 36 à 39, 43, 44, 48, 49, 51, alinéa 2 et 3, 58. Le règlement ecclésiastique de l'Eglise évangélique réformée du Canton de Vaud demeure également applicable aux rapports de travail entre l'EERV et les personnes concernées à l'alinéa premier.
(4) Durant cette période transitoire, les personnes concernées à l'alinéa premier demeurent affiliées à la Caisse de pensions de l'Etat de Vaud.
(5) Pour la période transitoire, le Conseil synodal représente l'employeur auprès des collaborateurs de l'EERV.

*Chapitre IV: Dispositions finales*

**Art. 11. Disposition abrogatoire.** La loi sur l'Eglise évangélique réformée du Canton de Vaud du 2 novembre 1999 est abrogée.

**Art. 12. Entrée en vigueur.** La présente loi entre en vigueur le 1^er^ janvier 2007.

**Art. 13. Exécution.** Le Conseil d'Etat est chargé de l'exécution de la présente loi. Il en publiera le texte conformément à l'article 84, alinéa 1, lettre a) de la Constitution cantonale et la mettra en vigueur, par voie d'arrêté, conformément à l'article 12 ci-dessus.

# Loi sur la Fédération ecclésiastique catholique romaine du Canton de Vaud (LFéDEC-VD) du 9 janvier 2007[3]

Le Grand conseil du Canton de Vaud,

vu les articles 169, 170 et 172 de la Constitution du Canton de Vaud,
vu le projet de loi présenté par le Conseil d'Etat,

décrète:

## *Chapitre I: Principes*

**Art. 1. Champ d'application.** La présente loi fixe les principales règles d'organisation et d'administration de la Fédération ecclésiastique catholique romaine du Canton de Vaud (ci-après: FEDEC-VD).

**Art. 2. Statut.** La FEDEC-VD est une institution de droit public dotée de la personnalité morale (art. 170, al. 1 Cst-VD).

**Art. 3. Membres.** (1) Sont membres de la FEDEC-VD les associations paroissiales – territoriales et personnelles – du Canton de Vaud.
(2) Peuvent être membres, sur demande, les institutions catholiques structurées au niveau cantonal, qui ont la personnalité juridique au sens du droit civil et sont reconnues par l'autorité diocésaine.

**Art. 4. Pastorale.** La FEDEC-VD agit d'entente avec l'autorité diocésaine.

## *Chapitre II: Organisation*

**Art. 5. Principe.** Sous réserve des dispositions du présent chapitre, la FEDEC-VD s'organise librement dans le respect de l'ordre juridique et de la paix confessionnelle.

**Art. 6. Organes.** (1) Sur le plan cantonal, les organes de la FEDEC-VD sont:
a. l'assemblée générale;
b. le comité;
c. l'organe de contrôle financier.
(2) Outre les membres mentionnés à l'article 3, des délégués des organismes pastoraux peuvent participer à l'assemblée générale, avec droit de vote.

3 Recueil systématique de la législation vaudoise (RSV) 180.21.

**Art. 7. Election.** Les membres du comité et de l'organe de contrôle sont élus démocratiquement.

**Art. 8. Associations paroissiales.** Les associations paroissiales territoriales et personnelles sont des personnes morales de droit privé.

*Chapitre III: Dispositions finales*

**Art. 9. Disposition abrogatoire.** La loi sur l'exercice de la religion catholique dans le Canton de Vaud du 16 février 1970 est abrogée.

**Art. 10. Entrée en vigueur.** La présente loi entre en vigueur le 1er janvier 2007.

**Art. 11. Exécution.** Le Conseil d'Etat est chargé de l'exécution de la présente loi. Il en publiera le texte conformément à l'article 84, alinéa 1, lettre a) de la Constitution cantonale et la mettra en vigueur, par voie d'arrêté, conformément à l'article 10 ci-dessus.

# Loi sur la Communauté israélite de Lausanne et du Canton de Vaud (LCILV) du 9 janvier 2007[4]

Le Grand conseil du Canton de Vaud,

vu les articles 171 et 172 de la Constitution du Canton de Vaud,
vu le projet de loi présenté par le Conseil d'Etat,

décrète:

## *Chapitre I: Dispositions générales*

**Art. 1. Principe.** La Communauté israélite de Lausanne et du Canton de Vaud (ci-après: CILV) est reconnue comme institution d'intérêt public (art. 171 Cst-VD).

**Art. 2. Identité.** Selon ses statuts, la CILV a principalement pour but de contribuer au réveil et au maintien de l'esprit religieux, de la vie spirituelle et de l'action sociale selon les principes du judaïsme. Elle participe au dialogue interreligieux.

## *Chapitre II: Prérogatives liées à la reconnaissance*

**Art. 3. Mission d'aumônerie.** La CILV peut exercer l'aumônerie dans les établissements hospitaliers et pénitentiaires, auprès de toute personne donnant son consentement et se déclarant de la religion israélite ou de toute personne qui l'accepte.

**Art. 4. Financement.** L'Etat peut octroyer une subvention à la CILV dans la mesure où elle participe à une mission exercée en commun au sens de la loi sur les relations entre l'Etat et les Eglises reconnues de droit public.

**Art. 5. Exonération fiscale.** L'exonération fiscale de la CILV est régie par les législations fiscales fédérale et cantonale.

**Art. 6. Contrôle des habitants.** (1) Sur demande de la CILV, le contrôle des habitants concerné communique l'arrivée ou le départ de toute personne ayant déclaré appartenir à la religion israélite et autorisant la communication de ces données.
(2) Cette transmission est limitée aux informations suivantes:

4 Recueil systématique de la législation vaudoise (RSV) 180.41.

- nom, prénom, date de naissance, état civil et adresse des adultes, filiation;
- nationalité et origine;
- nom, prénom, sexe, date de naissance des enfants.

(3) Ces données sont destinées uniquement aux fichiers de la CILV et ne sauraient être utilisées à d'autres fins. La loi sur le contrôle des habitants est réservée.
(4) La législation sur les fichiers informatiques et la protection des données personnelles est également réservée.

**Art. 7. Fichiers informatiques.** La CILV peut exploiter des fichiers informatiques. La législation sur les fichiers informatiques et la protection des données personnelles est applicable par analogie.

**Art. 8. Consultation.** L'Etat et les communes consultent la CILV sur tout projet qui la concerne.

*Chapitre III: Suivi et contrôle*

**Art. 9. Principe.** Le département s'assure que la CILV respecte les conditions liées à la reconnaissance selon l'article 172 Cst.

**Art. 10. Comptes et documents.** Le département peut exiger de la CILV, dans la mesure nécessaire au suivi et au contrôle, la présentation des comptes annuels, des statuts ou de tout autre élément pertinent.

**Art. 11. Modification statutaire.** La CILV informe le département de toute modification statutaire.

**Art. 12. Contrôle.** Si la CILV perçoit une subvention de l'Etat, les dispositions du chapitre VI de la loi sur les relations entre l'Etat et les Eglises reconnues de droit public lui sont applicables.

*Chapitre IV: Sanctions*

**Art. 13. Principe.** En cas de non respect des exigences fixées aux articles 9 à 12 ci-dessus, le Conseil d'Etat peut prendre les sanctions suivantes à l'égard de la CILV:

a. lui adresser un avertissement;
b. lui retirer une ou plusieurs prérogatives.

**Art. 14. Procédure.** (1) Préalablement à toute sanction, le Conseil d'Etat informe, par écrit, la CILV de la violation qui lui est reprochée et de l'ouverture d'une procédure à son encontre.
(2) La CILV est entendue par le Conseil d'Etat, qui peut déléguer cette compétence.

**Art. 15. Avertissement.** (1) L'avertissement à la communauté contient la menace du retrait d'une ou de plusieurs prérogatives.
(2) Le règlement précise les modalités et la procédure.

**Art. 16. Retrait de prérogatives.** Une prérogative est retirée pour une durée d'un an au minimum.

*Chapitre V: Dispositions transitoires et finales*

**Art. 17. Mise à jour des statuts.** La CILV devra adapter ses statuts à la loi sur la reconnaissance des communautés religieuses et sur les relations entre l'Etat et les communautés religieuses reconnues d'ici au 30 juin 2007.

**Art. 18. Entrée en vigueur.** La présente loi entre en vigueur le 1$^{er}$ janvier 2007.

**Art. 19. Exécution.** Le Conseil d'Etat est chargé de l'exécution de la présente loi. Il en publiera le texte conformément à l'article 84, alinéa 1, lettre a) de la Constitution cantonale et la mettra en vigueur, par voie d'arrêté, conformément à l'article 18 ci-dessus.

# Loi sur la reconnaissance des communautés religieuses et sur les relations entre l'Etat et les communautés religieuses reconnues d'intérêt public (LRCR) du 9 janvier 2007[5]

Le Grand conseil du Canton de Vaud,

vu les articles 169, 171 et 172 de la Constitution du Canton de Vaud,
vu le projet de loi présenté par le Conseil d'Etat,

décrète:

## *Chapitre I: Dispositions générales*

**Art. 1. But et champ d'application.** La présente loi a pour but de définir les conditions, la procédure et les effets de la reconnaissance d'une communauté religieuse (ci-après: la communauté) de même que les relations entre l'Etat et une communauté religieuse reconnue (ci-après: la communauté reconnue).

**Art. 2. Principe.** (1) Toute communauté, ayant son siège dans le canton et qui respecte les conditions posées aux articles 4 et suivants, peut, par une requête motivée, demander à être reconnue comme institution d'intérêt public.
(2) Toute communauté reconnue fait l'objet d'une loi qui lui est propre (art. 172 al. 1 Cst-VD).

**Art. 3. Autonomie.** Les communautés sont autonomes par rapport à l'Etat et aux communes. A ce titre, et dans les limites fixées par la loi:

a. elles s'organisent et gèrent leurs ressources et leurs biens librement;
b. elles édictent les règles nécessaires à leur organisation et à l'accomplissement de leurs tâches.

## *Chapitre II: Conditions de la reconnaissance*

**Art. 4. En général.** La communauté qui demande sa reconnaissance doit remplir les conditions fixées au présent chapitre.

**Art. 5. En particulier.** *a) Ordre juridique suisse.* La communauté requérante reconnaît le caractère contraignant de l'ordre juridique suisse, en particulier

5 Recueil systématique de la législation vaudoise (RSV) 180.51.

les droits constitutionnels, en matière de religion et de croyance ainsi que le droit international ayant trait aux droits de l'Homme et aux libertés fondamentales, droit qui instaure l'interdiction de toute forme de discrimination, en particulier entre les femmes et les hommes dans la société.

**Art. 6.** *b) Droits individuels constitutionnels.* La communauté requérante respecte les droits constitutionnels de ses membres, en particulier la liberté de conscience et de croyance.

**Art. 7.** *c) Respect de la paix confessionnelle.* (1) La communauté requérante s'abstient de propager toute doctrine visant à rabaisser ou à dénigrer une autre croyance ou les personnes qui se reconnaissent dans celle-ci.
(2) Elle s'abstient de tout prosélytisme contraire à l'ordre juridique suisse.

**Art. 8.** *d) Respect des principes démocratiques.* (1) La communauté requérante respecte les principes démocratiques.
(2) Elle s'abstient de tout discours ou pratique qui y contrevienne ou appelle à y contrevenir.
(3) Ses organes sont définis et ses membres se prononcent sur son fonctionnement.

**Art. 9.** *e) Transparence financière.* La communauté requérante tient ses comptes conformément aux dispositions sur la comptabilité commerciale du Code des obligations.

**Art. 10.** *f) Rôle et durée d'établissement dans le canton.* (1) La communauté requérante remplit, en outre, plusieurs des conditions suivantes:
a. avoir une activité cultuelle sur tout le territoire cantonal;
b. exercer un rôle social et culturel;
c. s'engager en faveur de la paix sociale et religieuse;
d. participer au dialogue oecuménique et/ou interreligieux.
(2) Il est tenu compte de la durée d'établissement dans le canton, du nombre de ses adhérents, ainsi que de la capacité de ses représentants, y compris les responsables religieux, de s'exprimer en français. Des connaissances particulières en droit suisse, ainsi que dans le domaine interreligieux sont également exigées de la part des représentants et des responsables religieux des communautés requérantes.
(3) Un règlement adopté par le Conseil d'Etat précise ces conditions.

### *Chapitre III: Prérogatives liées à la reconnaissance*

**Art. 11. Mission d'aumônerie.** Une communauté reconnue peut exercer l'aumônerie dans les établissements hospitaliers et pénitentiaires, auprès de toute personne donnant son consentement et se déclarant de la religion de la communauté concernée, ou de toute personne qui l'accepte.

**Art. 12. Financement.** L'Etat peut octroyer une subvention aux communautés reconnues dans la mesure où elles participent à une mission exercée en commun au sens de la loi sur les relations entre l'Etat et les Eglises reconnues de droit public.

**Art. 13. Exonération fiscale.** L'exonération fiscale des communautés reconnues est régie par les législations fiscales fédérale et cantonale.

**Art. 14. Contrôle des habitants.** (1) Sur demande de la communauté reconnue, le contrôle des habitants concerné communique l'arrivée ou le départ de toute personne ayant déclaré appartenir à la religion de la communauté en cause et autorisant la communication de ces données.
(2) Cette transmission est limitée aux informations suivantes:
- nom, prénom, date de naissance, état civil et adresse des adultes, filiation;
- nationalité et origine;
- religion;
- nom, prénom, sexe, date de naissance des enfants.

(3) Ces données sont destinées uniquement aux fichiers de la communauté reconnue et ne sauraient être utilisées à d'autres fins. La loi sur le contrôle des habitants est réservée.
(4) La législation sur les fichiers informatiques et la protection des données personnelles est également réservée.

**Art. 15. Fichiers informatiques.** Les communautés reconnues peuvent exploiter des fichiers informatiques. La législation sur les fichiers informatiques et la protection des données personnelles est applicable par analogie.

**Art. 16. Consultation.** L'Etat et les communes consultent les communautés reconnues sur tout projet qui les concerne.

*Chapitre IV: Procédure*

**Art. 17. Déclaration liminaire d'engagement.** (1) Préalablement à l'examen de la requête, la communauté signe une déclaration liminaire d'engagement.
(2) Le Conseil d'Etat règle le contenu de la déclaration.

**Art. 18. Documents joints à la requête.** La communauté joint à sa requête un exemplaire de ses statuts ainsi que les documents requis par le département en charge des affaires religieuses (ci-après: le département).

**Art. 19. Examen.** (1) Le département examine si les conditions prévues au chapitre II de la présente loi sont réunies.
(2) Il peut procéder à des mesures d'instruction complémentaire, et notamment s'adjoindre le concours d'experts, et/ou de membres de communautés religieuses déjà reconnues, et/ou solliciter des renseignements auprès de la communauté requérante.

**Art. 20. Préavis à l'intention du Conseil d'Etat.** (1) Si le département estime que les conditions de la reconnaissance sont remplies, il propose au Conseil d'Etat un projet de loi reconnaissant la communauté et fixant ses relations avec l'Etat.
(2) La communauté est informée du suivi donné à la procédure avant toute communication publique.

**Art. 21. Procédure législative.** Une fois le projet de loi adopté par le Conseil d'Etat, la procédure législative se poursuit conformément à la loi sur le Grand Conseil.

*Chapitre V: Suivi et contrôle des conditions d'octroi*

**Art. 22. Principe.** Le département s'assure que la communauté respecte les conditions liées à la reconnaissance.

**Art. 23. Comptes et documents.** Le département peut exiger de la communauté, dans la mesure nécessaire au suivi et au contrôle, la présentation des comptes annuels, des statuts ou de tout autre élément pertinent.

**Art. 24. Modification statutaire.** La communauté informe le département de toute modification statutaire.

**Art. 25. Statistiques.** Les communes transmettent annuellement au département les statistiques concernant la religion déclarée par les personnes résidant sur leur territoire.

**Art. 26. Contrôle.** Si la communauté religieuse reconnue perçoit une subvention de l'Etat, les dispositions du chapitre VI de la loi sur les relations entre l'Etat et les Eglises reconnues de droit public lui sont applicables.

*Chapitre VI: Sanctions*

**Art. 27. Principe.** En cas de violation de l'une des conditions liées à la reconnaissance ou de non respect des articles 23 et 24 ci-dessus, le Conseil d'Etat peut prendre les sanctions suivantes à l'égard d'une communauté reconnue:

a. lui adresser un avertissement;
b. lui retirer une ou plusieurs prérogatives;
c. proposer au Grand Conseil le retrait de la reconnaissance.

**Art. 28. Procédure.** (1) Préalablement à toute sanction, le Conseil d'Etat informe, par écrit, la communauté reconnue de la violation qui lui est reprochée et de l'ouverture d'une procédure à son encontre.
(2) La communauté est entendue par le Conseil d'Etat, qui peut déléguer cette compétence.

**Art. 29. Avertissement.** (1) L'avertissement à la communauté contient la menace du retrait d'une ou de plusieurs prérogatives ou de la reconnaissance.
(2) Le règlement précise les modalités et la procédure.

**Art. 30. Retrait de prérogatives.** Une prérogative est retirée pour une durée d'un an au minimum.

*Chapitre VII: Dispositions finales*

**Art. 31. Entrée en vigueur.** La présente loi entre en vigueur le 1er janvier 2007.

**Art. 32. Exécution.** Le Conseil d'Etat est chargé de l'exécution de la présente loi. Il en publiera le texte conformément à l'article 84, alinéa 1, lettre a) de la Constitution cantonale et la mettra en vigueur, par voie d'arrêté, conformément à l'article 31 ci-dessus.

# Kirchengesetz (KiG) vom 9. Juli 2007

*1. Abschnitt: Allgemeines*

**§ 1. Gegenstand.** Dieses Gesetz regelt die Rechtsstellung sowie die Grundzüge der Organisation der Evangelisch-reformierten Landeskirche und ihrer Kirchgemeinden, der Römisch-katholischen Körperschaft und ihrer Kirchgemeinden sowie der Christkatholischen Kirchgemeinde als Körperschaften des öffentlichen Rechts.

**§ 2. Begriffe.** In diesem Gesetz bedeuten:
1. Kantonale kirchliche Körperschaften:
   a. die Evangelisch-reformierte Landeskirche,
   b. die Römisch-katholische Körperschaft,
   c. die Christkatholische Kirchgemeinde.
2. Kirchenordnungen:
   die Verfassungen der kantonalen kirchlichen Körperschaften.
3. Direktion:
   die für die Beziehungen zu den Kirchen zuständige Direktion des Regierungsrates.

**§ 3. Mitgliedschaft.** (1) Als Mitglied einer kantonalen kirchlichen Körperschaft und einer Kirchgemeinde gilt jede Person, die
a. nach der jeweiligen kirchlichen Ordnung Mitglied der Kirche ist,
b. in einer Kirchgemeinde des Kantons Zürich Wohnsitz hat und
c. nicht ausdrücklich ihren Austritt oder ihre Nichtzugehörigkeit zur Kirche erklärt hat.

(2) Erklärungen über Austritt oder Nichtzugehörigkeit sind der Kirchenpflege am Wohnsitz der betreffenden Person schriftlich einzureichen.

**§ 4. Zusammenarbeit zwischen Kanton und kantonalen kirchlichen Körperschaften.** (1) Der Kanton und die kantonalen kirchlichen Körperschaften arbeiten partnerschaftlich zusammen.

(2) Der Kanton verkehrt mit den kantonalen kirchlichen Körperschaften in der Regel über deren Exekutiven.

(3) Er gibt den kantonalen kirchlichen Körperschaften und den Kirchen Gelegenheit zur Stellungnahme bei Geschäften, die sie betreffen.

(4) Die Universität gibt dem Kirchenrat der Evangelisch-reformierten Landeskirche Gelegenheit, zu Berufungsanträgen der Theologischen Fakultät Stellung zu nehmen.

*2. Abschnitt: Grundzüge der Organisation*

### *A. Kantonale kirchliche Körperschaften*

**§ 5. Autonomie.** (1) Die kantonalen kirchlichen Körperschaften organisieren sich im Rahmen des kantonalen Rechts autonom.
(2) Sie legen ihre Organisation unter Wahrung rechtsstaatlicher und demokratischer Grundsätze fest.
(3) Wo die kantonalen kirchlichen Körperschaften keine eigenen Bestimmungen erlassen, wenden sie das kantonale Recht sinngemäss an.

**§ 6. Aufsicht.** (1) Der Kantonsrat übt die staatliche Oberaufsicht über die kantonalen kirchlichen Körperschaften aus. Er nimmt deren Jahresbericht und Jahresrechnung zur Kenntnis.
(2) Der Regierungsrat übt die staatliche Aufsicht über die kantonalen kirchlichen Körperschaften aus.
(3) Er prüft die Kirchenordnungen auf ihre Übereinstimmung mit der Verfassung und den Gesetzen und genehmigt sie.

**§ 7. Organe.** (1) Die Organe der Evangelisch-reformierten Landeskirche sind:
a. die Gesamtheit der Stimmberechtigten und die Kirchensynode als Legislative,
b. der Kirchenrat als Exekutive und
c. die Rekurskommission als Judikative.

(2) Die Organe der Römisch-katholischen Körperschaft sind:
a. die Gesamtheit der Stimmberechtigten und die Synode als Legislative,
b. der Synodalrat als Exekutive und
c. die Rekurskommission als Judikative.

(3) Die Christkatholische Kirchgemeinde verfügt über die Organe einer Kirchgemeinde gemäss § 11.

**§ 8. Gebietseinteilung.** (1) Die kantonalen kirchlichen Körperschaften sind mit Ausnahme der Christkatholischen Kirchgemeinde in Kirchgemeinden eingeteilt.
(2) Sie können überdies kirchliche Regionen oder Bezirke bilden.

**§ 9. Finanzausgleich.** Die kantonalen kirchlichen Körperschaften sorgen mit einem Finanzausgleich für eine ausgewogene Steuerbelastung unter ihren Kirchgemeinden.

## *B. Kirchgemeinden*

**§ 10. Bestand.** (1) Die kantonalen kirchlichen Körperschaften regeln die Zuständigkeit für die Neubildung, den Zusammenschluss und die Auflösung von Kirchgemeinden.
(2) Die Exekutiven der kantonalen kirchlichen Körperschaften genehmigen Gebietsveränderungen von Kirchgemeinden.
(3) Die kantonalen kirchlichen Körperschaften legen ihre Kirchgemeinden in einem Verzeichnis zur Kirchenordnung fest.

**§ 11. Organisation und Aufsicht.** (1) Die Organe der Kirchgemeinden sind:
a. die Gesamtheit ihrer Stimmberechtigten und die Kirchgemeindeversammlung als Legislative,
b. die Kirchenpflege als Exekutive und
c. die Rechnungsprüfungskommission.
(2) Die Kirchgemeinden organisieren sich im Rahmen dieses Gesetzes und der Kirchenordnung selbstständig.
(3) Jede Kirchgemeinde erlässt eine Kirchgemeindeordnung. Diese bedarf der Genehmigung durch den Kirchenrat beziehungsweise den Synodalrat.
(4) Die Kirchgemeinden stehen unter der Aufsicht des Bezirksrates und des Regierungsrates, soweit sie staatliches Recht anwenden.

**§ 12. Kirchenpflege.** (1) Die Kirchenpflege besteht aus mindestens fünf Mitgliedern.
(2) Die Pfarrerinnen und Pfarrer können nicht Mitglieder der Kirchenpflege sein.
(3) Die Kirchenordnungen regeln die Teilnahme der Pfarrerinnen und Pfarrer sowie von weiteren Mitarbeitenden der Kirchgemeinden an den Sitzungen der Kirchenpflege.

**§ 13. Pfarrwahl.** (1) Die Stimmberechtigten der Kirchgemeinden wählen ihre Pfarrerinnen beziehungsweise Pfarrer auf eine Amtsdauer von höchstens sechs Jahren.
(2) Vorbehalten bleiben jene Pfarrstellen, für welche die Kirchenordnungen ein besonderes Besetzungsverfahren vorsehen.
(3) Zuständigkeit und Verfahren für die Wahl der Pfarrerinnen beziehungsweise Pfarrer richten sich nach dem Gesetz über die politischen Rechte.
(4) Die Wählbarkeitsvoraussetzungen sowie die Voraussetzungen für die Amtsausübung richten sich nach dem Recht der kantonalen kirchlichen Körperschaften beziehungsweise der Kirchen.

**§ 14. Benützung von Schulräumen.** Die Kirchgemeinden haben gegenüber den politischen Gemeinden und den Schulgemeinden Anspruch auf die unentgeltliche Benützung von öffentlichen Schulräumen für den kirchlichen Jugendunterricht.

**§ 15. Zugang zu Personendaten.** (1) Die kantonalen kirchlichen Körperschaften und ihre Kirchgemeinden erhalten aus dem Einwohnerregister der Wohnsitzgemeinde und den Registern der Schulgemeinden unentgeltlich die Angaben, die sie zur Erfassung ihrer Mitglieder beziehungsweise zur Erfüllung ihrer kirchlichen Aufgaben benötigen.
(2) Der Regierungsrat regelt durch Verordnung die Meldepflicht für Kinder, deren Zugehörigkeit zu einer anerkannten kirchlichen Körperschaft oder zu einer anerkannten jüdischen Gemeinde sich nicht auf Grund der elterlichen Verhältnisse ergibt.

**§ 16. Zulassung zur seelsorgerischen Tätigkeit.** Die Pfarrerinnen und Pfarrer der anerkannten kirchlichen Körperschaften haben Anspruch auf Zulassung zur Seelsorge in Einrichtungen des Kantons und der Gemeinden wie in Spitälern, Pflegeheimen oder Gefängnissen.

**§ 17. Anwendung des Gemeindegesetzes.** Auf die Kirchgemeinden sind die Bestimmungen des Gemeindegesetzes sinngemäss anwendbar. Vorbehalten bleiben abweichende Bestimmungen dieses Gesetzes oder der Organisationsordnungen der kantonalen kirchlichen Körperschaften.

### *C. Rechtsschutz*

**§ 18.** (1) Anordnungen von kirchlichen Behörden sind bei den staatlichen Organen anfechtbar, soweit sie sich unmittelbar auf kantonales Recht stützen.
(2) Im Übrigen gewährleisten die kantonalen kirchlichen Körperschaften einen dem kantonalen Recht gleichwertigen Rechtsschutz. Soweit sie keine eigenen Bestimmungen erlassen, richtet sich das Verfahren nach dem Verwaltungsrechtspflegegesetz und den entsprechenden Bestimmungen des Gemeindegesetzes.
(3) Entscheide kirchlicher Behörden können letztinstanzlich an die Rekurskommission oder, sofern die Kirchenordnung dies nicht vorsieht, an das Verwaltungsgericht weitergezogen werden. Ausgenommen ist die gerichtliche Beurteilung kultischer Fragen. Bei Entscheiden mit vorwiegend politischem Charakter kann die Kirchenordnung den Weiterzug an die Rekurskommission oder das Verwaltungsgericht ausschliessen.

*3. Abschnitt: Finanzen*

## *A. Staatliche Leistungen*

**§ 19. Kostenbeiträge.** (1) Der Kanton bewilligt mit einem Globalbudget Kostenbeiträge an die kantonalen kirchlichen Körperschaften.
(2) Er unterstützt mit den Kostenbeiträgen ihre Tätigkeiten mit Bedeutung für die ganze Gesellschaft, insbesondere in den Bereichen Bildung, Soziales und Kultur.
(3) Die kantonalen kirchlichen Körperschaften erhalten Kostenbeiträge, wenn sie eigene Programme zur Erbringung von Tätigkeiten mit gesamtgesellschaftlicher Bedeutung erstellen.
(4) Sie legen die Tätigkeitsprogramme für eine Dauer von jeweils sechs Jahren fest. Die Direktion wird dazu angehört.
(5) Beiträge an die kantonalen kirchlichen Körperschaften auf Grund anderer rechtlicher Grundlagen bleiben vorbehalten.

**§ 20. Gesamtbetrag der Kostenbeiträge.** (1) Der Kantonsrat setzt mit einem Rahmenkredit den Gesamtbetrag der Kostenbeiträge an die kantonalen kirchlichen Körperschaften jeweils für eine Beitragsperiode von sechs Jahren fest. Der Regierungsrat entscheidet über die jährliche Aufteilung des Rahmenkredits.
(2) Ausgehend vom Betrag, der in den Übergangsbestimmungen für die erste Beitragsperiode festgelegt ist, orientiert sich der Gesamtbetrag für die Kostenbeiträge an der Gesamtzahl der Mitglieder der kantonalen kirchlichen Körperschaften am Ende der jeweils vorhergehenden Beitragsperiode.
(3) Bei der Festsetzung des Gesamtbetrags werden sowohl die Tätigkeitsprogramme für die laufende als auch jene für die folgende Periode, die diesbezügliche Berichterstattung sowie die Entwicklung der Teuerung berücksichtigt.

**§ 21. Anteile für die einzelnen kirchlichen Körperschaften.** (1) Die Direktion bewilligt den einzelnen kantonalen kirchlichen Körperschaften ihre jährlichen Anteile an den Kostenbeiträgen für eine Beitragsperiode von sechs Jahren.
(2) Die Anteile der kantonalen kirchlichen Körperschaften werden als jährliche Pauschalbeiträge ausgerichtet und nach der Anzahl ihrer Mitglieder bemessen.
(3) Weisen die Tätigkeitsprogramme der kantonalen kirchlichen Körperschaften Unterschiede auf, deren Umfang erheblich vom Verhältnis ihrer Mitgliederzahlen abweicht, können die Tätigkeitsprogramme bei der Berechnung der entsprechenden Anteile berücksichtigt werden.

§ **22. Berichterstattung.** (1) Die kantonalen kirchlichen Körperschaften berichten der Direktion jeweils auf das Ende einer Beitragsperiode über die Verwendung der Kostenbeiträge und über die Auswirkungen und die Wirksamkeit des durchgeführten Tätigkeitsprogramms.
(2) Die Direktion kann die Evaluation einzelner Punkte der Tätigkeitsprogramme verlangen. Der Kanton beteiligt sich zur Hälfte an den Kosten einer solchen Evaluation.
(3) Nicht ausgeschöpfte Kostenbeiträge sind dem Kanton zurückzuerstatten.

§ **23. Rechtsschutz.** (1) Streitigkeiten im Zusammenhang mit der Verteilung der Anteile an den Kostenbeiträgen an die kantonalen kirchlichen Körperschaften entscheidet der Regierungsrat.
(2) Rekursentscheide des Regierungsrates können von den kantonalen kirchlichen Körperschaften mit Beschwerde beim Verwaltungsgericht angefochten werden.
(3) Das Verfahren richtet sich nach den Bestimmungen des Verwaltungsrechtspflegegesetzes.

§ **24. Ausführungsbestimmungen.** Der Regierungsrat regelt in einer Verordnung die Einzelheiten zu den Kostenbeiträgen sowie zur Festlegung der Anteile der kantonalen kirchlichen Körperschaften.

### *B. Steuern natürlicher und juristischer Personen*

§ **25.** (1) Die Kirchgemeinden erheben von den Angehörigen ihrer Konfession und den juristischen Personen nach Massgabe des Steuergesetzes die Kirchensteuer.
(2) Die Erträge aus den Kirchensteuern der juristischen Personen dürfen nicht für kultische Zwecke verwendet werden. Über die Verwendung dieser Steuererträge legen die kantonalen kirchlichen Körperschaften gesamthaft Rechenschaft ab.
(3) Im Übrigen bestimmen die kirchlichen Körperschaften selbstständig über die Verwendung der Steuererträge.

### *C. Kirchliche Liegenschaften im Eigentum des Kantons*

§ **26.** (1) Das Grossmünster sowie die Klosterkirchen Kappel und Rheinau stehen im Eigentum des Kantons.
(2) Die Benutzung erfolgt mit Bezug auf
a. das Grossmünster und die Klosterkirche Kappel auf Grund von Verträgen zwischen dem Kanton und der Evangelisch-reformierten Landeskirche,

b. die Klosterkirche Rheinau auf Grund eines Vertrages zwischen dem Kanton und der Römisch-katholischen Körperschaft.

(3) Der Rechtsschutz richtet sich nach § 82 lit. k des Verwaltungsrechtspflegegesetzes.

*4. Abschnitt: Schlussbestimmungen*

***A. Aufhebung und Änderung bisherigen Rechts***

**§ 27. Aufhebung.** Mit Inkrafttreten dieses Gesetzes werden das Gesetz über die evangelisch-reformierte Landeskirche vom 7. Juli 1963 und das Gesetz über das katholische Kirchenwesen vom 7. Juli 1963 aufgehoben.

**§ 28. Änderung**. Das bisherige Recht wird gemäss Anhang geändert.

***B. Übergangsbestimmungen***

**§ 29. Gesamtbetrag der Kostenbeiträge.** (1) Der Gesamtbetrag der an die kantonalen kirchlichen Körperschaften zu entrichtenden Kostenbeiträge beträgt für die erste Beitragsperiode 50 Mio. Franken pro Jahr.
(2) Die erste Beitragsperiode dauert vier Jahre. Sie beginnt mit dem Inkrafttreten dieses Gesetzes, im Falle des Inkrafttretens während des Jahrs am 1. Januar des Folgejahrs.

**§ 30. Angleichung der Kostenbeiträge**. (1) Auf den Beginn der ersten Beitragsperiode wird der Gesamtbetrag der nach bisherigem Recht für die Besoldung der evangelisch-reformierten Pfarrerinnen und Pfarrer aufzuwendenden Mittel festgestellt. Die Differenz zwischen diesem Betrag und den für die erste Beitragsperiode jährlich zu entrichtenden Kostenbeiträgen an die Evangelisch-reformierte Landeskirche wird innert vier Jahren auf null reduziert.
(2) Die Reduktion erfolgt linear in vier Schritten jeweils auf den Beginn eines neuen Jahres.

**§ 31. Berufliche Vorsorge.** Bestehende Verträge zwischen den kirchlichen Körperschaften des öffentlichen Rechts und der Versicherungskasse für das Staatspersonal werden durch den Erlass dieses Gesetzes nicht berührt.

**§ 32. Übertragung kirchlicher Liegenschaften.** (1) Pfarrliegenschaften und Kirchen, die sich im Eigentum des Kantons befinden, werden innert einer vom Regierungsrat zu bestimmenden Frist ins Eigentum der entsprechenden Kirchgemeinden übertragen.
(2) Ausgenommen sind die unter § 26 dieses Gesetzes aufgeführten Kirchen.

(3) Die Übertragung von Pfarrliegenschaften erfolgt mit einer kapitalisierten Abfindung für die Ablösung der Unterhaltspflicht. Die Modalitäten zur Übertragung von Kirchen werden im Einzelfall festgelegt.

**§ 33. Amtsdauer der Pfarrerinnen und Pfarrer.** Die Amtsdauer der von den Stimmberechtigten, vom Regierungsrat und vom Kirchenrat gewählten Pfarrerinnen beziehungsweise Pfarrer endet im Zeitpunkt des Inkrafttretens dieses Gesetzes.

*Anhang*

Die nachstehenden Gesetze werden wie folgt geändert (hier nicht im Einzelnen abgedruckt):

Gemeindegesetz vom 6. Juni 1926 und Änderung des Anhangs „Verzeichnis der Gemeinden des Kantons Zürich". Aufhebung der Aufzählung der evangelisch-reformierten Kirchgemeinden, der französischen Kirchgemeinschaften, der römisch-katholischen Kirchgemeinden und der christkatholischen Kirchgemeinde (LS 131.1); Gesetz über die politischen Rechte (LS 161); Kantonsratsgesetz vom 5. April 1981 (LS 171.1); Gesetz über die Bezirksverwaltung vom 10. März 1985 (LS 173.1); Verwaltungsrechtspflegegesetz vom 24. Mai 1959 (LS 175.2); Steuergesetz vom 8. Juni 1997 (LS 631.1); Erbschafts- und Schenkungssteuergesetz vom 28. September 1986 (LS 632.1).

# Gesetz über die anerkannten jüdischen Gemeinden (GjG) vom 9. Juli 2007*

## *A. Allgemeines*

**§ 1. Gegenstand.** Dieses Gesetz regelt die Wirkungen der verfassungsrechtlichen Anerkennung von jüdischen Gemeinden.

**§ 2. Begriffe.** In diesem Gesetz bedeuten:

1. Anerkannte jüdische Gemeinden:
   a. die Israelitische Cultusgemeinde Zürich,
   b. die Jüdische Liberale Gemeinde.
2. Direktion:
   die für die Beziehungen zu den jüdischen Gemeinden zuständige Direktion des Regierungsrates.

**§ 3. Rechtsstellung.** Die anerkannten jüdischen Gemeinden sind als Vereine im Sinn von Art. 60 ff. ZGB organisiert.

## *B. Rechte und Pflichten*

**§ 4. Organisation.** (1) Die anerkannten jüdischen Gemeinden organisieren sich im Rahmen des kantonalen Rechts autonom.
(2) Sie legen ihre Organisation im Einzelnen unter Wahrung rechtsstaatlicher und demokratischer Grundsätze fest.
(3) Die anerkannten jüdischen Gemeinden sind den Grundwerten der schweizerischen Rechtsordnung, insbesondere der Toleranz und dem Frieden unter den religiösen Gemeinschaften verpflichtet.

**§ 5. Statuten.** (1) Die Statuten der anerkannten jüdischen Gemeinden enthalten eine Regelung, wonach Mitglieder ohne Angabe der Gründe (Art. 72 Abs. 1 ZGB) nicht ausgeschlossen werden dürfen.
(2) Die Direktion genehmigt die Statuten. Sie prüft, ob sie der Verfassung und den Anforderungen dieses Gesetzes entsprechen.

**§ 6. Stimm- und Wahlrecht.** (1) Die Statuten der anerkannten jüdischen Gemeinden regeln das Stimm- und Wahlrecht.
(2) Sie sehen vor, dass jedes stimmberechtigte Mitglied nur eine Stimme hat.

* Dieses Gesetz untersteht dem fakultativen Referendum. Datum der Veröffentlichung: 20.7.2007; Ablauf der Referendumsfrist: 18.9.2007.

(3) Die stimmberechtigten Mitglieder der anerkannten jüdischen Gemeinden wählen ihre geistlichen Amtsträgerinnen und Amtsträger auf eine Amtsdauer von höchstens sechs Jahren.

**§ 7. Register.** (1) Die anerkannten jüdischen Gemeinden führen ein Register ihrer Mitglieder mit Wohnsitz im Kanton.
(2) Die jeweilige Mitgliedschaft wird in den Einwohnerregistern eingetragen.
(3) Die anerkannten jüdischen Gemeinden erhalten aus dem Einwohnerregister der Wohnsitzgemeinde die Angaben, die sie zur Erfassung ihrer Mitglieder benötigen.
(4) Der Regierungsrat regelt durch Verordnung die Meldepflicht für Kinder, deren Zugehörigkeit zu einer anerkannten jüdischen Gemeinde oder zu einer anerkannten kirchlichen Körperschaft sich nicht auf Grund der elterlichen Verhältnisse ergibt.
(5) Die anerkannten jüdischen Gemeinden erhalten aus den Steuerregistern nach Massgabe des Steuergesetzes die Angaben, die zur Berechnung der Mitgliederbeiträge erforderlich sind.
(6) Die Auskünfte aus den Registern nach den Abs. 3-5 sind kostenfrei.
(7) Die Mitglieder der anerkannten jüdischen Gemeinden können die Auskunftserteilung aus den Registern zu den in den Abs. 3-5 genannten Zwecken nicht sperren lassen.

**§ 8. Staatliche Leistungen.** (1) Unter den Voraussetzungen der §§ 19 ff. des Kirchengesetzes haben die anerkannten jüdischen Gemeinden Anspruch auf die Entrichtung von Kostenbeiträgen.
(2) Bei der Berechnung der staatlichen Leistungen werden nur die Mitglieder mit Wohnsitz im Kanton berücksichtigt.

**§ 9. Rechnungslegung.** Die anerkannten jüdischen Gemeinden bestimmen eine unabhängige Revisionsstelle, welche die Haushalts- und Rechnungsführung zuhanden der Mitglieder jährlich auf ihre Gesetzmässigkeit und Statutenkonformität überprüft und schriftlich begutachtet. Der Revisionsstellenbericht ist öffentlich zugänglich.

**§ 10. Zulassung zur seelsorgerischen Tätigkeit.** Die geistlichen Amtsträgerinnen und Amtsträger der anerkannten jüdischen Gemeinden haben Anspruch auf Zulassung zur Seelsorge in Einrichtungen des Kantons und der Gemeinden wie in Spitälern, Pflegeheimen oder Gefängnissen.

**§ 11. Benützung von Schulräumen.** Die anerkannten jüdischen Gemeinden haben gegenüber den politischen Gemeinden und den Schulgemeinden Anspruch auf die unentgeltliche Benützung von öffentlichen Schulräumen für den religiösen Jugendunterricht.

§ **12. Friedhöfe.** (1) Die anerkannten jüdischen Gemeinden haben Anspruch auf einen ihren Bedürfnissen entsprechenden eigenen Friedhof.
(2) Sie errichten den Friedhof auf einem eigenen Grundstück auf ihre Kosten.
(3) Der Kanton unterstützt die anerkannten jüdischen Gemeinden beim Erwerb eines geeigneten Grundstücks. Ist ein solcher nicht möglich, stellt er ein Grundstück zur Verfügung, das für die gemeinsame Nutzung durch alle jüdischen Gemeinden im Kanton Zürich geeignet ist.

### *C. Aufsicht*

§ **13.** (1) Der Kantonsrat übt die staatliche Oberaufsicht über die anerkannten jüdischen Gemeinden aus. Er nimmt deren Jahresbericht und Jahresrechnung zur Kenntnis.
(2) Der Regierungsrat übt die staatliche Aufsicht über die anerkannten jüdischen Gemeinden aus.
(3) Er trifft bei Verstössen gegen dieses Gesetz Massnahmen zur Wiederherstellung des rechtmässigen Zustands.

### *D. Änderung bisherigen Rechts*

Änderungen (hier nicht abgedruckt) von: Gemeindegesetz vom 6. Juni 1926 (LS 131.1); Kantonsratsgesetz vom 5. April 1981 (LS 171.1); Steuergesetz vom 8. Juni 1997 (LS 631.1); Erbschafts- und Schenkungssteuergesetz vom 28. September 1986 (LS 632.1).

# Mitarbeiterinnen und Mitarbeiter dieses Bandes

*Bock, Wolfgang*, Dr. iur., Richter am Landgericht Frankfurt am Main, Privatdozent für Öffentliches Recht an der Juristischen Fakultät der Heinrich Heine-Universität Düsseldorf, Frankfurt am Main

*Bucklar, Daniel*, lic. iur., Institut für Religionsrecht, Rechtswissenschaftliche Fakultät, Universität Fribourg

*Frey, Jakob*, lic. iur., Leiter Rechtsdienst der Reformierten Kirchen Bern-Jura-Solothurn, Münsingen

*Glauser Jung, Anna Katharina*, lic. iur., Kirchenrätin, Felben-Wellhausen/Frauenfeld

*Kley, Andreas*, Prof. Dr. iur., Universität Zürich, Zürich

*Knellwolf, Ulrich*, Dr. theol., Zollikon

*Kosch, Daniel*, Dr. theol., Generalsekretär der Römisch-Katholischen Zentralkonferenz der Schweiz, Zürich

*Kraus, Dieter*, Dr. iur. LL.M. (Edin.), Kabinettchef des Präsidenten des Gerichtshofes der Europäischen Gemeinschaften, Luxemburg

*Möri, Peter*, Rechtsanwalt und Notar, Synodalsekretär der Evang.-reform. Kirche des Kantons Luzern, Luzern

*Röhl, Martin*, Dr. iur., Rechtsanwalt, juristischer Sekretär des Kirchenrates der Evang.-reform. Landeskirche des Kantons Zürich, Rafz

*Schaer, Alexander*, lic. iur., Assistent am Lehrstuhl für Öffentliches Recht, Verfassungsgeschichte sowie Staats- und Rechtsphilosophie von Prof. Dr. Andreas Kley an der Universität Zürich, Zürich

*Winzeler, Christoph*, PD, Dr. iur. utr., LL.M. (Harvard), Advokat, Fribourg/Basel

*Zeindler Matthias*, Dr. theol., Privatdozent für Systematische Theologie an der Christkatholischen und Evangelischen Theologischen Fakultät Bern, Erlach

# Anschriften der Herausgeber des Jahrbuchs

*Dieter Kraus* (geschäftsführender Herausgeber und Schriftleiter)
privat: 46-50 Avenue Pasteur, L-2310 Luxemburg
dienstlich: Gerichtshof der Europäischen Gemeinschaften, Kabinett des Präsidenten, Boulevard Konrad Adenauer, L-2925 Luxemburg

*Wolfgang Lienemann*
privat: Manuelstrasse 116, CH-3006 Bern
dienstlich: Universität Bern, Evangelisch-theologische Fakultät, Länggassstrasse 51, CH-3000 Bern 9

*René Pahud de Mortanges*
privat: de Castellaweg 29, CH-3280 Greng
dienstlich: Universität Freiburg i.Ü., Rechtswissenschaftliche Fakultät, Lehrstuhl für Rechtsgeschichte und Kirchenrecht, Miséricorde, CH-1700 Freiburg i.Ü.

*Christoph Winzeler* (bearbeitet den Rezensionsteil)
privat: St. Jakobs-Strasse 96, CH-4052 Basel
geschäftlich: Schweizerische Bankiervereinigung, Postfach 4182, CH-4002 Basel

# Schweizerisches Jahrbuch für Kirchenrecht
# Annuaire suisse de droit ecclésial

Herausgegeben im Auftrag der Schweizerischen Vereinigung für evangelisches Kirchenrecht von Dieter Kraus, Wolfgang Lienemann, René Pahud de Mortanges und Christoph Winzeler

Das Schweizerische Jahrbuch für Kirchenrecht bzw. Annuaire suisse de droit ecclésial befasst sich mit der ganzen Breite des Kirchenrechts, angefangen mit dem Recht der evangelisch-reformierten Kirchen sowie der römisch-katholischen Kirche und ihrer Kantonalkirchen, sodann dem Staatskirchenrecht, d. h. denjenigen staatlichen Rechtssätzen, die Religion und Kirche betreffen, und bezieht auch religionsrechtliche Fragestellungen ein, die sich aus der zunehmenden Bedeutung ausserchristlicher Religionen in der Schweiz ergeben.

In seinem Aufsatzteil enthält das Jahrbuch u. a. die Vorträge, die auf den Jahrestagungen der Schweizerischen Vereinigung für evangelisches Kirchenrecht gehalten werden. Berichte aus Kirchen und Kantonen geben die Entwicklung des Kirchenrechts in den Regionen und Landesteilen wieder und machen auf wichtige Ereignisse aufmerksam. Ferner werden neuergangene und partial- bzw. totalrevidierte Kirchenverfassungen, religionsrechtliche Bestimmungen staatlicher Verfassungen sowie kantonale Kirchengesetze durch Abdruck dokumentiert und kirchenrechtliche Neuerscheinungen rezensiert. Eine Jahresbibliographie zum schweizerischen Kirchen- und Religionsrecht rundet den Literaturteil ab.

Das Jahrbuch möchte dem Kirchenrecht in der Schweiz ein Forum schaffen, das als Vermittler sowohl von den Kantonalkirchen zur wissenschaftlichen Öffentlichkeit als auch in umgekehrter Richtung wirken kann, und auf diese Weise dem Kirchenrecht in der Öffentlichkeit eine besser hörbare Stimme verleihen.

Jakob Frey / Dieter Kraus / Wolfgang Lienemann /
René Pahud de Mortanges / Christoph Winzeler (Hrsg.)

**Schweizerisches Jahrbuch für Kirchenrecht.**
**Band 11 (2006)**
**Annuaire suisse de droit ecclésial. Volume 11 (2006)**

Herausgegeben im Auftrag der Schweizerischen Vereinigung
für evangelisches Kirchenrecht
Edité sur mandat de l'Association suisse
pour le droit ecclésial protestant

*Bern, Berlin, Bruxelles, Frankfurt am Main, New York, Oxford, Wien, 2007. 252 S.*
*ISBN 978-3-03911-288-3 br.*
*sFr. 71.– / €* 48.70 / €** 50.10 / € 45.50 / £ 34.10 / US-$ 70.95*

* inkl. MWSt. – gültig für Deutschland ** inkl. MWSt. – gültig für Österreich

Das Schweizerische Jahrbuch für Kirchenrecht bzw. Annuaire suisse de droit ecclésial befasst sich mit der ganzen Breite des Kirchenrechts, angefangen mit dem Recht der evangelisch-reformierten Kirchen sowie der römisch-katholischen Kirche und ihrer Kantonalkirchen, sodann dem Staatskirchenrecht, d.h. denjenigen staatlichen Rechtssätzen, die Religion und Kirche betreffen, und bezieht auch religionsrechtliche Fragestellungen ein, die sich aus der zunehmenden Bedeutung ausserchristlicher Religionen in der Schweiz ergeben.

In seinem Aufsatzteil enthält das Jahrbuch u.a. die Vorträge, die auf den Jahrestagungen der Schweizerischen Vereinigung für evangelisches Kirchenrecht gehalten werden. Berichte aus Kirchen und Kantonen geben die Entwicklung des Kirchenrechts in den Regionen und Landesteilen wieder und machen auf wichtige Ereignisse aufmerksam. Ferner werden neuergangene und partial- bzw. totalrevidierte Kirchenverfassungen, religionsrechtliche Bestimmungen staatlicher Verfassungen sowie kantonale Kirchengesetze durch Abdruck dokumentiert und wichtige kirchenrechtliche Neuerscheinungen rezensiert. Eine Jahresbibliographie zum schweizerischen Kirchen- und Religionsrecht rundet den Literaturteil ab.

Das Jahrbuch möchte dem Kirchenrecht in der Schweiz ein Forum schaffen, das als Vermittler sowohl von den Kantonalkirchen zur wissenschaftlichen Öffentlichkeit als auch in umgekehrter Richtung wirken kann, und auf diese Weise dem Kirchenrecht in der Öffentlichkeit eine besser hörbare Stimme verleihen.

Aus dem Inhalt: Jakob Frey: Editorial – Gottfried Wilhelm Locher: Das ordinierte Amt. Überlegungen in reformierter Perspektive – Georg Vischer: Das kirchliche Amt aus praktischer Sicht – Cla Reto Famos: Die Zürcher Kirchenordnungen von 1905 und 1967 und ihre Bedeutung für die Praktische Theologie – Daniel Kosch: Wirkungsorientiertes Kirchen-Management in Zeiten des Umbruchs.

**PETER LANG**
Bern · Berlin · Bruxelles · Frankfurt am Main · New York · Oxford · Wien

Printed by
CPI books GmbH, Leck

FSC
www.fsc.org
MIX
Papier | Fördert gute Waldnutzung
FSC® C083411

Kolibri 360 GmbH
Ferdinand-Jühlke-Straße 7
99095 Erfurt, Deutschland
produktsicherheit@kolibri360.de